Dennis & Barbara Rainey

Stille Zeit zu zweit
Das Andachtsbuch für Ehepaare

Über die Autoren

Dennis Rainey ist Vorsitzender der Organisation „FamilyLife". Er ist häufig als Redner auf Familien-Konferenzen in den USA und in der ganzen Welt unterwegs. Außerdem moderiert er täglich das Radioprogramm „FamilyLife". Zusammen mit seiner Frau hat er bereits mehrere Bücher geschrieben.

Barbara Rainey begleitet ihren Mann regelmäßig auf den Familien-Konferenzen. Außerdem hält sie Seminare rund um die Themen Ehe und Familie und ist als Autorin tätig. Sie lebt mit Ihrem Mann und sechs Kindern in Arkansas.

Dennis & Barbara Rainey

Stille Zeit zu zweit
DAS ANDACHTSBUCH FÜR EHEPAARE

Die amerikanische Originalauflage erschien
unter dem Titel „Moments Together For Couples"
im Verlag Regal Books, A Division of Gospel Light, Ventura, Kalifornien
© 1995 by Dennis & Barbara Rainey
© der deutschen Auflage 1997 Verlag Klaus Gerth, Asslar
Aus dem Amerikanischen von Roland Renz

Best.-Nr. 815 514
ISBN 978-3-89437-514-0
13. Auflage 2010
Umschlaggestaltung: Hanni Plato
Umschlagfoto: Tony Stone
Satz: Die Feder GmbH, Wetzlar
Druck und Bindung: CPI – Ebner & Spiegel, Ulm
Printed in Germany

Einleitung

*E*s gibt viele ermutigende Anzeichen dafür, daß in unserer Gesellschaft der Wert und die Wirkung der Familie immer noch Anerkennung finden. Immer wieder finden sich in Zeitungen, Zeitschriften und Fernsehsendungen Beiträge, in denen betont wird, wie wichtig gute Ehen und feste Familienbande sind. Der Begriff „Familienwerte" hat sich eingebürgert und ist in aller Munde.

Obwohl also in unserer Gesellschaft ein Bewußtsein für die Notwendigkeit einer stabilen Familie vorhanden ist, wissen nur wenige, wie man sie aufbauen kann. Deshalb haben wir vor fast zwanzig Jahren die Beratungsorganisation „Family Life" aufgebaut, und deshalb haben wir auch dieses Buch zusammengestellt – damit unsere Leser von biblischen Prinzipien erfahren und sie zum Aufbau einer Familie nach Gottes Willen anwenden.

Zwar kann man dieses Andachtsbuch auch für die persönliche „Stille Zeit" verwenden, doch wirkt es besonders nachhaltig, wenn Sie sich täglich mit Ihrem Partner hinsetzen und es gemeinsam durchlesen. Unserer Erfahrung nach wünschen sich die meisten christlichen Paare gemeinsames Gebet und Gespräche zu biblischen Themen. Aber sie praktizieren es einfach nicht. Sie lassen zu, daß andere Aktivitäten das verdrängen, was der wichtigste Aspekt ihrer ehelichen Beziehung sein sollte.

Stellen Sie sich der Herausforderung, mit der Norm zu brechen. Verwenden Sie dieses Andachtsbuch, um gemeinsam nach Gott zu fragen. Kommen Sie einander geistlich näher, wenn Sie die Seiten durcharbeiten. Vielleicht könnten Sie abends vor dem Schlafengehen ein paar Minuten für den jeweiligen Tagesabschnitt erübrigen und gemeinsam beten. Wenn Sie das im nächsten Jahr tun, garantieren wir Ihnen, daß Ihr Eheleben eine ganz neue Dimension von Einheit und Intimität gewinnt. Sie könnten nichts Besseres in Ihre Ehe investieren.

Dennis und Barbara Rainey

Auf die Wahrheit reagieren

Weise mir, Herr, deinen Weg, daß ich wandle in deiner Wahrheit.
Psalm 86,11

In einer nebligen Nacht bemerkte der Kapitän eines großen Schiffes etwas, das ganz nach den Lichtern eines zweiten Schiffes aussah. Es kam immer näher. Dieses andere Schiff befand sich auf Kollisionskurs! Schnell signalisierte der Kapitän: „Bitte Kurs um zehn Grad West ändern."
Die Antwort kam als Lichtzeichen durch den dicken Nebel: „Ändern Sie Kurs um zehn Grad Ost."
Ungnädig machte der Kapitän seinen Rang geltend und signalisierte zurück: „Ich bin Kapitän mit fünfunddreißig Jahren Berufspraxis. Kurs um zehn Grad West ändern!"
Unverzüglich kam das Lichtsignal: „Bin einfacher Seemann. Ändern Sie Kurs um zehn Grad Ost!"
Wütend wurde der Kapitän sich bewußt, daß die Kollision nur noch Minuten bevorstand. Also gab er eine letzte Warnung: „Steuere einen 50.000-Tonnen-Frachter. Kurs um zehn Grad West ändern!"
Darauf die einfache Reaktion: „Sitze im Leuchtturm. Ändern Sie Kurs!"

Wenn wir mit der Wahrheit konfrontiert werden, müssen wir vielleicht wie der Kapitän den Kurs ändern. So etwas kommt vor, wenn es uns wichtig wird, Gottes Wort zu lesen und danach zu handeln. Es ist die ewige Wahrheit. Sie ist unabänderlich. Also müssen wir unser Leben darauf einstellen, um dieser Wahrheit zu entsprechen.
Viele von uns leben an der Wahrheit von Gottes Wort vorbei, weil wir nicht wirklich danach leben wollen. Christus sagt im Johannesevangelium 8,32: „Die Wahrheit wird euch frei machen." Doch trifft leider zu, was Herbert Agar schreibt: „Die Wahrheit, die den Menschen frei macht, ist meistens das, was wir Menschen nicht hören wollen."
Was bedeutet die Bibel Ihnen? Eine Sammlung netter Geschichten? Die Grundlage einer konservativen Weltanschauung? Oder ist sie Gottes Wort, „lebendig und kräftig und schärfer als jedes zweischneidige Schwert"? Hält uns irgend etwas davon ab, dem Wort Gottes in jedem Lebensbereich zu gehorchen – im Beruf, in der Ehe, in der Familie? Müssen Sie den Kurs ändern, auf dem Sie sich gerade befinden?

Gebetstip
Bitten Sie Gott, daß sein Wort Ihr Maßstab bei Entscheidungen wird. Es ist nämlich der Fels, die Grundlage für alles, was im Leben Wert und Rang hat.

2. Januar

Das Beste daraus machen

So seht nun sorgfältig darauf, wie ihr euer Leben führt, nicht als Unweise, sondern als Weise, und kauft die Zeit aus.
Epheser 5,15–16

Wenn eines Tages die Kinder aus dem Haus sind, haben Barbara und ich Unmengen von Eis ganz für uns allein. Die Dose mit den Schokoriegeln werde ich nicht mehr leer und mit klebrigem Deckel auffinden. Wir kaufen uns einen kleineren Kühlschrank und essen wieder an dem antiken Tisch, den wir uns gleich nach der Hochzeit geleistet haben. Das Auto wird wieder sauber sein. Die Ablage ist weder mit Sonntagsschulblättchen noch mit versteinerten Kartoffelchips belegt. Weder Kaugummis, Legos oder Matchboxautos noch Puppenkämme oder gar Angelhaken werden die Fußmatten zieren.

Die Türen bleiben geschlossen, und ich muß nicht mehr ständig durchs Haus gehen, um jedes Licht auszuschalten. Wir stolpern nicht mehr über Scharen von Teddys, Puppen und Stofftieren, die auf dem Teppich grasen oder schlummern.

Es wird weniger Werkzeug verloren gehen. Keine hektischen Suchaktionen mehr nach verschwundenen Bettdecken! Jede Socke wird wunderbarerweise zum Paar, und die Autoschlüssel hängen immer genau da, wo sie hingehören.

Natürlich ändert sich auch manches andere.

Wenn die Kinder aus dem Haus sind, werden wir nicht mehr das Trippeln von kleinen Füßen im Flur hören, und wir werden das Gefühl des warmen, kleinen Körpers, der am Samstagmorgen ins Bett gekrabbelt kommt und sich ankuschelt, vermissen.

Keine Spitzenkleidchen mehr zu Ostern, kein erster Schultag! Kein Picknick im Baumhaus! Keine Angel- oder Jagdausflüge, kein Sandburgenbauen am Strand.

Eines Tages wird es keine selbstgemachten Karten zum Muttertag mehr geben, auf denen „Die beste Mama der Welt" steht. Niemand mehr macht Kreidezeichnungen, Verse oder Strichmännchen auf Schmierpapier und klebt sie an den Kühlschrank.

Bis also diese Tage anfangen, genießen wir unsere gemeinsamen Augenblicke. Wir wollen den Rat des Apostels Paulus ernst nehmen, so fröhlich es geht: „Kauft die Zeit aus."

Auch wenn alles klebt.

Gebetstip

Beten Sie um Zufriedenheit und die Fähigkeit, sich auf das zu konzentrieren, was Gott Ihnen zur Zeit aufgetragen hat.

Gegen die Einsamkeit in der Masse

3. Januar

Und Jesus fragte: „Wer hat mich berührt?"
Als es aber alle abstritten, sprach Petrus:
„Meister, das Volk drängt und drückt dich."
Jesus aber sprach: „Es hat mich jemand berührt."
Lukas 8,45–46

Bei einer Weltbevölkerung von annähernd 5 Milliarden Menschen mag es seltsam anmuten, wenn viele die Beobachtung machen, daß das größte Problem in unserer Gesellschaft die Einsamkeit ist. Dieses weit verbreitete Paradoxon wird oft als „Einsamkeit in der Masse" bezeichnet.

Obwohl man meinen sollte, die Familie sei das beste Gegenmittel bei Einsamkeit, wissen wir alle, daß es nicht immer so funktioniert. In großen und kleinen Familien, unter Geschwistern und zwischen Mann und Frau wird der individuelle Bedarf an „Zugehörigkeit" oft außer acht gelassen. Da kommt Einsamkeit auf: Gewisse Gesprächsthemen sind tabu; gehaltvolle Gespräche werden durch Fernsehen, oberflächliches Geplauder oder Schweigen verdrängt; gemeinsame Stunden sind wegen des vollen Terminkalenders unmöglich; die Frau geht in den Kindern auf, der Mann in seiner Arbeit, um jeder Intimität aus dem Weg zu gehen; man entzieht sich der Auseinandersetzung über wichtige Themen und beschwichtigt den Konflikt mit der Einstellung „Frieden um jeden Preis".

Jesus lebte in einer winzigen, überbevölkerten Gegend von Palästina. Unglaublich, daß er inmitten der Menge, wo jeder jeden anrempelte, die persönliche Berührung einer einsamen Frau bemerkt haben sollte. Und doch war es so.

Auch in Ihrer Familie kann es so zugehen. Sie kann zum Ort werden, an dem jedes Mitglied ein Gefühl der Geborgenheit und Zusammengehörigkeit verspürt und erlebt, wie seine persönlichen Bedürfnisse berücksichtigt werden.

Mit seiner Strategie, die Menschen voneinander zu isolieren, ist Satan sehr erfolgreich. Wirkt sich seine Strategie auch in Ihrer Familie aus?

Gebetstip
Bitten Sie Gott, daß er jedem Familienglied ein wenig von Jesu Fähigkeit zuteilt, die Gefahr der „Einsamkeit in der Menge" zu überwinden.

4. Januar

Das Bild auf dem Deckel

*Wenn der Herr nicht das Haus baut,
so arbeiten umsonst, die daran bauen.*
Psalm 127,1

In jedem Herbst teile ich meine Sonntagsschüler zu einem Puzzlewettbewerb in drei Gruppen auf. Wenn die Zwölfjährigen sich in drei Kreise auf dem Boden formiert haben, erkläre ich, daß es nur eine Regel gibt: das Puzzle zusammenzusetzen, ohne miteinander zu reden.

Der Inhalt des einen Puzzles wird auf dem Boden ausgeleert, und Gruppe eins geht sofort ans Werk. Als erstes wird der Deckel aufgestellt, auf dem das Bild des Puzzles zu sehen ist.

Dann gehe ich zur zweiten Gruppe, kippe die Stücke auf den Boden und gebe schnell einen Deckel dazu. Die Gruppe weiß allerdings nicht, daß es der Deckel für ein anderes Puzzle ist!

Die dritte Gruppe bekommt die gleichen Teile, aber keinen Deckel dazu. Meist fangen die Kinder an zu protestieren, aber ich erinnere sie schnell daran, daß sie nicht reden dürfen!

Faszinierend, was man dann beobachten kann:

Gruppe eins ist irgendwie enttäuscht, daß man nicht miteinander reden darf, schreitet mit dem Werk aber stetig voran. Gruppe zwei versucht, das Vorbild anzuwenden, aber es klappt einfach nicht. Weil die Kinder nichts sagen dürfen, tut die Ohnmacht ihnen geradezu weh. Die Mitglieder schauen mich flehend an. Bald wird das falsche Deckelbild weggeworfen.

Gruppe drei ist ganz besonders interessant. Weil die Kinder keine Anleitung haben, macht jeder seinen eigenen Kram. Dann geben alle auf und sitzen nur noch abwartend herum.

Ist das ein gemeines Spiel? Nein, ich will damit etwas deutlich machen.

Das Leben, die Ehe und die Familie setzen sich wie ein Puzzle aus Teilen zusammen. Sie stehen uns allen zur Verfügung, doch man ist auf etwas Bestimmtes angewiesen, um aus dem Durcheinander Ordnung zu schaffen.

Es gibt viele konkurrierende Pläne und Vorbilder, die unsere Aufmerksamkeit erregen. Ganz ohne Vorlage verliert man sehr schnell den Faden, und mit einer falschen Vorlage kommt man auch nicht weit. Es ist das einzig Sinnvolle, sich nach dem Gott zu richten, der die Familie geschaffen hat, wenn man einen funktionierenden Plan studieren will.

Es ist nie zu spät, um nach der Bibel zu greifen und sich an dem richtigen „Deckelbild" zu orientieren.

Gebetstip

Bitten Sie Gott, daß er Sie erkennen läßt, ob Sie vielleicht Ihre Ehe und Ihr Leben nach dem falschen Deckelbild zusammenzupuzzeln versuchen.

Staunen

*Und sie entsetzten sich über seine Lehre;
denn er lehrte mit Vollmacht und nicht wie die Schriftgelehrten.*
Markus 1,22

Januar 5.

Haben Sie Jesus schon einmal gesehen? Damit meine ich den Jesus Christus der Bibel, nicht irgendein überdimensioniertes Denkmal. Wenn ich mich im Markusevangelium umschaue, sehe ich einen Christus, der mich das Staunen lehrt. Offensichtlich beeindruckte er die Menschen ebenso, denen er begegnete, als er auf der Erde lebte.

Zum einen waren es seine erstaunlichen Lehren. Die Menschen wurden im Innersten von der Autorität gepackt, mit der er lehrte.

Zum andern wirkte er Wunder, die alle erstaunten. Er heilte Blinde, Kranke und Aussätzige. In Markus 4,35-41 findet sich eine Geschichte, die uns Einblick in ein Wunder gibt, das Jesus vollbrachte. Es handelt sich nicht um einen Mythos. Hier ereignete sich tatsächlich etwas. In diesem Text wird beschrieben, wie Jesus mit seinen Jüngern zusammen war und den Sturm beschwichtigte.

Sie oder ich könnten an einem windigen Tag nach draußen gehen und zum Wind sagen: „Hör auf." Er würde aber einfach weiter wehen. Man könnte eine Mauer bauen, aber der Wind würde nicht aufhören zu blasen. Er ginge über die Mauer hinweg. Doch Jesus machte aus den wütenden Wogen einen spiegelglatten See, indem er ein einziges Wort sprach.

Christus heilte die Kranken, speiste die Fünftausend und ging nicht nur auf dem Wasser, sondern ermöglichte es Petrus, das gleiche zu tun. Manchmal frage ich mich, wie Petrus sich fühlte, als er über den Rand des Bootes trat. Er hielt den Blick auf Jesus gerichtet, machte einen Schritt und stand auf einer festen Oberfläche. Dann spürte er Wind und Wellen, geriet ins Zweifeln und versank.

In manchen Predigten wird Petrus mit Kritik bedacht, weil er scheiterte und versank. Er habe gezweifelt, sei ungläubig gewesen. Immerhin aber hatte er den entscheidenden ersten Schritt gewagt – er hatte genug Glauben bewiesen, aus dem Boot und „auf" das Wasser zu steigen! Die anderen Jünger haben das nicht gewagt. Außer Jesus war er der einzige Mensch in der Geschichte, der auf dem Wasser ging.

Haben Sie schon einmal über das gestaunt, was Jesus lehrte? Haben Sie schon einmal den Schritt gewagt, ihn beim Wort zu nehmen?

Gebetstip
Bitten Sie Gott, daß kein Tag vergeht, an dem Sie nicht Jesus als Ihren persönlichen Messias erkennen und über ihn staunen.

Kommunikation oder Isolation

Aber ich habe seit vielen Jahren das Verlangen, zu euch zu kommen, wenn ich nach Spanien reisen werde. Denn ich hoffe, daß ich bei euch durchreisen und euch sehen kann.
Römer 15,23–24

Captain McDaniel klopfte an die Wand seiner Zelle im „Hanoi Hilton" – poch-poch . . . poch-poch-poch. Er bediente sich des speziellen Lagercodes, mit dem die Gefangenen die Kommunikation aufrechterhielten. Damit begab er sich in Lebensgefahr, denn eins der strengsten Gesetze im berüchtigten vietnamesischen Kriegsgefangenenlager lautete: Keine Kommunikation mit anderen Gefangenen.

Seine Bewacher wollten alle „Gäste" voneinander getrennt und damit verwundbar halten. McDaniel befand sich in Isolationshaft. Während die langen Stunden und Tage verstrichen, lernte er seinen wahren Feind kennen – die Einsamkeit. Er war allein; ohne menschlichen Kontakt oder Gespräche. Außer dem eintönigen, stillen Dunkel der Einsamkeit war ihm nichts geblieben.

Der Höhepunkt jedes Tages war der Gang in den Waschraum, wo es ihm gelang, ein paar kurze geflüsterte Worte mit zwei anderen Amerikanern zu tauschen. Sie lehrten ihn den Campcode, bei dem die Buchstaben des Alphabets mit einer bestimmten Zahl von Klopfzeichen dargestellt wurden.

McDaniel, der in seinem Buch „Scars and Stripes" von den langen Jahren der Gefangenschaft berichtet, erlebte mit, wie fast fünfzig gut ausgebildete, gesunde Männer in die Isolationshaft geschickt wurden. Man hat nie wieder von ihnen gehört. Für ihn selbst war Kommunikation die Alternative zum Tod. Wenn ein neuer Gefangener den Code nicht innerhalb von dreißig Tagen gelernt hatte, zog er sich allmählich in sich selbst zurück. Er verlor den Appetit und langsam auch den Willen zum Überleben. Nach und nach wurden ihm durch die Isolation von seinen Mitmenschen die Lebenskräfte ausgesaugt.

Isolation und mangelhafte Kommunikation berauben auch eine Beziehung ihrer Lebenskräfte. Wie der Apostel Paulus sehnen sich die meisten Menschen nach Vertrautheit und Gemeinschaft, doch ohne Kommunikation sind diese Bedürfnisse nicht zu verwirklichen.

Halten Sie die Kommunikation lebendig – sie ist für Ihre Ehe überlebenswichtig!

Gebetstip

Bitten Sie Gott, daß die „Leitungen" Ihrer Kommunikation nicht unterbrochen werden und Ihre Beziehung zu Gott und Ihrer Familie ständig neue Nahrung bekommt.

Bleibende Werte schaffen (Teil 1)

So seht nun sorgfältig darauf, wie ihr euer Leben führt, nicht als Unweise, sondern als Weise, und kauft die Zeit aus.
Epheser 5,15–16

7. Januar

Als ich eines Abends von der Arbeit nach Hause fuhr, schaltete ich das Radio ein, um Nachrichten zu hören. Was der Moderator dabei mit ungewöhnlicher Direktheit zum Besten gab, riß mich aus meinem Dämmerzustand heraus: „Hoffentlich haben Sie heute irgend etwas Wertvolles zustande gebracht. Wenn nicht, dann haben Sie einen ganzen Tag verschwendet."

Diese Aussage sprach mich sofort an. Glücklicherweise war mir ziemlich wohl dabei, wie ich heute mit meiner Zeit umgegangen war. Immerhin hatte ich so manches Problem einer schnell wachsenden Firma gelöst. In zehn Minuten aber würde ich zu Hause sein, wo eine liebenswerte Frau und meine sechs Kinder meine ganze Aufmerksamkeit erforderten.

Ob ich bei ihnen wohl bleibende Werte zustande bringen konnte?

Ist doch nicht mehr als ein ganz normaler Abend, dachte ich, und außerdem bin ich erschöpft. Dann kam mir in den Sinn, wie sich aus der Folge von einem Abend nach dem andern, dreihundertfünfundsechzigmal, ein Jahr ergibt. Die Abende und Jahre vergingen scheinbar immer schneller.

Noch fünf Minuten, und ich bin zu Hause.

Ich wette, daß ich nicht der einzige Mann bin, der jetzt total müde ist. Auf jeden Fall bin ich für meine Kinder ein überdurchschnittlich guter Vater, dachte ich selbstgefällig.

Eine andere Frage ließ sich aber nicht übertönen: Hat Gott mich dazu berufen, als Mann und Vater gerade mal den Durchschnitt zu übertreffen? Sollte ich nicht vielmehr gehorsam sein und mein Allerbestes geben?

Ist doch bloß ein einziger Abend. Was wollte ich heute erreichen? Wollte ich etwa die ganze Zeit vor dem Fernseher verschwenden? Sollte ich nicht lieber in eine möglichst positive Zukunft investieren?

Mir war danach zumute, wenigstens heute Abend einmal selbstsüchtig zu sein. Wenn aber Barbara genauso dachte? Wer war dann im Dienst?

Noch eine Minute bis nach Hause.

Nur diesen Abend, Herr. Ist doch nur ein Abend. Doch dann kam der gleiche Engel, der Jakob zu Boden gerungen hatte, und nahm mich in den Schwitzkasten, als ich in die Garage fuhr.

Na gut, Herr, du hast mich rumgekriegt.

Gebetstip

Bitten Sie Gott, daß er Ihnen trotz beruflichem Druck und vollem Terminkalender hilft, das Wichtigste nicht außer acht zu lassen. Bitten Sie ihn um den Mut, das Rechte zu tun.

Bleibende Werte schaffen (Teil 2)

*Darum werdet nicht unverständig, sondern versteht,
was der Wille des Herrn ist.*
Epheser 5,17

Als die Kinder mit Indianergeheul mein Auto umringten und „Papa, Papa, Papa" schrien, war ich froh, daß ich mich an diesem Abend richtig entschieden hatte.

Beim Abendessen wurde es zeitweise richtig nostalgisch. Wir füllten uns nicht nur die Mägen, sondern suchten alle nach einer Antwort auf die Frage: Was war im letzten Jahr dein schönstes Erlebnis mit der Familie?

Nach dem Essen machte ich den Kindern drei Vorschläge: Entweder gemeinsam Monopoly spielen, ein gutes Buch lesen oder auf dem Wohnzimmerboden toben. Was haben sie sich wohl ausgesucht?

Drei kleine Sumo-Ringer schnappten sich meine Beine und schleppten mich ins Wohnzimmer. Papa wurde von den Kindern zu Boden gedrückt. Mama wurde von Papa gekitzelt. Und in der nächsten Stunde flogen die Kinder (buchstäblich) durch die Luft. Selbst unsere zehnmonatige Tochter war mittendrin und drosch auf mich ein, als sie sich die Aktionen der anderen Kinder lange genug angesehen hatte.

Ob sich die Kleinen noch lange an diesen Abend erinnern werden? Vielleicht, aber ich habe meine Zweifel.

Habe ich den Abend also doch verschwendet? Nein! Mit der Kraft, die Gott uns schenkt, habe ich mein Bestes getan, um etwas Bleibendes zu hinterlassen – ein Erbe der Liebe, das mich überleben wird.

Wenn Sie wie ich immer mal wieder entscheiden müssen, was Vorrang hat, hilft es Ihnen vielleicht, die Verse aus dem Epheserbrief auswendig zu lernen. Der „Unverständige", von dem Paulus schrieb, ist für uns nie ein Vorbild gewesen. Wir geraten in diesen Zustand einfach so hinein – von einem Tag zum andern.

Hoffentlich haben Sie heute etwas von bleibendem Wert getan. Und hoffentlich auch am Feierabend.

Gebetstip
Beten Sie, daß Gott Ihnen hilft, die richtigen Prioritäten zu setzen und die Dinge aus seiner Perspektive zu betrachten.

Wo bleiben die Männer?

Ein Messer wetzt das andere und ein Mann den andern.
Sprüche 27,17

9. Januar

$\mathcal{E}$in Junge ist während seiner Entwicklung auf mindestens einen Mann angewiesen, der sich um ihn kümmert. Dieser Mann muß sich für ihn Zeit nehmen, ihm ein Vorbild sein, ihn zurechtweisen und ermutigen. Wenn der Vater so etwas nicht bieten kann, braucht der Junge einen anderen Mann, zu dem er aufschauen kann – einen Mentor.

Was ist aus den Vätern und Mentoren geworden? Auf jeden Fall kann ich sagen, wo sie nicht zu finden sind. Sie fehlen bei Elternabenden und Schulkonzerten. Sie melden sich nicht als Sonntagsschullehrer. Sie sitzen nicht mit ihrem kranken Kind im Wartezimmer des Kinderarztes. Man trifft dort viele Frauen an, Dutzende von Großmüttern, aber fast nie Männer.

Ihre Söhne und die Jungen in Ihrem Bekanntenkreis brauchen Männer, die ihnen eine Vorlage für ihr eigenes Leben bieten, ein Rollenvorbild. Solch ein Mann kann einem Jungen allein durch sein eigenes Leben verdeutlichen, wie man ein anständiges Leben führen kann. Vielleicht sind Sie für die Jungen in der Nachbarschaft der einzige gläubige Mann oder Vater.

Ein Junge ist auf Männer angewiesen, die für ihn da sind und Bedürfnisse stillen, auf die ihr vielleicht abwesender Vater nicht eingehen kann. Es müssen Männer sein, die sich nicht zu schade sind, als Trainer für Kindermannschaften, als Pfadfinderleiter, als großer Bruder oder Grundschullehrer aufzutreten. Sie müssen ihre Liebe, ihr Wissen, ihre Fertigkeiten und ihre Zeit zur Verfügung stellen. Ein Mann sollte sich Zeit nehmen, bei Hausaufgaben zu helfen. Er sollte seinen Kindern Geschichten vorlesen, sie zum Ballett fahren und sie beim Fußballspielen anfeuern.

Woran denkt Ihr Sohn oder Ihre Tochter zuerst, wenn es um den Vater geht? Geschenke, Spielzeug, wenig Zeit? Oder sehen sie einen Mann vor sich, der sich auf die Seite seines Kindes gestellt hat?

Gebetstip
Bitten Sie Gott, daß er Ihnen die Kraft zu schwierigen Entscheidungen gibt, um der Familie Vorrang vor Arbeit und Hobby zu gewähren.

So ein wunderbarer Tag (Teil 1)

von Barbara Rainey

*Wem eine tüchtige Frau beschert ist,
die ist viel edler als die köstlichsten Perlen.
Sie schaut, wie es in ihrem Hause zugeht,
und ißt ihr Brot nicht mit Faulheit.*
Sprüche 31,10.27

Ja, ich bin die tüchtige Frau aus Sprüche 31. Bei den Raineys klappt es im Haushalt wie von selbst. Sie glauben mir nicht? Gut! Ich hasse nämlich dieses moderne Klischee, das sich über diese Frau aus Sprüche 31 gelegt hat. Auch sie war nicht vollkommen, sondern lebte wie alle anderen auf dem harten Boden der Realität.

Ich möchte Ihnen einmal von so einem gar nicht guten, ausgesprochen schlechten Tag erzählen, wie er sich hin und wieder ereignet.

Dennis und ich bereiteten uns auf eine Reise mit unseren Kindern vor, bei der ein wenig Urlaub mit Vortragsverpflichtungen auf einer Konferenz verbunden war. Um neun Uhr morgens wurde meine Waschmaschine ausgesprochen undicht und entleerte die Lauge literweise auf den ganzen Küchenboden.

Unsere Jüngste, Laura, war krank, und unsere Älteste, Ashley, hatte Klavier- und Nachhilfestunden. Ich schaffte es trotzdem, die Wäsche zu einem Waschsalon in der Nähe von Kinderarzt und Klavierlehrerin zu schaffen. Es stellte sich heraus, daß Laura eine Mittelohrentzündung hatte. Ich besorgte die verschriebene Medizin, füllte die Waschmaschinen mit mehreren Wäscheladungen, holte Ashley ab und raste zurück nach Hause.

Andauernd klingelte das Telefon. Laura fummelte nach wie vor quengelnd an ihrem Ohr herum. Plötzlich war es fünf Uhr abends, und ich hatte mir noch keine Gedanken über das Essen gemacht. Schlimmer noch, selbst die Koffer waren noch nicht gepackt, und die vier größeren Kinder sollten heute abend zu einem Treffen ihrer Jugendgruppen in die Kirche!

Ich rief Dennis an. Wir entschieden uns für ein Hamburgerlokal in der Stadt. Ich lud die Kinder in den Wagen und fuhr zu Dennis. Dann schlangen wir rasch etwas hinunter und eilten zur Kirche. Danach flitzte ich mit den beiden Kleinen nach Hause, brachte sie zu Bett und packte die Koffer. Derweil fuhr Dennis für ein paar letzte Besorgungen in die Stadt. Später brachte er die Kinder nach Hause.

Das war allerdings noch lange nicht das Ende dieses wunderbaren Tages...

Gebetstip
Bitten Sie Gott, daß er die Hektik des Lebens und die vielen Aufgaben in Ehe und Familie dazu benutzt, Ihre Beziehung zu ihm zu stärken.

So ein wunderbarer Tag (Teil 2)

von Barbara Rainey

So zieht nun an . . . herzliches Erbarmen, Freundlichkeit, Demut, Sanftmut, Geduld; und ertrage einer den andern und vergebt euch untereinander, wenn jemand Klage hat gegen den andern.
Kolosser 3,12–13

Gegen Mitternacht war Dennis mit seiner Arbeit fertig und kam hoch, um mir beim Packen zu helfen. Als er einen Anzug aus dem Schrank holte, gab er eine von diesen klassischen männlichen Beobachtungen zur Organisationskunst zum besten: „Weißt du, Liebling, dieser Streß bis zur letzten Minute wäre nicht nötig, wenn du nur ein bißchen vorausplanen würdest."

Ich merkte, wie die Wut in mir bis in die letzte Haarspitze aufwallte. Aber ich biß mir auf die Zunge, denn er wollte mir ja nur helfen.

Endlich, um zwei Uhr morgens, fielen wir ins Bett. Schon um halb sechs mußten wir aufstehen. Ich war so müde, daß ich kaum die Augen offenhalten konnte. Auf dem Weg zum Flughafen versuchte Dennis, mir weitere hilfreiche Hinweise zu geben:

„Du nimmst dir vor solchen Reisen zuviel vor. Wenn du es einmal schaffen würdest, dich auf das Wichtigste zu beschränken, hätten wir alle es viel leichter, besonders du."

Das gab mir den Rest. „Auf das Wichtigste beschränken? An welcher Stelle kommt denn die kaputte Waschmaschine und ein krankes Kind? Wo soll ich die Mechaniker einplanen, wenn sie einen Tag vor unserer Abfahrt eine Katastrophe im Haus anrichten? Ich versuche alles hinzukriegen, damit wir bei der Rückkehr nicht im Chaos versinken, und du willst mir beibringen, mich auf das Wichtigste zu beschränken!"

Dennis war wie gelähmt. Seine zuverlässige, liebevolle, meist unerschütterliche Frau flippte aus! Der Rest der Fahrt verlief in eisigem Schweigen.

Jetzt standen wir vor einer Entscheidung: Wir konnten unseren Konflikt lösen und den Urlaub retten, oder wir konnten den Ärger auf kleiner Flamme köcheln lassen.

Als wir angekommen waren und alles verstaut hatten, sagte ich deshalb Dennis, daß mir mein Wutausbruch leid tue. Er umarmte mich und sagte: „Liebling, mir tut es leid, was ich gesagt habe. Das war nicht besonders sensibel. Du hast eine tolle Art, alles in Ordnung zu bringen und uns reisefertig zu machen. Ich fühle mich ganz schlecht, wenn wir beide Streit haben."

Gebetstip
Bitten Sie Gott, daß er Ihnen genug Entschlußkraft gibt, aufkommenden Ärger nicht gären und dadurch Ihre Einheit zerstören zu lassen.

Ehegründe

*Es ist nicht gut, daß der Mensch allein sei;
ich will ihm eine Gehilfin machen, die um ihn sei.*
1. Mose 2,18

Warum haben Sie geheiratet? War es der Sex? Die Romantik? Kameradschaft? Sicherheit? Um Kinder zu bekommen? Es gibt gute Gründe für eine Ehe, aber es gibt auch kindische. Vor Jahren habe ich einen Artikel gelesen, in dem sich ein paar witzige Bemerkungen aus Kindermund fanden:

Gwen, neun Jahre: „Wenn ich heirate, dann muß es jemand sein, der groß und reich ist, gut aussieht und Spinat genauso haßt wie ich."

Arnold, sechs Jahre: „Ich will heiraten, aber nicht gleich jetzt, weil ich noch nicht allein über die Straße gehen kann."

Steve, zehn Jahre: „Ich möchte eine Frau wie meine Mutter heiraten, aber ich will nicht, daß sie mich zwingt, das Zimmer aufzuräumen."

Bobby, neun Jahre: „Ich möchte nicht unbedingt eine reiche Frau heiraten. Hauptsache, sie bekommt ein größeres Taschengeld als ich."

Raymond, neun Jahre: „Erstens muß sie Pizza mögen, außerdem Käsekuchen und dann auch noch Sahnebonbons. Dann weiß ich, daß unsere Ehe für immer hält."

Wir lächeln über diese kindischen Aussagen, und doch hatte ich schon viele seelsorgerliche Gespräche mit Ehepaaren, deren Ehegründe nicht unbedingt besser durchdacht waren.

Lucius Annaeus Seneca (4 v. Chr.–65 n. Chr.), der römische Philosoph, hat folgendes geschrieben: „Man muß wissen, welchen Hafen man ansteuern will, um den richtigen Wind für dieses Ziel zu nutzen."

Im 1. Buch Mose wird beschrieben, wie Gott nach Adams Erschaffung erkannte, daß es nicht gut sei, wenn er allein bliebe. Also schenkte er ihm eine Partnerin.

Da Gott die Ehe schuf, hat er damit logischerweise Absichten verbunden. Es ist Gottes Plan für die Ehe, an den wir uns halten müssen. Er weist den Weg zum Hafen, den wir ansteuern wollen. In den kommenden Andachten möchte ich seinen Plan für die Ehe etwas näher betrachten.

Gebetstip
Bitten Sie Gott, daß er Sie und Ihre Familie davor bewahrt, ziellos durch das Leben zu treiben, und daß er Ihrer Familie seinen Plan mit Ihnen mitteilt und die Richtung weist.

Das Bild Gottes widerspiegeln

*Und Gott schuf den Menschen zu seinem Bilde,
zum Bilde Gottes schuf er ihn
und schuf sie als Mann und Weib.*
1. Mose 1,27

Im Schlafzimmer meiner Mutter hängt ein Foto von einem Gebirgssee. Das Wasser ist glasklar und spiegelglatt, und das Spiegelbild der Berge darin ist gestochen scharf. Wenn man das Foto nimmt und auf den Kopf stellt, könnte man nicht sagen, was das richtige Gebirge und was das Spiegelbild ist.

Wenn ich mir das Bild ansehe, denke ich an Gottes wichtigsten Grund für die Ehe: sein Bild widerzuspiegeln. Gott „widerspiegeln" bedeutet, sein Wesen auszustrahlen; ihn mit unserem Leben abzubilden. Eine gelungene Ehe zweier überzeugter Christen bietet ein faßbares Modell von Gottes Liebe und macht sie einer Welt sichtbar, die sie dringend nötig hat.

Weil wir nach dem Bilde Gottes geschaffen sind, sollte jeder Mensch, der ansonsten keine Ahnung von Gott hat, beim Blick auf uns einen Eindruck von Gottes Art bekommen. Wenn Menschen einander lieben und trotz ihrer Fehler zueinanderstehen, sind sie Gott so ähnlich wie sonst nie.

Was aber passiert, wenn man einen Stein in dieses vollkommene Spiegelbild wirft? Mein guter Freund und Kollege Dave Sunde erzählte einmal, daß er an einem klaren, ruhigen Tag zu einem ähnlichen Gebirgssee gefahren war. Er sah zu, wie ein kleiner Junge ein Steinchen in das glatte Wasser warf und das vollkommene Spiegelbild der Berge sofort völlig erschüttert und verzerrt wurde.

Gottes Abbild, sein Spiegelbild in uns, verzerrt sich, wenn Mann oder Frau Sünde in ihr Leben oder die Beziehung eindringen lassen. Ihre Ehe stellt Gott dar; schützen Sie sie vor den „Steinen", die sein Abbild zerstören und nachhaltige Kreise in Ihrem Leben ziehen.

Gebetstip
Bitten Sie Gott, daß er Ihnen hilft, den „Spiegel" glatt und rein zu erhalten, damit sein Bild durch die Art, wie Ihre Familie zusammen lebt, widergespiegelt wird.

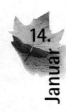

14. Januar

Gottes Erbe weitergeben

*Er richtete ein Zeugnis auf in Jakob
und gab ein Gesetz in Israel
und gebot unsern Vätern, es ihre Kinder zu lehren,
damit es die Nachkommen lernten, die Kinder,
die noch geboren würden . . .
daß sie setzten auf Gott ihre Hoffnung
und nicht vergäßen die Taten Gottes,
sondern seine Gebote hielten.* Psalm 78,5–7

Besonders wirkungsvoll wird Gottes Ebenbild widergespiegelt, wenn unsere Nachkommen – unsere Kinder – ebenfalls Kinder Gottes werden und so von einer Generation zur nächsten ein Abbild von Gottes Wesensart sichtbar weitergereicht wird.

Von Anfang an hatte Gott vor, daß die Familie als eine Art Gewächshaus dient. In diesem nährstoffhaltigen Boden sollen Kinder zu Charakterstärke, Wertverbundenheit und Integrität erzogen werden.

In Psalm 78 werden die Eltern aufgerufen, ihren Kindern zu vermitteln, wie Gottes Wesen ist. Was für eine wunderbare Art, Menschen ins Reich Gottes einzuführen! Aus einer solchen Erziehung können sehr stabile, gefestigte Christen hervorgehen, die tief in einem festen Boden verwurzelt sind.

Leider passiert oft das Gegenteil. Viele Eltern nehmen diese Aufgabe zu verbissen ernst und vermitteln ihren Kindern ein Bild von Gott und dem Christsein, das ihre Haltung zum Glauben nachhaltig negativ prägt. Das hängt mit dem eigenen Gottesbild zusammen. Wer Gott als strengen Herrscher voller Ansprüche und Verbote erlebt, kann seinen Kindern kein anderes Spiegelbild Gottes vorhalten. Oft lehnen Kinder aus extrem streng gläubigen Elternhäusern später das Christsein total ab, weil sie Glauben immer mit Zwang und Druck in Verbindung bringen. Das ist ebensowenig in Gottes Sinne, wie die christliche Erziehung der Kinder völlig zu vernachlässigen.

Die Welt braucht Christen; wir sind das Salz der Erde! Wenn wir unsere gottgegebene Aufgabe nicht wahrnehmen und unseren Glauben nicht an die nächste Generation weitergeben, werden andere Philosophien und Religionen das Vakuum füllen.

Hinterfragen wir unsere eigene Sicht von Gott und das, was wir in unserem Leben widerspiegeln! Sehen wir ihn ganzheitlich, sowohl als großen, heiligen Herrscher, dem wir gehorchen sollen, als auch als liebenden Vater, der uns in jeder Situation auffangen will? Es ist unsere heilige Pflicht, unseren Kindern ein möglichst authentisches Bild von Gott zu vermitteln! Bemühen wir uns darum, unseren Kindern ein ansteckendes Christsein vorzuleben, das das wahre Wesen Gottes widerspiegelt, eines Gottes der Freiheit, der Liebe, der Heilung und Vergebung!

Gebetstip
Beten Sie, daß der himmlische Vater Ihnen hilft, Ihre Kinder so zu erziehen, daß sie Jesus Christus wirklich von ganzem Herzen lieben lernen und die Welt für ihn auf den Kopf stellen!

15. Januar

Lücken füllen

*Es ist nicht gut, daß der Mensch allein sei;
ich will ihm eine Gehilfin machen, die um ihn sei.*
1. Mose 2,18

Adam hatte zunächst kein menschliches Gegenüber. Also entwarf Gott eine Frau, die Adams Bedürfnis nach Intimität entsprach. Im Urtext steht für „Gehilfin" das hebräische Wort mit der Bedeutung „zu ihm passend". Adam brauchte ein Wesen, das ihn ergänzen konnte, weil er allein unvollständig war. Und daraus geht hervor, daß mit der Ehe das Ziel verbunden ist: einander zu ergänzen.

Vielleicht haben sie den ersten „Rocky"-Film gesehen, bevor Sylvester Stallone am laufenden Band Nachfolgestreifen produzierte. Erinnern Sie sich, wie Rocky sich in Adriane verliebte? Sie war das kleine Mauerblümchen aus der Tierhandlung, die Schwester von Pauly, einem Schlägertyp, der im Schlachthaus arbeitete und als Schuldeneintreiber für einen Kredithai tätig werden wollte.

Pauly konnte nicht verstehen, was Rocky an Adriane fand. „Ich kapier's nicht", sagte er. „Was ist schon an ihr dran?"

Wissen Sie, was Rocky antwortete? Ich bezweifle, daß die Drehbuchautoren sich der Tragweite ihrer Worte bewußt waren, und doch haben sie ein perfektes Beispiel dafür geliefert, was in 1. Mose, Kapitel 2 mit „Gehilfin" gemeint ist.

Rocky sagte: „Weiß nicht. Ich schätze, sie füllt meine Lücken."

„Was für Lücken?"

„Sie hat Lücken, ich hab' welche. Zusammen füllen wir unsere Lücken aus."

Auf ganz einfache, aber durchschlagende Art war Rocky da auf eine Wahrheit gestoßen. Er meinte damit, daß er und Adriane Leerstellen im Leben hatten. Wenn aber die beiden zusammenkämen, konnten sie diese leeren Stellen füreinander ausfüllen. Genau das hat Gott im Sinn gehabt, als er für Adam eine Gehilfin schuf. Sie füllte seine Lücken, er die ihren.

Haben Sie jemals über die Lücken nachgedacht, die Sie im Leben Ihres Partners ausfüllen und umgekehrt?

Ich habe nie daran gezweifelt, daß ich Barbara brauche, weil sie meine „Lücken" füllt. Ich brauche sie, weil sie mir Wahrheiten ins Gesicht sagen kann, gute, schlechte und sonstige. Ich brauche Barbara, um eine andere Sichtweise für Beziehungen und Menschen zu gewinnen. Auch verleiht sie meinem Leben Abwechslung und eine gewisse Würze.

Gebetstip

Bitten Sie Gott, daß er Sie die Unterschiede zwischen Ihnen beiden annehmen lehrt und sie zu Bereicherungen für Ihre Beziehungen macht.

Steine setzen oder Kathedralen bauen?

Wie Pfeile in der Hand eines Starken,
so sind die Söhne der Jugendzeit.
Wohl dem, der seinen Köcher mit ihnen gefüllt hat!
Psalm 127,4–5

*E*ltern müssen lernen, ihre Kinder aus der Perspektive Gottes zu betrachten. Ich glaube, daß viele von uns mit der folgenden Geschichte etwas anfangen können:
Ein Mann geht von Tür zu Tür und bittet um Spenden für ein neues Kinderheim. Bei einem Haus trifft er eine gestreßte Mutter an, die so reagiert: „Ich sag' Ihnen mal, was ich mache. Ich gebe Ihnen zwei Kinder mit."
Manchmal sind das die Gefühle, die Eltern für ihre Kinder aufbringen. Einerseits sagen wir: „Natürlich lieben wir unsere Kinder." Dann, im gleichen Atemzug, beschweren wir uns: „Was Kinder heutzutage kosten! Man darf überhaupt nicht mehr an sich selbst denken, wenn man Kinder erzieht." Als ob wir gar nicht meinen, daß es ein Segen ist, Kinder zu haben.
Kinder sind gottgewollte Gaben, keine Unfälle. Sie sind eine Auszeichnung, der Hauptpreis, ein wertvoller Schmuck. Barbara und ich mögen manchmal das Gefühl haben, daß die Kinder unserer Lebensweise im Wege stehen, aber in Wirklichkeit sind sie Teil des Lebens, das Gott uns jeden Tag gibt. Sie sind uns von allerhöchster Stelle verliehen worden.

Ein Mann schaute einmal drei Bauarbeitern zu. Er trat zu dem ersten und fragte: „Was machen Sie da?"
Der Mann antwortete: „Ich setze Steine."
Da ging er zum zweiten, stellte ihm die gleiche Frage und bekam zur Antwort: „Ich ziehe eine Mauer hoch."
Der letzte Maurer aber gab ihm eine andere Antwort: „Ich baue eine Kathedrale."

Bei der Kindererziehung überfällt uns allzu leicht das Gefühl, daß wir nur Steine aufeinander schichten. In Wirklichkeit bauen wir eine Kathedrale. Unser Kind ist uns von Gott gegeben, um es so zu erziehen, daß es im Leben bestehen kann. Es gibt keine verantwortungsvollere Aufgabe!

Gebetstip
Bitten Sie Gott, daß er Sie lehrt, Ihre Kinder in seinem Sinne zu erziehen.

17. Januar

Ihr werdet Ruhe finden

*Kommt her zu mir, die ihr mühselig und beladen seid;
ich will euch erquicken.*
Matthäus 11,28

Wenn ich das Leben in diesen letzten Jahren des zwanzigsten Jahrhunderts mit einem Wort umschreiben müßte, dann würde ich mich für Druck entscheiden. Jeder stellt Ansprüche an uns und unsere Zeit.

Mein Zahnarzt meint, ich müsse jeden Tag Zahnseide benützen und dürfe keine Zahnstocher nehmen. Mein Arzt will wissen, wieviel ich wiege, was ich esse und ob ich genug Sport treibe. Mein Steuerberater verlangt eine genauere Buchführung von mir und möchte, daß ich mein Budget nicht überziehe.

Meine Kollegen erwarten, daß ich Probleme löse, Briefe beantworte, Anrufe beantworte und Entscheidungen treffe. Ich muß Reisen planen, Reden vorbereiten und Artikel schreiben. Ich soll mich an Termine halten, gleich beim ersten Mal alles richtig machen und natürlich in höchster Qualität – schneller, besser, billiger und immer mit der richtigen Einstellung.

Meine Frau Barbara möchte, daß ich ihr mehr von meiner Zeit schenke. Außerdem will sie, daß ich im Haus renoviere, die Geräte repariere und mich im Garten betätige.

Man erwartet von mir, mit den Kindern zu spielen, ihnen ein Vorbild zu sein, ihre Freunde kennenzulernen und herauszufinden, welche Einstellung ihre Eltern haben. Ich muß mich um Schulangelegenheiten kümmern und sie auf das Erwachsenwerden vorbereiten.

Meine Kirche möchte über mich verfügen – ich soll immer dienstbereit sein, in Komitees mitarbeiten und in der Sonntagsschule unterrichten. Zu alledem trägt man den Wunsch an mich heran, mich in der Kommunalpolitik zu engagieren, den Armen zu helfen, im Elternbeirat mitzuarbeiten und bei Bürgerinitiativen mitzumachen. Als Wähler soll ich Bescheid wissen, um welche Themen es geht und was die Kandidaten vertreten.

Dann ist auch Gott noch da. Er gleicht den gesamten Druck mit seinem eigenen aus – er ruft mich dazu auf, ihn zu lieben, ihm zu gehorchen, an seiner Seite zu bleiben und ihm meine Zeit zu geben.

Augenblick mal – es ist doch Gott, dessen Joch sanft und dessen Last leicht ist. Wenn ich ihm meine ganze Geschäftigkeit überlassen kann, dann finde ich Ruhe für meine Seele. Denn bei ihm ist alles genau umgekehrt.

Gebetstip
Bitten Sie Gott, daß er Ihnen zeigt, wie Sie nach seinem Plan leben und Ruhe finden können.

Den Druck lösen

Sorgt euch um nichts, sondern in allen Dingen laßt eure Bitten in Gebet und Flehen mit Danksagung vor Gott kund werden.
Philipper 4,6

Vermutlich könnten die meisten meiner Leser eine ähnliche Litanei von Alltagsstreß auflisten wie ich in meiner letzten Andacht. Unaufhörliche Wellen von Druck machen uns mürbe und ziehen uns in einen Strudel der Ereignisse.

Erstens versuchen wir zu viel zu schaffen – und ertappen uns dabei, wie wir die wichtigsten Pflichten vernachlässigen. Wenn man in die vierundzwanzig Stunden des Tages zu viele Aktivitäten hineinpreßt, muß irgend etwas darunter leiden. Für viele ist das die Beziehung zu Gott oder die Zeit, die wir für gute Beziehungen zu Frau und Kindern aufwenden.

Zweitens sind wir nicht dazu geschaffen, die dann unvermeidlichen Probleme und Konflikte zu bewältigen. Viele Christen beherrschen meisterlich die Kunst, äußerlich sehr geistlich und glücklich zu wirken. Wenn sie allerdings nach Hause kommen, lassen sie die Maske fallen und leben ihre Frustration an denen aus, die ihnen am meisten bedeuten.

Drittens trachten wir nach Flucht aus der Realität, da wir nicht wissen, wie wir mit den Kommunikationsproblemen umgehen sollen. Zu diesem Zweck suchen wir uns Beschäftigungen oder bleiben länger im Büro. Männer können Sport treiben, wenn sie der Realität entfliehen wollen. Manche Frauen erreichen dasselbe durch ehrenamtliche Tätigkeiten. Andere kaufen ein oder fliehen ins Kino, vor den Fernseher oder in Bücher.

Dieses Verhalten macht die Beziehungen noch angespannter und führt nach und nach in die extremste Fluchtart: „Phantasieliebe" nenne ich diesen Schritt.

Die meisten Menschen begehen Ehebruch, weil sie sich nach der Liebe und Anerkennung sehnen, die sie früher von ihrem Partner bekommen haben. Ironischerweise schrecken wir meist vor genau dem Schritt zurück, der zur Hilfe für unsere Probleme beitragen würde: Gebet.

Schließlich haben wir doch den Geist Gottes in uns, mit dem uns eine übermenschliche Weisheit, Kraft und Frieden geschenkt ist. Wir brauchen nichts anderes, um mit jedem Druck fertig zu werden, der uns bedrängt (siehe Phil. 4,6–7).

Wir brauchen nur darum zu bitten.

Gebetstip
Beten Sie mit Ihrem Partner. Erzählen Sie Gott von allem, was in Ihrem Leben für Druck und Spannungen sorgt, und bitten Sie ihn um seinen Beistand.

19. Januar

Niemals mit Trennung drohen

Gott aber erweist seine Liebe zu uns darin, daß Christus für uns gestorben ist, als wir noch Sünder waren.
Römer 5,8

Vor ein paar Jahren hat Gott uns damit beglückt, einem Paar bei der Auferstehung ihrer hoffnungslos zerrütteten Ehe zu helfen. Es gab dramatische Veränderungen. Sie erneuerten ihre Beziehung zu Christus und miteinander, und daraus erwuchs eine gefestigte Beziehung.

Eines Tages aber suchte uns die Frau auf und zeigte sich wieder von ihrer Ehe enttäuscht. Anscheinend hatten ihr Mann und sie wieder einen Punkt erreicht, über den sie nicht hinwegkamen. Jedesmal, wenn es einen Streitpunkt gab, drohte der Mann mit Trennung – eine Taktik von früher. In seiner Dummheit belastete er die Beziehung mit der Angst, daß er diesmal vielleicht Ernst machen würde.

Wenn es zehn Gebote für die Ehe gäbe, müßte eins davon lauten: Drohe niemals mit Trennung. Diese Drohung sorgt für Risse im Vertrauen und ist der Sicherheit einer uneingeschränkten Annahme abträglich.

Außerdem kann man mit Drohungen kaum bewirken, daß ein Mensch sich ändert. Man läßt damit nur Ablehnung spüren. Gott gibt uns das Beispiel, dem wir nacheifern sollen. Er hat uns nicht nur einmal gesagt, daß er uns liebt, sondern oft und auf verschiedenste Weise.

Ihr Partner braucht die Bestätigung, daß Sie auf seiner Seite stehen und ihn bedingungslos annehmen. Sagen Sie Ihrem Partner immer wieder, wie sehr Sie ihn oder sie lieben.

Immer dann, wenn sich Schwierigkeiten in der Beziehung ergeben – Mißverständnisse, Meinungsverschiedenheiten oder Konflikte –, sollten Sie Ihrem Partner bestätigen (selbst im hitzigsten Streit, wenn nötig), daß Sie ihm oder ihr nicht die Treue aufkündigen wollen. Versichern Sie ihm, daß sich am Eheversprechen nichts geändert hat. Wird diese Rückversicherung Ihren Konflikten beigemischt, werden beide darin bestärkt, sich in den Schwierigkeiten des Ehelebens zusammenzuraufen. Die Erinnerung an den Ehebund hilft beim Durchhalten.

Sagen Sie Ihrem Partner auch ab und zu, daß Sie ihn oder sie jederzeit wieder heiraten würden. „Wirklich?" hat Barbara manchmal gefragt, wenn ich ihr das gestanden habe. Damit wollte sie mir bekennen: „Im Augenblick fühle ich mich nicht besonders liebenswürdig. Eigentlich mag ich mich selbst nicht. Bist du sicher, daß du mich immer noch liebst?" Sie braucht die ausdrückliche Bestätigung meiner Liebe für sie.

Gebetstip

Danken Sie Gott für Ihren Partner, auch wenn Sie in Problemen stecken. Bestätigen Sie Ihren Ehebund im gemeinsamen Gebet vor Gott.

Gib deiner Frau Ehre

Gebt dem weiblichen Geschlecht ... seine Ehre.
Denn auch die Frauen sind Miterben der Gnade des Lebens.
1. Petrus 3,7

Nachdem ich schon oft zusehen mußte, wie die Ehen zahlloser christlicher Führungspersönlichkeiten in die Brüche gingen, bin ich zu einigen Schlüssen gelangt, wie so etwas passieren kann. Dazu gehört, daß eine Ehe nicht plötzlich zerplatzt, sondern langsam Luft verliert. Wie beim Autofahren geschieht das unmerklich. Man merkt nicht, daß der Reifen allmählich platt wird. Wenn man tatsächlich den „Luftdruck" in einer solchen Ehe gemessen hat, dann unternahm man jedenfalls nichts, um den für die Sicherheit nötigen Zustand wiederherzustellen.

Jede Ehe ist anfällig für ein Leck. Auch unsere ist keine Ausnahme. Wenn ich Barbara nicht als eine besondere Frau ehre und schätze, dann ist es nur eine Frage der Zeit, bis sie mürbe wird und sich anderswo nach Bestätigung umschaut.

Was kann man tun, um seiner Frau Ehre zu erweisen?

Üben Sie sich in der Kunst, sie „auf den Sockel zu heben". Erobern Sie ihr Herz mit respektvoller, zärtlicher und achtungsvoller Behandlung.

Zollen Sie ihren Leistungen Anerkennung. Oft schaue ich Barbara in die Augen und sage ihr, daß ich staune, wie sie alles schafft. Manchmal kommt es auch vor, daß mir die Persönlichkeit, zu der sie gereift ist, geradezu Ehrfurcht einflößt. Ihre stabile Beziehung zu Gott hat mir immer wieder in meiner eigenen Weiterentwicklung geholfen.

Begegnen Sie ihr mit dem gebührenden Respekt. Wenn wir nicht achtgeben, kann unsere Wortwahl zynisch, verletzend und aggressiv sein. Ich gebe mir große Mühe, Barbara zu ehren. Es gelingt mir nicht immer, aber ich weiß, daß die richtige Einstellung entscheidend ist. Dazu gehört auch, daß die Kinder damit rechnen müssen, von mir zurechtgewiesen zu werden, wenn sie Barbara Widerworte geben oder respektlos zu ihr sind.

Ehren Sie Ihre Frau häufiger mit Aufmerksamkeiten. Vielleicht glauben Sie, daß Liebenswürdigkeiten nur angebracht waren, als Sie Ihrer Frau den Hof gemacht haben. Tatsächlich aber bieten sie die Chance, Respekt und Wertschätzung auch auf lange Sicht zu demonstrieren. Aufmerksamkeit ist der Kern Ihrer Liebesbeziehung. Sie besagt: „Mein Leben steht dir zur Verfügung."

Was hindert Sie also, den „Luftdruck" in Ihrer Beziehung zu stabilisieren, indem Sie Ihre Frau ehren?

Gebetstip
Bitten Sie Gott darum, daß Sie die kleinen Lecks in Ihrer Ehe entdecken, bevor sie ernsthaft Probleme schaffen. Beten Sie darum, daß Ihre Frau sich von Ihnen geehrt und wertgeschätzt fühlt.

Das Märchen vom Macho

von Barbara Rainey

Die Frau aber ehre den Mann.
Epheser 5,33

Eines Tages hat Dennis mir schriftlich gegeben, was seiner Meinung nach die typisch männlichen Bedürfnisse sind:

▶ Er braucht Selbstvertrauen als Mann
▶ Er will, daß man ihm zuhört
▶ Er braucht Kameradschaft
▶ Er möchte von seiner Frau sexuell begehrt werden
▶ Er will angenommen und respektiert werden.

Von Therapeuten und Pastoren würde man ähnlich informiert werden, sind sie doch erfahrene Experten. Wissen Sie, was ich daraus schließe? Der „Macho" – unabhängig und unverletzlich – ist ein Mythos.

Um das Selbstvertrauen von Dennis zu stärken, versuche ich, seine beste Freundin zu sein. Jeder Mann möchte, daß seine Frau hinter ihm steht, ihm auf die Sprünge hilft, wenn nötig, ihn vor allem aber anfeuert. Ein Mann braucht Unterstützung; er will, daß seine Frau an ihn glaubt, ihn schätzt und ihm auch mal zujubelt, wenn er draußen im Leben Tag für Tag seinen Mann steht.

Zum Begriff „schätzen" gehört die Bedeutung „einen hohen Wert beimessen". Wenn ich Dennis lobe und ermutige, erhöhe ich seinen Wert, nicht nur in seinen eigenen, sondern auch in meinen Augen – und damit wird sein Selbstvertrauen als Mann gestärkt.

Der Psychologe William James hat einmal gesagt: „Die Sehnsucht danach, wertgeschätzt zu werden, ist das tiefste Bedürfnis der menschlichen Natur."

Dazu Charles Swindoll: „Wir leben von der Ermutigung und sterben, wenn sie ausbleibt – langsam, traurig und zornig."

Wann haben Sie Ihrem Mann das letzte Mal gesagt, daß Sie ihn schätzen?

Gebetstip

Nehmen Sie als Frau die Hand Ihres Ehemanns und sagen Sie Gott, wie dankbar Sie ihm für diesen Mann sind.

Gemeinsam beten

*Siehe, wie fein und lieblich ist's,
wenn Brüder einträchtig beieinander wohnen!
Es ist wie . . . der Tau, der vom Hermon herabfällt
auf die Berge Zions!
Denn dort verheißt der Herr den Segen
und Leben bis in Ewigkeit.*
Psalm 133,1.3

Wie schon erwähnt, haben Barbara und ich uns schon in den ersten Jahren unserer Ehe angewöhnt, vor dem Schlafengehen gemeinsam zu beten. Wenn ich Ehepaaren einen dringenden Rat geben darf – führen Sie diese einfache Gewohnheit in Ihr Eheleben ein: Beten Sie jeden Tag miteinander.

Uns hat diese Gewohnheit, mit der wir Gottes Gegenwart in unserem Leben und in der Ehe ermöglichen, manche innerlich einsame Nacht erspart, wie ich fest glaube.

Das abendliche Gebet bewahrt uns davor, Mauern zwischen uns zu errichten. Es baut Brücken über Abgründe hinweg, die sich im Laufe des Tages aufgetan haben.

Trotzdem fällt es uns nicht immer leicht. Ich erinnere mich an einen Abend, als wir voneinander abgekehrt im Bett lagen. Ich wollte nicht mit Barbara beten. Aber Jesus Christus klopfte an meinem Gewissen an: „Willst du heute nicht mit ihr beten?"

„Ich kann sie im Augenblick nicht leiden, Herr."

„Das weiß ich ja. Aber du erzählst doch allen, daß man immer wieder mit seiner Frau beten soll."

„Ja, Herr. Aber schau mal, sie ist zu achtzig Prozent im Unrecht."

„Du mit deinen zwanzig Prozent hast die ganze Sache ins Rollen gebracht", erinnerte Gott mich.

Er überzeugte mich langsam, aber sicher, und ich meldete mich zu Wort: „Schatz, kannst du mir verzeihen?"

Dann sprachen wir uns aus und beteten miteinander.

Ich weiß nicht, was Sie davon halten, aber es kommt uns oft unmöglich vor, miteinander zu beten, wenn die Gemeinschaft gestört ist. Dabei ist es genau das Gebet, was die Gemeinschaft wiederherstellen kann! Ich danke Gott für diese kleine Tradition, die er uns schon zu Anfang unserer Ehe errichten half.

Gebetstip
Vielleicht müssen Sie zu Anfang dieses Gebet sprechen: „Herr, lehre mich mit meinem Ehepartner beten. Ich habe Angst, damit anzufangen."

23. Januar

Sind Sie ein Schwindler?

Was nennt ihr mich aber Herr, Herr und tut nicht, was ich euch sage?
Lukas 6,46

Manche Leute sind als Schauspieler unschlagbar. In der Öffentlichkeit verrichten sie reichlich christliche Taten und beherrschen die „Sprache Kanaans". Im Privatleben aber wird die Schauspielerei offenbar. Sie sind taub für Gott. Ihr Leben ist ein Spott und Hohn.

Ein junger Mann, der gerade sein Jurastudium abgeschlossen hatte, eröffnete eine Kanzlei und brachte stolz das Namensschild an der Haustür an. An seinem ersten Arbeitstag setzte er sich bei offener Bürotür an den Schreibtisch und fragte sich, wie er den ersten Klienten gewinnen könne. Dann hörte er im Korridor Schritte, die sich seiner Kanzlei näherten.

Damit der potenzielle Klient nicht denken sollte, er sei der allererste, hob der junge Rechtsanwalt schnell den Telefonhörer ab und fing an, lauthals mit einem imaginären Anrufer zu sprechen. „Aber ja!" rief er in den Hörer. „Ich habe viel Erfahrung im Körperschaftsrecht . . . Gerichtspraxis? Natürlich, da habe ich schon viele Fälle hinter mir."

Die Schritte waren dicht an der offenen Tür zu hören.

„Ich habe einen reichen Erfahrungsschatz in fast allen Rechtsbereichen sammeln können", fuhr er fort, laut genug, um sich dem nahenden Besucher hörbar zu machen.

Die Schritte kamen jetzt direkt an die Tür, und er schloß: „Teuer? Aber nein, ich habe vernünftige Honorarsätze. Da liege ich im unteren Durchschnitt der ganzen Stadt."

Dann beendete der junge Rechtsanwalt mit einer Entschuldigung sein „Gespräch" und deckte mit der Hand den Hörer ab, um dem erhofften Kunden Auskunft geben zu können, der jetzt in der Tür stand. Mit allem Selbstvertrauen, das ihm zu Gebote stand, sagte er: „Kann ich Ihnen behilflich sein?"

„Ja, das können Sie", sagte der Mann mit einem Grinsen. „Ich komme von der Telefongesellschaft und möchte Ihren Apparat anschließen!"

Manchmal schauspielern wir genauso, wenn es um unser Christsein geht. Wir sagen, daß wir Gott die Ehre geben, gehorchen ihm aber nicht im Alltag. Wir sind in unser Ich vertieft und wollen tun, was uns gefällt, wobei wir Gott beiseiteschieben und die Geistlichkeit nur vorspiegeln. Statt unser ganzes Wesen von Christus prägen zu lassen, gehen wir unsere eigenen Wege. Solch ein „Christsein" ist pure Schauspielerei.

Gebetstip
Bitten Sie darum, daß der Heilige Geist Ihnen zeigt, wie Sie in jedem Augenblick auf authentische Weise mit Gott leben können.

Drei kleine große Worte

24. Januar

Ich hoffe aber in dem Herrn Jesus, daß ich Timotheus bald zu euch senden werde . . . Denn ich habe keinen, der so ganz meines Sinnes ist, der so herzlich für euch sorgen wird.
Philipper 2,19–20

Ich habe immer geglaubt, die Worte „Ich liebe dich" seien schwieriger auszusprechen als alles andere.

Ich weiß noch, wie ich zum ersten Mal zu meinen Eltern „Ich liebe euch" sagte. Ich war der typische wortkarge, undankbare Teenager. Doch am Tag, als ich vom elterlichen Zuhause zum College aufbrach, schaute ich meinen Eltern in die Augen und sagte diese drei Worte. Es war ein ausgesprochen schwer erträgliches Gefühl.

Dann kam jenes erste Mal, als ich Barbara gestand, daß ich sie liebte. Mein Herz schlug wie verrückt, und schneller als das Adrenalin in meinen Adern liefen nur die Schweißperlen auf meiner Stirn. Damals habe ich mich gefragt, wie junge verliebte Paare diese Erfahrung überleben!

Man riskiert etwas und wird verwundbar, wenn man einem anderen Menschen sagt: „Ich liebe dich."

So schwer uns aber diese Worte fallen, gibt es doch drei andere Worte, die noch mühsamer über die Lippen kommen: „Ich brauche dich".

Denken Sie einmal an alle Menschen, denen Sie gesagt haben, daß Sie sie lieben: Partner, Kinder, Eltern, Verwandte und möglicherweise ein paar besondere Freunde.

Nun überlegen Sie, zu wem Sie gesagt haben: „Ich brauche dich" – wahrscheinlich sind es bedeutend weniger Menschen. Die meisten von uns haben Schwierigkeiten, diese Bedürftigkeit zuzugeben. Warum?

Weil dieses Eingeständnis bedeutet, daß wir voneinander abhängig sind. Wir sind, auf uns allein gestellt, nicht ganz vollständig. Als der Apostel Paulus zugab, daß er außer Timotheus niemanden kenne, der ihm bestimmte Bedürfnisse erfüllen konnte, machte er sich verletzlich und gab seine Abhängigkeit von einem Menschen zu, der ihm sehr lieb war.

Interessanterweise mußte Adam (siehe 1. Mose 2,18) erst von Gott hören, daß er ein Bedürfnis habe. Gott sagte: „Es ist nicht gut, daß der Mensch allein sei." Selbst nach dieser Aussage von göttlicher Autorität mußte Adam wohl mehrere tausend Kreaturen benennen, um endlich zur Einsicht zu gelangen: Ich brauche jemanden!

Das hat sich bis heute nicht geändert. Gott muß uns oft zeigen, wie sehr wir unseren Partner und unsere Kinder brauchen. Wenn er es tut, dann sollten wir keine Angst haben, es zuzugeben.

Gebetstip
Bitten Sie Gott, daß es Ihnen gelingt, zu Ihren Bedürfnissen zu stehen und sie auch vor anderen Menschen zuzugeben.

25. Januar

Warum muß immer alles so kompliziert sein?

Und Petrus stieg aus dem Boot und ging auf dem Wasser und kam auf Jesus zu. Als er aber den starken Wind sah, erschrak er und begann zu sinken und schrie: Herr, hilf mir! Matthäus 14,29–30

Welche Familie hat nicht mit dem Zündstoff zu kämpfen, den unser immer komplizierter werdendes Leben im ausgehenden zwanzigsten Jahrhundert mit sich bringt? In den letzten hundert Jahren hat im gesellschaftlichen Bereich ein heftiger Sturm eingesetzt, der die Familie aus ihrer Verankerung gerissen hat, fernab von Verbindlichkeit und Stabilität. Betrachten wir einmal einige dieser Veränderungen.

Im 19. Jahrhundert war das Leben ziemlich einfach. Die Volkswirtschaft war vorwiegend von der Landwirtschaft geprägt. Die meisten Menschen lebten auf Bauernhöfen, arbeiteten achtzig Stunden in der Woche, erzeugten Produkte für den eigenen Verbrauch und fertigten die meisten Kleidungsstücke und Möbel selbst an.

Heutzutage leben die meisten Menschen in Städten. Wir werden täglich mit einer Unmenge an Eindrücken und Informationen eingedeckt. Unsere Bedürfnisse werden von der Industrie gedeckt, weniger von der Landwirtschaft. Angesichts vielfältiger Entscheidungsmöglichkeiten und der ständig anwachsenden Bevölkerung wird das Leben komplexer.

Vor hundert Jahren haben die Familien gelernt, als Team zu funktionieren, weil es ums nackte Überleben ging. Die gegenseitige Abhängigkeit schweißte zusammen.

Heute zwingt uns keine Notwendigkeit mehr, als Team zusammenzustehen. Wir können uns die unterschiedlichsten Berufe, Ausbildungsgänge, Hobbys und Unterhaltungsmöglichkeiten aussuchen. Diese Interessenvielfalt sorgt zwangsläufig für Konfliktstoff. Hier ist die Brutstätte für die Selbstsucht, durch die die verbindenden Elemente aufgelöst werden.

Die komplizierten Zusammenhänge fordern unsere Aufmerksamkeit wie der Sturm, von dem Petrus abgelenkt wurde. Als er die Augen einzig und allein auf Jesus gerichtet hielt, konnte Petrus auf dem Wasser gehen. Als er sich aber auf den Sturm konzentrierte, sank er.

Wir können nicht mehr zu einer Lebensweise wie vor hundert Jahren zurückkehren. Trotzdem können wir die konfliktfördernden Verwicklungen beherrschen lernen, wenn wir den Blick fest auf Jesus gerichtet halten. Verzichten wir auf Entscheidungen, die unsere Aufmerksamkeit von ihm ablenken.

Gebetstip

Beten Sie darum, daß Ihre Familie die Notwendigkeit erkennt, die Komplikationen des Lebens so weit wie möglich einzudämmen und das Familienleben um Jesus Christus herum zu organisieren.

Unerschütterliche Treue

Behüte dein Herz mit allem Fleiß, denn daraus quillt das Leben.
Sprüche 4,23

Der Tag, an dem Gary Rosberg seinen Doktortitel erhielt, war nach eigener Aussage „der leerste Tag meines ganzen Lebens". Jahrelang hatte er studiert, um promovierter Psychotherapeut zu werden, aber im Lauf dieser Zeit waren ihm seine Frau und die beiden Kinder beinahe zu Fremden geworden.

Als er eines Abends im Bett lag, fragte er seine Frau Barbara etwas, was ihm heute als „fürchterlichste Frage" seines ganzen Lebens erscheint: „Darf ich wieder richtig zu Hause sein?"

Sie antwortete: „Gary, wir lieben dich, wir wollen und brauchen dich, aber wir kennen dich nicht mehr."

An diesem Tag entschloß Gary sich, der Ehemann und Vater zu werden, als den Gott ihn haben wollte. Zwölf Jahre später erzählten er und Barbara als Mitwirkende der Sendung „Family Life Today" in unserem Radiostudio ihre Geschichte. Ich fragte Barbara, was sie an jenem Abend gefühlt hatte, als sie die Stimme dieses praktisch fremden Mannes hörte.

„Ich hatte ihn immer noch sehr gern, auch wenn er so selten körperlich anwesend war", sagte sie. „Ich habe ihm nie den Zugang zu meinem Herzen verwehrt, auch wenn er in dieser schweren Zeit nicht zu Hause war."

Da ich wußte, daß viele unserer Zuhörerinnen unter ähnlichen Umständen leben, fragte ich: „War nicht das Geld knapp und die Arbeit im Haushalt mit den beiden Kindern zuviel? Wollten Sie denn nie Schluß machen?"

Sie antwortete ohne Zögern: „Nein. Ich liebte ihn ja. Er ist mein ein und alles. Ja, ich wollte, daß er seine Lebensweise umstellte. Aber als ich ihm bei der Hochzeit das Eheversprechen gab, habe ich es auch so gemeint. Ich stand vor Gott, als ich Gary die Treue schwor."

Gary hat den obigen Bibelvers (Sprüche 4,23) zum Motto seines Buches für Männer *Guard Your Heart* („Behüte dein Herz") gemacht. Nachdem ich aber Barbara gehört hatte, erkannte ich, welche Schlüsselrolle sie für ihn in diesen schweren Jahren durch ihre unerschütterliche Treue gespielt hatte. Gott konnte sie und ihre Gebete dazu gebrauchen, Garys Herz zu behüten, als er selbst es nicht bewahrt hatte.

Gebetstip
Bitten Sie Gott, daß er Ihnen die Kraft gibt, alles aufzugeben, was Sie von Ihren wichtigsten Aufgaben abhält.

Der Genuß eines guten Rufes

Ein guter Ruf ist köstlicher als großer Reichtum.
Sprüche 22,1

Genießen Sie das Vertrauen Ihres Ehepartners, Ihrer Freunde und Ihrer Kinder? Sind Sie zuverlässig? Halten Sie, was Sie den Kindern versprechen?

Mein Vater war ein Mann der leisen Töne. Sein Glaube und seine Ehrlichkeit waren so unverbrüchlich, daß ihm damit ein guter Ruf in unserer kleinen Stadt sicher war. Dieses Ansehen wurde mir während meiner Schulzeit eindrücklich bewußt, als ich mit Abonnements hausieren ging, um Geld für unser Oberstufenprojekt zu sammeln.

Flugs hatte ich bei meinen vielen Onkeln und Tanten eine Menge Verkäufe getätigt. Die Erfolge blieben allerdings aus, als ich für die Abonnements von Tür zu Tür werben mußte. Ich war enttäuscht und wollte schon nach Hause gehen, beschloß dann aber, es aber noch einmal versuchen. Eilig haspelte ich meine auswendig gelernten Verkaufsargumente herunter, als mich der alte Mann unterbrach: „Junge, wie heißt du nochmal?"

„Dennis Rainey."

„Bist du Hook Raineys Sohn?" fragte er und grinste ein bißchen.

Als ich dann antwortete: „Ja, er ist mein Vater", da hellte sich sein faltiges Gesicht vollends auf.

„Na, dann komm mal rein!" Er entsicherte strahlend die Tür und riß sie auf. Dann kaufte er mir zwei Zeitschriftenabonnements ab.

Ich war nicht auf den Kopf gefallen und ließ von da an jedermann von vornherein wissen, daß ich Hook Raineys Sohn war. Nach und nach kam dabei ein Verkaufsrekord zu Stande!

Viele Jahre später noch war ich der Meinung, diesen Abonnementwettbewerb habe Dennis Rainey gewonnen. Erst als Vater gestorben war, wurde mir klar, was damals eigentlich geschehen war. Nur seinem integren Charakter war dieser Erfolg zu verdanken. Unwissentlich hatte Vater sich an Charles Spurgeons weisen Rat gehalten: „Präge deinen Namen in die Herzen ein, nicht in Marmor."

Gebetstip

Bitten Sie Gott um eine ganz reale Gegenwart seines Geistes in Ihrem Leben, so daß Sie keinen Gedanken mehr daran zu verschwenden brauchen, anders als aus völliger Aufrichtigkeit heraus zu handeln.

Mischen Sie sich ein! (Teil 1)

Wachet, steht im Glauben, seid mutig und seid stark!
1. Korinther 16,13

28. Januar

Um elf Uhr nachts war ich erledigt. Der Tag war besonders anstrengend gewesen, und ich sehnte mich mit allen Fasern nach dem Bett. Das einzige Problem stellte unser sechzehnjähriger Benjamin dar, der sich ans Fußende des Bettes gepflanzt hatte. Er wollte mit mir reden. Ich bin kein perfekter Vater, versuche aber aus meinen früheren Fehlern zu lernen. Ich habe begriffen, daß man nicht die Gelegenheit verpassen darf, wenn ein Teenager gesprächsbereit ist!

Ich richtete mich auf, schaute Benjamin an und sagte: „Was gibt's?"

Benjamin berichtete vom schier unglaublichen Verlauf eines Seminars, an dem er teilgenommen hatte. Es ging darum, wie man sich gegen AIDS schützen kann. Er war von den Vertrauenslehrern mit sechs anderen Schülern ausgewählt worden, seine Oberschule bei diesem Seminar zu vertreten. Eine wohlbekannte konservative Organisation trat als Sponsor auf. Offiziell vertritt sie den Standpunkt, sexuelle Enthaltsamkeit sei das beste Mittel gegen AIDS. Barbara und ich hatten also unser Einverständnis erklärt.

Beim Seminar wurden dem Thema „sexuelle Abstinenz" fünf langweilige Minuten gewidmet. Die erwachsenen „Pädagogen" teilten den jungen Leuten allen Ernstes mit: „Hört mal, wir wissen, daß ihr nicht charakterfest seid. Wir wissen, daß ihr euch nicht beherrschen könnt. Laßt euch also sagen, wie ihr ‚es' phantasievoll und sicher machen könnt."

Man sagte es zwar nicht mit genau diesen Worten, hätte es aber ebensogut so ausdrücken können. Dann folgten sechzig Minuten mit anregendem Kitzel, in denen offenherzig kreativer „Safer Sex" beschrieben wurde. Auf anschauliche Weise wurden in aller Öffentlichkeit heterosexuelle und homosexuelle Praktiken beschrieben und erklärt, wie ich es noch nie gehört hatte.

Als mein Sohn mir endlich alles beschrieben und das dazu ausgeteilte Material gezeigt hatte, war ich hellwach und wütend dazu.

Außerdem mußte ich jetzt einen Entschluß treffen. Im Moment gab es in meinem Leben eine Menge Wirbel. Ich war für vieles verantwortlich und mußte mit manchen Problemen fertig werden. Hier kam eine Sorge dazu, die ich mir gern vom Hals gehalten hätte.

Aber es ging um mein Kind. Sollte ich die Sache auf sich beruhen lassen oder mich einmischen? Morgen verrate ich meine Entscheidung...

Gebetstip
Bitten Sie Gott, daß er Ihnen hilft, sensibel auf Situationen zu reagieren, in denen Ihre Kinder (oder Ihr Partner) mit Ihnen reden wollen. Bitten Sie ihn auch, richtig zuhören zu können.

Mischen Sie sich ein! (Teil 2)

Aber die vom Volk, die ihren Gott kennen,
werden sich ermannen und danach handeln.
Daniel 11,32

Benjamins Enthüllungen waren noch nicht die ganze Geschichte. Am nächsten Tag rief ich in der Schule an und beschwerte mich, erfuhr aber, daß sonst keine Eltern angerufen hatten. Also telefonierte ich mit einem bekannten Vater und fragte, ob seine Tochter ihm etwas über das Seminar erzählt habe. Er sagte, sie hätten überhaupt nicht darüber gesprochen.

Ich berichtete, was der Inhalt des Seminars gewesen sei. „Unglaublich, daß man unseren Kindern solch ein reißerisches Material ausgeteilt habt", sagte er. „Das ist ja krankhaft."

Als ich nachfragte, ob er an Aktionen dagegen interessiert sei, verschlug es mir bei der Antwort die Sprache: „Nein, ich möchte wirklich nicht mit ihr darüber reden. Ich will auch auf lokaler Ebene nichts dagegen unternehmen!"

Was mich am meisten aufwühlte, war seine Weigerung, mit der eigenen Tochter über den Seminarinhalt zu reden. Mit anderen Worten: Er war nicht bereit, sich bei einem der wichtigsten Themen für seine Tochter zu engagieren.

Ihren Kindern ist nichts so wichtig wie Ihre persönliche Anteilnahme an ihrem Leben. Sie brauchen mehr als Ihre Zeit; sie brauchen Ihre Aufmerksamkeit.

Es geht um mehr als die Anwesenheit bei schulischen Sportereignissen mit einem griffbereiten Handy. Das Kind ist darauf angewiesen, daß Sie sich mit ihm identifizieren, wenn es seine Entscheidungen trifft und sich eine Meinung bildet. Es braucht Sie als Berater, wenn es darum geht, was es anziehen soll, mit welchen Leuten es sich verabredet und wie es mit Gruppendruck fertigwerden soll.

Um Vater oder Mutter zu sein, die diese Bezeichnung verdienen, reicht nicht die bloße Anwesenheit. Wichtig ist ungeteilte Aufmerksamkeit.

Das gilt besonders uns Vätern. Wir gehen meist zu sehr im Beruf auf und lassen uns dann noch von unseren „Spielsachen" und Hobbys ablenken.

Wahre Männer mit festem Charakter tun etwas; sie übernehmen Verantwortung. Sie sind darin vielleicht nicht perfekt, stellen sich aber mutig der Auseinandersetzung mit schwierigen Themen, ganz gleich, an welchen Fronten.

Gebetstip
Bitten Sie Gott, daß er Ihnen hilft, Ihrer Frau und Ihren Kindern Ihre ungeteilte Aufmerksamkeit zu widmen.

Partnerschafts-Spiegel

Vollkommene Liebe treibt die Furcht aus.
1. Johannes 4,18

Was sieht Ihr Partner, wenn er Ihnen ins Gesicht schaut? Sieht er sich angenommen oder abgelehnt? Ob es uns auffällt oder nicht – wir sind für unseren Partner wie ein Spiegel. Sein Selbstvertrauen im Umgang mit Menschen, im Leben überhaupt, hängt in vieler Hinsicht davon ab, ob wir ihn annehmen oder ablehnen.

Selbsteinschätzung, Selbstachtung, Selbstverständnis – diese drei Begriffe verwendet man nicht nur zur verstandesmäßigen, sondern auch zur gefühlsmäßigen Beurteilung des eigenen inneren Wertes.

Die Selbsteinschätzung Ihres Partners ist von zentraler Bedeutung für sein ganzes Wesen und Handeln. Sie kann seine Fähigkeit zum Lernen, Entscheiden, seine Risikobereitschaft und Konfliktfähigkeit im Umgang mit Ihnen und anderen entweder einschränken oder erweitern. Sein Selbstverständnis legt ihm entweder Schranken auf oder gibt ihm neue Kraft.

Wenn ein Mensch eine schwache Selbstachtung hat, sieht er das ganze Leben oft durch einen Filter der Angst. Zu einer der stärksten Antriebskräfte der Gegenwart ist die Angst vor Ablehnung geworden. Wenn Sie möchten, daß die Selbstachtung Ihres Partners gefördert wird, dann sollten Sie in der Angst vor Ablehnung Ihren Feind erkennen. In einer stetigen Atmosphäre echter Liebe werden sich die Ängste Ihres Partners allmählich verflüchtigen.

Liebe ist im ganzen Universum das stärkste Mittel zur Veränderung, weil Liebe die Furcht vertreibt. Bedingungslose Liebe – Gottes Liebe – ist stärker als die Angst vor Ablehnung. Wenn man bei aller Schwäche einander in vollkommener Liebe annimmt, geht der Machtkampf gegen die Angst immer siegreich aus.

Gebetstip

Bitten Sie Gott, daß er Sie beide dahin führt, durch Ihre Liebe die Furcht zu vertreiben.

31. Januar

Was für ein Bild von Gott haben Sie?

(Mose antwortete:) „Ganz wie du gesagt hast, auf daß du erfahrest, daß niemand ist wie der Herr, unser Gott."
2. Mose 8,6

Woher kommt unsere Vorstellung von Gott? Wer ist er? Wie lenkt er diese Welt, die er geschaffen hat und souverän beherrscht? Durch die Kinder wird uns mancher Einblick gewährt, wie wir früher gedacht haben oder sogar immer noch denken. Ich bin auf ein kleines Buch mit Kinderbriefen an Pastoren gestoßen. Hier ein paar Beispiele:

„Lieber Pastor, ich weiß, daß Gott alle Menschen liebt, aber meine Schwester hat er noch nicht kennengelernt."

„Lieber Herr Pfarrer, ich würde am Sonntag gern meinen Hund mit in die Kirche bringen. Es ist nur eine Promenadenmischung, aber ein guter Christ."

Folgende Bemerkung gibt einen Hinweis auf unsere Kultur: „Ich würde gern die Bibel lesen, aber ich würde es viel öfter tun, wenn sie ins Fernsehen kommen würde."

Und schließlich: „Lieber Pastor, ich würde gern eines Tages in den Himmel kommen, weil ich weiß, daß mein großer Bruder nicht drin sein wird."

Ein Freund von mir aus Denver hörte, wie sich eines Tages seine Töchter während eines Gewitters unterhielten. Die ältere sagte wissend: „Der Donner, den du gerade gehört hast, ist Gott beim Möbelrücken passiert."

Die jüngere Tochter nickte und schaute eine Weile dem strömenden Regen zu. Dann antwortete sie: „Sein Wasserbett hat er auch verschoben."

Na los, geben Sie's schon zu: Auch wir Erwachsenen haben ein paar komische Vorstellungen von Gott. Manche halten ihn für einen riesigen Polizisten mit himmlischem Schlagstock. Andere wieder sehen nichts anderes in ihm als einen liebevollen Opa.

Gott aber ist weit mehr als die eine oder andere Vorstellung. Er ist unendlich. Er ist souverän. Ihn fürchten wir, ihn beten wir an und lieben ihn. Ganz ehrlich: was für ein Bild haben Sie von Gott?

Gebetstip

Besorgen Sie sich eine Konkordanz (wenn sie im Anhang Ihrer Bibel ein Begriffsverzeichnis haben, sollte es reichen). Schauen Sie unter „Gott" nach und lesen Sie sich die Verse durch. Schreiben Sie sich auf, was Gott ist und was er nicht ist. Nehmen Sie sich etwas Zeit, ihm Ihre Mißverständnisse über sein Wesen zu bekennen.

Wenn die Realität zuschlägt

*Das aber auf dem guten Land sind die,
die das Wort hören und behalten in einem feinen, guten Herzen
und bringen Frucht in Geduld.*
Lukas 8,15

Viele Christen fangen ihr neues Leben mit einem emotionalen Hoch an. Sie sind von Gottes Gnade überwältigt, von der Begeisterung, daß er sich in ihr Leben eingemischt hat, von der Liebe, die ihnen die neuen Brüder und Schwestern entgegenbringen. Sie engagieren sich in ihrer Kirche und spüren, wie Gott in ihnen wirkt.

Dann müssen sie sich notwendigerweise mit massiven Dosen der Realität auseinandersetzen. Sie merken, daß sie ihre Mitmenschen und das ganze Leben zu sehr durch die rosa Brille betrachtet haben. Ein zuvor vertrauenswürdiger christlicher Freund betrügt einen Bruder; ein angesehener führender Geistlicher begeht Ehebruch; das Kirchenvolk nörgelt an Entscheidungen des neuen Pastors herum. O doch, die Christen sind wie alle anderen auch mit Mängeln behaftet.

Nie werde ich vergessen, was während meiner Bibelschulzeit in Dallas Dr. Howard Hendricks eines Tages gesagt hat: „Meine Herren, wenn Ihnen der Geruch von Schafen stinkt, dann sollten Sie der Weide fernbleiben." Diese Bemerkung verdeutlicht die Entscheidung, die man angesichts unangenehmer Realitäten zu treffen hat, wenn man merkt, wie schwer es tatsächlich ist, mit Menschen zu arbeiten. Entweder verwahrt man sich dagegen, indem man sich der Kirche entzieht – oder man hält durch und strebt immer wieder Beziehungen an.

Viele Christen entscheiden sich heutzutage für den Selbstschutz. Sie wandern von einer Kirche zur andern und lassen sich niemals nieder, weil dabei zuviel Verbindlichkeit erforderlich wäre. Wenn man sich aber auf diese Lebensweise einläßt, wird man leicht zum isolierten Zyniker. Man verzichtet auf die Freude, die sich einstellt, wenn man nicht aufgibt und sich Gott als Werkzeug zur Verfügung stellt. Schließlich wird man nach Jahren mühevoller Beziehungsarbeit die Frucht genießen. Christus hat gesagt, daß sie sich nur durch Geduld erlangen läßt (siehe oben, Lukas 8,15).

Gebetstip
Bitten Sie Gott darum, Wurzeln in einer Kirche schlagen zu können, um Jahr um Jahr einen fruchtbaren Dienst zu leisten.

Februar

An Gott angeschlossen

Seid getrost und unverzagt, fürchtet euch nicht und laßt euch nicht vor ihnen grauen; denn der Herr, dein Gott, wird selber mit dir ziehen und wird die Hand nicht abtun und dich nicht verlassen.
5. Mose 31,6

In einer Familie muß sich ein Kind sicher fühlen können. Doch sollten wir Eltern den Kindern auch erklären, daß die Sicherheit letzten Endes in Gottes Hand ruht, nicht in unserer.

Als ich eines Morgens aus der Garage fuhr, weil ich zum Flughafen mußte, stürmte meine Tochter Ashley, damals etwas über zehn, aus dem Haus und umarmte mich noch einmal. Ich spürte, daß irgend etwas sie bekümmerte. Ich griff durch das Wagenfenster nach ihrer Hand und fragte: „Was ist los, meine Prinzessin?"

„Ich hab' Angst, daß dein Flugzeug abstürzt", sagte sie. Das Eingeständnis war ihr ein bißchen peinlich. Erst neulich war in Dallas ein Flugzeug abgestürzt, und deshalb war sie beunruhigt.

„Fliegen ist sicherer als Autofahren, Ashley", sagte ich beruhigend. „Außerdem ist mein Leben in Gottes Hand, und er weiß, was er tut." Inzwischen hielt meine sanfte, kleine Ashley meine Hand fest in ihre gepreßt. Meine theologische Lektion hatte sichtlich ihr Ziel verfehlt. Die Angst stand deutlich in ihrem Gesicht geschrieben.

Ich erklärte weiter, daß Angst ein normales Gefühl sei. Sie könne es Gott übergeben. „Du fängst gerade an zu lernen, dich nicht so sehr auf mich und mehr auf Gott zu verlassen", sagte ich. „Ich kann nicht immer bei dir sein und auf deine Fragen eingehen. Gott kann das. Es ist so, als ob unsichtbare elektrische Kabel von dir zu mir und Mama gehen. Wir haben die Verantwortung, diese Kabel von uns zu lösen und dir zu zeigen, wie du sie an Gott anschließt."

Dann nahm ich eine Hand und „löste" sanft eins dieser unsichtbaren Kabel von mir. Erst verzog sie das Gesicht, dann aber lachte sie, als ich ihre Hand nach oben führte und ihr half sich vorzustellen, wie sie bei Gott angeschlossen wird.

„Ashley", sagte ich und drückte ihr die Hand, „ich muß jetzt fahren, und du mußt Jesus Christus deine Angst geben. Du bekommst dafür seinen Frieden."

Als ich losfuhr, winkte ich Ashley. Sie grinste zurück. Ich dachte darüber nach, wie wenig die Gesellschaft, in der sie aufwächst, davon weiß, wo man sich „anschließen" kann. Da konnte ich froh sein, sie auf Gott verweisen zu können.

Gebetstip
Bitten Sie Jesus darum, Ihnen ein Vorbild beim „Anschluß" Ihres Lebens an ihn zu sein.

Der richtige Augenblick

Siehe, jetzt ist die Zeit der Gnade, siehe, jetzt ist der Tag des Heils.
2. Korinther 6,2

Im griechischen Neuen Testament steht für „Zeit der Gnade" das Wort *kairos,* das Paulus im Unterschied zu *chronos* verwendet, dem Begriff für die linear ablaufende Zeit. Gott hat sich die richtige Zeit ausgesucht, um durch Jesus die Erlösung zu bringen. Er gewährt uns auch in der Familie kairos-Augenblicke – besondere Situationen, die wir nutzen müssen, bevor sie verstreichen.

Das eine Mal, als ich schon in der Ausfahrt stand und Ashley ein Gefühl von Beruhigung und Sicherheit vermitteln konnte, war ein solcher Augenblick. Unsere Versuche, unseren Kindern das Wesen Gottes nahzubringen, sind oft zum Scheitern verurteilt, wenn das Kind einfach noch nicht für die betreffende Wahrheit bereit ist. Also heißt es, hellwach zu sein, sorgsam zuzuhören, gleich zu reagieren und die Wahrheit anschaulich zu vermitteln.

Ich konnte ein paar Monate später feststellen, daß meine wenigen Worte bei Ashley Wurzeln geschlagen hatten. Mein Sohn Benjamin, damals zehn Jahre alt, bekam einen ähnlichen „Angstausbruch". Es war Zeit zum Schlafengehen. Ich hatte meinen Kindern ein paar Geschichten vorgelesen und mit ihnen gebetet. Benjamin hatte ich erlaubt, bis neun Uhr zu lesen. Aber um fünf nach neun, als ich an meinem Schreibtisch saß, spürte ich, daß ein Kind an meinem Stuhl stand. Es war Benjamin.

Ich legte ihm den Arm um die Schultern und fragte: „Was gibt's, Kumpel? Du müßtest doch im Bett sein, oder?"

Schüchtern erwiderte Benjamin: „Papa, ich habe ‚Huckleberry Finn' gelesen, und da kommen diese Räuber vor . . ." Er verstummte, schaute zu Boden und sprach weiter: „Papa, ich hab' Angst davor, daß Räuber nach oben kommen, wenn ich schlafe."

Ich zog ihn an meine Brust, umarmte ihn fest und sagte: „Hey, ist schon in Ordnung. Ich erzähl' dir mal, was einmal mit deiner Schwester Ashley war."

Ich berichtete ihm, wovor sie Angst gehabt hatte, und erklärte, wie sie ihre ängstliche Umklammerung von mir lösen und sich an Gott anschließen konnte.

Gerade da erschien Ashley. Sie hörte lächelnd zu, wie ich Benjamin tröstete. Als die beiden die Treppen hochstiegen, bekam ich mit, wie Ashley sagte: „Ist doch okay, Benjamin. Ich hab' auch Angst gehabt."

Gebetstip
Bitten Sie Gott um Sensibilität, den richtigen Augenblick zu erkennen, und um Weisheit, die richtigen Worte zu finden, wenn Ihr Kind für solche Dinge empfänglich ist.

4. Gesellschaft für gegenseitige Bewunderung

von Barbara Rainey

Wie wohl tut ein Wort zur rechten Zeit! Sprüche 15,23

In unseren ersten Ehemonaten haben Dennis und ich einander spontane Komplimente gemacht und uns gegenseitig gelobt. Wir machten beinahe ein Spiel daraus, am Partner weitere gute Eigenschaften zu entdecken, die lobenswert waren. Unser exklusiver „Club" bekam den Namen „Gesellschaft für gegenseitige Bewunderung".

Heute, mit einem Haus voller Kinder, hat sich unsere Situation ein wenig verändert. Doch die „Gesellschaft" hat immer noch Zusammenkünfte. Bei manchen Abenden am Eßtisch werden Fragen wie zum Beispiel diese gestellt: „Was findest du an Papa am besten?"

Dann ist der Reihe nach jeder am Tisch mit einer Antwort dran. Dabei gibt es klassische Kommentare: „Er geht mit mir angeln", „Er bastelt mit mir", oder, von unserer Tochter Rebekka, als sie erst fünf war: „Er nascht heimlich mit mir Schokolade." Man kann nicht lange traurig sein, wenn ein ganzer Chor von Kindern so etwas sagt.

Von William James stammt der Ausspruch: „Wenn es ein schönes Gefühl war, anderen Freude zu machen, dann wollen wir alle noch mehr tun, um Freude zu verbreiten."

Also kann man seinen Partner motivieren, die besten Charakterzüge zu entwickeln, sich von seiner besten Seite zu zeigen, wenn man selbst großzügig und ehrlich lobt. Vergessen Sie dabei nicht, Ihren Ehepartner auch für die ganz alltäglichen Dinge zu loben. Zum Beispiel spare ich nicht mit Anerkennung, wenn Dennis etwas im Haus repariert hat. Ich weiß, wie unbeholfen er sich auf diesem Gebiet fühlt und was es ihn kostet, zumindest den Mut für einen Versuch aufzubringen.

Ihr Partner ist auch speziell darauf angewiesen, im Hinblick auf seine oder ihre Persönlichkeit gelobt zu werden. Säen Sie diese gute Saat in seinem oder ihrem Leben aus. Dazu dienen Einleitungen wie:

„Ich schätze dich, weil du . . ."
„Ich bewundere dich für . . ."
„Vielen Dank für . . ."

Jemanden zu schätzen heißt, ihn in seinem Wert zu erhöhen. Geringschätzung führt zu sinkendem Wert des Partners in Ihren Augen und auch zu sinkendem Selbstwertgefühl des Partners selbst. Man kann regelrecht beobachten, wie der „Wert" des Partners steigt, wenn man ihm ausdrücklich Anerkennung ausspricht!

Gebetstip
Bitten Sie Gott um die Entschlossenheit, Ihre Beziehung durch gegenseitiges Lob aufzubauen.

Von Gott adoptiert

Denn in ihm hat er uns erwählt, ehe der Welt Grund gelegt war,
daß wir heilig und untadelig vor ihm sein sollten;
in seiner Liebe hat er uns dazu vorherbestimmt,
seine Kinder zu sein durch Jesus Christus.
Epheser 1,4–5

5. Februar

Dieser Vers im Epheserbrief hat mir schon vor langer Zeit verdeutlicht, daß wir von Gott „adoptiert" worden sind. Wir haben ihn weder gekannt noch nach ihm gestrebt, doch er reichte uns die Hand und erwählte uns als Teil seiner Familie.

Die Bedeutung dieses Textes wurde mir aber erst richtig bewußt, als Gott uns im Jahr 1983 unser fünftes Kind schenkte.

Barbara und ich waren in New York und sollten bei einer Ehekonferenz einen Vortrag halten. Da wurde uns mitgeteilt, daß wir dringend einen Freund zu Hause zurückrufen sollten. Als wir den Namen sahen, schauten wir einander an. Es war ein Entbindungsarzt.

Seit drei Jahren hatten wir um die Möglichkeit gebetet, ein Kind zu adoptieren, und diesen Arzt eingeweiht. Als wir ihn anriefen, sagte er: „Wir haben ein Baby für euch."

„Was habt ihr?"

„Wir haben hier ein junges Mädchen, das gerade jetzt ihr Baby bekommt. Als sie vor einiger Zeit hier auftauchte, hat sie uns gesagt, sie wolle ihr Kind in einem guten christlichen Elternhaus aufwachsen lassen. Wir dachten, bei euch wäre es gut aufgehoben."

Bald trat eine telefonische Familienkonferenz mit unseren vier Kindern zusammen. „Sagt mal, Kinder, wie würde euch ein neues Baby gefallen?" Einstimmig drang der Jubelschrei durch den Hörer: „Juchhu!" Eine Abstimmung war gar nicht erst nötig.

Wir kamen also zu einer größer gewordenen Familie zurück. Das kleine Mädchen sollte Deborah heißen. Ich glaube, daß sie von Gott selbst in unser Zuhause gebracht wurde. Wir haben sie adoptiert, uns zu eigen gemacht. Sie gehört zu uns, ist ein Teil unserer Familie, so wie die anderen Kinder auch.

Ist es nicht wunderbar, daß Gott ähnliche Gefühle Ihnen und mir gegenüber hegt? Wir gehören ihm. Wir sind erlöst und in die Familie aufgenommen worden und haben teil an seinem Erbe. Jetzt sind wir in Gottes Familie! Wir sind seine Söhne und Töchter, von ihm adoptiert.

Gebetstip
Danken Sie Gott, daß er Sie angenommen und damit zu einem Königskind gemacht hat.

Konflikt mit Gott (Teil 1)

von Barbara Rainey

*Des Menschen Herz erdenkt sich seinen Weg;
aber der Herr allein lenkt seinen Schritt.*
Sprüche 16,9

Aschenputtel – jeder kennt ihre Geschichte. Am Abend des großen Balls wurde Aschenputtel von ihren beiden egoistischen Stiefschwestern grausam daran gehindert teilzunehmen. Vor lauter Enttäuschung war sie ganz niedergeschmettert.
Tränenüberströmt lief sie in den Garten, um allein zu sein. Dort erschien ihr eine Fee. Mit Zauberstab und einigen magischen Worten wurde Aschenputtel in die hübscheste junge Frau der ganzen Gegend verwandelt. Im Nu wurde sie zum Ball gebracht, wo sie dem Prinzen begegnete. Natürlich war es Liebe auf den ersten Blick, und wenn sie nicht gestorben sind, dann leben sie glücklich bis heute.

Dieses ungetrübte Glück ist der Stoff, aus dem die Märchen gemacht sind. Obwohl wir uns so etwas manchmal wünschen, ist das Leben denn doch kein Märchen. Gott ist keine Fee mit Zauberstab, der unseren Kummer mit einem Schlag auslöscht. Seine Pläne und Absichten sind viel höher als märchenhafte Zauberei. Was jedem Christen zum Problem werden kann, ist der Konflikt zwischen zwei Zielen und dem dazugehörigen Willen: Gottes Ziele gegen meine. Oft passen beide nicht zueinander.

1984 gab es einen solchen Konflikt zwischen Gottes Willen und Plan und meinem eigenen. Ein ungewöhnlich arbeitsreicher Frühling ging zu Ende. Wir hatten sehr unter Streß gestanden. In diesen Monaten machten mir besonders die fünf Kinder viel Mühe. Es waren normale, aktive, neugierige Kinder mit ganz verschiedenen Persönlichkeiten und ganz unterschiedlichen Bedürfnissen und Problemen. Ich hatte nie etwas anderes gewollt und war dem Herrn dankbar für jeden einzelnen kleinen Schatz. Und doch freute ich mich auf die Zeit nach meinen Aufgaben als Mutter von fünf kleinen Kindern.

Dann erfuhr ich, daß ich wieder schwanger war. Die Nachricht erwischte mich völlig unvorbereitet. War Gott denn nicht klar, daß ich mit fünf Kindern mehr als genug Arbeit am Hals hatte? Wußte er denn nicht, daß ich dies alles nicht noch einmal durchmachen wollte? Ich war körperlich angeschlagen, geistig ausgelaugt und wurde allein beim Gedanken an das sechste Kind schon ganz schwach.

Gebetstip
Denken Sie einmal an alle Probleme, denen Sie zur Zeit ausgesetzt sind, und bitten Sie Gott, Ihre Schritte zu lenken und Ihnen während dieser Zeit Freude zu schenken.

Konflikt mit Gott (Teil 2)

von Barbara Rainey

*Fürchte dich nicht, ich bin mit dir;
weiche nicht, denn ich bin dein Gott.*
Jesaja 41,10

Die nächsten beiden Monate waren schwer zu ertragen. Ich betete, weinte, las in der Bibel – und schlief dabei ein. Ich versprach Gott, ihm zu gehorchen und zu folgen, aber es dauerte lange, bis sich meine Gefühle darauf eingestellt hatten.

Dann hörte ich die Geschichte von Glenn Cunningham, einem berühmten Leichtathleten der dreißiger Jahre. Als er neun Jahre alt war, wurde ihm vom Arzt mitgeteilt, er könne nie wieder gehen. Der Junge hielt sich an einen Bibelvers, den sein Vater ihm vorgelesen hatte – Jesaja 40,28 – und überwand seinen Zustand.

Ich kam nach Hause, schlug den Text auf und las zufällig bis zum nächsten Kapitel weiter. Dann entdeckte ich Vers 10. Ich las ihn mehrmals durch, denn ich schöpfte Mut aus Gottes Wort: „Fürchte dich nicht, ich bin mit dir." Ich wußte, daß Gott sich dazu entschlossen hatte, mir dieses Kind zu schenken, und daß er auch die nötige Kraft und Hilfe geben würde.

Das war aber nicht der Schlußpunkt meiner Prüfungen. Am 3. Juli, im dritten Schwangerschaftsmonat, fing mein Herz an zu jagen wie sieben Jahre zuvor. Dennis brachte mich auf schnellstem Wege ins Krankenhaus. Mein Puls schwankte zwischen 200 und 300.

Auf der Intensivstation war meine größte Sorge das Kind in mir. Sollte ich es etwa verlieren, jetzt, wo ich mich endlich darauf freute? Ich betete einfach darum, daß Gott unser Baby schützen und es mit mir am Leben erhalten möge. Zwar wurde ich immer schwächer, aber ich befahl mein Leben in Gottes Hand.

Die Ärzte konnten schließlich meinen Puls durch eine Elektroschockbehandlung verlangsamen. Als mir die Schwester mitteilte, daß auch der Puls des Babys kräftig sei, war ich so erleichtert, daß ich vor Freude weinte.

Sechs Monate später wurde in einer kalten Januarnacht Laura Victoria Rainey geboren. Mit ihr kam noch mehr Freude und Lachen in unsere Familie und mein Leben. Dennis und ich hatten wieder einmal gelernt, daß Gott weiß, was er tut.

Gebetstip
Bitten Sie Gott um die Gewißheit, daß er in jeder Situation bei Ihnen ist und weiß, was er tut.

8. Die besten und die schlimmsten Zeiten (Teil 1)

Nicht allein aber das, sondern wir rühmen uns auch der Bedrängnisse, weil wir wissen, daß Bedrängnis Geduld bringt, Geduld aber Bewährung, Bewährung aber Hoffnung. Römer 5,3–4

Charles Dickens leitete seinen klassischen Roman *A Tale of Two Cities* mit den unsterblichen Worten ein: „Es war die beste und doch die schlimmste aller Zeiten."

Ließ Dickens sich hier zu einem übertriebenen Paradoxon hinreißen? Wohl kaum. Das Leben ist süß und bitter, und zwar gleichzeitig. Jemand anders hat gesagt: „Leben heißt, Honig von Dornen zu lecken."

Vor einiger Zeit erlebte ich die ganze Süße eines wunderbaren Jahres. Im Hinblick auf das Wachstum unserer Family-Life-Konferenzen konnte das Jahr nicht besser sein. Gleichzeitig wurde ich vom Feind ausgelaugt: Termindruck, Angriffe, scheinbar unüberwindliche Probleme – einfach die schlimmste aller Zeiten.

Als dann Barbara und ich wieder Luft holen konnten, erfuhren wir, daß sie wieder schwanger war. Das war nicht geplant, wenigstens von uns nicht. Wir mußten uns darauf einstellen, sechs Kinder zu haben, allesamt unter zehn Jahren. Die beste aller Zeiten?

Dann kam der Tag, an dem Gott unsere volle Aufmerksamkeit gewann. Barbara kam ins Schlafzimmer, sank auf dem Bett nieder und klagte über Herzrasen. Auf der Hetzjagd ins Krankenhaus schossen mir hundert Gedanken durch den Kopf. Ich betete für Barbara, fragte mich dabei aber, ob die Ärzte das Herz schnell genug auf die normale Frequenz bringen könnten. Mußte ich mich schon so früh von der Frau verabschieden, die ich liebte, und mit fünf Kindern allein zurückbleiben?

Sind solche Zeiten die schlimmsten? Nein! Nicht für einen Christen. Denn selbst der Tod – der rücksichtslose, verfluchte Feind des Menschen – ist „verschlungen vom Sieg" (1. Korinther 15,54). Selbst Bedrängnisse bringen Hoffnung (siehe oben, Römer 5,3–4).

So möchte ich aber nicht zur Hoffnung gelangen, dachte ich auf dem Weg in die Einfahrt des Krankenhauses. Das muß jetzt wirklich nicht sein.

Aber ist es nicht faszinierend, wie schnell im Leben nichts anderes mehr zählen kann als das einfache Vertrauen auf Gott? Ich habe mich in manchen Situationen gefragt, ob Gott nicht den Kopf schüttelt, weil wir erst nach und nach erkennen, daß wir nicht Herr der Lage sind!

Gebetstip
Bitten Sie Gott, Ihren Glauben zu stärken, damit gute so wie schlechte Zeiten Sie charakterlich festigen.

Die besten und die schlimmsten Zeiten (Teil 2)

Laßt uns die Hauptsumme aller Lehre hören: Fürchte Gott und halte seine Gebote.
Prediger 12,13

Während die Ärzte sich um Barbara kümmerten, beteten Christen im ganzen Land für uns. Ihr Herz schlug so schnell (der Puls war auf 200 bis 300), daß es sich selbst nicht mit Blut versorgen konnte und der Blutdruck absackte. Bei diesem niedrigen Blutdruck durfte es nicht bleiben, damit keine Gefahr für das Baby entstand.
Der Arzt handelte schnell. Mit Elektroschocks wurde der Puls auf fünfundsiebzig Schläge pro Minute abgesenkt. Danach dankten wir Gott unter Tränen, daß er eingegriffen und Barbara und das Baby bewahrt hatte.

Nach diesem Schreck hatten wir viel miteinander zu reden. Oft glauben wir nur, daß wir alles im Griff haben. Wir glauben, daß unser Leben planbar sei. Wir setzen uns mit so vielen unbedeutenden Dingen auseinander, bis wir uns endlich fragen: „Worauf kommt es denn wirklich an?"

Inmitten dieser guten und schlechten Zeiten fiel uns ein Buch in die Hand und wirkte wie ein Leuchtfeuer in dunkler Nacht. Mit diesem Buch wird die rosarote Brille fortgerissen, durch die wir das Leben betrachten. Es geht um die tiefere Bedeutung der Dinge. Es verleiht den Stürmen des Lebens, den Zeiten von Wohlstand und unserem Sicherheitsstreben Sinn.

Es handelt sich um das biblische Buch Kohelet oder Prediger.

Auf diesen Seiten zeichnet der weise König Salomo die Widersprüche des Lebens klarer auf, als Charles Dickens es sich je erträumen konnte. Ob wir gerade die besten oder die schlimmsten Zeiten durchmachen, muß Gott dennoch unser Bezugspunkt bleiben (siehe oben, Prediger 12,13). Wenn nicht, dann ist das Leben hohl, bedeutungsleer.

Als ich an diesem Nachmittag vom Krankenhaus nach Hause fuhr, dachte ich darüber nach, wie unterschiedlich die Menschen auf Krisensituationen reagieren. Ich fragte mich: Was ist für uns der Bezugspunkt, wenn es um Leben und Tod geht? Wo finden wir den Sinn dahinter? Wie erklären wir uns den Sinn von Leid und Schmerzen?

Wir setzten uns zusammen und beteten, als ich abends die fünf Kinder zu Bett brachte. Benjamin, damals acht, betete so treffend, wie nur ein Kind es kann: „Vater, wir danken dir, daß Mama krank geworden ist, weil du möchtest, daß wir für alles danken sollen. Und wir danken dir auch, daß es ihr wieder gut geht." Er betete im kindlichen Glauben, doch seine Perspektive war die eines reifen Menschen. Er hatte verstanden, daß Gott nicht nur in den guten, sondern auch in schlechten Zeiten möchte, daß wir uns auf ihn einlassen. Manchmal ist Kinderglaube nötig, um uns daran zu erinnern, nicht wahr?

Gebetstip
Beten Sie darum, daß Sie Gott im besten Sinne fürchten lernen und er Ihr Bezugspunkt in guten wie in schlechten Zeiten wird.

Bedingungslose Annahme

Furcht ist nicht in der Liebe,
sondern die vollkommene Liebe treibt die Furcht aus.
1. Johannes 4,17–18

10. Februar

Warum ist die bedingungslose Annahme des Partners so wichtig? Weil man nicht richtig liebt, wenn man ihn oder sie nur teilweise akzeptiert. Das Selbstwertgefühl Ihres Partners kann sich dabei nicht vollständig entwickeln.

„Die vollkommene Liebe treibt die Furcht aus", heißt es. Ein eindrucksvolles Beispiel für diese Wirkung der Liebe findet sich in folgender Geschichte: Als Dave Roever als Soldat in Vietnam auf einem Kanonenboot diente, hielt er einmal eine Phosphorgranate dicht vor seinem Gesicht. Da kam es durch den Treffer eines Scharfschützen zur Explosion. So beschreibt er das erste Mal, als er sein Gesicht nach der Explosion sah:

„Als ich in den Spiegel schaute, sah ich ein Monster, kein menschliches Wesen . . . Meine Seele schrumpfte, brach in sich zusammen und wurde von einem schwarzen Loch der Verzweiflung verschluckt. Mir blieb nur eine unbeschreibliche und fürchterliche Leere übrig. Ich war so allein, wie eine Seele in der Hölle allein sein muß."

Schließlich kam er zurück in die USA und begegnete Brenda, seiner jungen Braut. Kurz vor ihrer Ankunft erlebte er mit, wie die Frau eines anderen Brandopfers ihrem Mann sagte, sie wolle sich scheiden lassen. Dann kam Brenda.

„Ohne das leiseste Anzeichen von Abscheu oder Schrecken beugte sie sich zu mir und gab mir einen Kuß auf das, was von meinem Gesicht übrig geblieben war. Dann schaute sie mir ins gesunde Auge, lächelte und sagte: ‚Willkommen zu Hause, Davey! Ich liebe dich.'

Um zu verstehen, was mir das bedeutete, muß man wissen, daß sie mich so nur in ganz vertrauten Augenblicken nannte; dann hatte sie mir immer wieder „Davey" ins Ohr geflüstert . . . Indem sie dieses Kosewort aussprach, sagte sie mir: Du bist mein Mann. Du wirst immer mein Mann bleiben."

Darum geht es in der Ehe: Zwei Menschen sind einander so sehr verbunden, daß sie einander so annehmen, wie sie wirklich sind. Zwei Menschen arbeiten gemeinsam daran, auch ihre tiefsten Wunden zu heilen.

Gebetstip
Beten Sie um das Vermögen, Ihren Partner bedingungslos zu lieben und seine tiefsten Ängste und Wunden heilen zu helfen.

Der Vater: Leiten und Dienen

*Denn der Mann ist das Haupt der Frau,
wie auch Christus das Haupt der Gemeinde ist . . .
Ihr Männer, liebt eure Frauen,
wie auch Christus die Gemeinde geliebt hat
und hat sich selbst für sie dahin gegeben.*
Epheser 5,23.25

Unsere Gesellschaft hat mehr als zwei Jahrzehnte dazu gebraucht, die Rollen von Mann und Frau neu zu bestimmen. Das eine Extrem deutet folgende Schlagzeile aus einer Tageszeitung in Oklahoma an: „Parlament hebt Gesetz auf – Ehemann nicht mehr Haushaltsvorstand". Das andere Extrem verkörpert der Ehemann, der als Haupt der Familie meint, die Frau müsse ihm widerspruchslos gehorchen.

Die Bibel aber gibt uns eine klare Rolle vor, nicht nur als Mann, sondern auch als Ehemann und Vater. Ich möchte diese Rolle als „Leiter und Diener" bezeichnen. Danach ist der Ehemann und Vater zum Leiten, Lieben und Dienen berufen.

Im *Webster's* (Enzyklopädisches Standardwörterbuch der englischen Sprache) wird ein Leiter als jemand definiert, der „über Autorität oder Einfluß verfügt, den Weg zeigt, geleitet oder dirigiert, der bestimmt und regiert".

Gott selbst hat diese verantwortungsvolle Stellung eingerichtet. Aus der Verantwortung der Leiterschaft erwächst dem Ehemann der Auftrag, seine Frau zu lieben – bedingungslos.

Ich würde zu gern wissen, was einem Kind heutzutage durch den Kopf geht, wenn Mutter und Vater sich eine verbale Prügelei liefern. Als Leiter der Familie muß der Vater mehr denn je seine Hingabe für Frau und Kinder bestätigen.

Die Rolle von Ehemann und Vater wird abgerundet, wenn er seiner Frau dient. Manche Männer kommen mit der biblischen Definition des Leiters als Diener nicht zurecht. Obwohl Jesus der Herr ist, sagte er: „Der Menschensohn ist nicht gekommen, daß er sich dienen lasse, sondern daß er diene" (Matthäus 20,28).

Können Sie als Diener Ihrer Frau angeben, welches ihre drei dringendsten Bedürfnisse sind? Was ihr Sorgen macht? Welche Umstände schnell dazu führen, daß ihr die emotionalen Reserven ausgehen?

Lassen Sie sich zur Leiterschaft, zur Liebe und zum Dienst herausfordern!

Gebetstip

Beten Sie als Mann um die Sensibilität, richtig zu lieben, und um die Demut, Ihrer Frau zu dienen.

Romantik tut not

Die Glut (der Liebe) ist feurig und eine Flamme des Herrn, so daß auch viele Wasser die Liebe nicht auslöschen und Ströme sie nicht ertränken können.
Hoheslied 8,6–7

Ein reichlich zynischer Spruch geht so: „Die Verlobungszeit ist wie die spannende Einleitung zu einem langweiligen Buch." Leider trifft das auf viele Paare zu.

Wie kommt es, daß die Ehe unsere romantische Kreativität anscheinend abnutzt? An einem gewissen Punkt erkennt fast jedes Ehepaar, daß die romantischen Gefühle von früher nicht mehr da sind.

Romantik ist allerdings nicht die Grundlage der Ehe. Doch ist sie das Feuer im Kamin; die Wärme und Sicherheit einer Beziehung, in der gilt: „Wir haben vielleicht manchen Streit, doch ich liebe dich, und deshalb ist alles in Ordnung."

Wir brauchen dieses Feuer in unseren Ehen, weil wir emotionale Wesen sind. Obwohl wir die Ehe nicht auf romantischen Gefühlen aufbauen können, ist es ebensowenig möglich, unser Bedürfnis nach Nähe und Intimität zu unterdrücken. Ohne diese Merkmale driftet die Beziehung eines Paares in gegenseitige Isolation ab.

Barbara und ich hatten in unseren gemeinsamen Jahren ein paar besonders romantische Höhepunkte: eine Reise in den farbenprächtigen Herbst von Neuengland zu unserem zehnten Hochzeitstag, die gelungene „Flucht" zu einem gemütlichen Gasthof mit Übernachtung und Frühstück, ein Essen zu Hause im Kerzenschein, als die Kinder (damals noch klein) im Bett waren . . . ich könnte noch vieles aufzählen.

Für uns steckt in jedem Abenteuer ein Schuß Romantik. Als ich Barbara einmal fragte: „Was war bis jetzt für dich das schönste Abenteuer?", war ich von ihrer Antwort gar nicht überrascht: „Unsere Hochzeitsreise!"

Sie ist eine stetige Quelle voller Erinnerungen. Ich will Sie nicht mit Details langweilen; immerhin aber habe ich diese Reise in die Berge wochenlang geplant. Wir haben gezeltet (wobei wir überraschenderweise ein wenig eingeschneit wurden) und wohnten dann in einer Hütte dicht an einem donnernden Fluß.

Sie denkt deshalb so gern an die Flitterwochen, weil sie ein einziges Abenteuer mit reichlich Zeit nur für uns beide mit vielen Gesprächen darstellten und wir einander von unseren Gedanken und Träumen erzählt haben.

Ich wette, daß Ihre Ehe unter ein wenig Romantik nicht leiden würde.

Gebetstip
Bitten Sie Gott, aus Ihnen den romantischen Partner zu machen, den Ihr Mann oder Ihre Frau braucht.

13. Februar

Füchse im Weinberg

Fangt uns die Füchse, die kleinen Füchse, die die Weinberge verderben; denn unsere Weinberge haben Blüten bekommen.
Hoheslied 2,15

Für Barbara und mich fing 1974 der Kindersegen an – sechs Kinder in zehn Jahren. Wir haben festgestellt, was Salomo mit „kleinen Füchsen" meint: Diebe, die uns die Frucht der Liebe stehlen, bevor wir uns daran erfreuen können. Für Barbara und mich gehörten zu diesen Füchsen

- falsche Prioritäten
- kleine Kinder, die uns erschöpfen
- Teenager unter Hochspannung
- finanzieller Druck
- schwache Gesundheit
- vollgestopfte Terminkalender
- ungelöste Konflikte

Eine tödliche Gefahr aber bringt ein Fuchs, den ich Apathie nennen möchte. Haben Sie sich wirklich fest vorgenommen, ein Leben lang mit Ihrem Ehepartner zusammen zu bleiben? Dann müssen Sie willentlich dafür sorgen, daß die Romantik einen festen Platz in der Ehe hat.

Wenn Sie in Ihrer Ehe wieder das Funkeln der Romantik erleben wollen, kann ich Ihnen zwei Tips geben. Erstens sollten Sie anfangen, Ihren Partner zu studieren. Wußten Sie, daß Männer und Frauen ganz unterschiedliche Vorstellungen von Romantik haben? Zur Vergewisserung könnte man beim nächsten Treffen des Hauskreises oder der Bibelgruppe Männer und Frauen in zwei Gruppen aufteilen und sie auf dieselbe Frage antworten lassen: Welches romantische Verhalten würden Sie sich von Ihrem Partner wünschen?

Garantiert steht auf der Liste der Männer ganz obenan körperliche Intimität: „Sie könnte sich ein sexy Negligé anziehen" oder „Sie könnte mich einmal nackt an der Tür begrüßen". Die Frauen aber äußern wahrscheinlich folgende Wünsche: „Er sollte mich in ein romantisches Restaurant mit Kerzen auf den Tischen ausführen", „Er könnte einen langen Spaziergang mit mir machen" oder „Er könnte sich mit mir an den Kamin setzen und kuscheln". Männer werden durch Anblick und Berührungen angeregt, Frauen dagegen möchten die Beziehung weiter entwickeln.

Zweitens sollten Sie sich Zeit für die kreative Gestaltung romantischer Momente nehmen. Machen Sie einmal etwas Anderes, Ausgefallenes, etwas, das die Aufmerksamkeit des Partners erregt. Vielleicht wäre es angebracht, wenn Sie einmal nur zu zweit für ein Wochenende verreisen. Sie würden staunen, wie viele Ehepaare so etwas seit Ihrer Hochzeitsreise nicht mehr unternommen haben.

Gebetstip

Beten Sie um ein besseres Verständnis für die romantischen Bedürfnisse Ihres Partners und um den Mut, auch entsprechend zu handeln.

Die Männer auf der Titanic

Dein Born sei gesegnet, und freue dich des Weibes deiner Jugend.
Sprüche 5,18

Nun möchte ich Ihnen gestehen, daß ich mich lange Jahre für einen ziemlich kreativen, romantischen Mann gehalten habe. Jedenfalls so lange, bis ich von Mark Montgomery und den „Männern auf der Titanic" gehört habe.

Mark, ein Pastor aus Toledo in Ohio, sammelte um sich eine Männergruppe, die sich geschworen hatte, eine opferbereite Liebe zu ihren Frauen zu entwickeln. Sie benannten ihre Gruppe nach den Männern, die ihr Leben opferten, damit ihre Frauen und Kinder Platz in den Rettungsbooten hätten, als der berühmte Ozeanriese damals im Jahr 1912 versank.

Sechs Monate lang planten sie den ungewöhnlichsten Abend, den eine Frau sich nur vorstellen kann:

▶ Sie stellten handgeschriebene Einladungen her und entsandten gemietete Limousinen, die ihre Frauen abholen sollten.
▶ Die Frauen wurden in einen geschmückten Festsaal begleitet. Jeder einzelne Platz war für sie mit einem Bukett geschmückt.
▶ Die Männer hatten geübt, wie man einer Dame das Essen serviert, eine exakte Neuauflage des sechsgängigen Menüs, das am Abend des Untergangs im Speisesaal der Titanic serviert wurde.
▶ Nach dem Ende jeden Ganges räumten die Männer die Tische ab und leiteten jeden neuen Gang mit einem Liebeslied ein.
▶ Nach dem Mahl erhob sich einer der Männer und verkündete, daß sich nach dem Untergang der Titanic der Brief eines Mannes an seine Ehefrau gefunden habe. Er werde nun zum ersten Mal verlesen. Dann las er einen wunderschönen Liebesbrief voller überschwenglichem Lob und Zärtlichkeit vor. Anschließend enthüllte er, daß eigentlich er selbst diesen Brief an seine eigene Frau geschrieben habe. Dann überreichte jeder Mann seiner Frau einen eigenen Liebesbrief.

Als ich Mark für unsere Radiosendung interviewte, sagte er: „Der ganze Abend war irgendwie heilig. Wir haben die Tatsache gefeiert, daß unsere Frauen uns von Gott geschenkt worden sind."

Wie steht's mit Ihnen, liebe Männer – was für Gefühle hatten Sie beim Lesen? Total eingeschüchtert? So ist es mir ergangen. Man braucht aber nicht unbedingt viel Geld, oft nicht einmal so viel Zeit, um die Romantik in der Ehe neu zu entzünden. Was man braucht, ist die Entschlossenheit, den Anfang zu machen.

Gebetstip
Beten Sie um Sensibilität für das Bedürfnis Ihrer Frau nach einer vertrauteren, romantischeren Ehebeziehung.

Schwach genug für die Gnade

von Barbara Rainey

*Laß dir an meiner Gnade genügen;
denn meine Kraft ist in den Schwachen mächtig.*
2. Korinther 12,9

In meiner letzten Andacht habe ich beschrieben, wie Gott es mich schaffen ließ, seinen Willen zu akzeptieren, als er uns ein sechstes Kind in die Wiege legte. Heute will ich mitteilen, wie ich durch diese Erfahrung gelernt habe, mir selbst gegenüber toleranter zu sein.

Ich habe entdeckt, daß ich oft das Bedürfnis habe, bei Schwierigkeiten sofort zu einer Lösung, zu Erkenntnissen und Reife zu gelangen. Dabei vergesse ich, daß ich nur ein Mensch bin. Gottes Gnade ist eben für diese menschliche Schwachheit vorhanden.

Kein Wunder, wenn es uns in unserer menschlichen Begrenztheit schwerfällt, Gottes Willen für unser Leben zu erkennen. Sein Plan für uns gleicht einer Patchwork-Decke. Es gibt ein Gesamtmuster, das aus Hunderten von Stücken besteht. Da uns Gottes Gesamtperspektive fehlt, dürfen wir nicht überrascht sein, wenn die Frage aufkommt, was dieses oder jenes scheinbar häßliche, unpassende oder dunkel verfärbte Stück in der Decke zu suchen hat.

Manchmal ähnelt die Ehebeziehung einem jener Stücke, deren Platz im groß angelegten Muster nicht einzusehen ist. Selbst besonders vertraute Paare müssen manchmal feststellen, daß es Zeit erfordert, in strittigen Bereichen miteinander ins Reine zu kommen. In unserer Beziehung zum himmlischen Vater sollten wir nichts Geringeres anstreben. Es dauert seine Zeit, in seinem Sinne verwandelt zu werden; es ist ein Prozeß.

Und doch erkenne ich durch den Glauben, daß Gott der kreative Gestalter meines Lebens ist. Er hat ein preisverdächtiges Meisterstück im Blick. In diesem Vertrauen kann ich mich auf seinen Plan verlassen und weiß, daß seine Gnade mir Zeit gewährt, mich auf seinen Willen einzustellen. Selbst dann, wenn die Teilstücke, die ich sehe, nicht meinem Geschmack entsprechen.

Gebetstip

Um Gott zu vertrauen, kann das Wissen um ein Gesamtmuster in Ihrem Leben Ihnen die nötige Ruhe geben und quälende Fragen beantworten, die Ihnen bestimmte Teilstücke aufdrängen. Danken Sie Gott für seine Gnade, die größer ist als unsere inneren Kämpfe.

Den Partner beraten (mit seiner Erlaubnis)

von Barbara Rainey

*Es ist nicht gut, daß der Mensch allein sei;
ich will ihm eine Gehilfin machen, die um ihn sei.
1. Mose 2,18*

Da wir ein Paar sind, sind Dennis und ich einander in vielen Lebensbereichen behilflich: zum Beispiel bei der Pünktlichkeit, bei der Geduld mit den Kindern, beim Planen, bei Enttäuschungen, bei Ärger und Sorge. Wir haben entdeckt, daß unsere Unterschiede dafür sorgen, daß wir als Paar viel effektiver sind, als wir einzeln je hätten sein können.

Unter anderem habe ich Dennis bei seinen Vorträgen geholfen. Schon zu Anfang unserer Ehe merkte ich, daß ihm auffällige Grammatikfehler unterliefen. Ich hatte keine Hemmungen, ihm meinen Rat anzubieten, weil ich ihm in vielen Situationen schon ehrlichen Herzens sagen konnte, daß er bei seinen Zuhörern gut ankam.

Eines Abends also fragte ich Dennis nach einem Vortrag, ob ich einen Vorschlag machen dürfe, damit er noch effektivere Reden halten könne. Er hörte bereitwillig zu. Obwohl ihm meine Kritik etwas bedrohlich erschien, gab er zu, daß er kein besonders guter Schüler gewesen sei. Meine Vorschläge waren ihm willkommen.

Ein paar Monate später waren wir wieder auf dem Heimweg von einer Vortragsveranstaltung. Dennis sagte: „Ich will mich zwar nicht gegen deine Ratschläge sträuben, aber ich möchte dich bitten, ein Weilchen zu warten, bis du mir die kalte, harte Wahrheit offenbarst."

Damals wurde mir klar, daß meine Methode etwas verfeinert werden mußte. Ich war mit der „Wahrheit" zu eilig herausgeplatzt, und aus der beabsichtigten „Hilfe" war eine Entmutigung geworden. Ich hatte sie nicht mit genügend Lob gewürzt und zu wenig Abstand vom Ereignis gehalten. Hätte ich meine Empfehlungen nicht abgewandelt, dann wäre die feine Linie zwischen Annahme und Ablehnung leicht überschritten worden.

Wenn Ihr Partner es zuläßt, daß Sie ihm in dem einen oder anderen schwach ausgebildeten Bereich helfen, dann sollten Sie Gott um Weisheit bitten, wie Sie ihm helfen können. Bieten Sie Ihren Beistand so dar, daß Ihr Partner sich dabei angenommen fühlt und in keiner Hinsicht abgelehnt.

Gebetstip

Bitten Sie Gott um Weisheit, wie Sie Ihrem Partner sensibel helfen und einander zuhören können.

17. Das Problem mit dem Stolz

Februar

Wo Hochmut ist, da ist auch Schande; aber Weisheit ist bei den Demütigen.
Sprüche 11,2

„Stolz", sagte Alexander Solschenizyn, der sowjetische Dissident, „wächst im menschlichen Herzen wie die Speckschicht am Schwein." Stolz gehört zu den wenigen Eigenschaften, die auch dann immer stärker werden, wenn sie nicht extra genährt werden. Obwohl er bei manchen Leuten deutlicher sichtbar ist als bei anderen, leidet doch die gesamte Menschheit unter seinem bösartigen Zugriff.

Stolz hat die unterschiedlichsten Erscheinungsformen. Er kann Herrschaftsstreben bewirken: „Es muß so sein, wie ich es will", „Ich will mein eigener Gott sein, meinen eigenen Kram machen und mich niemandem unterordnen."

Stolz kann sich in Sturheit auswirken. In der Bibel ist dann die Rede von „Halsstarrigkeit" und „Herzenshärtigkeit". Am besten erkennt man ihn bei denen, die sich arrogant verhalten. Als ich ein Junge war, haben wir Kinder, die sich so benahmen, hochnäsig, großkotzig oder eingebildet genannt.

Der wohlbekannte Evangelist Dwight L. Moody stellte fest, wie Gott mit den Stolzen umgeht: „Gott schickt niemanden leer fort außer denen, die voll von sich selbst sind."

Tag für Tag versuche ich, mein „Ich" zu begraben, und bete darum, daß Jesus Christus ungehinderten Zugang zu jedem Bereich meines Lebens haben möge. Wenn ich dann versucht bin wütend zu werden, weil etwas nicht so läuft, wie ich es will, dann kommt die Erinnerung, daß mein Stolz bekanntlich tot ist.

Was ist demnach Demut? Gott zu kennen und zu wissen, was wir in der Beziehung zu ihm darstellen. Philip Brooks hat einmal gesagt: „Der wahre Weg zur Demut besteht nicht darin, sich zu beugen, bis wir kleiner geworden sind, sondern in unserer vollen Größe vor einem höheren Wesen zu stehen, das uns zeigt, wie gering unsere Größe eigentlich ist."

In meinem Stolz möchte ich sagen: „Ich brauche keinen Gott – ich bin absolut glücklich ohne ihn." Ich wundere mich aber über die echte Freude, die sich einstellt, wenn ich mich bereitwillig demütige und tue, was er mit meinem Leben vorhat. Dieser Prozeß ist vielleicht schmerzhaft, führt aber zu wahrer Freude.

Gebetstip
Bitten Sie Gott, Sie die Freude erfahren zu lassen, die aus der Demut erwächst.

Gottes Entwurf für die Ehe (Teil 1)

*Wenn der Herr nicht das Haus baut,
so arbeiten umsonst, die daran bauen.*
Psalm 127,1

18. Februar

Vor nicht allzu langer Zeit war ich in Südkalifornien unterwegs und hielt um etwa halb sieben morgens bei Rot an einer Kreuzung. An der Ecke war ein altes Restaurant, an dem die Bauarbeiter bereits mit Restaurierungsarbeiten zugange waren. Die Zimmerleute und anderen Arbeitskräfte wuselten wie kleine Ameisen rund um das Gebäude herum. Fast jeder hatte das gleiche in den Händen: Baupläne. Wo ich auch hinschaute, überall sah man auf die Pläne, hielt sie ans Licht und schaute, wie die Dinge liefen und was an diesem Bau entstehen sollte.

Es wurde grün, und ich fuhr an, aber dieser kurze Eindruck hatte sich mir eingeprägt. Dahinter steht eine einfache Wahrheit: Man kann ohne Plan weder bauen noch restaurieren. Jedenfalls nicht, wenn man ein sehenswertes Ergebnis erlangen will!

Viele Ehen von heute brauchen sicherlich eine Erneuerung. Wenn man das richtig machen will, muß man sich an den ursprünglichen Entwurf halten – die göttliche „Gebrauchsanweisung" für die Ehe.

In früheren Andachten ging es um Gottes Absichten mit der Ehe. Jetzt möchte ich einmal Gottes Plan zur Durchführung dieser Absichten betrachten.

Oft stoße ich auf problembeladene christliche Paare. Sie haben eins gemeinsam: Als aufrichtige Christen glauben sie, sich automatisch an den richtigen Plan zu halten. Man stößt bei dieser naiven Überlegung aber auf die Schwierigkeit, daß es viele konkurrierende Pläne gibt.

Leider nehmen sich viele christliche Paare nie die Zeit, die Entwürfe, aus denen sie schöpfen, unter die Lupe zu nehmen. Manche geben der Versuchung nach, sich bei dem, was sie errichten, einfach mehr zu beeilen. Sie heiraten schnell, erziehen ihre Kinder und basteln an einem vermeintlich perfekten Bau. Letzten Endes aber müssen sie feststellen, daß ihre Vorlage fehlerhaft war. Sie haben sich nicht an das Original, sondern an eine Fälschung gehalten.

Gebetstip
Beten Sie darum, daß Gott Ihnen hilft, neue Einsichten in seine Entwürfe für die Ehe zu gewinnen.

Gottes Entwurf für die Ehe (Teil 2)

*Und Gott der Herr baute ein Weib aus der Rippe,
die er von dem Menschen nahm, und brachte sie zu ihm.*
1. Mose 2,22

Um Gottes Plan für die Ehe zu erkunden, kehren wir zum zweiten Kapitel der Schöpfungsgeschichte zurück: Gott erschafft Adam, stellt aber fest: „Es ist nicht gut, daß der Mensch allein sei; ich will ihm eine Gehilfin machen, die um ihn sei" (siehe Vers 18). Gott läßt einen tiefen Schlaf über Adam fallen. Er nimmt eine seiner Rippen und bildet eine Frau daraus. Hier haben wir ein Bild für die Ganzheit und meiner Meinung nach auch ein Bild für Einheit, weil Mann und Frau aus dem gleichen Material gemacht sind.

Nun aber stehen wir vor einer alles entscheidenden Frage: Wie wird Adam Eva empfangen? In den Augen der meisten Bibelleser war Adams Reaktion ziemlich gelangweilt: „Das ist doch Bein von meinem Bein und Fleisch von meinem Fleisch; man wird sie Männin nennen, weil sie vom Manne genommen ist" (Vers 23).

Ich ziehe die Übertragung der Guten Nachricht vor: „Endlich jemand wie ich!" Mit anderen Worten: Adam war begeistert, ganz außer sich!

Offenbar fand Adam, daß Eva recht gut aussah. Darum sagte er: „Das ist Bein von meinem Bein und Fleisch von meinem Fleisch." Sie sah für ihn entschieden schöner aus als alle Tiere, die er soeben benannt hatte. Hier ist übrigens ein Grundprinzip für die Ehe erkennbar, daß wir nicht übersehen sollten: Adam hatte Vertrauen auf Gottes gute Absichten.

Eva konnte nichts vorweisen, um sich Adams Aufmerksamkeit zu verdienen. Adam wußte nur eins von ihr – sie war ein Geschenk des Gottes, den er persönlich kannte. Adam nahm dieses Geschenk einfach an, weil Gott sie für ihn gemacht hatte. Er wußte, daß er Gott vertrauen konnte.

Auch heute möchte Gott, daß wir den Partner in Empfang nehmen, den er für uns geschaffen hat. Er ist immer noch vertrauenswürdig.

Diesen Partner abzulehnen heißt, negative Gedanken über den Charakter Gottes zu hegen, als wolle man sagen: „Gott, du hast einen Fehler gemacht. Du wußtest nicht, was du tust, als du mir diese Person an die Seite gestellt hast."

Ob man den Partner wegen seiner Schwächen oder aus anderen Gründen ablehnt – es läuft immer auf Ungehorsam gegen Gott hinaus. Man verfehlt seinen Plan, seine Absichten mit dem eigenen Leben.

Sind Sie bereit, Ihren Partner oder Ihre Partnerin als Gottes Geschenk anzunehmen?

Gebetstip

Danken Sie Gott für sein Geschenk: Ihren Mann oder Ihre Frau.

Gottes Entwurf für die Ehe (Teil 3)

Darum wird ein Mann seinen Vater und seine Mutter verlassen und seinem Weibe anhangen, und sie werden sein ein Fleisch. Und sie waren beide nackt, der Mensch und sein Weib, und schämten sich nicht.
1. Mose 2,24–25

*I*m zweiten Teil von Gottes Plan für die Ehe geht es um Aufbau. Vielleicht fällt Ihnen in diesem Entwurf eine Parallele zum christlichen Leben auf. Erst nimmt man Christus auf (oder an), dann arbeitet man ein Leben lang daran, ein Mensch nach seinem Bild zu werden. Wenn man den Partner oder die Partnerin als Gottes Geschenk in Empfang genommen hat (samt allen Schwächen), arbeitet man ein Leben lang an der Beziehung zu ihm oder ihr.

Mit dem obigen Bibelvers werden uns vier Richtlinien zum Aufbau einer starken Ehe dargestellt. Nicht, daß wir uns aussuchen könnten, welche davon uns paßt – alle vier sind Voraussetzungen für den Erfolg.

1. Verlassen – das heißt, sich unabhängig von Eltern oder allen anderen zu machen, die an der Erziehung beteiligt waren. Man kann nur staunen, wie viele Menschen das nicht geschafft haben. Sie machen einen sehr erwachsenen Eindruck und verhalten sich reif und erfahren, doch tief im Innern hängen sie immer noch am Schürzenzipfel ihrer Eltern. In diesem Vers liegt ein Gebot an die Eltern: Wir sollten unsere Kinder loslassen. Wenn Eltern in eine Ehe eingreifen, können sie diese Beziehung untergraben, egal wie lange sie schon besteht.
2. Anhangen – das heißt, eine bleibende Bindung eingehen. Anhangen bedeutet, sich zu verpflichten. Wenn Gott zwei Menschen zusammenfügt, dann auf Dauer. Im Ehegelöbnis heißt es deshalb: „Bis daß der Tod uns scheidet."
3. Sich körperlich verbinden – das heißt, im Geschlechtsverkehr ein Fleisch werden. Man beachte die Reihenfolge: Verlassen, Anhangen und dann ein Fleisch werden. Die körperliche Intimität kommt erst, wenn eine feste, gegenseitige Hingabe die Beziehung mit der nötigen Sicherheit umgibt.
4. Transparent werden – das heißt, emotionale Vertrautheit mit dem Partner zu erlangen, sich einander völlig zu öffnen. In der Schöpfungsgeschichte steht, daß Adam und Eva „beide nackt waren und sich nicht schämten". Sie hatten keine Angst abgelehnt zu werden. Wenn wir in die Wärme bedingungsloser Annahme eingehüllt sind, erfahren wir die Ehe als wahre Freude.

Gebetstip
Bitten Sie Gott, daß es Ihnen gelingt, alle vier Bereiche in Ihrer Beziehung zu verwirklichen.

Der Lüge glauben

*Und stellt euch nicht dieser Welt gleich,
sondern ändert euch durch Erneuerung eures Sinnes,
damit ihr prüfen könnt, was Gottes Wille ist,
nämlich das Gute und Wohlgefällige und Vollkommene.*
Römer 12,2

Mir wird immer das Gespräch mit einem Freund unvergeßlich bleiben, den ich einmal zufällig in einem Schnellrestaurant traf. Ich wußte, daß er einen Eheberater aufsuchte, und fragte ihn, wie es um seine Ehe stehe.

„Nicht besonders gut", erwiderte er. Seine Frau nerve ihn ständig. Er sei der Meinung, die Beziehung habe keine Zukunft. Da sei die Scheidung wohl der einzige Ausweg. Dann machte er einen Fehler. Er fragte mich: „Was meinst du dazu?"

„Ich finde das lächerlich", antwortete ich. Ein paar Minuten lang ermahnte ich ihn, daran zu arbeiten und nicht aufzugeben. „Wenn du wirklich willst, dann kannst du aus dieser Ehe etwas machen", sagte ich.

Er wollte nicht an seine Verantwortung als christlicher Ehemann erinnert werden. „Ich kann mir nicht vorstellen, daß Gott mir so einen unglücklichen Zustand zugedacht hat", sagte er.

Damit verriet er sich als Mensch, der sich selbst zum Maßstabe der Dinge gesetzt hatte und sich nicht verändern wollte, um Gottes Willen zu tun. Er nannte sich Christ, machte aber keine Anstalten, seine Einstellung überprüfen. So lange er sich nur um sein eigenes Glück kümmerte, blieb ihm nichts übrig, als von einer unglücklichen Beziehung in die nächste zu stolpern.

Ein anderer Mann, der nach der Scheidung erleben durfte, wie seine Ehe wieder neu entstand, hörte von diesem Gespräch. Sein Kommentar: „Er ist einer Lüge auf den Leim gegangen. Er glaubt, daß es am wichtigsten ist, sich wohl zu fühlen. Man fühlt sich aber erst wirklich wohl, wenn man die Probleme aufgearbeitet hat."

Gebetstip
Bitten Sie Gott um seinen Beistand, wenn Sie gerade an Ihren Problemen arbeiten. Sie brauchen seine Unterstützung, damit Sie die Arbeit an Ihrer Ehebeziehung nicht aufgeben, wenn Sie momentan sehr unglücklich sind.

Chemische Reaktionen

*Mein Sohn, merke auf meine Weisheit;
neige dein Ohr zu meiner Lehre,
daß du behaltest guten Rat.*
Sprüche 5,1–2

Im Chemieunterricht habe ich etwas sehr Wichtiges gelernt: Wenn bestimmte Substanzen miteinander in Berührung geraten, kann sich eine chemische Reaktion ergeben. Das konnte ich eines Tages in der Oberstufe ausprobieren, als ich ein Glas voll mit reinem Natrium von einer Brücke in den Fluß warf und damit fast die Brücke sprengte. Ich war nicht einmal vorsichtig genug, mich wenigstens von der Brücke zu entfernen!

Seit damals habe ich immer wieder erfahren, daß viele Menschen die Gesetze der Chemie genau so wenig respektieren wie ich bei diesem Experiment. Sie mischen reaktionsfreudige Substanzen, ohne sich Gedanken darüber zu machen, daß eine Explosion die Folge sein könnte. Insbesondere Ehepaare sind es, die nicht begriffen haben, daß es zu heftigen „chemischen Reaktionen" kommen kann, wenn man Kontakt zu anderen als dem eigenen Partner sucht. Bitte verstehen Sie mich nicht falsch – ich meine damit nicht nur den sexuellen Bereich. Mir geht es um die Reaktion von zwei Herzen, von zwei Seelen.

Es gibt so etwas wie emotionalen Ehebruch – einen vertrauten Umgang mit dem anderen Geschlecht außerhalb der Ehe. Emotionaler Ehebruch ist Untreue des Herzens. Emotionaler Ehebruch entsteht, wenn die Freundschaft mit Menschen anderen Geschlechts zu weit geht.

Oft fängt so etwas mit flüchtigen Begegnungen am Arbeitsplatz, in der Schule oder in der Kirche an. Der Ehemann spricht bei einer Tasse Kaffee mit einer Mitarbeiterin und teilt ihr mit, welche Probleme er mit Frau und Kindern hat. Sie erzählt von ähnlichen Schwierigkeiten. An sich ist das noch kein Problem; im Gegenteil, es kann sogar sehr hilfreich sein, einer außenstehenden Person einmal sein Herz auszuschütten. Doch leider lassen sich Gefühle nicht beherrschen, und wenn man einem Angehörigen des anderen Geschlechts sein Herz geöffnet hat, kann es leicht zu einer „chemischen Reaktion der Emotionen" kommen, die einen buchstäblich in Teufels Küche geraten lassen kann. Wenn jemand das einmal erlebt hat, kann er diese „chemische Bindung" kaum mehr leugnen, so real ist sie geworden.

Man kann in diesen Angelegenheiten praktische Schritte tun, Vorsichtsmaßnahmen ergreifen. Darüber möchte ich in der nächsten Andacht sprechen.

Gebetstip
Bitten Sie Gott um Weisheit und Unterscheidungsfähigkeit, damit Sie wissen, wann die Gefahr einer „chemischen Reaktion" besteht.

23. Wie man emotionalen Ehebruch meidet

Dem aber, der euch vor dem Straucheln behüten kann und euch untadelig stellen kann vor das Angesicht seiner Herrlichkeit mit Freuden ... Judas 24

Man kann viel leichter emotionalen Ehebruch begehen, als man denkt. Die „chemische Reaktion" mit einem anderen Menschen stellt sich besonders schnell ein, wenn man

- ▶ Bedürfnisse verspürt, auf die Ihr Partner nicht einzugehen scheint – zum Beispiel das Bedürfnis nach Aufmerksamkeit, Anerkennung oder Zärtlichkeit;
- ▶ bei jemand anders leichter als beim Partner auftaut, um die Probleme des Tages beim Essen, einer Tasse Kaffee oder auf dem Nachhauseweg durchzusprechen;
- ▶ anfängt, Schwierigkeiten mit dem Ehepartner preiszugeben;
- ▶ die Richtigkeit dieser Beziehung zum andern Geschlecht damit begründet, daß es bestimmt Gottes Wille sei, mit einem Mitchristen so offen und ehrlich reden zu können;
- ▶ sich auf die Begegnung mit dieser anderen Person mehr freut als auf den eigenen Partner;
- ▶ die Beziehung vor dem Partner geheim hält.

Hat man sich auf einen anderen Menschen eingelassen, in dem man einen Ersatz sieht, dann fängt hier ein Weg an, der allzu oft in Ehebruch und Schmerz endet. Wie aber schützt man sich davor?

Lernen Sie Ihre Grenzen kennen. Man muß einen Bereich schützen, der nur dem Ehepartner zusteht. Barbara und ich geben darauf acht, die tiefsten Gefühle, Bedürfnisse und Probleme nur einander mitzuteilen und nicht Freunden des jeweils anderen Geschlechts.

Erkennen Sie die Macht der Augen. Wie schon gesagt sind die Augen das Fenster zur Seele. Ziehen Sie die Vorhänge zu, wenn Sie merken, daß jemand ein wenig zu lange vor diesem Fenster innehält.

Hüten Sie sich vor Isolation und Heimlichkeiten. Der Feind nutzt es aus, wenn man sich vom Partner abschottet. Er verführt uns insbesondere dazu, Geheimnisse vor dem Partner zu hegen.

Brechen Sie chemische Reaktionen ab, die schon eingesetzt haben. Eine Freundschaft mit dem anderen Geschlecht, in der sich Bedürfnisse erfüllen, die der Beziehung zum eigenen Partner vorbehalten sein sollten, muß schleunigst abgebrochen werden. Das empfindet man zunächst als schmerzlichen Verlust, doch viel schlimmer ist der Umgang mit den Trümmern, die eine solche Beziehung verursacht.

Gebetstip
Beten Sie täglich, daß Gott Sie vor dem Straucheln bewahrt.

Gottesfurcht (Teil 1)

Den Herrn, deinen Gott, sollst du fürchten, ihm sollst du dienen, ihm sollst du anhangen und bei seinem Namen schwören.
Er ist dein Ruhm und dein Gott, der bei dir solche großen und schrecklichen Dinge getan hat, die deine Augen gesehen haben.
5. Mose 10,20–21

Es wirft ein ausgesprochen trauriges Licht auf den Zustand der Christenheit in unserm Land, daß manche Unternehmer den geschäftlichen Umgang mit Christen meiden. Ein paar solche Fälle sind mir bekannt. Einmal erzählte mir ein Freund von einem Christen, der in einer Freikirche eine führende Stellung hat. Dieser Mann brachte es fertig, meinen Freund durch unlautere Geschäftsmethoden um 75.000 Dollar zu betrügen. Als er darauf angesprochen wurde, gab der Mann in keiner Weise zu, sich in irgendeiner Weise falsch verhalten zu haben.

Ein anderer Fall: Ein Nichtchrist kündigte, weil er nicht mehr für einen Unternehmer arbeiten wollte, der sich ständig am Rande der Legalität bewegte. „Und dieser Kerl behauptet, ein wiedergeborener Christ zu sein!" sagte er.

Wie kommt das? Warum ziehen so viele Christen – ob Unternehmer oder nicht – den Namen Christi mit solchen Aktionen in den Schmutz? Weil sie den „altmodischen" Begriff Gottesfurcht nicht mehr kennen – oder kennen wollen.

Gottesfurcht – das ist Ehrfurcht und Respekt vor ihm. Es ist die innerste Überzeugung, daß er nicht nur der liebende und persönliche Vater, sondern auch der heilige und gerechte Gott ist.

In Sprüche 14,27 steht: „Die Furcht des Herrn ist eine Quelle des Lebens, daß man meide die Stricke des Todes."

Wo keine Gottesfurcht herrscht, da fürchtet man auch nicht die göttliche Gerechtigkeit. Wenn ich die Schlagzeilen unserer Zeitungen überfliege, dann muß ich beklagen, daß unsere Welt die Furcht vor Gott und seiner Gerechtigkeit verloren hat.

Aus uns ist ein Volk geworden, das Gott den Rücken zugekehrt hat. Das kann sich nur ändern, wenn wir die heilige Ehrfurcht vor Gott, der uns das Leben gab, wiedergewinnen. Schließen Sie sich mir an und lernen Sie neu, Gott zu fürchten.

Gebetstip
Beten Sie darum, daß Gott Sie ganz neu lehrt, Ehrfurcht vor ihm zu haben.

25. Februar

Gottesfurcht (Teil 2)

*Sie sollen mein Volk sein und ich will ihr Gott sein.
Und ich will ihnen einerlei Sinn und einerlei Wandel geben,
daß sie mich fürchten ihr Leben lang,
auf daß es ihnen wohl gehe und ihren Kindern nach ihnen.
Und ich will einen ewigen Bund mit ihnen schließen,
daß ich nicht ablassen will, ihnen Gutes zu tun,
und will ihnen Furcht vor mir ins Herz geben,
daß sie nicht von mir weichen.*
Jeremia 32,38–40

Warum möchte Gott wohl, daß wir ihn fürchten? Vielleicht, weil uns daraus nur Gutes erwächst.

Schauen wir uns dazu den obigen Vers an. Hier sehen wir, daß Gott es uns wohlergehen lassen möchte. Er verheißt uns etwas, das uns nicht entzogen werden soll. Doch sollen auch wir uns nicht von ihm abwenden. Dazu einige Gründe:

Erstens ist die Furcht Gottes für den Gläubigen die Quelle des Lebens. In Sprüche 22,4 steht, daß die Furcht Gottes in Kombination mit Demut uns Wohlstand, Ehre und Leben einbringt. Außerdem heißt es in Psalm 111,10, die Gottesfurcht sei der Weisheit Anfang und gewähre Klugheit. Ein gesunder Respekt vor Gott ist der Schlüssel zum Leben.

Zweitens bewirkt die Furcht Gottes beim Gläubigen Treue. Der obige Text aus Jeremia besagt, daß die Furcht Gottes uns durch den Heiligen Geist fest eingepflanzt wurde, damit wir die Treue bewahren können. Wir stehen nicht dann auf dem Prüfstand, wenn wir vor aller Augen handeln. Die wahre Probe unserer Treue findet statt, wenn man genau weiß, daß es keine Zeugen gibt.

Gott fürchten bedeutet für mich, jeden Tag seine Gegenwart in mir zu erleben, in dem Bewußtsein, daß ihm nichts in mir verborgen ist. Er sieht ohnehin alles. Er weiß alles. Ich kann mich nicht in Dunkelheit und Sünde verstecken. Ich kann mich nicht vor ihm verstecken.

Drittens erfüllt Gott die Wünsche derer, die ihn fürchten. In Psalm 145,19 wird gesagt: „Er tut, was die Gottesfürchtigen begehren, und hört ihr Schreien und hilft ihnen." Die Furcht Gottes bewahrt mich nicht nur vor Sünde, sondern hilft mir auch in Schwierigkeiten.

Gebetstip

Wo versuchen Sie, sich vor Gott zu verstecken und Dinge vor ihm zu verbergen, die er doch schon kennt? Jetzt ist die richtige Zeit, Gott die Ehre zu erweisen, indem Sie sich zu diesen Dingen stellen und authentisch mit ihm leben!

Gottesfurcht (Teil 3)

*Die Furcht des Herrn führt zum Leben;
man wird satt werden und sicher schlafen,
von keinem Übel heimgesucht.*
Sprüche 19,23

Die Furcht Gottes ist Grundlage zur Entwicklung eines Charakters im Sinne Gottes. Ich glaube, daß es sich bei der gegenwärtigen Führungskrise in der Welt im wesentlichen um eine charakterliche Krise handelt. Es hat zwar nie eine Zeit in der Geschichte gegeben, in der Regierung in Vollkommenheit ausgeübt wurde. Heute aber fühlen sich die sogenannten Leiter niemandem mehr verantwortlich.

Die Auswirkungen: Arroganz, das Gefühl, über dem Gesetz zu stehen, und glatter Betrug. Viele politische, zivile und geistliche Leiter sind davon betroffen. Das kommt daher, daß die Menschen Gott nicht mehr fürchten und überzeugt sind, sich praktisch alles erlauben zu können. Wenn wir uns nicht vor Gott verantworten müßten, warum dann vor unseren Mitmenschen für das, was wir heute tun?

In 2. Mose 21 wird dargestellt, warum die Furcht Gottes die Voraussetzung für Leiterschaft ist. Mose hatte für die Kinder Israel Recht gesprochen. Da kam sein Schwiegervater Jethro und sagte: „Mose, du zermürbst dich und deine Familie, dazu das ganze Volk Israel" (siehe Vers 18). Von Sonnenaufgang bis zum Schlafengehen stellte sich das Volk bei Mose an, um Streitigkeiten und Führungsansprüche von Mose klären zu lassen, weil er Zugang zur Wahrheit hatte. Auf diese Weise aber drohte ihm der Herzinfarkt.

Also erteilt Jethro (Vers 21) Mose einen Rat, der ihm die Gesundheit bewahrt: „Sieh dich aber unter dem ganzen Volk um nach redlichen Leuten, die Gott fürchten, wahrhaftig sind und dem ungerechten Gewinn feind. Die setze über sie als Oberste über tausend, über hundert, über fünfzig und über zehn."

Warum nannte er gerade diese Führungseigenschaften? Die Auserwählten mußten vertrauenswürdig und unbestechlich sein. Sie durften keine faulen Kompromisse machen.

Was würde in unserem Land geschehen, wenn die Führungspersönlichkeiten gottesfürchtig wären? Wie sieht es mit der Leitung in unseren Kirchen aus? Bei uns zu Hause?

Gebetstip

Bitten Sie Gott, Ihnen und Ihrem Ehepartner zu helfen, daß Sie die Familie in Gottesfurcht führen können.

27. Februar

Gottesfurcht (Teil 4)

*Ich sitze oder stehe auf, so weißt du es;
du verstehst meine Gedanken von ferne.
Denn siehe, es ist kein Wort auf meiner Zunge,
das du, Herr, nicht schon wüßtest.*
Psalm 139,2.4

Nachdem ich betont habe, wie wichtig und notwendig die Furcht Gottes ist, möchte ich ausführen, wie wir diese gesunde Einstellung erlangen können. In aller Knappheit: Fangen wir an, die Gegenwart Gottes in unserem Leben zuzulassen.

Nach Bill Gothard ist Gottesfurcht „das Bewußtsein, daß Gott alles sieht und bewertet, was ich denke, sage und tue". Gott sieht alles. Er weiß alles. Er beurteilt alles.

Damit wird in unserem Herzen zweierlei bewirkt: Entweder verspüren wir eine unglaubliche Zuversicht – oder aber das ungute Gefühl von Schuld.

Man kann anderen etwas vormachen, nicht aber Gott. Er kennt unsere innerste Einstellung. Ist Ihnen schon einmal aufgefallen, wie brav Autofahrer werden, wenn sie auf der Straße einen Polizeiwagen entdecken? Selbst der schlimmste Raser läßt plötzlich das Gaspedal in Ruhe und hält sich ein paar Kilometer weit an die vorgeschriebene Geschwindigkeit – bis die Polizei nicht mehr in Sicht ist.

Gott ist viel größer und hat mehr Autorität als jede Radarfalle. Er weiß genau, was Sie zur Zeit denken. Ist das Christentum für Sie ein bloßer Ersatzreifen? Oder sind Sie so darauf angewiesen wie ein Patient auf die eiserne Lunge? Er kennt Ihre wahren Maßstäbe und Einstellungen.

Einerseits ist Gottes Autorität und Gegenwart in meinem Leben ungeheuer einschüchternd. Sie wirkt aber auch befreiend. Wir sind immerhin für diese enge Gemeinschaft mit Gott geschaffen worden. Wenn wir ein reines Gewissen haben, können wir uns an seiner Liebe und Freiheit erfreuen.

Wir sind also niemals allein. Gott sieht uns und wartet darauf, daß wir ihm unsere Zeit schenken. Erfahren Sie seine Gegenwart in jedem Augenblick Ihres Lebens?

Gebetstip

Beten Sie darum, daß Gott für Sie ganz real wird und Ihnen einen Sinn dafür verleiht, daß er uns kennt und sieht.

Gottesfurcht (Teil 5)

*Ich handle umsichtig und redlich,
daß du mögest zu mir kommen;
ich wandle mit redlichem Herzen in meinem Hause.*
Psalm 101,2

Drei Kumpels versuchten, einen vierten zu einem Streich zu überreden. Die drei beschwatzten ihn: „Mach doch einfach mit. Niemand merkt, daß du dabei warst."
Schließlich führte der Junge seinen Vater ins Feld. Das stachelte sie nur noch mehr an: „Du drückst dich also bloß, weil dein Vater dir wehtut, wenn er es rauskriegt!"
Da sah der Junge ihnen ins Gesicht und sagte: „Nein, ich habe mehr Angst davor, daß es ihm wehtut."
Je mehr wir Gott kennen und lieben lernen, je mehr Zeit wir in seiner Gegenwart verbringen, desto mehr widerstrebt es uns, ihm zu mißfallen. Seine Gegenwart in unserem Leben sollte nicht wie ein schweres Joch auf unseren Schultern lasten. Doch tut uns eine gesunde Abneigung dagegen ganz gut, ihm zu mißfallen, ihn zu verletzen oder zu enttäuschen.
Würde Gott sich freuen, wenn Sie in seinem Thronsaal gemeinsam mit ihm den Film Ihres Lebens anschauen müßten? Würde er beifällig nicken und sagen: „Recht so, du guter und treuer Diener!" Sind Sie sich in diesem Augenblick sicher, daß Gott freundlich über Sie lächeln kann? Das ist möglich!
Fangen Sie an, ihm Respekt zu erweisen, sich täglich in seine Gegenwart zu begeben und jede Entscheidung darauf zu prüfen, ob er zustimmen könnte. Das Christsein darf keine Freizeitbeschäftigung, Feuerversicherung oder sonst etwas sein, das nur dazu da ist, mir aus der Bedrängnis zu helfen. Ich möchte in jedem Augenblick an der Seite von Jesus Christus stehen.
Die Furcht Gottes sollte also ein kraftvoller, motivierender Faktor in unserem Leben sein. Das hat nichts mit Gesetzlichkeit zu tun. Unser Gott schwebt nicht mit einer gewaltigen Fliegenklatsche über uns, um uns zu zerquetschen, wenn wir nicht spuren. Gottes Gegenwart selbst erneuert uns. Die Gegenwart Christi in unserem Leben macht uns frei, wenn wir sie zulassen.

Gebetstip
Beten Sie darum, daß Ihre Ehe alle Anzeichen einer gesunden, wohltuenden Beziehung zu Gott aufweist.

Autorität auf dem Prüfstand

*Torheit steckt dem Knaben im Herz;
aber die Rute der Zucht treibt sie ihm aus.*
Sprüche 22,15

Ich habe einmal einen aufschlußreichen Bürospruch gelesen: Welcher Buchstabe am Wort „nein" ist denn so schwer zu verstehen? Wahrscheinlich geht es Ihnen genauso: Barbara und ich werden oft von unserem halben Dutzend kleiner Banditen umlagert, die uns ein Ja abringen wollen, wenn wir schon Nein gesagt haben. Wenn sie es beim ersten Versuch nicht schaffen, probieren sie es ein zweites, drittes oder sogar viertes Mal. Wenn es ihnen nicht mit ihrer „höheren" Logik gelingt, verlegen sie sich auf schiere Belästigung, bis wir mit unseren Nerven fertig sind.

Was eigentlich verstehen sie nicht, wenn wir „nein" sagen? Barbara und ich sind dazu ein paar Antworten eingefallen.

Erstens entspricht es dem kindlichen Wesen, das elterliche Wort zu ignorieren, zu trotzen, zu rebellieren und zu provozieren, sich zu widersetzen oder schlicht und einfach den Gehorsam zu verweigern.

Das Kind stellt uns auf die Probe. Wir tragen Verantwortung, ihm Selbstbeherrschung zu vermitteln. Selbst der Kriminalitätsausschuß von Minnesota, ein politisches Gremium zur Ermittlung von Gründen für die anschwellende Kriminalität, veröffentlichte eine erschreckende Beschreibung des kindlichen Charakters, aus der ich zitiere: „Jedes Neugeborene ist zu Beginn seines Lebens ein kleiner Wilder. Es ist absolut selbstsüchtig und egoistisch . . . Alle Kinder . . . sind von Geburt an Straftäter."

Zweitens haben wir als Eltern sie so erzogen. Es heißt, daß unsere Kinder uns besser beobachten als wir sie. Sie stellen Mängel fest und nutzen unsere Schwächen zu ihrem Vorteil aus. Wenn sie merken, daß sie uns mit ihren Forderungen in die Knie zwingen können, tun sie es.

Vielleicht sollten wir einmal im Gebet innehalten und uns selbst sorgfältig beobachten. Sind wir als Eltern stark oder in dieser „weltweiten Verschwörung der Kinder" nur willenlose Spielbälle?

Gebetstip
Bitten Sie Gott um Stärke, nein zu sagen, wenn es sein muß, gleichzeitig aber Ihrem Kind zu vermitteln, daß Sie es lieben.

Wer ist hier der Feind?

Denn wir haben nicht mit Fleisch und Blut zu kämpfen.
Epheser 6,12

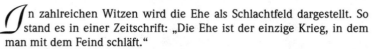
2. März

In zahlreichen Witzen wird die Ehe als Schlachtfeld dargestellt. So stand es in einer Zeitschrift: „Die Ehe ist der einzige Krieg, in dem man mit dem Feind schläft."
Ich würde eher die ganze Welt als den eigentlichen Kriegsschauplatz bezeichnen und die Ehe als Gottes kleinste Kampfeinheit, um diesen Krieg zu gewinnen. Tatsächlich ist das Umfeld unserer Ehe nicht etwa eine romantische Opernszenerie, sondern ein geistliches Kampfgetümmel.
Alle Ehepaare müssen sich das folgende biblische Prinzip zu eigen machen: *Der Ehepartner ist kein Feind!*
Stellen Sie sich Ihre Ehe doch einmal so vor: zwei Menschen im Schützengraben, die im Kampf gegen einen gemeinsamen Feind zusammenstehen. Dann betrachten Sie einmal Ihren eigenen Schützengraben. Wird hier gegen den Feind oder gegeneinander gekämpft? Eine Bekannte erzählte mir neulich: „Ich war in unserem Graben so sehr damit beschäftigt, mich gegen meinen Mann durchzusetzen, daß ich überhaupt keine Zeit mehr hatte, mich in den Kampf gegen den wahren Feind einzumischen."
Wenn Sie Ihrem Partner den Krieg erklären, sollte Ihnen klar sein, daß Sie sich letzten Endes gegen Gott selbst stellen. Sie lehnen nämlich den Menschen ab, den er Ihnen zur Vervollkommnung gab, der auf Ihre Bedürfnisse eingehen soll.
Den Praxistest für unser Verhalten liefert die Frage: Konzentrieren wir uns auf das Negative an unserem Partner oder auf das Positive? Die Antwort verrät, ob wir den Partner als Feind oder als „Mitsoldaten" betrachten.
Wenn man heiratet, ist man vom Partner zunächst einmal so beeindruckt, daß man ihm nichts Böses zutraut. Doch nach 20.000 Kilometern oder zwölf Monaten, je nach „Fahrweise", hat sich das Denken umgekehrt. Jetzt konzentriert man sich so sehr auf jeden Fehler des Partners, daß man alles übersieht, was er noch richtig macht!
Robert Lewis Stevenson hat uns als Ehepaaren eine treffliche Ermahnung mitgegeben. Er sagt: „Mache das Beste aus dem Guten. Schätze gering ein, was schlecht ist."

Gebetstip
Bitten Sie Gott, Ihnen den wahren Kampfplatz und den eigentlichen Feind zu zeigen, mit dem Sie täglich zu tun haben. Bitten Sie ihn, daß er Ihnen bewußt macht, wie sehr Sie auf diesem Schlachtfeld aufeinander angewiesen sind.

Was wächst in Ihrem Garten? (Teil 1)

*Ich bin der Herr! Herr ist mein Name.
Ich bin ein Gott voll Liebe und Erbarmen.
Ich habe Geduld, meine Güte und Treue sind grenzenlos . . .
Aber ich lasse nicht alles ungestraft hingehen.
Wenn sich jemand gegen mich wendet,
dann bestrafe ich auch seine Kinder
und sogar seine Enkel und Urenkel.*
2. Mose 34,6–7 (Gute Nachricht)

Dag Hammerskjold, früherer Generalsekretär der UNO, hat einmal gesagt: „Man kann nicht mit dem Tier in sich spielen, ohne selbst zum Tier zu werden; sich auf Falschheit einlassen, ohne sein Recht auf Wahrheit zu verraten; mit der Grausamkeit spielen, ohne die Vernunft zu verlieren. Wer Ordnung in seinem Garten halten will, darf sich kein Beet mit Unkraut anlegen."

Ist Ihnen bewußt, daß Ihre „Gartenkulturen" von heute sich in Ihren Kindern fortpflanzen könnten? Wußten Sie, daß eine Sünde, die Sie noch an sich tolerieren, Ihre Ur-Ur-Enkel im Jahre 2140 immer noch quälen könnte? Das wäre die vierte Generation ab heute.

Halten Sie sich die Warnung der Bibel im obigen Vers vor Augen. Was will sie uns damit sagen? Warum sollte Gott ein System errichten, in dem die Sünden der einen Generation noch drei oder vier Generationen weiter heimsuchen? Ich vermute, Gott will uns damit sagen, daß unsere Lebensweise sich auf andere auswirkt und in seinen Augen höchst wichtig ist. Vielleicht warnt er deshalb vor dem drohenden Gericht an unseren Nachkommen, weil er uns heute auf dem geraden und schmalen Weg halten will.

Ob es uns gefällt oder nicht – unsere Kinder werden das, was wir sind. Mit offenen Augen beobachten sie, wie wir mit unserem Partner umgehen, wie wir beten und wie wir Tag für Tag auf Christus eingehen. Sie hören unsere Worte und ahmen unbewußt unsere Einstellung, unser Handeln und sogar unsere Angewohnheiten nach.

Im Laufe der Zeit stellen wir dann fest, daß sie die gleichen Neigungen zur Sünde „geerbt" haben, die wir von unseren Eltern übernommen hatten. Deshalb zum Beispiel zerbricht eine Ehe so häufig bei Menschen, die als Kinder selbst in gestörten Familien aufgewachsen sind.

Wenn Ihr Kind heranwächst, wird es Ihnen ähnlich sein. Ist dieser Gedanke ernüchternd, oder macht er Ihnen Mut?

Gebetstip

Haben Sie bisher eine Sünde an sich toleriert, die Sie im Gebet vor Gott bekennen müßten? Bitten Sie Gott bei diesem Bekenntnis um die Gnade, Ihre Kinder zukünftig vor dieser Sünde zu bewahren.

Was wächst in Ihrem Garten (Teil 2)

Aber (ich) erweise Barmherzigkeit an vielen Tausenden, die mich lieben und meine Gebote halten.
5. Mose 5,10

Offen gesagt, die Vorstellung, meine Kinder könnten in den gleichen Bereichen sündigen wie ich, hat meinem Gehorsam gegen Gott Auftrieb verliehen. Hier muß ich an eine Aussage von C. H. Spurgeon denken, die an Schärfe nicht zu überbieten ist: „Die Sünde hätte weniger Einfluß, wenn man sofort mit ihren Konsequenzen rechnen müßte."

Denken Sie doch einen Augenblick über die Sünden nach, mit denen Ihre Kinder zu tun bekämen. In welche Kämpfe sind Sie verwickelt? Lüsterne Gedanken? Egoismus? Jähzorn? Fehlende Disziplin? Eifersucht? Stolz? Haben Sie schon einmal betrogen? Ein Versprechen gebrochen? Über andere geklatscht?

Vielleicht wäre es ein erschreckender Gedanke, im einundzwanzigsten Jahrhundert zu leben. Ich frage mich, wie die Sünden Ehebruch, Scheidung und Suchtverhalten sich auf zukünftige Generationen auswirken werden.

Was also sollen wir tun? Ein schlechtes Gewissen pflegen, weil wir alles andere als vollkommen sind? Sind wir Sklaven des schlechten Verhaltens unserer Vorfahren und stehen deshalb ständig unter Gottes Strafe?

Nein, denn wir können diese Kettenreaktion durch Buße und Bekenntnis durchbrechen. Gott ist in seiner Gnade gern bereit, uns zu vergeben und seine Freundlichkeit zu schenken. Im Glauben können wir uns sogar dem Würgegriff schlimmster Sünden entwinden, von denen unsere Familie seit Generationen gequält wurde.

Gott gibt uns ein wunderbares Versprechen, eine wirklich gute Nachricht: Auch unsere guten Taten und unsere Gerechtigkeit können selbst nach tausend Generationen immer noch Einfluß ausüben. Da kann man Mut schöpfen!

Ein Mitarbeiter unserer Family Life-Gruppe hat sich fest vorgenommen, die Ketten der Vergangenheit zu brechen. In persönlichen Gesprächen sagt er immer: „Ich bin in einer zerbrochenen Familie aufgewachsen und möchte nicht wie mein Vater enden. Er hat nur für sich selbst gelebt. Zu seiner Beerdigung kamen ganze zehn Trauergäste. Ich möchte, daß bei meinem Begräbnis viele Menschen kommen, die durch mein Leben beeinflußt wurden. Ich möchte ein Erbe hinterlassen, das mich überdauert."

Gebetstip
Bitten Sie Gott, daß er Ihr Leben, Ihre Ehe und Familie vor Sünde bewahrt. Bitten Sie ihn um die Gnade, bis in die tausendste Generation ein Erbe der Gerechtigkeit hinterlassen zu können.

5. März
Gegensätze ziehen sich an – dann stoßen sie ab

*Wer unvorsichtig herausfährt mit Worten,
sticht wie ein Schwert;
aber die Zunge der Weisen bringt Heilung.*
Sprüche 12,18

Wortgefechte, Zankerei, Streit – häusliche Konflikte sind so normal wie das Atmen. Es kann nicht unser Ziel sein, den Streit zu vermeiden, sondern klug damit umzugehen.

Ehekonflikte gibt es unter anderem deswegen, weil Gegensätze sich anziehen. Seltsam, aber hier liegt wahrscheinlich ein gewichtiger Grund, warum wir gerade diesen Partner geheiratet haben. Er oder sie verleiht unserem Leben mit seiner Andersartigkeit eine gewisse Würze. Nach längerer Zeit aber (manchmal schon nach kurzer Zeit) verwandelt sich die Anziehung in Abstoßung.

Ein typisches Paar sind „Friedensstifter" und „Kampfsportler". Der Friedensstifter geht dem Streit gern aus dem Weg. Er sagt: „Schon gut, Schwamm drüber. Das ist doch keinen Streit wert." Der Kampfsportler hingegen ruft: „Her mit den Boxhandschuhen. Das wollen wir doch mal sehen."

Ein Ehemann entstammte einer alten Tradition von „Kampfsportlern" und durfte seit frühester Kindheit miterleben, wie sämtliche Angehörigen die Ärmel hochkrempelten und keine Gelegenheit zu angeregten Auseinandersetzungen ausließen. Das Schöne daran war, daß sie sich an jedes Thema wagten, mit ganzer Leidenschaft stritten, aber hinterher die Fäuste sinken ließen, sich umarmten und versöhnten.

Seine Frau aber kannte von Hause aus nur Friedensstifter, die alles unter den Teppich kehrten. Sie mieden jeden Streit wie die Pest. Was für eine Ehe also führten die beiden? Er jagte ständig hinter ihr her, um sie zum Kampf zu stellen, doch sie flüchtete sich stets in ein Versteck.

Leider stand die Tochter dazwischen. Sie versuchte verzweifelt, die beiden an einen Tisch zu bringen. Erst nach jahrelanger seelsorgerlicher Beratung schaffte sie es, ihren inneren Konflikt zu bewältigen.

Es steht viel auf dem Spiel, wenn Sie und Ihr Partner es nicht schaffen, mit Konflikten sinnvoll umzugehen. Hier geht es nicht nur um den vertrauten Umgang miteinander, um Intimität. Auch Söhne und Töchter werden davon geprägt. Hier sagt ein afrikanisches Sprichwort die deprimierende Wahrheit: „Wenn die Elefanten streiten, leidet das Gras."

Gebetstip
Bitten Sie den Friedensfürsten, in Ihrem Zuhause zu regieren.

„Ich habe ihn nie richtig gekannt"

Und ihr Väter, reizt eure Kinder nicht zum Zorn,
sondern erzieht sie in der Zucht und Ermahnung des Herrn.
Epheser 6,4

März 6.

Sind Sie manchmal im Zweifel darüber, ob Sie als Eltern überhaupt wichtig sind? Dann lesen Sie doch den Brief, den ein Kollege einmal geschrieben hat:

Ich male mir immer noch gern vor meinem inneren Auge aus, wie mein Vater mich auf den Knien hüpfen ließ, mich zu den Pfadfindern gebracht hat, mir zeigte, wie man Schuhe poliert, und mir beibrachte, wie man Fische angelt. Er erzählte mir von der Zeit, als er bei der Polizei von Berkeley in Kalifornien als V-Mann gearbeitet hatte.

Es klingt mir noch in den Ohren, wie er sagte: „Junge, ich hab' dich lieb." Dann zerwühlte er mir das Haar und tobte mit mir auf dem Wohnzimmerteppich. Im Footballstadion teilten wir uns die Hot Dogs.

Ich stelle mir immer noch vor, wie er seinen Freunden mit stolzgeschwellter Brust von mir erzählte. Er war stolz darauf, mein Vater zu sein. Für mich hätte er alles getan. Ich war ja sein Sohn und er mein Vater, beide aus dem gleichen Holz geschnitzt.

An all das denke ich und an vieles mehr, aber ich hole es nicht aus dem Schatz meiner Erinnerungen hervor. Vielmehr helfe ich meiner Phantasie nach. Damals wie heute habe ich mich danach gesehnt, daß es so wäre. Doch mein Vater ging fort, als ich drei Jahre alt war. Ich habe ihn nie richtig kennengelernt.

Jetzt bin ich sechsundzwanzig. Immer noch vermisse ich meinen Vater (obwohl ich mich kaum traue es zuzugeben). Manchmal weine ich sogar, wenn ich mir meine Gefühle ehrlich eingestehe.

Nach diesem ergreifenden Brief kamen mir unwillkürlich die vielen Kinder in den Sinn, denen ähnliche Sehnsüchte zu schaffen machen. Es sind nicht nur Scheidungswaisen, sondern alle, deren Eltern aus anderen Gründen nicht für sie da sind. Lassen Sie nicht zu, daß Ihre Kinder diesen Schmerz erleben müssen!

Gebetstip
Bitten Sie Gott um Situationen, die Ihren Kindern Erinnerungen verschaffen, damit sie später einmal nicht darauf angewiesen sind, aus ihrer Phantasie zu schöpfen.

Missionsfeld oder Missionar?

*Auch ich, liebe Brüder, als ich zu euch kam,
kam ich nicht mit hohen Worten und hoher Weisheit,
euch das Geheimnis Gottes zu verkündigen.
Denn ich hielt es für richtig,
unter euch nichts zu wissen als allein Jesus Christus,
den Gekreuzigten.*
1. Korinther 2,1–2

In den beiden ersten Jahren auf dem College war ich ein Missionsfeld. Die beiden letzten Jahre war ich Missionar. Das möchte ich erklären.

Obwohl ich bereits auf der Oberschule Christ war, beschränkte sich mein Glaube darauf, daß Christus mich vor einer Ewigkeit in der Hölle bewahrte, weiter nichts. Die gesamte Persönlichkeit Jesu hatte ich reduziert auf die bloße Funktion als Ersatzreifen. Wenn es kritisch wurde, holte ich ihn hervor und bat um Hilfe. Wenn alles vorbei war, wurde er wieder in den Kofferraum gesteckt.

Im College fiel mir alles in den Schoß, was mir wünschenswert schien: Ansehen und ein guter Ruf bei denen, die „in" waren, dazu greifbare Erfolge, die jedem auffielen. Geistlich aber war ich tief abgesunken. Mein Leben war leer. Ich sah keinen Sinn mehr darin.

Mit zwanzig fing ich an, um die Wahrheit im Leben zu ringen. Dann lernte ich eine Person kennen, die aus dem Grau und dem sinnlosen Einerlei meines Lebens eine farbenfrohe Verwandlung zu Stande brachte: Ich begegnete Gott und begann ihm zu folgen.

Man beachte: Ich lernte eine Person kennen. Weder lernte ich, mich antiken Vorschriften zu fügen noch eine starre Sammlung von Glaubenssätzen zu befolgen. Um Gesetze ging es nicht. Es ging um Liebe – die Mensch gewordene Liebe Gottes, sichtbar geworden in der Person Jesu Christi. Diese Liebe machte mein versteinertes Herz wieder weich und brachte es zur Umkehr. Ich sah im Christentum keine hohlen, langweiligen Rituale mehr. Ich erlebte eine erfrischende Beziehung zu der faszinierenden Person Jesus. Ich erfuhr, was sein ausdrücklicher Sinn für mein Leben war.

Seit damals habe ich jeden Tag danach gestrebt, mein Leben Jesus Christus zur Verfügung zu stellen und von ihm so eingesetzt zu werden, wie er es für das Beste hält. Und das ist spannender als alles, was man sich vorstellen kann.

John Wesley hat geschrieben: „Gebt mir hundert Männer, die niemand anderen als Gott fürchten, die nichts anderes als die Sünde hassen und niemand anderen kennen als Jesus, den Gekreuzigten, und ich werde die Welt verändern."

Die Welt hat eine Veränderung nötig. Der Mensch Jesus, unser Erlöser, ist zugleich Revolutionär. Nehmen wir an seiner Revolution teil – oder müssen wir selbst revolutioniert werden? Sind Sie ein Missionsfeld oder ein Missionar?

Gebetstip
Beten Sie darum, daß Christus Ihnen jede Zurückhaltung und jedes Widerstreben nimmt, sich ihm völlig auszuliefern.

Die Frau: Gehilfin und Ergänzung

von Barbara Rainey

Und Gott der Herr sprach:
„Es ist nicht gut, daß der Mensch allein sei;
ich will ihm eine Gehilfin machen, die um ihn sei."
1. Mose 2,18

Uns Frauen ist es schon immer schwer gefallen, mit dem zu leben, was wir am meisten wollen: einem Mann. Was wir vielleicht mehr denn je brauchen, ist eine klare Vorstellung von unserer Verantwortung als Ehefrau. Die von der Frauenbewegung bewirkten sozialen Veränderungen sind sicher positiv, haben aber gründlich für Verunsicherung gesorgt.

Inmitten unserer Erfahrungen mit dem zwanzigsten Jahrhundert hat sich an Gottes Plan für Männer und Frauen nichts geändert. Ich glaube, daß von der Bibel her zur Rolle der Ehefrau eindeutig die Aufgabe gehört, an ihrem Ehemann das zu ergänzen, was ihm fehlt. In biblischen Begriffen heißt das, ihm eine „passende" Gehilfin zu sein. In einigen Bibelübersetzungen findet sich hier das Wort, ihm ein „Gegenüber", ein Gegenstück zu sein. Wir sind für unseren Mann Ergänzung oder Vervollständigung.

Ein schönes Beispiel dazu ist eine Anekdote von Pete Flaherty, Bürgermeister von Pittsburgh, und seiner Frau Nancy. Sie standen auf dem Gehweg und begutachteten ein städtisches Bauvorhaben, als einer der Arbeiter dort sie ansprach. „Nancy, weißt du noch?" fragte er. „Damals in der Schule sind wir zusammen ausgegangen."

Später fing Pete an, sie zu necken: „Jetzt bist du wohl froh, daß du mich geheiratet hast! Stell dir mal vor, wenn du ihn genommen hättest – dann wärst du heute eine Arbeiterfrau."

Nancy schaute ihn an und sagte: „Nein. Wenn ich ihn geheiratet hätte, wäre er heute der Bürgermeister von Pittsburgh."

Gott hat die Frau geschaffen, damit sie ihrem Mann hilft, all das zu verwirklichen, was Gott sich mit ihm vorgenommen hat. Wenn ich die gottgegebene Absicht erfülle, meinem Mann eine Helferin zu sein, entsteht zwischen uns Einheit. Kümmere ich mich nicht um Gottes Plan, dann sind Spannungen, Sorgen und letzten Endes Einsamkeit die Folge.

Gebetstip

Bitten Sie Gott, Sie mit Ihrem Mann als Partner zusammenzuschmieden, damit Sie eine realistische Vorstellung von ihren jeweiligen Bedürfnissen und Begabungen bekommen.

Zeichen der Zeit (Teil 1)

(Die Liebe) rechnet das Böse nicht zu.
1. Korinther 13,5

Obwohl die meisten Menschen unter anderem aus Sehnsucht nach Intimität heiraten, kristallisieren sich in vielen Ehen bald Symbole der Isolation heraus. Aus dem „Ja, ich will" des Ehegelöbnisses wird häufig das trotzige „Nein, das will ich nicht". Statt der ursprünglichen Offenheit für eine vertraute Beziehung ergibt sich das Beharren auf Symbolen und Zeichen isolierter Eigenständigkeit.

Ein paar solcher Anzeichen habe ich bei innerlich isolierten Ehepaaren beobachten können:

„Kein Eintritt." Paul und Michelle haben in ihrer fünfundzwanzigjährigen Ehe so manche schwierige Phase durchgemacht. Viele meinen, ihr Zusammenleben sei vorbildlich. Im Lauf der Zeit aber haben sie sich einander entfremdet, weil sie beide auf ihre Weise sexuell zu kurz kommen. Ihr Stolz verbietet es ihnen, eine Beratung aufzusuchen. Von sich aus können sie über dieses Thema nicht mehr reden. Der Bereich hat sich zum Tabu entwickelt.

Lähmendes Schweigen. Ben und Mary stehen kurz vor der Rente. Sie haben ihre Kinder großgezogen und sind stolz auf die kleinen Enkel. Die Ehe hält seit fünfunddreißig Jahren, doch nun hat sich in der Beziehung das große Schweigen breit gemacht. Sie wissen nicht, worüber sie miteinander reden sollen, weil sie sich in all den Jahren nur um die Kinder gekümmert haben. Jetzt ist die einstige Beziehung dem Schweigen gewichen. Nur dann und wann knarrt der Schaukelstuhl. Ansonsten hört man nichts als das Ticken der Uhr.

Der volle Terminkalender. Steve und Angela gehen ganz in ihrem Beruf auf; sie engagieren sich politisch und in ihrer Kirche. Doch seit die Ehe besteht, ist die Beziehung stetig verarmt. Es gibt keine gemeinsamen Spaziergänge mehr. Die einst so beliebten abendlichen Gespräche wurden eingestellt. Der Tag war viel zu zermürbend. Es zählt nur noch der Gedanke ans Wochenende. Die Müdigkeit fordert ihren Preis. Da fehlt für Romantik jede Energie.

Gebetstip
Bitten Sie Gott um seine Hilfe bei der Kommunikation in Ihrer Ehe und um Verständnis für die Sicht Ihres Partners, wenn Sie über Probleme diskutieren. Wenn es keinen Dauerstreit gibt, sollten Sie Gott dafür danken!

Zeichen der Zeit (Teil 2)

*Die brüderliche Liebe untereinander sei herzlich.
Einer komme dem andern mit Ehrerbietung zuvor.*
Römer 12,10

Wie in der letzten Andacht gesagt: Wenn die Partner sich in der Ehe voneinander isolieren, gibt es dafür symbolische Anzeichen oder Beispiele. Ich möchte noch einige Beobachtungen vorstellen:
  Die verschlossene Tür. Bill und Teresa sind erst seit sechs Monaten verheiratet, doch sie haben einander schon zutiefst verletzt. Ihre Träume und Hoffnungen auf Vertrautheit schwinden bereits dahin. Sie ziehen sich ins Dunkel hinter verschlossene Türen zurück. Bill hat während der Verlobungszeit gelernt, offen zu sein, doch jetzt fällt es ihm immer schwerer, über seine Gefühle zu reden. Teresa sehnt sich nach Intimität und will ihm so gern eine echte Partnerin sein. Sie findet aber keinen Zugang zu ihm, und er kommt nicht aus seinem Gehäuse heraus.
  Unbewältigte Lasten. Weil Bob und Jane beide sehr unter der Scheidung ihrer Eltern gelitten hatten, waren sie fest entschlossen, daß ihre eigene Ehe anders werden sollte. Zwar haben sie über die Scheidung der Eltern geredet, erfaßten aber kaum, in welchem Ausmaß die Trennung sich auf sie auswirkte. Ihnen fehlte die Prägung durch das Vorbild einer guten Ehe. Deshalb haben sie sich nicht klar gemacht, wie viele unbewältigte Lasten sie mit sich herum schleppen.
  Die Fernsehpartnerschaft. Walter und Jeanne arbeiten beide nicht gerade in der Nähe ihrer Vorortwohnung. Wenn sie endlich zu Hause sind, haben sie nach einem langen Arbeitstag auch noch den Stau auf dem Heimweg hinter sich. Vor dem Fernseher lassen sie sich auf den Sessel fallen und nehmen zu den wöchentlichen Serienfolgen nur noch Fertiggerichte zu sich.
  Die fünf Jahre alte Ehe ist nicht gefährdet. Wenn sie aber Kinder bekommen, wird sie sich bald als Witwe fühlen. Der Mann ist dann unterwegs zu Fußball, Baseball und Basketball, je nach Saison, ganz zu schweigen von seinen Hobbys: Golf, Angeln und die Jagd. Sie wird einsam sein. Und er hat keine Ahnung davon.

Gebetstip
Beten Sie darum, daß Sie und Ihr Partner die Beziehung vor drohender Isolation bewahren können.

Die richtige Sammlung

... daß sie Gutes tun, reich werden an guten Werken, gerne geben und behilflich seien.
1. Timotheus 6,18

Es gibt die seltsamsten Sammelleidenschaften. Gehört es vielleicht zur menschlichen Natur, sich so etwas anlegen zu wollen? Gesammelt werden alle möglichen interessanten Sachen: Ölgemälde, Skulpturen, Ansteckbuttons, Gewehre, Briefmarken, Münzen.

Francis Johnson aus Darwin in Minnesota hat seit 1950 Bindfäden gesammelt. Als ich einen Bericht über ihn las, hatte sein Fadenknäuel mehr als drei Meter Durchmesser und wog fünf Tonnen.

Einmal habe ich einen Mann in Dallas kennengelernt, der mehr als 4.000 Hotelschlüssel gesammelt hatte. (Er erzählte mir von einem anderen Sammler, der es auf 10.000 gebracht hatte.)

Der Pokal für die ungewöhnlichste Sammlung aber geht an den italienischen Zahnarzt Giovanni Battista Orsenigo, der bis zum Jahre 1903 2.000.744 Zähne angesammelt hatte. Wären Sie wohl gern in seine Praxis bestellt worden? Könnte man sich mit der Gewißheit beruhigen, seine Zähne für die Nachwelt geopfert zu haben?

In Jesaja 39 spricht der Prophet zu den ungetreuen hebräischen Königen. Sie besaßen Sammlungen von Schätzen aus Eroberungszügen. Große Lagerhäuser mit goldenen und silbernen Geräten, kostbare Kleidung, erlesene Waffen und Kunstgegenstände waren die Insignien der Macht. Mancher Herrscher meinte, sie auf Ewigkeit besitzen zu können. Leider gerieten diese Sammlungen in die Hand der Feinde.

Dagegen wird uns im 1. Timotheusbrief geboten, „reich an guten Werken" zu werden. Das ist die einzige Sammlung von Dauer, nämlich alles, was man verschenkt. Denken wir an Dorkas. Die Kleider, die sie für die Armen genäht hatte, wurden ihr nicht nur zum Schatz im Himmel; sogar ihre Geschichte hat die Zeiten überdauert und ist zum Erbe von Millionen geworden (siehe Apostelgeschichte 9,36–43).

Mit was für einer Sammlung geben Sie sich ab?

Gebetstip
Bitten Sie Gott um Hilfe, gute Taten zu sammeln. Danken Sie ihm für die unterschiedlichen Wege, auf denen er uns hilft, einen Vorrat für die Zukunft anzulegen.

Berühmte letzte Worte

*Es ist besser, in ein Haus zu gehen, wo man trauert,
als in ein Haus, wo man feiert;
denn da zeigt sich das Ende aller Menschen,
und der Lebende nehme es zu Herzen.*
Prediger 7,2

Manche Menschen sammeln Dinge wie Karten von Bundesligaspielern, Streichholzschachteln und Speisekarten. Ich muß bekennen, daß auch ich eine skurrile kleine Sammlung pflege: „Abschiedsworte" – die letzten Aussprüche Sterbender.

Meine Zitatensammlung ist nicht so morbide, wie Sie vielleicht denken. Daraus geht nicht nur hervor, wie der Mensch gestorben ist. Auch Hinweise auf seine Lebensführung lassen sich erschließen. Sie sind deshalb im besten Wortsinne merk-würdig.

Der Schriftsteller Henry David Thoreau war als respektloser und arroganter Individualist bekannt. Kurz vor seinem Tod fragte seine Tante, ob er nicht seinen Frieden mit Gott machen wolle. Thoreau darauf: „Ich wüßte nicht, wann wir uns gestritten hätten."

Halten wir gegen Thoreaus Zynismus die inspirierenden letzten Worte des großen Evangelisten Dwight L. Moody. Von ihm wird gesagt, daß er sich an seine Söhne wandte, die am Bett standen, und sagte: „Wenn Gott euer Partner ist, dann macht große Pläne."

Manche letzten Worte sind nichts als angstvolles Geflüster angesichts eines drohenden Schicksals. Andere sind zuversichtlich und klar: „Das war nicht alles! Der Tod ist nicht das Ende!" Bei folgenden berühmten Worten fallen die Kontraste auf:

„Laßt den Vorhang fallen – die Farce ist vorbei." (Francois Rabelais, französischer Philosoph und Komödiant des sechzehnten Jahrhunderts)

„Unser Gott ist ein Gott, von dem die Erlösung kommt. Gott ist der Herr, durch den wir vom Tode errettet werden." (Martin Luther)

„Ich bin von Gott und den Menschen verlassen! Ich muß in die Hölle! O Christus, O Jesus Christus!" (Voltaire)

„Ich spüre den Himmel schon in meiner Seele. Alle meine Gebete wandeln sich ins Lob." (Augustus Toplady, Kirchenlieder-Dichter)

Was werden Ihre letzten Worte sein? Woran soll man sich bei Ihnen erinnern? Ist Ihr Leben in jeder Hinsicht eine Investition in das Erbe, das Sie hinterlassen?

Gebetstip
Bitten Sie Gott, daß Ihr Alltag schon jetzt ein lebendiger Beweis für die Gültigkeit der Worte ist, die Sie auf Ihrem Totenbett zu sprechen hoffen.

Die Ehe – ein Rennen mit drei Beinen

Können etwa zwei miteinander wandern,
sie seien denn einig untereinander?
Amos 3,3

Zu meinen schönsten Kindheitserinnerungen gehören die Ausflüge, die wir jeden Sommer als Familie gemacht haben. Ich habe mit meinen Cousins alle möglichen Spiele ausprobiert, darunter auch das „Rennen mit drei Beinen", bei dem jeweils das rechte Bein des einen Partners mit dem linken des anderen verbunden wird. Das fanden alle am besten.

Damit die Sache noch interessanter wurde, banden wir die Partner oft so zusammen, daß der eine vorwärts und der andere rückwärts laufen mußte. Der Startschuß fiel. Was folgte, läßt sich nur als Chaos beschreiben. Alles jubelte, wenn die vorwärts laufenden Teilnehmer ihre rückwärts gewandten Partner teils zerrten, teils an die Ziellinie trugen. Es ging nicht ohne Grasflecken auf der Hose, durchdringende Schreie und brüllendes Gelächter ab.

Eine Ehe ähnelt dem Rennen mit drei Beinen sehr. Mann und Frau können in die gleiche Richtung schauen und versuchen, im Gleichschritt zu marschieren. Sie laufen manchmal aber auch in gegensätzliche Richtungen. Ich habe in der seelsorgerlichen Beratung schon mit Paaren zu tun gehabt, bei denen die Frau mit hundert Stundenkilometern nach Süden und der Mann mit hundertzwanzig Sachen Richtung Norden stürmte. Wenn das passiert, ist das Chaos garantiert.

Eine Frau sagte einmal: „Mein Mann und ich sind seit zwanzig Jahren verheiratet. Es gibt nichts, was er nicht für mich tun würde. Es gibt nichts, was ich nicht für ihn tun würde . . . Leider tun wir genau das füreinander: nichts."

Viele Paare gehen deshalb mit verschiedener Blickrichtung ins Rennen, weil sie sich der beliebten gesellschaftlichen Vorstellung angeschlossen haben, man könne unabhängig voneinander leben. Eine gesunde Ehe aber muß aus zwei Menschen bestehen, die sich einig werden, in gegenseitiger Abhängigkeit zu leben.

Wann haben Sie und Ihr Partner sich zum letzten Mal hingesetzt und miteinander über das Rennen gesprochen, an dem Sie teilnehmen? Haben Sie sich über die Richtung verständigt? Die Antwort auf diese Frage könnte deutlich machen, warum es in letzter Zeit so schwierig zwischen Ihnen geworden ist.

Gebetstip
Bitten Sie Gott, Ihnen als Paar zu zeigen, an welchem Rennen Sie eigentlich teilnehmen, in welche Richtung Sie laufen sollen und mit welchem Tempo.

Lohnende Aufgabe: „Ein Fleisch werden"

von Barbara Rainey

Und die zwei werden ein Fleisch sein.
Epheser 5,31

Als Ehefrau glaube ich an die biblische Berufung, mich meinem Mann in einer beiderseits erfüllenden sexuellen Beziehung hinzugeben, also wirklich „ein Fleisch" mit ihm zu werden. Das bedeutet für mich, in diesem Bereich seine Bedürfnisse und Wünsche kennenzulernen.

Die sexuellen Bedürfnisse meines Mannes sollten Vorrang vor meiner Küchen- und Hausarbeit und sonstigen Aufgaben und Aktivitäten haben, selbst vor den Kindern. Eine Freundin hat mir einmal etwas erzählt, das meiner Meinung nach die sexuelle Dimension des Mannes in eine biblische Perspektive bringt. Ein Mann kann seine Wäsche zur Reinigung bringen, den Hunger im Restaurant stillen, bei Freunden Gemeinschaft finden, am Arbeitsplatz angenommen und respektiert werden und bei einem Seelsorger Gehör bei Problemen finden. In allen diesen Bereichen verstößt er so nicht gegen Gottes Willen. Doch wenn er mit seinen sexuellen Bedürfnisse zu anderen als seiner Frau geht, sündigt er.

Ich glaube, daß viele Frauen sich im Grunde nicht vorstellen können, wie wichtig der Akt des körperlichen „Einswerdens" für unsere Männer ist. Wir gehen zu Elternabenden, engagieren uns in der Kirche und helfen den Kindern bei den Schularbeiten. Denken wir einmal darüber nach: Wie oft nehmen Sie sich Zeit nur für ihn? Man könnte einen gemeinsamen Wochenendurlaub gestalten oder einfach mal im Bett frühstücken.

Vielleicht gibt es für eine Frau nichts „Geistlicheres", als die Kinder zu Bett zu bringen und ihrem Mann das Angebot zu machen, mal etwas früher zu Bett zu gehen.

Gebetstip
Bitten Sie Gott, Ihnen beiden zum besseren Verständnis Ihrer gegenseitigen Bedürfnisse zu verhelfen, damit Sie wissen, was Sie füreinander tun können.

Lebenswichtige Beziehungen

15. März

*Vor einem grauen Haupt sollst du aufstehen
und die Alten ehren und sollst dich fürchten vor deinem Gott.
Ich bin der Herr.*
3. Mose 19,32

Jack Turpin aus Dallas ist ein sehr beschäftigter Mann, läßt sich aber nicht so sehr einspannen, daß er keine Zeit mehr für seine Enkel hätte. Ein paar Mal im Jahr holt er alle Enkel ab, die in der Gegend von Dallas wohnen, und feiert mit ihnen den sogenannten „Opa-Tag". Als vor ein paar Jahren eine seiner Töchter krank wurde, feierte Jack vier Tage nacheinander einen „Opa-Urlaub". Jack nimmt ganz bewußt am Leben seiner Enkel teil.

Fragen wir uns doch, warum so viele alte Menschen nur Langeweile kennen. Warum sehen Senioren oft keine Herausforderung mehr im Leben? Wo gibt es gegen Ende des Lebens noch Anreize für sie? Warum verschwenden so viele ältere Herren ihre Zeit mit einem kleinen weißen Ball auf dem Golfplatz?

Meine Meinung nach erschließt sich die Antwort daraus, daß viele Großeltern sich anders als Jack Turpin verhalten. Sie haben mit ihren Angehörigen kaum etwas zu tun und lassen die Gelegenheit verstreichen, ihre Lebenserfahrung weiterzugeben.

Manches spricht dafür, daß häufig die Beziehung zu den erwachsenen Kindern Schuld daran ist. Wenn Sie sich beklagen, daß Ihre Eltern sich keine Zeit für die Enkel nehmen, dann frage ich zurück: „Wie viel Zeit widmen Sie Ihren Eltern?" oder „Liegt Ihnen denn etwas an der Beziehung?" Wenn wir die ältere Generation würdigen, indem wir unseren Eltern Ehre erweisen, lernen sie vielleicht die jüngere Generation schätzen und engagieren sich für ihre Enkel.

Haben Ihre Eltern Grund, sich Ihnen nahe zu fühlen? Fühlen sie sich geliebt, geschätzt und gebraucht? Und wenn sie gebraucht werden, dann hoffentlich nicht nur zum Babysitting? Wenn Sie einander näher stünden, würden sie vielleicht mehr daran setzen, im Leben der Enkel eine Rolle zu spielen.

Gott gesteht den Großeltern eine bestimmte Rolle im Leben des Kindes zu. Es kann gewisse Charakterzüge eher von den Großeltern als von den Eltern lernen. Dieses Ziel würde ich der älteren Generation gern vor Augen halten: zur charakterlichen Formung der Jüngeren beizutragen. Die Eltern können dies mit einer stabilen Beziehung ermöglichen.

Gebetstip
Beten Sie für Ihre Kinder, damit sie eine gute Beziehung zu den Großeltern bekommen.

Kampf den Trugbildern! (Teil 1)

Die Frömmigkeit aber ist ein großer Gewinn für den, der sich genügen läßt.

1. Timotheus 6,6

Im Zweiten Weltkrieg hatten die amerikanischen Truppen in Frankreich eine Phantomeinheit, eine Gruppe mit der Bezeichnung „Spezialtruppe des dreiundzwanzigsten Hauptquartiers". Mit gut geplanten Showeffekten wurden zur Irreführung der Deutschen echte Truppen vorgespiegelt und militärische Stärke vorgetäuscht. Beispielsweise baute man Panzer aus Sperrholz und Pappe sowie andere Ausrüstungsgegenstände, die aus der Luft ganz echt wirkten und dabei den Standort der tatsächlichen Truppen verschleierten.

Viele Ehemänner und -frauen haben es in ihrer Beziehung mit solchen Phantomgegnern zu tun, mit irrealen Phantasiegebilden, gegen die sie vermeintlich kämpfen müssen. Außer den Erfindern dieser Hirngespinste kann sie niemand sehen. Und doch besitzen sie eine reale Macht.

Phantome sind unerreichbare Gespenster, an denen wir unsere Leistungen und Fähigkeiten, unser Aussehen und unseren Charakter messen. Gegen Zielsetzungen ist nichts einzuwenden, doch per Definition ist ein Phantom nur eine Illusion, ein Zerrbild der Wirklichkeit.

Wir haben eine bestimmte Vorstellung davon, wie man sich als Mann oder Frau, als Vater oder Mutter benehmen muß. Es kommt vor, daß dieses Bild zu perfekt und idyllisch wird, um ihm gerecht werden zu können. Und doch mißt man sich jeden Tag an diesem Trugbild! Da man diese Maßstäbe nie erreicht, leidet die Selbstachtung.

Je weiter die Phantome von der Wirklichkeit entfernt sind, desto frustrierender gestaltet sich das Leben in ihrem Schatten. Da bleibt für den Partner, der kein Auge dafür hat, nur Verwirrung. Er fragt sich, warum der oder die andere immer so unzufrieden und unglücklich ist. Phantome können Ehen entgleisen lassen.

In den beiden nächsten Andachten möchte ich von den Phantomen erzählen, die Barbara und mir zu schaffen machen.

Gebetstip

Bitten Sie Gott um die Fähigkeit, sich damit zufrieden zu geben, wie er Sie geschaffen hat. Beten Sie darum, daß Sie beim Streben nach persönlichen Zielen nicht aus dem Gleichgewicht geraten.

Kampf den Trugbildern! (Teil 2)

*Lieblich und schön sein ist nichts;
ein Weib, das den Herrn fürchtet, soll man loben.*
Sprüche 31,30

Eines Tages setzte Barbara sich hin und brachte „ihr Phantom" zu Papier. Sie beschrieb, was man ihrer Meinung nach als Ehefrau und Mutter von ihr erwarten konnte. Hier nun ein Teil der Aufzeichnung:

▶ Sie ist immer liebevoll, geduldig, verständnisvoll und freundlich.
▶ Sie kann ihren Alltag gut organisieren und wahrt das Gleichgewicht zwischen disziplinierter Planerfüllung und Flexibilität.
▶ Im Haus ist es immer aufgeräumt und schön eingerichtet, und die Kinder gehorchen immer gleich beim ersten Mal.
▶ Sie ist bei aller Lockerheit ernsthaft, ordnet sich unter, ist aber nicht passiv. Sie ist energisch und wird nie müde.
▶ Sie sieht immer frisch und attraktiv aus, ob beim Umgraben im Garten in Pullover und Jeans oder im Seidenkleid mit Stöckelschuhen beim Ausgehen.
▶ Sie ist niemals krank, einsam oder mutlos.
▶ Sie hält sich jeden Tag für Gott bereit, betet regelmäßig und liest aufmerksam in der Bibel. Sie hat keine Angst oder Hemmungen, anderen von ihrem Glauben zu erzählen.
▶ Sie „betet ohne Unterlaß". Sie betet, wenn der Reifen platt ist oder Schlüssel oder Teddybären verloren gehen. Sie ist Gott auch dann dankbar, wenn ihr Mann sich zum Essen verspätet.

Solche Wunschbilder sind natürlich reine Illusionen. Wir nehmen sie nur nicht so wahr.

Zwar können solche Ziele uns anspornen. Wenn daraus aber illusorische Erwartungen werden, wird man unsicher und fragt sich, ob der Partner das eigentliche „Ich" überhaupt noch akzeptiert. Man fühlt sich wie ein Verlierer, während der Partner tatsächlich glaubt, einen Gewinner an seiner Seite zu haben.

Gebetstip
Beten Sie zum Abschluß Ihrer gemeinsamen Zeit darum, daß Gott Sie und Ihren Partner fähig macht, das sensible Gleichgewicht zwischen einer gesunden Zufriedenheit und dem lebensnotwendigen Wunsch nach Wachstum und Veränderung zu halten.

18. März

Kampf den Trugbildern! (Teil 3)

*Wenn mir gleich Leib und Seele verschmachtet,
so bist du doch, Gott, allezeit meines Herzens Trost und mein Teil.*
Psalm 73,26

Mein „Supermann-Phantombild" ist genau so erhaben und unerreichbar wie Barbaras:

- ▶ Er steht früh auf, liest in seiner Stillen Zeit die Bibel und betet und macht anschließend einen Langstreckenlauf, wobei er einen Kilometer in höchstens fünf Minuten schafft.
- ▶ Nach dem Frühstück mit der Familie hält er eine viertelstündige Andacht.
- ▶ Er vergißt nie, seine Frau zum Abschied liebevoll zu küssen. Zehn Minuten vor der Zeit ist er am Arbeitsplatz.
- ▶ Er ist stets geduldig mit seinen Mitarbeitern und mit der Arbeit immer zufrieden. Sein Schreibtisch ist immer aufgeräumt, und er beherrscht voller Zuversicht das ihm zugedachte Aufgabenfeld.
- ▶ Er kommt jeden Tag pünktlich nach Hause und enttäuscht niemals seine Kinder, wenn sie mit ihm spielen wollen.
- ▶ Er kennt sich im Weltgeschehen, in der Politik und in wichtigen sozialen Fragen gut aus, außerdem natürlich auch in allen anderen Lebensbereichen.
- ▶ Er läßt sich nie entmutigen und möchte nie aufgeben. In keiner Situation fehlen ihm die richtigen Worte.
- ▶ Er versäumt nie, in regelmäßigen Abständen seine Frau romantisch auszuführen.
- ▶ Er kann große Abschnitte aus der Bibel am Stück zitieren und hat einen Glauben, der stärker ist als jede Lokomotive, wenn Familienkonflikte zur Lösung anstehen.

Letzten Endes sorgen diese Phantombilder für eine Anhäufung überwältigender Schuldgefühle. Dagegen aber kann die Ehe wirklich helfen. Setzen Sie sich mit Ihrem Partner zusammen und zählen Sie auf, von welchen Phantomen Sie sich unter Druck gesetzt fühlen. Fragen Sie den Partner, woher diese Erwartungen stammen könnten. Reden Sie darüber, welche Erwartungen realistisch sind und welche nicht.

Gebetstip
Beten Sie darum, daß Gott Sie fähig macht, einander zu ermutigen und aufzubauen.

Eine Lanze für die sanften Männer

Seid aber untereinander freundlich und herzlich.
Epheser 4,32

So mancher Mann wird wohl beim Lesen dieser Bibelstelle denken: Für mich gilt das nicht. Von Kindheit an bringt man den Männern bei, nicht zu weinen, keine Gefühle zu zeigen und ihre Frauen und Kinder nicht zu verzärteln.

Unsere Welt ist gerade jetzt aber dringend angewiesen auf Männer, die als Väter ihre Familien in Liebe führen und dabei keine Angst haben, sensibel und sanft zu sein.

Ich habe von einer jungen Frau gehört, deren Geschichte verdeutlicht, was ich meine. In ihrer Verzweiflung, den gefühllosen Vater zu einer Reaktion zu bewegen, geriet sie wegen Ladendiebstahls in Polizeigewahrsam. Als das nicht half, hörte sie auf zu essen. Daraus wurde eine Anorexie. In einem späteren Stadium entwickelte sich ein Gehirntumor, der nach Diagnose der Ärzte teilweise durch die Unterernährung bedingt war.

„Ich lag im Krankenhaus fast schon im Sterben. Alle möglichen Schläuche waren an mir befestigt. Jetzt kam mein Vater mich endlich besuchen", erinnert sich die junge Frau. „Wir haben uns etwa eine Stunde lang unterhalten, bis er aufstand und gehen wollte. Als er die Tür aufmachte, habe ich wohl durchgedreht. Ich fing an zu schreien: ‚Du kannst es einfach nicht sagen, oder? Ich liege im Sterben und du kannst es nicht mal jetzt sagen!'

Der Vater fragte: ‚Was denn?'

‚Ich liebe dich', sagte sie.

Schließlich verlor er die Fassung und fing an zu weinen. Er setzte sich zu ihr aufs Bett und sprach tränenüberströmt die Worte aus, die das Mädchen so dringend nötig hatte."

Väter müssen freundlich sein. Ihre Kinder brauchen eine herzliche, innere Verbindung. Wahre Männer können sich Sanftmut leisten.

Gebetstip

Bitten Sie Gott, an Ihrem Herzen zu wirken, damit Sie Ihre Gefühle, Ihre Liebe zu Frau und Kindern auch in Sanftmut und Freundlichkeit ausdrücken können.

20. März

Gibt es einen Mann im Haus?

*Wie mit seinen Kindern geht Gott mit euch um;
denn wo ist ein Sohn, den der Vater nicht züchtigt?
Denn jene haben uns gezüchtigt für wenige Tage
nach ihrem Gutdünken.*
Hebräer 12,7.10

Mit den Familien geht es bergab. Sechzig Prozent aller Kinder, die heute geboren werden, werden zumindest einen Teil der ersten achtzehn Lebensjahre ohne Vater auskommen müssen. Dazu verhalten sich allzu viele Männer, die ihren Familien erhalten bleiben, völlig passiv, teilnahmslos und unengagiert.

Folglich wissen viele Jungen nicht, was es bedeutet, ein Mann zu sein. Sie haben weder Erfahrung mit väterlicher Disziplin noch mit einer freundlichen, liebevollen Zuwendung. Wie ein echter Mann sich verhält und wie er mit dem anderen Geschlecht umgeht, hat ihnen niemand vorgelebt.

Offen gesagt, wir Christen tragen zum Teil die Verantwortung dafür. Wir kennen die Wahrheit, sind aber viel zu still gewesen. Wir haben viel zu lange nichts davon gesagt, wie Gott die Geschlechter zur gegenseitigen Ergänzung geschaffen hat. Wir haben uns nicht den Feministinnen entgegengestellt, die eine völlig neue Frauenrolle definiert und damit den Männern ihre Maskulinität genommen haben.

Ohne das Problem zu vereinfachen, möchte ich drei Maßnahmen vorschlagen. Erstens sollten wir beten. Als Vater sollten wir in eigener Sache beten, um ein Mann im biblischen Sinne zu werden – ein Mann, der demütig und opferbereit seine Familie führt und liebt.

Zweitens müssen wir für uns persönlich festlegen, was es heißt, ein echter Mann zu sein. Und drittens sollten wir unseren Söhnen und Töchtern ein klares Verständnis ihrer sexuellen Identität vermitteln. Das geht über bloße Sexualerziehung hinaus. Wir müssen mit unseren Kindern einüben, welche Verantwortung Männer und Frauen tragen und wie sie miteinander umgehen sollen.

Reden Sie mit Ihrem Sohn, mit Ihrer Tochter darüber, wie Sie sich einen Mann vorstellen. Helfen Sie Ihrem Sohn, ein Mann zu werden, der zu seinen Verpflichtungen steht, Durchhaltevermögen zeigt und seiner Familie dient. Helfen Sie Ihrer Tochter zu verstehen, was ein echter Mann ist und was sie von ihm erwarten darf. Unsere Jugend muß erfahren, was es mit Männlichkeit auf sich hat.

Gebetstip

Bitten Sie Gott um Hilfe, als Ehepaar Gottes Vorstellung von der Rolle des Mannes zu verstehen und dieses Verständnis Ihren Kindern zu vermitteln.

Wie du mir, so ich dir

*Gott aber erweist seine Liebe zu uns darin,
daß Christus für uns gestorben ist,
als wir noch Sünder waren.*
Römer 5,8

Wenn zwei Menschen heiraten, gehen sie mit bestimmten Erwartungen an die Beziehung. Oft haben sie die unausgesprochene Vorstellung: „Mein Partner muß mir entgegenkommen." Sie verhalten sich nach dem Sprichwort „Wie du mir, so ich dir." Wenn beide entsprechend funktionieren, werden sich die anderen Familienmitglieder genau so verhalten.

Voraussetzung für diese Lebensweise ist, daß jeder seinen Aufgaben nachkommt. Dieses Konzept klingt logisch. Wenn man sich aber danach richtet, bleiben Enttäuschungen nicht aus.

Unter anderem bringt es mit sich, daß man nur das bekommt, was man sich durch eigene Leistung verdient hat. Wir wachen aufmerksamer darüber, was der andere gibt, als über unsere eigenen Taten. Man wartet mit Liebesbeweisen, bis der andere unsere Erwartungen erfüllt. Da es bei einem so berechnenden Verhalten immer subjektiv zugeht, ist unsere Motivation ausschließlich auf Gefühle gegründet.

Wie kann man auch berechnen, ob ein Mensch uns auf halbem Wege entgegen gekommen ist? Thomas Fuller sagte dazu: „Jedes Pferd glaubt, sein Gepäck sei am schwersten."

Am Anfang unserer Ehe haben wir dieses Verfahren auch ausprobiert. Ich ging nur dann liebevoll mit Barbara um, wenn ich fand, daß sie es sich mit gründlicher Hausarbeit verdient hatte. Barbara brachte nur dann Zärtlichkeit und Lob auf, wenn ich pünktlich nach Hause kam, mit den Reparaturen im Haus nicht im Rückstand war und fleißig im Garten arbeitete.

Ganz anders ist die Art von Liebe, die Gott uns erweist. Man könnte es so formulieren: egal, was wir tun – er gibt uns alles. Wie der obige Bibelvers zeigt, schenkt er uns auch dann Liebe, wenn wir sie nicht verdienen.

Auch Ehepaare sollten sich lieber an dieses Vorbild halten. Das heißt: Jeder gibt seine ganze Liebe, egal, was der andere an „Gegenleistung" bringt.

Gebetstip
Beten Sie darum, daß Gottes Art, unverdiente Geschenke zu machen, sich auf das Wesen aller Familienmitglieder auswirkt.

22. März

Sagt Dank ... für alles?

Seid dankbar in allen Dingen;
denn das ist der Wille Gottes in Christus Jesus an euch.
1. Thessalonicher 5,18

Im Jahr 1993 fuhren wir als Familie gemeinsam zur „Family Life"-Erziehungskonferenz in Dallas. Dort stellten wir fest, daß mit dem Bein unseres Sohnes etwas nicht stimmte. Mit seinen sechzehn Jahren war Samuel damals unser sportlichster Nachkömmling. Als Kind sah man ihn kaum jemals gehen – er sprintete zum Auto, rannte im Haus um die Ecken und sprang an jedem Türrahmen hoch, wobei er Michael Jordan imitierte.

Plötzlich aber konnte Samuel kaum mit uns Schritt halten, als wir durch den Flughafen rannten, um unser Flugzeug noch zu bekommen. Später bekamen wir die Diagnose eines Neurologen: Samuel hatte Muskelschwund.

Seit damals wird uns die Realität von Samuels körperlichen Einschränkungen in täglichen Raten vermittelt: Er fällt auf der Treppe hin und kann das Marmeladenglas nicht mehr öffnen. Er braucht Beinschienen. Dazu kommt die schmerzliche Erfahrung, nicht mehr Sport treiben zu können wie seine Geschwister.

Ehrlich gesagt versuche ich immer noch zu lernen, wie man unter diesen Umständen „dankbar" sein kann. Ich weiß, daß diese Bibelstelle nicht bedeutet, speziell für Samuels Muskelschwund danken zu müssen, als hätte Gott selbst ihn verursacht. Aber da Gott alle Macht im Himmel und auf Erden gegeben ist, hat er die Krankheit zugelassen. Also lernen wir in einer Situation dankbar zu sein, auf die sich Gottes Souveränität erstreckt.

Samuel selbst weiß sich zu helfen. Schon ein paar Stunden nach der ärztlichen Diagnose merkten wir, daß die Krankheit ihm nicht den Humor nehmen konnte. Er reagierte auf die Bekanntgabe mit einem Grinsen und sagte: „Hey – wenn das so ist, kann ich mich ja immer auf den Behindertenparkplatz stellen!"

Ich meine, daß dies mehr als Galgenhumor ist. Es ist ein Zeichen dafür, wie Gott der ganzen Familie die Chance gibt, bei aller Aussichtslosigkeit eine Familientragödie zu überstehen. Manchmal sage ich aus bloßem Gehorsam des Glaubens Dank. Der Glaube ist eben mehr als ein Gefühl.

Was wäre schon dran am christlichen Leben, wenn wir nicht im Glauben und Gehorsam wachsen könnten? „In allen Dingen dankbar zu sein" ist ein Glaubensbeweis.

Gebetstip
Bitten Sie Gott, daß er Ihnen auch dann ein Lächeln und Freude im Herzen schenkt, wenn die Lebensumstände Ihren Glauben auf die Probe stellen.

Im Keller lauert die Angst

*Furcht ist nicht in der Liebe;
sondern die vollkommene Liebe treibt die Furcht aus.*
1. Johannes 4,18

Ich erinnere mich nicht mehr, wann mein Bruder mir von dem „Monster" erzählte, aber ich weiß noch, wie ich als kleiner Kerl oben an der Treppe stand und in die tiefe Dunkelheit des Kellers starrte. Es war dort finster, feucht und schmutzig. Natürlich war ich schockiert und wußte nicht, daß mein Bruder mir mit seinen Erzählungen vom gräßlichen, gemeinen Schreckgespenst bloß einen Streich spielte.

Hin und wieder schickte meine Mutter mich in den Keller, um Bohnen oder Kartoffeln zu holen. So schnell hat man ein Kind wohl nie rennen sehen. Ich hielt den Weltrekord im Treppensteigen. Obwohl ich das Monster nie sah, hörte ich es oft genug. Die Angst trieb mir das Blut aus den Wangen. Eigentlich verspüre ich bis heute noch einen Hauch jener Angst, wenn ich oben an dieser Treppe stehe.

Gibt es auch in Ihrem Leben Gespenster? Sie bemänteln die Angst vielleicht mit den üblichen Sprüchen: „Ich mache mir Sorgen darum" oder „Darüber habe ich schon viel nachgedacht". Das ändert aber nichts daran, daß die meisten von uns vor irgend etwas Angst haben. Wir fürchten uns vor der Zukunft, vor unserem zukünftigen Lebensweg. Sogar der Wille Gottes macht uns Angst.

Nicht Haß ist das Gegenteil von Liebe, sondern Angst. Wie in 1. Johannes 4,18 festgestellt wird, „treibt die vollkommene Liebe die Furcht aus".

Um sich in Gottes Liebe und Schutz sicher zu fühlen, brauchen wir Vertrauen. Außerdem können wir geistliche Frucht nicht auf eigene Faust hervorbringen. Die bloße Anstrengung läßt keine guten Früchte wachsen. In Sacharja 4,6 steht: „Es soll nicht durch Heer oder Kraft, sondern durch meinen Geist geschehen, spricht der Herr Zebaoth."

Wenn Gottes Geist in uns und durch uns wirkt, nimmt er uns die Angst und erfüllt uns mit seiner Liebe.

Gebetstip
Bitten Sie Gott, die Ängste in Ihrem Leben auszuräumen, indem er Sie mit seiner Liebe und mit seinem Geist erfüllt.

24. März

Die fünf größten Ängste

Menschenfurcht bringt zu Fall;
wer sich aber auf den Herrn verläßt, wird beschützt.
Sprüche 29,25

Ein Professor machte eine Umfrage bei zweitausend Studenten: Was sind Ihre größten Ängste? Dabei kam zu Tage, welche fünf Ängste vorherrschen:

1. Reden in der Öffentlichkeit;
2. Blind sein;
3. Höhenangst;
4. Herzinfarkt oder Krebs;
5. Tod.

Angst ist wie eine Falle. Sie kann uns lähmen und uns allen Lebensmut nehmen. Sie schüchtert uns ein und bewirkt Minderwertigkeitsgefühle im Hinblick auf andere Menschen und Anforderungen. Ich glaube, daß Angst wie ein Vergrößerungsglas wirkt und aus eigentlich kleinen Objekten und Umständen etwas unüberwindlich Riesiges macht.

Meiner Meinung nach leiden heute viel zu viele Christen unter dem „Was wäre, wenn-Syndrom". Wie ein Hund, der seinen Schwanz jagt, fassen sie keinen Entschluß, weil der Gedanke „Was wäre, wenn . . ." stets neue Sorgen aufwirft. Genau dieses Denken möchte der Teufel uns aufzwingen.

Wenn Satan unsere Seele mit Angst ummanteln kann, wirkt sie wie eine undurchdringliche Hülle, die unsere Aufmerksamkeit von Gott ablenkt. Satan tut alles, was er kann, damit wir unser Leben nicht Gott ausliefern und seinen Frieden und seine Liebe erfahren. Dazu steht im 1. Petrusbrief 5,8: „Seid nüchtern und wacht; denn euer Widersacher, der Teufel, geht umher wie ein brüllender Löwe und sucht, wen er verschlinge." Er setzt die Angstfalle ein, um uns zu verschlingen!

In Gottes Wort dagegen steht: „Wer sich aber auf den Herrn verläßt, wird beschützt." Wenn auch Satan ein paar Schlachten hier auf der Erde gewinnt, trägt Gott am Ende doch den Sieg davon.

Angst bewirkt seelischen Schmerz. Wenn wir ein furchtsames Gefühl haben, sollten wir es als Warnsignal Gottes auffassen, daß wir neues Vertrauen zu ihm fassen müssen. Kein Mensch kann gleichzeitig Angst und Vertrauen haben!

Gebetstip
Bitten Sie Gott, Ihr Herz mit Glauben zu erfüllen, damit Sie ihm auch in furchteinflößenden Situationen vertrauen können.

Gesunde Furcht

*Fürchtet euch nicht, denn Gott ist gekommen,
euch zu versuchen, damit ihr's vor Augen habt,
wie er zu fürchten sei, und ihr nicht sündigt.*
2. Mose 20,20

Der ehemalige Präsident Franklin D. Roosevelt hatte nicht ganz unrecht, als er sagte: „Es gibt nichts zu fürchten außer der Furcht selbst!" Roosevelt hat dabei unterschlagen, daß es tatsächlich zwei positive Arten von Furcht gibt.

Als erstes ist die Furcht Gottes oder Ehrfurcht vor Gott zu nennen. In der Bibel wird sie häufig erwähnt, z. B. in Sprüche 1,7: „Die Furcht des Herrn ist der Anfang der Erkenntnis." Wenn wir Gott fürchten, setzt die Erkenntnis ein, daß uns diese Furcht nicht nur hilft, ihn zu ehren und die Sünde zu meiden. Sie lehrt uns außerdem, daß Gott unsere Festung und unser starker Schutz ist und wir ihm vertrauen können.

Die zweite gesunde Furcht ist schlicht und einfach der Selbsterhaltungstrieb. Sie kann positiv sein oder auch ins Ungesunde ausarten, je nachdem, ob es um echte oder nur eingebildete Gefahren geht. Wenn wir mit echten Gefahren zu tun haben, kann diese Furcht uns vor dem Tod bewahren.

Ich erlebte neulich so eine Situation. Es war bei einem Angelausflug in den Rocky Mountains. Ich bückte mich nach einem Angelhaken und sah plötzlich direkt vor mir eine armdicke Klapperschlange. In diesem Augenblick packte mich die nackte Angst – eine sehr begründete Angst –, und ich drehte mich um und flüchtete.

Eingebildete Gefahren aber können genau die gleiche Angst hervorrufen, leider oft noch stärker als echte. Ich werde nie vergessen, wie mein Sohn Benjamin mit drei Jahren schreiend aufwachte. Er stand in seinem Bettchen auf und schrie mit weit aufgerissenen Augen: „Papa, überall sind die Tiger!" Ich legte ein imaginäres Gewehr an und erschoß alle Tiger. „Siehst du, Junge, jetzt sind sie alle weg", sagte ich. Das beruhigte ihn, und er schlief wieder ein. Für ihn waren die eingebildeten Tiger so schrecklich wie echte.

Als Erwachsene benehmen wir uns manchmal genau wie Benjamin. Wir sehen etwas als echt an, das nur eingebildet ist. Wenn wir so handeln, als seien die „Phantasietiger" wirklich da, verschwenden wir Energie, die ansonsten zielgerichtet eingesetzt werden und anderen dienen könnte.

Gebetstip

Bitten Sie Gott, daß er Ihnen hilft zu erkennen, wann Sie auf eingebildete statt auf echte Gefahren reagieren.

26. März

Auf Gott eingehen

Sorgt euch um nichts, sondern in allen Dingen laßt eure Bitten in Gebet und Flehen mit Danksagung vor Gott kund werden! Und der Friede Gottes, der höher ist als alle Vernunft, bewahre eure Herzen und Sinne in Christus Jesus.
Philipper 4,6–7

Haben Sie gewußt, daß die Worte „Fürchtet euch nicht" hunderte Male in der Bibel stehen? In Jesaja 35,4 z. B. heißt es: „Saget den verzagten Herzen: ‚Seid getrost, fürchtet euch nicht!'"

Wenn wir uns fürchten, entsteht als erstes ein überwältigendes Bedürfnis nach Schutz. Viele Menschen installieren Alarmanlagen, lassen stärkere Schlösser in die Türen einbauen und schließen für Unsummen Versicherungen ab. Dabei legt sich die Angst nicht etwa. Sie wollen nur immer mehr Schutz vor allem, was „passieren könnte".

Zweitens neigen wir dazu, Entscheidungen zu verzögern oder aufzuschieben, die längst fällig sind. Manchen Menschen fällt sogar das ganz normale Einkaufen schwer, weil sie fürchten, das Falsche zu nehmen.

Drittens errichten wir innere Sperren, damit die andern uns nicht wirklich kennen lernen. Viele Menschen haben eine derartige Angst um ihre Beziehungen, daß sie kaum ein Risiko eingehen würden.

Viertens sind wir besessen vom Gedanken, vielleicht zu versagen. Wie das real aussieht, weiß sicher jeder, der schon einmal gekündigt wurde. Doch auch Menschen, die eigentlich erfolgreich arbeiten, fürchten sich ständig, ihren Job zu verlieren.

Schließlich treiben uns diese Ängste von Gott weg. So mancher hat Angst vor dem Anspruch Gottes auf sein Leben. Das beste Gegenmittel ist immer noch zu beten und mit dem ganzen Leben auf Gott einzugehen. Achten wir doch darauf, was Paulus im obigen Bibelvers über das Sorgenmachen sagt.

Um welche Dinge sollen wir uns denn sorgen? Um gar nichts. Beten wir lieber für „alles".

Nehmen wir aber zur Kenntnis, daß wir unsere Bitten mit „Danksagung" vor Gott bringen sollen. Gott ist nicht etwa ein persönlicher Glücksspielautomat, in den wir statt Münzen unsere Gebete einstecken. Er möchte, daß wir uns ihm in einer Haltung der Dankbarkeit nähern. Wir sollen daran denken, was er getan hat und wer er ist.

Wenn wir beten und uns damit Gott überlassen, wird er nicht zulassen, daß uns die Angst beherrscht. Er wird unser Innerstes davor bewahren.

Gebetstip

Beten Sie füreinander, daß Gott Sie mit seinem Frieden beschützt, wenn Sie ihm Ihr Leben ausliefern.

Stärker als ein Alligator

von Barbara Rainey

*Niemand hat größere Liebe als die,
daß er sein Leben läßt für seine Freunde.*
Johannes 15,13

Die meisten Eltern würden alles tun, um ihre Kinder zu beschützen. Eine Begebenheit aus Florida verdeutlicht das besonders gut.

Vier Kinder schwammen in einem See, als ein großer Alligator auf sie zukam. Ein Nachbar fing an zu schreien, und drei von den Kindern hörten sein Rufen und verließen das Wasser. Ein Junge aber schnorchelte gerade und konnte den Warnschrei nicht hören.

Der drei Meter lange und vier Zentner schwere Alligator schnappte zu und bekam den Kopf des Jungen zu fassen. Wie durch ein Wunder verfing sich die Tauchermaske in den Kiefern des Tieres und hinderte es daran, das Maul zu schließen. Der Junge konnte sich freistrampeln und schwamm hastig ans Ufer.

Inzwischen war die Mutter auf die Schreie aufmerksam geworden, rannte zum See und feuerte den Jungen an. Der Alligator kam immer näher. Da stürzte sie ins Wasser und langte nach ihrem Sohn. Sie ergriff gerade in dem Augenblick seinen Arm, als der Alligator das Bein zu fassen bekam.

Nun begann ein heftiges Tauziehen. Die Mutter ließ nicht locker und zog mit schier übermenschlicher Kraft. Schließlich entriß sie ihren Sohn buchstäblich den Zähnen des Alligators und brachte ihn sicher ans Ufer.

Ein paar Wochen danach gingen Mutter und Sohn ans Ufer und kamen an die Stelle, wo das schier unglaubliche Tauziehen stattgefunden hatte. Sie besah sich das Kind und stellte fest, daß die schweren Schnitte unter dem Kinn fast vernarbt waren. Das Bein, vom kraftvollen Biß des Alligators gebrochen, war auch verheilt. Die einzigen noch deutlichen Narben wies der Arm des Jungen auf – die Stellen, wo ihre Fingernägel sich im Kampf um sein Leben tief in sein Fleisch gebohrt hatten.

Sicherlich hätte diese Mutter sich eher selbst aufgeopfert, bevor sie ihren Sohn losgelassen hätte. Sie ist damit Vorbild für einen Mut, der uns neue Entschloßenheit bei der Aufgabe verleihen sollte, unseren Kindern Schutz und Fürsorge zukommen zu lassen.

Gebetstip
Beten Sie um Schutz und Sicherheit für Ihre Kinder, und bitten Sie Gott um die Bereitschaft, frohen Herzens jedes Opfer für ihr Wohlergehen bringen zu können.

28. März
Von Kindheit an

*Aber Jesus sprach: "Lasset die Kinder
und wehret ihnen nicht, zu mir zu kommen;
denn solchen gehört das Himmelreich."*
Matthäus 19,14

Wie alt muß ein Kind sein, um Jesus Christus sein Vertrauen schenken zu können? Der berühmte englische Prediger C. H. Spurgeon sagte einmal: „Wenn ein Kind wissentlich sündigen kann, dann kann es auch zu seiner Errettung glauben."

Viele große Persönlichkeiten der Kirche wurden schon in sehr zartem Alter Christen. Es heißt, daß Polykarp, Bischof im ersten nachchristlichen Jahrhundert, sechsundachtzig Jahre lang mit Gott gewandelt sei, als er fünfundneunzigjährig starb. Isaac Watts, der berühmte Hymnendichter, war neun Jahre alt, als er sich zu Christus bekehrte.

Ich war sechs, als ich spürte, daß ich Gottes Vergebung brauchte. Der Pastor in unserer Kirche predigte noch über Himmel und Hölle, zwei Orte, von denen wir heutzutage nicht mehr viel hören.

Ich kann mich gut erinnern, wie bewußt mir meine Sünde war: Manchmal lag ich schaudernd im Bett. Ich hatte sogar Angst davor, zu Bett zu gehen, weil ich fürchtete, im Schlaf sterben zu können und die ganze Ewigkeit lang in der Hölle sein zu müssen.

Eines Sonntags also sagte ich meiner Mutter, es sei so weit, daß ich mein Leben Christus geben wolle. Sie sprach ganz offen über diese Entscheidung mit mir und redete es mir nicht aus, sie in aller Öffentlichkeit bekannt zu machen.

Der Hals war mir wie zugeschnürt, als ich in der Kirche nach vorn ging. Ich bekannte mich vor der ganzen Gemeinde dazu, daß Jesus Christus mein Erlöser und Herr sein solle. Diese Entscheidung prägte von da an mein Leben. Ein paar Wochen später bat mich die Lehrerin, ein Bild davon zu malen, was ich später einmal werden wolle. Auch dieses Bild werde ich nie vergessen, weil Gott mich damals schon für sich vorgemerkt hatte. Ich malte ein Strichmännchen, das predigte.

Inzwischen sind vierzig Jahre vergangen. Dank der Offenheit meiner Eltern kann ich auf ein Erlebnis zurückblicken, das die wichtigste Entscheidung meines Lebens war.

Gebetstip
Bitten Sie Gott um Weisheit und Klarheit, wie Sie Ihren Kindern seine Vergebung durch den Glauben an seinen Sohn Jesus Christus vermitteln können.

Böse Zungen

*Laßt kein faules Geschwätz aus eurem Munde gehen,
sondern redet, was gut ist, was erbaut.*
Epheser 4,29

Oft denke ich an einen Slogan aus dem Zweiten Weltkrieg, der als Warnung in Rüstungsbetrieben aushing: „Loose Lips Sink Ships" (etwa: eine lose Zunge kann Schiffe versenken). Bei der Schlacht, die heutzutage um unsere Familien tobt, brauchen wir vielleicht eine ähnliche Warnung als Poster am Kühlschrank: „Loose Lips Sink Partnerships" (eine lose Zunge kann die Partnerschaft vernichten).

„Faules Geschwätz" – es bedarf wohl keiner Erklärung, wann etwas verfault ist. Es verpestet die Luft zum Atmen, und zwar schnell und nachhaltig. Die „faulsten" Worte sind negative Äußerungen, die sich aus dem Ärger über jemand anderen nähren.

Statt die Gegend mit faulem Geschwätz zu verpesten, sollen wir nach Paulus nur das aussprechen, was hilfreich und aufbauend ist, je nachdem, was die Zuhörer nötig haben. Meine Frau Barbara zum Beispiel ist oft gefühlsmäßig am Boden, wenn sie sämtliche Gänge zum Zahnarzt, zum Hausarzt, zu Unterricht und irgendwelchen Treffen dirigiert hat, dazu alle zehrenden Konflikte, die sich in einer achtköpfigen Familie nun mal ereignen. Es ist nicht nötig, daß ich ihr dann noch sage, was sie vergessen hat. Sie will mich auf ihrer Seite wissen, will aufgemuntert werden und braucht Anerkennung für die Jonglierkünste, die sie mit den Kindern, mit unserem Dienst und mir jeden Tag bewältigt.

Gelegentlich setzen wir uns am Tisch zum „Lob für Mama" zusammen. Jeder von uns kommt mit anerkennenden Worten und Aufmunterung an die Reihe. Unsere großen Jungen tragen dick auf: „Ich mag Mama, weil sie so tolles Essen kocht, und immer in riesigen Mengen!" Das Jüngste piepst: „Ich mag Mama, weil sie so hübsch ist!" Ein anderes sagt: „Ich hab' sie lieb, weil sie mir bei meinen Hausaufgaben hilft." Unweigerlich hat sich Barbaras Miene aufgehellt, wenn wir mit unserem Lob fertig sind, und ihre Schultern sind wieder gerade.

Wie wäre es heute abend mit ein paar Worten mit freundlichem Beigeschmack? Suchen Sie sich jemanden in der Familie aus und bauen ihn oder sie durch Bemerkungen über all das auf, was Sie an ihm oder ihr am meisten schätzen.

Gebetstip
Bitten Sie Gott um Sensibilität für die richtigen Worte, um Ihren Ehepartner aufzubauen.

30. März

Wenn hilflose Eltern beten

*Es soll nicht durch Heer oder Kraft,
sondern durch meinen Geist geschehen,
spricht der Herr Zebaoth.*
Sacharja 4,6

Niemand kann Kinder zur Vollkommenheit erziehen. Es gibt keine perfekten Eltern. Niemand schafft alles. Barbara und ich haben dennoch ein Geheimnis entdeckt, nämlich das allergrößte: Gott hilft den Eltern, ihre Kinder zu erziehen. Er freut sich, wenn wir unsere Schwächen zugeben, weil er uns dann Weisheit und Kraft durch den Heiligen Geist schenken kann. Er liebt es, wenn hilflose Eltern beten.

Ich glaube, Gott gebraucht die Kinder dazu, uns auf ihn aufmerksam zu machen. Er möchte in unserem Leben regieren. Solange wir aber meinen, aus eigener Kraft Erfolge feiern zu können, hören wir nicht auf seinen Geist.

In Psalm 127,1 steht: „Wenn der Herr nicht das Haus baut, so arbeiten umsonst, die daran bauen." Gott hilft uns, das Haus zu bauen. Wir können ihn als Architekten und Bauherrn wirken lassen.

In unserer Gegend verläuft ein Weg, auf dem ich gern jogge. Beim Laufen bete ich für meine Familie und rufe den Herrn an: „Wenn du nicht dieses Haus baust, dann klappt gar nichts. Du kennst uns Eltern. Du kennst die Kinder. Herr, du hast sie uns gegeben. Also hilf uns bitte auch, sie richtig zu erziehen."

Bitten Sie Gott, daß er Ihrer Familie beisteht. Beten Sie darum, daß Ihre Ehe heilig und rein bleibt. Bitten Sie ihn um Weisheit, um Hilfestellung, um echte Romantik und gesunde Beziehungen.

Bitten Sie Gott um Hilfe für Sie als hilflose Eltern. Bitten Sie ihn, daß Ihre Kinder auf Sie hören. Bitten Sie ihn, gesunde Einstellungen in ihnen reifen zu lassen. Bitten Sie ihn, das Haus zu erbauen. Gott freut sich über das Gebet von hilflosen Eltern.

Gebetstip
Bitten Sie Gott um besondere Erkenntnisse und Anleitung für Entscheidungen, vor denen Sie als Eltern zur Zeit stehen.

Jims Geschichte

Denn wenn ich schwach bin, so bin ich stark.
2. Korinther 12,10

Jim Harvey war der erfolgreiche Manager eines milliardenschweren Unternehmens. Er war verheiratet, ließ seine Tochter eine Spitzenuniversität besuchen und war in seiner Kirche Diakon.

Dann aber mischte Gott sich zehn Jahre lang mit tiefgehenden Einschnitten in Jims Leben ein. Hier ist seine Geschichte:

Ich hatte ungeheures Vertrauen in meine eigenen Fähigkeiten. Ich duldete keine Schwäche; alles hatte ich unter Kontrolle.

Dann erfuhr ich, daß meine Tochter von harten Drogen und meine Frau von Alkohol abhängig waren. Kurz darauf ging meine Tochter von der Uni ab. Meine Frau reichte die Scheidung ein. Ich bekam das Sorgerecht für die beiden kleineren Kinder und erzog sie allein.

Es dämmerte mir, daß ich mich in meiner Hilflosigkeit an Gott wenden konnte. Er würde für mich sorgen. Jetzt fing ich an, ernsthaft in der Bibel zu lesen und mich viel mit Gott und seinen Aussagen zu beschäftigen. Dann lernte ich Carole, eine überzeugte Christin, kennen und heiratete sie. Jetzt war ich sicher ein guter Christ, nahm ich an. Das stimmte nicht.

Als 1987 der Aktienmarkt zusammenbrach, verloren wir den größten Teil unserer Ersparnisse. Carole und ich erlebten trotzdem Gottes Gnade, als sie wegen Krebs operiert werden mußte. Die Behandlung war erfolgreich.

Jahrelang hatte ich versucht, mit meiner Tochter über Christus zu reden. Sie war aber nicht interessiert. Schließlich verlegten Carole und ich uns aufs Beten und baten Gott, an ihrem Leben zu arbeiten.

Zwei Monate später bekam ich einen der schrecklichsten Anrufe, den Eltern nur fürchten können: „Papa, mein AIDS-Test ist positiv ausgefallen."

Jetzt, als sie sich an niemand anderen mehr wenden konnte, nahm meine Tochter Jesus als ihren Erlöser auf und widmet sich dem Dienst an sterbenden AIDS-Patienten im Krankenhaus.

Ich fühle mich geehrt, die Lehre aus all diesen Situationen begreifen zu dürfen. Ich kann heute jeden trösten, der in ähnliche Umstände gerät. Durch jede Versuchung hat Gott meine Arroganz und meinen Stolz noch mehr zerbrochen. Er hat mir gezeigt, daß es genug ist, ihn zu haben.

Eine ehrliche Beichte, nicht? Jim hat auf die harte Tour gelernt, daß Gott auch dann seine Treue erweist, wenn alles andere wegbricht.

Gebetstip
Beten Sie, daß Gott Ihnen zeigt, daß man sich in schwierigen Situationen auf ihn verlassen kann.

Unser wertvollstes Gut

Eine Frau, die den Herrn fürchtet, soll man loben.
Sprüche 31,30

Neulich las ich in einer Zeitschrift von einer Umfrage unter Teenagern zum Thema: „Wen bewunderst du?" Mehr als sieben von zehn Teenagern nannten Mutter oder Vater, erst dann prominente Vorbilder.

Bei den Mädchen entschieden sich drei Prozent für Steffi Graf. Hillary Clinton bekam sieben Prozent, Oprah Winfrey (amerikanische Talkmasterin) elf Prozent. Neunundsiebzig Prozent aber wählten ihre Mutter.

Diese gute Nachricht macht mir wirklich Mut. Denn oft habe ich das Gefühl, man habe sich hier im Land gegen die Würde der Mütter verschworen.

Seit mehr als zwei Jahrzehnten trachten die Feministinnen danach, die Werte der christlichen Familie zu unterminieren und unglaubwürdig zu machen.

Ich möchte in aller Deutlichkeit sagen, daß meine vier Töchter lernen sollen, ihren Lebensunterhalt selbst zu verdienen. Wer Arbeit braucht, hat mich auf seiner Seite. Wobei ich allerdings feststelle, daß Millionen von berufstätigen Frauen sich lieber Haushalt und Familie widmen würden.

Wir werden aber niemals mit der Krise unserer Zeit fertig, wenn wir die berufliche Karriere der Frau über ihre Aufgabe als Mutter stellen.

Unsere Welt bricht unter der Last der Probleme zusammen, die sich aus zerbrochenen Familien ergeben. Es gibt zu viele allein gelassene Kinder – allein gelassen nicht nur im wörtlichen, auch im emotionalen Sinne. Sie werden ohne klares Verständnis von Gut und Böse erwachsen.

Man vervielfacht dieses Problem, wenn man unseren Töchtern nur die berufliche Karriere schmackhaft macht. Sie müssen erfahren, wie wichtig es ist, Mutter zu sein, ihren Beitrag für die Erziehung der kommenden Generation zu leisten. Denken wir einmal nach: Wer ist wichtiger – eine Frau, die mit der Lohntüte nach Hause kommt, oder eine, die ihr Kind in den Schlaf wiegt? Die zerstörten Existenzen der letzten Jahrzehnte beweisen, daß man nicht beides haben kann.

Wenn sich eine Frau entscheidet, bei ihren Kindern zu bleiben, sehen viele das als „Karriereschnitt". Warum können wir diese aufopfernde Liebe nicht im Licht der Wirklichkeit beurteilen? Es handelt sich um eine Investition in das größte Gut, das wir haben – unsere Kinder.

Gebetstip
Danken Sie Gott für den Einfluß, den Ihre Mutter auf Sie hatte.

Der abgesägte Baum

*Du aber sei den Gläubigen ein Vorbild im Wort,
im Wandel, in der Liebe, im Glauben, in der Reinheit.*
1. Timotheus 4,12

Wir Eltern sollen unseren Kindern ein Vorbild sein, so wie Timotheus es für alle Gläubigen sein sollte, denen er vorstand. Natürlich ist kein Vater vollkommen, aber wir können es immerhin versuchen, selbst wenn manchmal etwas Demut vonnöten ist . . . wie bei meiner „Baumfällaktion".

Unser Haus liegt auf einem Höhenzug, von dem aus wir in der Ferne einen See erblicken können. Der Blick aber war von einigen Bäumen verstellt. Mein Sohn Benjamin und ich machten uns deshalb mit der Säge auf, um unseren Ausblick etwas zu verbessern. Dabei kamen wir zu einer großen Eiche, die gleich hinter meinem Grundstück stand. Der Wald war städtisches Eigentum. Als ich die Motorsäge anwarf, fragte Benjamin: „Steht dieser Baum nicht auf städtischem Boden?"

„Nein", rief ich gegen den Lärm. „So genau kann man die Grundstücksgrenzen nicht ziehen." Die Säge brauchte nur ein paar Sekunden für den Baum, und er fiel um. Noch während er fiel, sah ich die kleinen orangefarbenen Markierungen: der Baum gehörte tatsächlich der Stadt!

In den nächsten Tagen ließ Gott in meinem Gewissen immer wieder die Motorsäge ertönen. Beim Bibellesen sah ich nur noch Bäume. Endlich wurde mir klar, daß ich mich an die Stadtverwaltung wenden und meine Sünde bekennen mußte.

Als ich anrief, stand Benjamin gerade neben mir. Ich sagte dem Beamten, wer ich sei, daß ich den Baum abgesägt hatte und das Bußgeld dafür übernehmen wolle. Er sagte, mein Anruf sei begrüßenswert, aber ein Bußgeld sei nicht nötig, da „man die Grundstücksgrenzen sowieso nicht so genau ziehen könne". Ich bedankte mich.

Benjamin sagte nicht viel, als ich ihm das Gespräch wiedergab, doch man merkte, daß er das Gehörte aufnahm. Ich hatte nicht penibel sein wollen, nur ehrlich. Jetzt konnte ich nur noch hoffen, daß er meine Bereitschaft begriff, das Rechte zu tun.

Gebetstip
Beten Sie darum, daß Sie bei aller menschlichen Begrenztheit Ihren Kindern ein Vorbild für christliche Werte bieten können, damit sie wiederum später auch einmal ein Vorbild werden.

3. April — Eltern sind Beschützer

*Du wollest mich führen auf einen hohen Felsen.
Denn du bist meine Zuversicht,
ein starker Turm vor meinen Feinden.*
Psalm 61,3–4

Wenn auch Gott uns letzten Endes Schutz und Sicherheit gibt, wie der Psalmist sagt, sollten auch wir Eltern unseren Kindern ein „starker Turm" sein.

Zu meinen lebhaftesten Kindheitserinnerungen gehören die Stunden im Sturmschutzkeller unseres Hauses, wenn oben schwere Gewitter tobten. Wenn ich an die vielen Aufenthalte in diesem muffigen Keller zurückdenke, muß ich einfach darüber nachsinnen, daß Barbara und ich die Aufgabe haben, unsere Kinder vor den Stürmen ihres Lebens zu schützen.

Allerdings sollte ich erklären, was ich mit „Schutz" für die Kinder meine. Erstens heißt das nicht, sie vor allem Unangenehmen zu bewahren oder so sehr in ihr Leben einzugreifen, daß sie gefühlsmäßig, geistig und geistlich nicht erwachsen werden können. Ich halte nichts davon, die Kinder mit zuviel Fürsorge zu ersticken oder ihnen jeden Fehler und jedes Risiko zu ersparen.

Was also meine ich? Es geht um aktive Einmischung in ihren Alltag, um sie auf kritische Entscheidungen, Probleme und Zwangssituationen vorzubereiten. Gemeint ist zum Beispiel folgendes Verhalten:

▶ Man erklärt dem Kind, was es tun soll, wenn ein Fremder ihm Süßigkeiten anbietet oder es im Auto mitnehmen will.
▶ Man hilft ihm, gute Freundschaften zu schließen, und greift ein, wenn schlechte Einflüsse überhand nehmen.
▶ Man setzt ihm Grenzen – zum Beispiel erklärt man, welche Filme es sehen darf und welche nicht (und warum!).
▶ Man erweist ihm auch damit Liebe, daß man über schwierige Themen wie Sex redet oder Maßstäbe für Verabredungen setzt (wann es damit anfangen darf, mit wem es sich verabreden sollte usw.)
▶ Man betet um Gottes Schutz für das Kind, wenn man nicht in seiner Nähe sein kann (siehe Matthäus 18,10).

Bieten Sie Ihren Kindern einen starken und schützenden Rückhalt?

Gebetstip
Bitten Sie Gott um Weisheit und Mut, damit Sie Ihre Kinder schützen können.

Der Kern des Christentums

*Denn wenn die Toten nicht auferstehen,
so ist Christus auch nicht auferstanden.
Ist Christus aber nicht auferstanden,
so ist euer Glaube nichtig, so seid ihr noch in euren Sünden.*
1. Korinther 15,16–17

Ich bin auf einen faszinierenden Fragekatalog gestoßen, auf den es ein und dieselbe Antwort gibt. Ob Sie wohl raten können, welche?

▶ Was gibt einer Witwe Mut, wenn sie am frisch ausgehobenen Grab steht?
▶ Wie können Eltern von geistig oder körperlich behinderten Kindern davor bewahrt bleiben, in tiefste Depressionen zu versinken?
▶ Warum können blinde, taube oder gelähmte Menschen Mut fassen, wenn sie an das Leben nach dem Tode denken?
▶ An welche einzige Wahrheit kann sich die Familie halten, wenn die traurige Nachricht kommt, daß die kleine Tochter tot aufgefunden wurde? Der Vater mit dem Flugzeug abgestürzt ist? Der Sohn an einer Überdosis Drogen gestorben ist?
▶ Was ist die endgültige Antwort auf Leid, Trauer, Erniedrigung, schreckliche Krankheiten und plötzliche Todesfälle?

Die Antwort auf alle diese Fragen lautet: Die Hoffnung, die Gott uns gibt, weil alle, die an Jesus glauben, einmal auferstehen werden zu einem neuen Leben.

Tatsache ist, daß das Christentum mit der Auferstehung steht und fällt. Wenn Christus der ist, als der er sich ausgab, aber nicht von den Toten auferstand, dann ist unser Glaube (wie Paulus in den obigen Versen sagt) wertlos. Dann wären wir die „elendesten unter allen Menschen" (Vers 19).

Der Wendepunkt der gesamten Menschheitsgeschichte ist die Auferstehung Christi. Diese eine Tatsache unterscheidet das Christentum von anderen Religionen: Gott hat den Tod besiegt.

Er ist auferstanden. Ja, er ist wahrhaftig auferstanden.

Gebetstip
Bitten Sie Gott, Sie ganz neu mit der Hoffnung auf die Auferstehung zu erfüllen.

5. April

Was Kinder wissen müssen (Teil 1)

*Und sie brachten Kinder zu ihm, damit er sie anrühre.
Die Jünger aber fuhren sie an.
Als es aber Jesus sah, wurde er unwillig und sprach zu ihnen:
„Laßt die Kinder zu mir kommen und wehret ihnen nicht."*
Markus 10,13–14

Kinder und Ostern. Neues Leben, ein neuer Anfang. Welche Zeit würde besser passen, um Kindern von der Guten Nachricht zu erzählen?

Was aber muß ein Kind, eigentlich jeder Mensch, überhaupt wissen, um Christ zu werden? Ich möchte auf einige Grundlagen hinweisen:

Erstens muß ein Kind erfahren, wer Gott ist und wie sehr er es liebt. Warum ist Gott anders als wir Menschen?
Gott ist heilig; er ist vollkommen. Menschen aber sind nicht vollkommen.
Gott ist gerecht in allen Dingen. Wir aber entscheiden nicht immer gerecht.
Gott ist Liebe; er möchte in Beziehung zu uns treten. Darum hat er seinen Sohn auf die Welt gesandt. Uns aber geht es nicht immer um Liebe zueinander.

Zweitens braucht ein Kind das Wissen, daß seine Sünde vergeben werden muß (siehe Römer 6,23). Vielen Eltern in unserer toleranten Gesellschaft fällt es schwer, von der Hölle zu reden. Gott ist geduldig, aber nicht tolerant. Seine Gerechtigkeit verlangt nach einer Sühne (die Begleichung einer Strafe) für die Sünden der Menschen. Unsere Kinder müssen begreifen lernen, daß sie sich mit ihren Sünden vom Himmel aussperren. Für diese Sünden muß bezahlt werden. Und genau das hat Jesus am Kreuz für uns getan.

Schließlich muß das Kind wissen, daß es durch den Glauben an Jesus Christus Gottes Vergebung empfangen kann (siehe Epheser 2,8–9).

Zum Glauben gehört, daß wir unsere Sünden bereuen, uns vertrauensvoll an Gott wenden und Jesus Christus als unseren Erlöser und Herrn anerkennen. Wenn wir Buße tun, geben wir unsere Sünden vor Gott zu und sagen ihm, daß sie uns leid tun.

Das sind die Grundlagen, von denen ein Kind hören muß. Wahrscheinlich fragen Sie jetzt: „Wie kann ich diese Gedanken an mein Kind weitergeben?"

Darum wird es im nächsten Abschnitt gehen.

Gebetstip
Bitten Sie Gott, an Ihrem Kind zu wirken, damit es zu ihm findet.

Was Kinder wissen müssen (Teil 2)

*Sie sind allesamt Sünder und ermangeln des Ruhmes,
den sie bei Gott haben sollten,
und werden ohne Verdienst gerecht
aus seiner Gnade durch die Erlösung,
die durch Christus Jesus geschehen ist.*
Römer 3,23–24

Viele Eltern von heute glauben anscheinend, ihre Kinder seien zu jung, um das Evangelium zu verstehen. Und doch kann ein Kind schon sehr früh begreifen, worum es beim Glauben geht – unsere sechs eigenen haben allesamt angegeben, vor ihrem sechsten Lebensjahr Jesus ganz bewußt in ihr Leben aufgenommen zu haben.

Vielen Eltern ist nicht klar, daß Gott sie mit einem der besten Medien zum Weitergeben geistlicher Wahrheiten beschenkt hat: die Familie. Die Kinder erwerben sich ihr biblisches Wissen durch die Beziehung zu ihren Eltern und Geschwistern.

Selbst die tiefsten Wahrheiten, wie sie sich im Römerbrief finden, können einem Kind so ganz greifbar gemacht werden. Es lernt zum Beispiel durch den Umgang mit seinen eigenen Fehlern im Familienkreis. Es sieht seine eigene Neigung zu Selbstsucht, Ungehorsam und Sünde. Man kann einen Vers wie Römer 3,23 erklären, wenn man das selbstsüchtige Verhalten des Kindes als Beispiel dafür nutzt, wie es „des Ruhmes ermangelt, den es bei Gott haben sollte."

Nehmen wir die Lehre von der Vergebung. Schon in sehr zartem Alter wurden die Kinder von Barbara und mir darauf hingewiesen, daß sie um Vergebung bitten müssen, wenn sie den Eltern nicht gehorcht oder die Geschwister verletzt haben. So begriffen sie, wie man einander im Familienkreis vergibt. Auf diese Erfahrungen konnten wir hinweisen, wenn wir das Evangelium erklärt haben. Wir tun auch Gott mit unseren Sünden weh und müssen zu ihm kommen und um Vergebung bitten.

Damit wird die Vergebung Gottes nicht bagatellisiert. Wir müssen uns nur in die Denkweise des Kindes versetzen und uns auf die einfachsten Grundlagen des Glaubens besinnen. Wenn ein Kind erst einmal begriffen hat, daß es Vergebung braucht, dann erklären wir ihm, wodurch Gott uns vergibt – durch das Opfer seines Sohnes, Jesus Christus.

Die Familie ist der göttliche „Brutkasten" für geistliche Wahrheiten. Machen wir uns diese guten Voraussetzungen zunutze, indem wir unseren Kindern die grundlegenden Wahrheiten des Glaubens weitergeben.

Gebetstip
Beten Sie gemeinsam darum, daß Gottes Geist durch Sie wirkt, damit Ihre Kinder begreifen, wie sehr sie Jesus brauchen.

Wenn Kinder erzählen ...

Wir aber predigen den gekreuzigten Christus,
den Juden ein Ärgernis und den Griechen eine Torheit;
denen aber, die berufen sind, Juden und Griechen,
predigen wir Christus als Gottes Kraft und Gottes Weisheit.
1. Korinther 1,23–24

Ostern – die beste Zeit im Jahr, um anderen Menschen begreiflich zu machen, daß sie erlöst werden müssen und wie sie durch den Glauben an Jesus Christus Vergebung erlangen können.

Man wird sich aber kaum das Lachen verkneifen können, wenn man mit Kindern über geistliche Dinge redet. Wie ein Großvater sich neulich überzeugen konnte, sagen sie alles, was ihnen in den Sinn kommt.

Dieser Großvater namens Bob besuchte seine Kinder und sah die vierjährige Enkelin Julie mit ein paar Freundinnen im Hof spielen. Es war kurz vor Ostern. Da packte ihn die Neugierde, was diese Kinder eigentlich von der Ostergeschichte wußten.

Also fragte er die drei kleinen Mädchen: „Wer von euch weiß, warum wir jedes Jahr Ostern feiern?"

Die eine Freundin meldete sich als erste: „Oh, das ist, wenn wir ins Kaufhaus gehen. Da kann man sich auf den Schoß von dem großen Häschen setzen und ihm sagen, was man in den Osterkorb haben will."

Die Antwort der zweiten half auch nicht weiter: „Nein, nein, nein! Da werden Eier an einen Baum gehängt, und dann wacht man am Sonntag auf und sieht die Geschenke darunter liegen, und ..."

Jetzt unterbrach der Opa sie und sagte freundlich: „Das ist aber nicht ganz richtig. Julie, weißt du denn, warum wir Ostern feiern?"

Julie nickte. „Damals wurde Jesus gekreuzigt. Er ist gestorben, und seine Jünger haben den Körper ins Grab gelegt. Dann wurde ein großer Stein vor das Grab gerollt. Und die Wachen sind eingeschlafen. Am dritten Tag ist ein Erdbeben gekommen und der Stein ist weggerollt ..."

Der Opa war wirklich erfreut, daß Julie so viele Einzelheiten wußte. Da fuhr sie fort: „Und dann ist die ganze Stadt ans Grab gekommen. Und als Jesus rauskam und alle seinen Schatten sahen, wußten sie, daß der Winter noch sechs Wochen lang dauern würde."

Na gut, wenigstens teilweise hat Julie sich richtig erinnert!

Gebetstip
Danken Sie Gott, daß er seinen Sohn für uns hingegeben hat, daß er ihn vom Tod auferweckte, damit wir an ihn glauben und Gottes völlige Vergebung für unsere Sünden erfahren können.

Der Grund unserer Freude

„Er ist nicht hier, er ist auferstanden!"
Lukas 24,6

Für heute erwartet Sie nicht wie gewohnt eine Andacht, sondern wir möchten Sie einladen, sich einige Minuten Zeit zu nehmen und gemeinsam der Frage nachzugehen, wie sich die Auferstehung Jesu auf Ihr persönliches Leben, auf Ihre Ehe und Ihre Familie auswirkt. Was hat sich verändert; welche Veränderungen wünschen Sie sich?

Gebetstip

Danken Sie Gott für den Sieg über Sünde und Tod durch seinen Sohn Jesus Christus.

9. April — Gemeinsam „Zeit verschwenden"

*Denn ich erinnere mich an den ungefärbten Glauben in dir,
der zuvor schon gewohnt hat in deiner Großmutter Lois
und in deiner Mutter Eunike;
ich bin aber gewiß, auch in dir.*
2. Timotheus 1,5

In der *Encyclopedia Britannica* werden auf einer halben Seite die Verdienste von Charles Francis Adams gewürdigt, dem Sohn des Präsidenten John Quincy Adams. Der jüngere Adams trat politisch in die Fußstapfen seines Vaters und wurde amerikanischer Botschafter in Großbritannien. Auf Charles' Familie wird in der Enzyklopädie nicht weiter eingegangen, doch in seinem Tagebuch lesen wir folgenden Eintrag: „Bin mit meinem Sohn angeln gewesen – ein verschwendeter Tag."

Ein anderes Tagebuch aber bietet uns einen anderen Einblick: „Bin mit meinem Vater angeln gewesen – der schönste Tag meines Lebens." Diese Worte stammen von Charles' Sohn Brook.

Interessant, nicht wahr? Wie sehr doch die Perspektive des Jungen sich von der seines Vaters unterscheidet.

Das gleiche aber gilt auch für mich. Ich erinnere mich an einen Angelausflug mit meinem Vater nach Kanada, wo ich einen Hecht von Rekordgröße fing. Dann war da noch ein anderer Ausflug zu einem See in unserer Gegend. Mein Vater tat den Wels, den ich gefangen hatte, ins Netz. Er war aber so klein, daß er durch die Maschen entwischte. Mein Vater machte andauernd Witze über diesen Fisch. Sein Lachen hallt mir immer noch in den Ohren.

Interessant, wie mir jetzt als Erwachsener die Erinnerung alles vergoldet. Im Rückblick gehören diese Angelurlaube zu meinen größten Schätzen. Und dennoch erwische ich mich heute manchmal beim Gedanken, daß ich „keine Zeit" zum Fangenspielen und Angeln mit meinen eigenen Kindern habe.

Es dauert aber dann zum Glück nicht lange, bis ich darüber nachsinne, wieviel Wert Gott auf jeden kleinen Jungen und jedes kleine Mädchen legt.

Gebetstip
Bitten Sie Gott um Weisheit bei der Zeiteinteilung, damit Sie merken, was wirklich wichtig ist. Bitten Sie ihn um den Mut, weniger Wichtiges abzusagen, damit Sie sich die wertvolle Zeit für Ihre Kinder nehmen können.

Begehrliche Blicke

*Du sollst nicht begehren deines Nächsten Haus.
Du sollst nicht begehren deines Nächsten Weib,
Knecht, Magd, Rind, Esel
noch alles, was dein Nächster hat.*
2. Mose 20,17

Warum sind so viele Menschen mit ihrem Partner unzufrieden? Vielleicht, weil sie so gern vergleichen.

Stellen wir uns einen typischen Morgen vor. Der Mann steht auf und macht sich für den Tag fertig. Als er die Straße entlangfährt, sieht er hier und da auf den Plakaten ein paar hübsche, verführerische Frauen. Die eine trägt ein eng anliegendes Samtkleid; die anderen haben praktisch gar nichts an.

Herr Meier kommt in die Firma und erschnuppert im Aufzug, wo er von hübschen Sekretärinnen umgeben ist, eine Parfüm-Mischung aus „Obsession", „Passion" und „Roma". Er begrüßt seine attraktive Vorzimmerdame, die geschmackvoll gekleidet und perfekt frisiert ist. Ihr Makeup ist makellos.

Abends kommt unser Held nach Hause und macht es sich vor der Röhre bequem. Da, jetzt fängt die Sendung an – die Wiederholung seines Lieblings-James-Bond-Films. Reichlich schöne Frauen, die mit 007 ins Bett steigen. Zwischendurch Werbung für Bier, Autos und Shampoo – die perfekt gestylten jungen Models sind immer dabei, natürlich mit schimmerndem Haar, absolut weißen Zähnen und Pfirsichhaut.

Unser Krieger des zwanzigsten Jahrhunderts wirft einen Blick auf seine etwas mitgenommen aussehende Frau. Sie kocht das Essen. Zwei kreischende Kinder mit Schnupfnase klammern sich wie Anker an ihren Beinen fest. Kaum eine Locke, die nicht verrutscht ist, und das Baby hat die Bluse mit Brei bekleckert. Zudem riecht sie eher nach Brokkoli als nach Parfüm. Da denkt Herr Meier sich: Was ist hier bloß los? Wie bin ich in diesen Film reingeraten?

Natürlich läßt sich das Bild genau so leicht umdrehen. Die Frau des Hauses stellt vielleicht ganz ähnliche Vergleiche an.

Solche Vergleiche kranken daran, daß sie in der Phantasie weitab von der Wirklichkeit durchgespielt werden. Die schönen Menschen im Fernsehen sehen aus der Nähe betrachtet nicht mehr ganz so gut aus, vor allem nicht nach einem langen Arbeitstag. Man ist allzu leicht versucht zu denken, das Gras des Nachbarn sei grüner. Erst wenn man genauer hinschaut, sieht man den Löwenzahn und die Disteln.

Gebetstip
Beten Sie zu Gott, daß er Ihnen hilft, Ihrem Ehepartner in Tat und Gedanken treu zu bleiben. Bitten Sie ihn inmitten der vielen Ablenkungen um moralisches Standvermögen.

11. Was tun gegen die Isolation?

Doch in dem Herrn ist weder die Frau etwas ohne den Mann noch der Mann etwas ohne die Frau.
1. Korinther 11,11

Gott schuf Mann und Frau, damit sie zusammen sind; dagegen ist Satan der Urheber von Isolation und Einsamkeit. Ein langjähriger Mitarbeiter von Billy Graham erzählte mir einmal, daß Graham im Problem der Einsamkeit sein wichtigstes Predigtthema sieht. Selbst inmitten von Millionen Menschen fühlen wir uns allein, und wir sehnen uns nach Intimität.

Dennoch gelingt es Satan manchmal, Ehepaare und andere Familienangehörige einander zu entfremden. Die Wirkung dieser Taktik darf nicht heruntergespielt werden. Isolation macht jedes Leid unerträglich. Dabei kann das Herz kalt und unempfindlich werden, sogar bei ungeheuer wichtigen Anliegen.

Isolation kann verwundbar machen und uns der richtigen Perspektive für unser Ich, das Leben und andere Menschen berauben. Aus der Isolation heraus enstehen die wildesten Vermutungen zu Gedanken, Plänen oder Motivationen des Partners. Mancher denkt sogar an Selbstmord.

Besonders bei Teenagern ist Einsamkeit gefährlich. Als unsere Tochter Ashley etwa vierzehn war, fragte ich sie einmal, was ihrer Meinung nach die Folgen davon seien. Sie antwortete: „Wenn ich von anderen isoliert bin, fühle ich mich leer und kalt, so als ob ich keinen Wert hätte."

Als unser Sohn Benjamin in dieses Alter kam, sagte ich ihm: „Wir legen in unserer Familie besonders viel Wert darauf, uns nicht voneinander abzusondern. Darauf legt es der Feind an. Er möchte, daß du dich distanzierst und glaubst, wir seien deine Feinde, die nicht das Beste für dich wollten."

Die Lösung dafür ist der richtige Umgang mit dem Ich. In einer Beziehung muß ich meinen eigenen Anteil verantwortungsvoll gestalten. Ich muß um Vergebung bitten, wenn ich jemanden verletzt und damit in die Isolation getrieben habe.

Natürlich leistet das Ich einen gehörigen Widerstand. Will man gegen die Isolation angehen, muß man das Ich sterben lassen, was bedeutet, Ärger und Stolz samt dem vermeintlichen Anrecht auf Rache aufzugeben. Das ist der entscheidende Schachzug im Kampf gegen diesen Feind jeder Intimität.

Gebetstip
Bitten Sie Gott, Ihnen bewußt zu machen, wo sich eine destruktive Isolation in Ihre Beziehung als Paar oder Familie einschleicht und den vertrauten Umgang miteinander vernichtet.

Worte, die Mut machen

*Und laßt uns aufeinander acht haben
und uns anreizen zur Liebe und zu guten Werken.*
Hebräer 10,24

Als ich einmal einen Vortrag vor ein paar hundert Singles hielt, stellte ich die Frage: „Wie viele von Ihnen haben als Kind zu hören bekommen, daß Sie etwas Besonderes seien?"

Vielleicht ein Dutzend hob die Hand. Den anderen jungen Erwachsenen waren kritische Worte viel stärker als solche Ermutigungen haften geblieben.

Wann haben Sie das letzte Mal darüber nachgedacht, wie Sie Ihre Angehörigen aufmuntern könnten? Wollen Sie, daß Ihr Partner so lebt, wie es Gott gefällt? Wünschen Sie Ihren Kindern, daß sie Gott lieben lernen und sich nach ihm richten? Dann sollten Sie es sich zur lieben Gewohnheit machen, täglich ein paar freundliche Worte für Ihre Familie zu haben.

Wir alle erleben manchmal, wie unser innerer Bestätigungs-Pegel auf Null zeigt. Kann man eigentlich zu viel Lob spenden? Haben Sie sich je zu sehr geschätzt gefühlt?

Ich habe eine Aufgabe für Sie. Denken Sie einmal darüber nach, welche fünf guten Eigenschaften Ihnen bei jedem Familienangehörigen einfallen. Schreiben Sie Ihre Einfälle gleich hier auf. Falls nötig, besorgen Sie sich noch ein Blatt Papier.

1.	1.	1.
2.	2.	2.
3.	3.	3.
4.	4.	4.
5.	5.	5.

Nun sollten Sie sich vornehmen, im Lauf der nächsten Woche Ihre Familienangehörigen entsprechend zu bestätigen. Die Ermutigung sollte mehr Raum bekommen als jede Kritik.

Ein warnender Hinweis: Warten Sie nicht darauf, selbst gelobt zu werden. Jemand hat einmal gesagt: „Man kann sich beim Warten auf Ehrenbekundungen ganz schön erkälten."

Gebetstip

Beten Sie darum, daß Gott Ihre Ermutigung nutzen kann, bei jedem Familienangehörigen die guten Charakterzüge zu festigen.

Eine Aufgabe für die Männer

Ordnet euch einander unter in der Furcht Christi.
Epheser 5,21

Bei den Eheseminaren von Family Life stelle ich den Männern oft diese Frage: Haben Ihre Frauen wirklich Zugang zu Ihrem Leben?

In der feministischen Theologie muß der obige Vers aus dem Epheserbrief dazu herhalten, die geschlechtsspezifische Rollenverteilung in der Ehe in Frage zu stellen. Wenn man ihn im Zusammenhang mit dem ganzen Text liest, wird jedoch deutlich, daß Gott vom Ehemann nicht nur verlangt, die Familie aufopferungsvoll zu führen. Er ruft ihn und seine Frau dazu auf, einander Rechenschaft abzulegen. Mann und Frau sollen Partner sein.

Barbara und ich versuchen, einander zu richtigen Entscheidungen zu verhelfen, indem wir gegenseitig Einblick in Terminkalender und Arbeitslast nehmen. Richtig entscheiden heißt hier nichts weiter, als an der richtigen Stelle Ja oder Nein zu sagen. Außerdem besprechen wir den Tagesablauf der Kinder, weil er sich auf die ganze Familie auswirkt. Wenn jeder seine Termine für die anderen offenlegt, bleibt der Familie eine gewisse Überbeanspruchung erspart.

Besonders bei der Kindererziehung sollten Mann und Frau sich ganz einig sein. Barbara und ich haben festgestellt, daß wir wegen unserer verschiedenen Herkunft einen unterschiedlichen Erziehungsstil pflegen. Während wir unsere Kinder so erziehen, wie wir es von den Eltern her gewöhnt sind, bemerken wir aneinander die guten und schlechten Tendenzen. Das trägt dazu bei, uns gegenseitig zu ergänzen und uns das zu erarbeiten, was wir beide für den bestmöglichen Erziehungsstil für unsere Kinder halten.

Natürlich versteht es sich, daß auch im Hinblick auf sexuelle Treue ein Partner dem andern verantwortlich sein sollte. Wo Männer und Frauen in der heutigen Arbeitswelt oft in engen Kontakt geraten, ist diese Forderung wichtiger denn je. Selbst kirchliche Mitarbeiter müssen hier aufpassen.

Fortwährend sind Mann und Frau einem gewissen Streß ausgesetzt. Man kann gemeinsam besser damit umgehen als allein. Der Partner kann den „toten Winkel" besser erkennen als man selbst. Diese Art gegenseitiger Unterordnung fördert eine gesunde Einheit. Man muß sich aufeinander verlassen können.

Gebetstip
Bitten Sie Gott um Stärkung Ihrer Partnerschaft in dem Maße, wie Sie einander mehr Rechenschaft leisten.

Die Antwort auf Jesu Gebet

*Ich bitte aber nicht allein für sie,
sondern auch für die, die durch ihr Wort an mich glauben werden,
damit sie alle eins seien.*
Johannes 17,20–21

Wenn ich darüber nachdenke, was Jesus gesagt hat, stelle ich fest, daß es in seiner Lehre oft um den Erhalt des Friedens und der Harmonie in Beziehungen geht. Er lehrte seine Jünger, Beziehungshindernisse abzubauen. Er lehrte sie, einander zu vergeben. Die Liebe war das Zeichen seines Dienstes auf Erden.

Die oben zitierten Verse stammen aus dem „hohenpriesterlichen Gebet" kurz vor dem Tod des Erlösers. Warum kam es ihm zu einer so wichtigen Zeit so sehr auf die Einheit an? Könnte es sein, daß die stärksten Beweise der Kraft des Heiligen Geistes in unserem Leben erst durch das Miteinander der Christen wirksam werden?

Das aber fällt uns nicht immer leicht. Wenn Sie und Ihr Partner Konflikte miteinander oder mit den Kindern haben, neigen Sie wahrscheinlich dazu, den vertrauten Umgang miteinander zu lösen. Man fängt an, dem anderen das Schlechteste zuzutrauen. Manchmal läßt man sich vom Zorn zu feindlichen Aktionen hinreißen, oder man zieht sich zurück und läßt die Wut köcheln.

Wenn man eins bleiben will, muß man miteinander reden. Not macht erfinderisch. Vielleicht sollten wenigstens bei einer gemeinsamen Mahlzeit am Tag Telefon und Fernsehen für alle tabu sein. Sie könnten am Ende des Tages mit Ihrem Partner gemeinsam beten, dazu auch mit jedem einzelnen Kind. Vielleicht ist es wichtig, sich bei einem Spaziergang mit den Problemen des Teenagers auseinanderzusetzen, wenn er oder sie auf die Eltern angewiesen ist.

Hauptsache, Sie leisten Ihren Beitrag dazu, damit das Gebet Jesu nicht unbeantwortet bleibt und seine Jünger „eins seien".

Gebetstip
Beten Sie darum, daß das Gebet Christi um Einheit in Ihrer Familie verwirklicht wird, erkennbar am liebevollen Umgang miteinander und an der gegenseitigen Annahme und Vergebung.

15. April

Bis morgen warten?

Denk an deinen Schöpfer in deiner Jugend.
Prediger 12,1

Mein Nachbar war ein guter Mensch. Seine Freunde konnten nur das Beste über ihn berichten. Eines Tages ging er nach seiner Arbeit (er war orthopädischer Chirurg) zur Reinigung, um seine Wäsche abzuholen. Er stand gerade am Ladentisch, als eine Frau mit geladener Waffe in ihrer Handtasche ins Geschäft kam.

Aus Versehen ließ sie die Tasche fallen. Ein Schuß ging los und traf meinen Nachbarn direkt in den Kopf. Acht Stunden später war er tot. Er war erst einundvierzig Jahre alt.

Warum muß etwas so Ernstes wie ein Todesfall geschehen, damit wir endlich aufhorchen? Wir leben in den Tag hinein, als seien wir unsterblich, als ob uns so etwas nie passieren könnte.

Also schieben wir gerade die wichtigen Dinge vor uns her, die eigentlich heute getan werden müßten. Vermutlich ist diese Verschleppungstaktik so alt wie der Tod selbst. Ich finde es interessant, wie wir manchmal die wichtigsten Entscheidungen und Handlungen im Leben vor uns her schieben:

▶ unserem Partner etwas Aufmunterndes, Anerkennendes und Liebes zu sagen;
▶ unsere Kinder zu umarmen (egal, wie alt sie sind);
▶ mit unseren Kindern zu spielen;
▶ unseren Eltern zu schreiben, wie sehr wir sie für ihre Bemühungen schätzen, uns nach bestem Wissen aufzuziehen;
▶ unser Leben ganz und gar Gott zu widmen;
▶ im Hinblick auf die Ewigkeit statt nur für den Augenblick zu leben.

Wenn wir damit zögern, lassen wir uns langsam, aber sicher und systematisch auf ein Leben ein, das dem Verderben geweiht ist. Die Begleiterscheinungen sind Mittelmäßigkeit, Kompromisse, Lähmungserscheinungen, Lügen, nicht eingehaltene Versprechen, Fluchtverhalten und Tagträumerei.

Salomo kannte sich mit dieser Einstellung aus. Er legt Wert darauf, den Umgang mit Gott nicht auf das Alter zu verschieben, sondern schon in der Jugend an ihn zu denken. Daraus erwächst ein Leben zur Ehre Gottes, in dem sich nicht alles um das eigene Ich dreht.

Gebetstip
Bitten Sie Gott, Ihnen zu zeigen, wie man mit jedem Tag sorgsam umgeht, damit Sie Ihr Leben weise verbringen.

Was treibt Sie an?

*Und als er das Volk sah, jammerte es ihn;
denn sie waren verschmachtet und zerstreut wie die Schafe,
die keinen Hirten haben.*
Matthäus 9,36

Wie jeder andere muß auch ich darum ringen, ein Gespräch in geistliche Bahnen zu lenken. Ich kann mich aber nicht um gewisse Wahrheiten drücken, die mir solch einen Schritt auferlegen:

Erstens treibt mich die Erkenntnis, daß ohne Christus alle Menschen verloren sind. Sicherlich können Menschen auch Gutes tun, aber das ändert nichts an der Tatsache, daß wir alle von Natur aus Fehler machen und sündigen. Ich brauchte keinem unserer sechs Kinder beizubringen, wie man einen Keks stibitzt; das haben sie ganz von selbst gekonnt. Es gehört zu ihrem Wesen.

Zweitens treibt es mich, anderen Menschen von Christus zu erzählen, weil es die Hölle gibt. Ich weiß, es ist nicht zeitgemäß, heutzutage von der Hölle zu reden. Christus aber hat von der Hölle als tatsächlich existierendem Ort geredet, wo es keine Nähe zu Gott und nur noch Hoffnungslosigkeit und Leere gibt.

Drittens möchte ich von der Guten Nachricht erzählen, weil Christus genau deswegen auf die Erde gekommen ist. Jesus Christus ist nicht am Kreuz gestorben, damit es uns im trauten Familienkreise gut geht. Er ist gekommen, „zu suchen und selig zu machen, was verloren ist" (Lukas 19,10).

Schauen Sie sich einmal um! Die Armee Gottes braucht Verstärkung, die bereitwillig mit in den Schützengraben steigt. Es ist höchste Zeit dazu. Sie und Ihre Familie sind ein wichtiger Bestandteil des großen Plans.

„Was soll ich denn machen?" fragen Sie vielleicht. Dazu gleich ein paar Ideen. Hauptsache, Sie fangen an, irgendwo und mit irgendeinem Punkt.

▶ Laden Sie ein paar Ehepaare aus Ihrer Bekanntschaft zu einem schönen Abendessen ein; bauen Sie eine gute Beziehung zu diesen Leuten auf, und versuchen Sie, ihnen ein glaubwürdiges Christsein vorzuleben. Dann wird das Gespräch früher oder später auf geistliche Themen kommen. Denken Sie daran: Nicht Sie bekehren einen Menschen, sondern Gott tut es. Ihre Aufgabe ist es, zu diesem Menschen eine Beziehung aufzubauen und als Verbindungsstück zwischen Gott und dieser Person zu dienen.

▶ Laden Sie die Nachbarskinder zu Spielnachmittagen ein, bei denen Sie ihnen biblische Geschichten und Glaubensgrundlagen vermitteln; aber bitte nicht verschämt hinter vorgehaltener Hand, sondern ganz offen und frei. Vielleicht erreichen Sie darüber sogar die Eltern.

- Gehen Sie mit offenen Augen durch die Welt; versuchen Sie, sensibler für die Nöte und Bedürfnisse Ihrer Mitmenschen zu werden. Bieten Sie Ihre Hilfe an, wo es geht, und werfen Sie den Leuten nicht nur einfach fromme Parolen an den Kopf.
- Wenn es Ihrem persönlichen Stil entspricht, können Sie ruhig auch mal provozierende Fragen stellen. Hervorragende Ideen hierzu hat der christliche Allround-Künstler Arno Backhaus (gesammelt in dem Buch *E-fun-gelisation,* Schulte & Gerth). Sie haben allen Grund, mutig aufzutreten. Machen Sie den Mund auf und fragen Sie die Menschen, wie es um ihr Verhältnis zu Gott steht.

Gebetstip

Bitten Sie Gott um Gelegenheiten, mit anderen Menschen über ihn zu reden – und um offene Ohren, um diese Gelegenheiten dann auch zu erfassen!

Der Ruhetag

*Sechs Tage sollst du arbeiten;
am siebenten Tage sollst du ruhen,
auch in der Zeit des Pflügens und des Erntens.*
2. Mose 34,21

Fangen Sie an, den Sonntag als Ruhetag zu beachten. Gott hat mit den Zehn Geboten auch diese Weisung ausgesprochen, die alle Zeiten überdauert. Unsere moderne Gesellschaft ignoriert sie – sehr zu ihrem Schaden. Der Sabbat soll Gott gewidmet werden, als Tag der Ruhe und inneren Einkehr, an dem wir neue Energie tanken und die Gemeinschaft mit Gott vertiefen.

Gott weiß, daß wir etwas Freizeit brauchen, wenn wir sechs Tage lang hart gearbeitet haben. Leider gehen wir über sein Gebot hinweg und rennen weiter durch das Leben. Unser Ruhebedürfnis aber läßt sich nicht unterdrücken. Welches Wort kennzeichnet unser Leben, ja unsere ganze Gesellschaft besser: „Ruhe" oder „Müdigkeit"?

Gott wußte, daß es wichtig ist, den Anforderungen der Arbeit und dem Laufschritt des Alltags einmal zu entkommen und wieder zu uns selbst und zu ihm zu finden. Das ist der Sinn des Sabbats – uns Zeit zum Nachdenken, zur kritischen Betrachtung unseres Lebens und unserer Ziele samt ihren Konsequenzen zu gewähren und all das mit Gott durchzusprechen.

In den letzten fünf Jahren sind Barbara und ich wacher geworden für unser Bedürfnis, den Sabbat als Ruhetag zu nutzen. Dazu muß ich sagen, daß wir noch weit davon entfernt sind, wirklich zu begreifen, was Gott im Sinn hatte. Wir versuchen allerdings, den Sonntag anders zu gestalten als den Rest der Woche; mit einem Mittagsschlaf, mehr Zeit zum Lesen, Freizeitgestaltung für die Familie, die nicht zu anstrengend ist. Barbara und ich nutzen oft den Sonntag abend, um auswärts essen zu gehen und uns mal wieder richtig ausgiebig zu unterhalten. Barbara ist genau wie ich der Meinung, daß wir bisher bei der Einhaltung des Ruhegebotes jämmerlich versagen; doch der Maßstab steht, und wir machen Fortschritte mit jeder bewußten Entscheidung, wie wir unsere Zeit gestalten.

Wenn wir den Sonntag als Ruhetag nutzen, wie Gott es vorgesehen hat, passieren wichtige Dinge. Wir haben nicht mehr das Gefühl, daß unser Leben uns davonläuft und wir mühsam hinterherstolpern, sondern wir kommen wieder in Einklang mit uns selbst und mit Gott; wir leben, statt gelebt zu werden. Und das lohnt sich!

Gebetstip
Treffen Sie im Gebet die Entscheidung, sich die von Gott vorgesehene Zeit zu nutzen, um sich neu auf Gott zu konzentrieren und das Leben wieder auf ihn auszurichten.

18. April
Belastungen können ein Segen sein

*Darum bin ich guten Mutes in Schwachheit,
in Mißhandlungen, in Nöten, in Verfolgungen und Ängsten,
um Christi willen; denn wenn ich schwach bin, so bin ich stark.*
2. Korinther 12,10

Sadhu Sundar Singh, ein Hindu, der sich zum Christentum bekehrt hatte, war mit einem buddhistischen Mönch zu Fuß im Himalaya unterwegs. Es war bitterkalt, und der Wind schnitt ihnen messerscharf ins Gesicht. Als sich die Nacht näherte, mahnte der Mönch Sadhu, sie könnten erfrieren, wenn sie vor Einbruch der Dunkelheit nicht zum Kloster kämen.

Sie befanden sich auf einem schmalen Pfad über einem steilen Abhang, als plötzlich jemand um Hilfe rief. Ein Mann war den Felsen hinabgestürzt und hatte sich schwer verletzt. Der Mönch schaute zu Sadhu und sagte: „Bleib nicht stehen. Gott hat diesem Mann sein Schicksal zugemessen. Soll er allein damit fertig werden. Beeilen wir uns, damit wir nicht auch umkommen."

Sadhu aber erwiderte: „Gott hat mich hergesandt, um meinem Bruder zu helfen. Ich kann ihn nicht im Stich lassen."

Der Mönch wanderte weiter durch die wirbelnden Schneeflocken, während der Missionar den steilen Hang hinabkletterte. Der Verletzte hatte sich ein Bein gebrochen und konnte nicht laufen. Also machte Sadhu aus seinem Umhang eine Schlinge und band sich den Mann auf den Rücken. Unter großen Mühen erstieg er den Hang.

Hartnäckig kämpfte Saddhu sich durch den immer tiefer werdenden Schnee und die Dunkelheit. Er konnte weiter nichts tun, als dem Pfad zu folgen. Doch trotz seiner Erschöpfung hielt er durch. Endlich sah er vor sich die Lichter des Klosters.

Da stolperte Sadhu zum ersten Mal und fiel beinahe hin, doch nicht vor Schwäche. Sein Fuß war an einen Gegenstand gestoßen, der auf dem schneebedeckten Pfad lag. Langsam ging er auf die Knie und wischte den Schnee fort. Es war die Leiche des erfrorenen Mönches.

Jahre später fragte einer seiner Schüler Sadhu: „Was ist die schwerste Aufgabe im Leben?"

Ohne Zögern antwortete Sadhu: „Keine Last zu haben, die man tragen muß."

Gebetstip
Bitten Sie Gott darum, die Schwierigkeiten im Leben als Möglichkeit für den Dienst am Nächsten und als Stärkung der „Muskeln des Glaubens" wahrnehmen zu können.

Große Ansprüche

*Darum wird ein Mann Vater und Mutter verlassen
und an seiner Frau hängen,
und die zwei werden ein Fleisch sein.*
Epheser 5,31

Meine Frau und ich lebten in den ersten anderthalb Jahren unserer Ehe in Boulder, Colorado, wo der Winter kalt ist und eine Heizdecke zur Überlebensausrüstung gehört. Wir machten es uns zur Gewohnheit, uns unter diese Decke zu kuscheln, vergaßen aber oft, vorher die Lichter auszuschalten. Jedesmal sagte Barbara: „Liebling, hast du auch an das Licht gedacht?"

Meist sprang ich dann aus dem kuscheligen Bett und lief barfuß von einer Lampe zur andern (die Barbara angeknipst hatte) durch die eiskalte Wohnung. Einmal aber hatte ich die Nase voll und stöhnte: „Schatz, mach du doch heute mal die Lichter aus."

Barbara erwiderte jedoch: „Ich finde, das ist deine Aufgabe. Mein Vater hat sich auch immer darum gekümmert."

Jetzt war ich hellwach. Mir wurde klar, warum ich mich in den letzten Monaten immer wieder der Gefahr des Erfrierens aussetzen mußte. „Ich bin aber nicht dein Vater!" gab ich zurück.

Wir lagen lange wach und sprachen über unsere Ansprüche – was Barbara von mir erwartete und ich von ihr. Viele dieser Ansprüche stammten aus unseren jeweiligen Elternhäusern und waren in die Ehe mit eingebracht worden.

Zum Mittagessen erwartete ich zu Beginn unserer Ehe stets ein gutes Stück Fleisch und Berge von Kartoffelbrei, getränkt mit Butter. Leider sollte es anders kommen. Barbara hat es eher mit exotischen Gemüseaufläufen und vielen anderen Gerichten, die mir überhaupt nichts sagten.

Beide Partner bringen ganz bestimmte Erwartungshaltungen mit in eine Beziehung hinein. Wenn sie sich jedoch nicht erfüllen, kann die Dürre der Desillusionierung den Fluß der Gespräche austrocknen.

Die Ehe stellt eine Beziehung dar, in der zwei Menschen durchaus um realistische Ansprüche miteinander ringen können. Es gibt aber keinen Partner, der jemals alle unsere Wünsche erfüllen wird.

Es gibt nur einen, der dazu in der Lage ist.

Gebetstip
Bitten Sie Gott um Hilfe, realistische Ansprüche und übersteigerte Erwartungen unterscheiden zu können.

20. April

Auch Töchter brauchen einen Vater

Unsere Töchter (seien) wie Säulen, geschnitzt für Paläste.
Psalm 144,12

Wir wissen einiges über die Probleme von Jungen, die ohne männliches Rollenvorbild aufwachsen. Haben Sie aber gewußt, daß auch für Mädchen der Vater wichtig ist, damit sie sich in ihrer sexuellen Identität zurechtfinden? Es sind nicht nur die Jungen, die erst lernen müssen, wie ein Mann sich verhält. Auch viele Mädchen kennen sich nicht mit ihrer Rolle aus, weil sie niemals erlebt haben, wie eine gesunde Beziehung zwischen Mann und Frau funktioniert.

Wie vermitteln wir nun unseren Töchtern ein gesundes Urteilsvermögen für die Beziehung zwischen den Geschlechtern?

Am nachhaltigsten wirkt die Art und Weise, wie der Vater mit der Mutter des Mädchens umgeht. Wenn sie erkennt, daß er seine Frau liebt und ihr besondere Aufmerksamkeit widmet, dann hat sie gelernt, wie ein Mann seine Frau behandeln sollte.

Zweitens muß Ihre Tochter wissen, daß Sie von Ihnen geliebt wird. Sie muß sich Ihres Schutzes und Ihrer Führung sicher sein, und je sicherer sie sich Ihrer Liebe ist, desto mehr gewinnt sie an Selbstachtung. Geben Sie ihr auch dann das rechte Maß an Zuwendung, wenn sie älter wird und sich zur jungen Frau entwickelt.

Ein weiterer wichtiger Einfluß auf unsere Töchter ist die geistliche Führerschaft des Vaters. Unsere Töchter sollten durch die Wirkung von Bibel und Gebet „wie Säulen werden, geschnitzt für Paläste".

Säulen – von Gott her entspricht es ihrer Rolle, zu unterstützen und die Familie zusammenzuhalten, weil sie eine innere Kraft hat, die aus dem Vertrauen zu Gott stammt.

Geschnitzt – wir bewirken mit unserer Anleitung, daß sie ein weiches Herz bekommt, das sich gern von Gottes Geist leiten läßt.

Für Paläste – ihre innere Schönheit macht die Mitmenschen auf Jesus aufmerksam und bereitet sie selbst darauf vor, einem Mann zu folgen, der sich an Gott hält.

Ich bete darum, daß die Frauen der kommenden Generation in Liebe, Treue und Hingabe ihren Männern, Familien und Gemeinden wahre Säulen sein mögen. Vielleicht geschieht es dann millionenfach, daß durch den Einfluß gottesfürchtiger Väter aus kleinen Mädchen Frauen werden, die wiederum gottesfürchtige Familien aufbauen.

Gebetstip

Bitten Sie Gott um Weisheit, wie sie auf Ihre Töchter einwirken können, damit sie wie „Säulen seien, geschnitzt für Paläste."

Eine Frau braucht Schutz

April 21.

Desgleichen, ihr Männer, wohnt vernünftig mit ihnen zusammen und gebt dem weiblichen Geschlecht als dem schwächeren seine Ehre.
1. Petrus 3,7

In diesem Vers betont der Apostel Petrus, daß der Ehemann Verständnis für seine Frau aufbringen soll, weil sie ein „schwächeres Geschlecht" sei. Ihre Frau möchte einen Mann, der sie und ihre Bedürfnisse versteht.

Ihre Frau will sich geschützt und sicher fühlen. Als ihr Mann haben Sie die Aufgabe, ihr diese Sicherheit zu vermitteln. Das wurde mir vor Jahren deutlich, als ich an einer Konferenz für Ehepaare teilnahm. Während dieser Konferenz wurde eine junge Frau in ihrem Hotelzimmer vergewaltigt.

Als der Redner den Teilnehmern von diesem Vorfall berichtete, fiel mir ein bemerkenswertes Phänomen auf. Instinktiv, als habe ein Dirigent es geboten, legte fast jeder Mann im Saal zärtlich den Arm um seine Frau. Ebenso lehnte sich fast jede Frau enger an ihn an. Diese Geste war die sichtbare Verkörperung des weiblichen Bedürfnisses nach Sicherheit und des natürlichen Wunsches eines Mannes, seine Frau zu beschützen.

Wir bauen Schlösser, Einbruchs- und Feueralarmanlagen ein, um unsere wertvollsten Besitztümer zu schützen. Wenn wir unserer Frau Schutz bieten, zeigen wir ihr, wieviel Wert wir ihr beimessen.

Bestimmt schützen Sie Ihre Frau gern vor physischen Gefahren. Sie lassen sie nicht nachts alleine durch die Straßen gehen. Auch bei der Mahnung, beim Einkaufen immer die Autotür abzuschließen, haben Sie nur ihre Sicherheit im Sinn. Im Hause sorgen Sie für alle nötigen Einrichtungen, damit sie nicht in Gefahr gerät, wenn Sie fort sind.

Bieten Sie aber auch Schutz vor anderen Gefährdungen, als da sind:

- zu viele Verpflichtungen bei allzu begrenzter Zeit;
- unrealistische Ziele oder Erwartungen, an denen sie scheitern muß;
- in Beruf und Haushalt ausgelaugt zu werden;
- von den Kindern ausgenutzt zu werden, weil sie ihre Schwächen so gut kennen.

Natürlich können Sie Ihre Frau kaum vor jeder Bedrängnis, Sorge, Angst oder vor Verlusten bewahren. Sie können sich aber so gut wie möglich auf solche Probleme einstellen.

Gebetstip
Bitten Sie Gott um Weisheit und Mut, wenn Sie versuchen, Ihre Frau vor negativen äußeren Einflüssen zu schützen.

Das größte Geschenk

Die Ehe soll in Ehren gehalten werden bei allen.
Hebräer 13,4

Nie werde ich den Streit zwischen meinen Eltern vergessen, als ich in der ersten Klasse war. Ich saß da in meinem Schlafanzug und hörte zu, wie sie sich zankten. Worum es ging, weiß ich nicht mehr. Auf jeden Fall dachte ich: Ob Mama und Papa sich jetzt scheiden lassen? Das geschah in den frühen fünfziger Jahren, als Scheidungen kaum vorkamen; man redete gar nicht erst davon.

Was muß wohl der durchschnittliche Erstklässler von heute empfinden, wenn sogar ich in so jungen Jahren schon solche Angst davor hatte! Scheidungen sind für die Kinder von heute ein alltägliches Ereignis.

Ein Ehepaar kann seinen Kindern kaum ein größeres Geschenk machen, als seinen heiligen Bund miteinander zu bewahren. Die Unauflöslichkeit der Ehe muß den höchsten Rang haben. Kinder sind zwar darauf angewiesen, daß ihre Eltern sich ihnen widmen, mehr aber noch darauf, daß sie füreinander da sind.

Einmal bekam ich den Brief einer Frau, die von Veränderungen in ihrer Ehe nach einer Teilnahme an unserem Eheseminar berichtete. Sie und ihr Mann waren schon drei Jahre geschieden gewesen, als sie gemeinsam zum Seminar kamen. „Eigentlich wollte ich gar nicht teilnehmen", schrieb sie. „Für mich war unsere Beziehung gestorben. Das Seminar veränderte jedoch unser ganzes Leben. Als wir erfuhren, was zum Thema Ehe in der Bibel steht, welche Rolle Mann und Frau haben, erkannten wir, wie sehr wir alles falsch gemacht hatten. Das Ergebnis der Veranstaltung war, daß wir uns wieder verabredeten. Nach vier Monaten heirateten wir ein zweites Mal."

So schloß der Brief: „Für unseren sechsjährigen Sohn ist mit der Wiederheirat ein Traum wahr geworden. Er konnte es gar nicht fassen, daß sein größter Wunsch tatsächlich in Erfüllung gegangen ist. Seine Mutter und sein Vater sind wieder zusammen."

Es gibt kaum etwas, das ein Kind innerlich härter werden läßt als die Scheidung seiner Eltern. Ihre Kinder brauchen es, daß Vater und Mutter ihren Bund miteinander bewahren.

Gebetstip
Bitten Sie Gott, sein Geschenk an Sie, die Ehe, zu schützen. Bitten Sie ihn um seine Gnade für Ihre Ehe.

In kleinen Dingen treu sein (Teil 1)

*Wer im Geringsten treu ist, der ist auch im Großen treu;
und wer im Geringsten ungerecht ist,
der ist auch im Großen ungerecht.*
Lukas 16,10

▶ Sind Sie zuverlässig?
▶ Können andere mit Ihnen rechnen?
▶ Möchten Sie wissen, wie man in einer Gesellschaft von Duplikaten ein Original bleibt?
▶ Wollen Sie in der heutigen Generation ein Mensch von Seltenheitswert sein?

Wenn ja, dann geben Sie sich Mühe, ein treuer Mensch zu werden, jemand, der durchhält. Man wird auf Sie zählen können, ob die Zeiten stürmisch sind oder nicht. Das Wort eines treuen Menschen gilt in kleinen Dingen ebenso wie bei großen Vorhaben. Er verspricht anzurufen und tut es auch, sogar pünktlich. Er sagt, daß er Dinge erledigt – und macht alles genau so, wie Sie es getan haben wollen.

Haben Sie sich schon einen Ruf als treuer Mensch verschafft? In diesem Fall treffen folgende Eigenschaften auf Sie zu: vertrauenswürdig, zuverlässig, verantwortungsbewußt. Aus allem spricht ein Wesenszug: Charakter. Ruhig, aber überzeugend, vermitteln Sie: „Du kannst dich auf mich verlassen – um jeden Preis."

Ist es nicht merkwürdig, daß etwas so Einfaches wie Treue so schwer zu bekommen ist?

Heutzutage sind unsere Haferflocken in sechzig Sekunden zubereitet, unsere Fotos in sechzig Minuten entwickelt und unsere Häuser in sechzig Tagen gebaut. Unsere Gesellschaft ist daran gewöhnt, sofort zu bekommen, was man begehrt. Wir sind es nicht mehr gewöhnt, geduldig zu arbeiten oder auf etwas zu warten – und sei es beim Schnellimbiß.

Ich lerne häufig Männer kennen, die sich mehr Verantwortung wünschen und auf der Erfolgsleiter emporklettern wollen. Viele aber würden lieber nach oben springen als hinaufklettern. Sie möchten lieber mit Begabung und Überredungskünsten beeindrucken als mit Treue.

Gebetstip
Beten Sie darum, daß Gott in Ihnen eine Haltung von Dienstbereitschaft und Treue wachsen läßt.

24. April

Der treue Mann (Teil 2)

Und sein Herr sah, daß der Herr mit ihm (Josef) war;
denn alles, was er tat, das ließ der Herr in seiner Hand glücken,
so daß er Gnade fand vor seinem Herrn . . .
Der setzte ihn über sein Haus;
und alles, was er hatte, tat er unter seine Hände.
1. Mose 39,3–4

Wenn Sie ein biblisches Beispiel von jemandem brauchen, der in kleinen Dingen treu war, dann schlagen Sie in den letzten Kapiteln des ersten Buches Mose nach. Beim Lesen der Geschichte von Josef werden Sie einen Mann entdecken, der sich als zuverlässig erwies:

▶ Sein Vater übertrug ihm mit siebzehn Jahren die Verantwortung für die Schafherden (1. Mose 37,2).
▶ Nachdem er von seinen Brüdern in die Sklaverei verkauft worden war, kam er in das Haus Potifars, wo er seine Pflichten so gut ausführte, daß er Aufseher über alle Besitztümer Potifars wurde (siehe Kap. 39,5).
▶ Er widerstand den amourösen Annäherungsversuchen der Frau des Potifar. Leider warf man ihn ins Gefängnis, weil sie log und ihm vorwarf, er habe sie zu vergewaltigen versucht (siehe Verse 7–18).
▶ Im Gefängnis erwies sich sein Charakter als so fest, daß der Vorsteher alle Gefangenen unter seine Hand gab (siehe Verse 21–23).
▶ Als er Pharaos Traum ausgelegt hatte, wurde er aus dem Gefängnis geholt und über das ganze Land Ägypten gesetzt. Nur Pharao war noch mächtiger als er (siehe Kap. 41,38–41).

Josef trachtete nie nach einem Aufstieg in der Machthierarchie. Treu tat er seine Pflicht und war zufrieden damit, daß Gott ihm noch mehr auferlegte. Selbst aus den Worten zu Potifars Frau geht sein zuverlässiger Charakter hervor: „Siehe, mein Herr kümmert sich, da er mich hat, um nichts, was im Hause ist, und alles, was er hat, das hat er unter meine Hände getan . . . er hat mir nichts vorenthalten außer dir, weil du seine Frau bist. Wie sollte ich denn nun ein solch großes Übel tun und gegen Gott sündigen?" (1. Mose 38,8–9)

Es gibt so manchen ehrgeizigen Menschen, aber manchmal frage ich mich, ob wir dem Ehrgeiz im richtigen Bereich Raum geben. Jesus sagte (in Markus 10,35–45), daß es am erstrebenswertesten sei, „aller Knecht" zu werden – ein Diener.

Möchten auch Sie gern führen? Dann müssen Sie ein Diener werden.

Gebetstip
Wenn Sie einen größeren Verantwortungsbereich anstreben, dann bitten Sie Gott, er möge Ihnen den Wunsch verleihen, anderen zu dienen.

Weniger kann mehr sein

Wer im Geringsten treu ist, der ist auch im Großen treu.
Lukas 16,10

Wie würde es in unseren Familien aussehen, wenn sich die Treue in kleinen Dingen bei Ehemännern und -frauen epidemieartig ausbreiten würde? Wenn wir tatsächlich getreu unseren Versprechen alle diese „kleinen Aufgaben" erledigen würden?

Viele Menschen streben heutzutage nach dem „Großen", ohne das „Geringste" zu bewältigen. Belohnung ohne Mühe, Gewinn ohne Schufterei, Erfolg ohne Schweiß, Preis ohne Fleiß, Kraft ohne Ausdauer – so hätten wir es gern. Doch sorgsame Pflichterfüllung, harte Arbeit und Umsicht auch in Details haben in allen Arbeitsbereichen Seltenheitswert, sei es zu Hause, am Arbeitsplatz oder in der Kirche.

Gewähren Sie doch bei sich zu Hause dann Anerkennung, wenn

- eine gute Tat getan wurde, ohne daß es Zeugen dafür gab;
- der Ehemann bei seiner Steuererklärung ehrlich ist;
- der Ehepartner am Arbeitsplatz ohne Rücksicht auf mögliche Konsequenzen die Wahrheit sagt;
- eine Mutter sich aufopferungsvoll Zeit für die Erziehung der kommenden Generation nimmt (wobei ein Großteil ihrer Arbeit ungesehen bleibt und von den andern nicht geschätzt wird);
- ein Kind die Wahrheit selbst dann der Lüge vorzieht, wenn es leichter gewesen wäre zu lügen.

Wie steht's bei Ihnen mit den „kleinen Dingen"? Sind es lästige, leicht zu übergehende Behinderungen? Oder erweisen sie sich als Stufen, die uns zu dem „wahren Gut" des Reiches Gottes führen?

Was könnte aus der kommenden Generation werden, wenn wir unsere Kinder dazu anhalten würden, in kleinen Dingen genauso viel Sorgfalt walten zu lassen wie in Bereichen, die im Urteil der Gesellschaft maßgeblich sind: Intelligenz, Reichtum und sportliche Spitzenleistungen? Welche Chefs, Arbeiter, Ehemänner und -frauen, Väter und Mütter haben wir zu erwarten, wenn Ihre Kinder kein elterliches Vorbild für die Treue in kleinen Dingen erhalten?

Wer soll es ihnen auch beibringen, wenn nicht ihre Eltern?

Gebetstip
Bitten Sie Gott um Förderung Ihres „Charakterquotienten", indem er Sie zur Treue „im Geringsten" im Umgang mit Ihrem Ehepartner und Ihrer Familie anhält.

26. April — Den neuen Mann anstreben

*Wir sehen (nicht) auf das Sichtbare, sondern auf das Unsichtbare.
Denn was sichtbar ist, das ist zeitlich;
was aber unsichtbar ist, das ist ewig.*
2. Korinther 4,18

Warum zahlen die großen Unternehmen ihren Spitzenmanagern so riesige Gehälter? Weil sie wissen, daß es auf die Führung ankommt.

Auch auf Ihre Führung als Ehemann und Vater im Kreis der Familie kommt es an. Sicher, Frau und Kinder mögen von Tag zu Tag überleben – aber haben sie auch ein Ziel? Wachsen sie charakterlich, werden sie Christus ähnlicher? Konzentrieren sie sich auf das, was wirklich zählt?

Es ist kein Geheimnis, woran so viele Ehen und Familien kranken. Zu viele Männer funktionieren nur als materielle Versorger. Wir brauchen einen „neuen Mann", der ein Lob aussprechen kann, der Energie und Zeit in seine Familie investiert. Besonders wichtig aber ist, daß er sich auf die geistlichen Aspekte des Familienlebens konzentriert.

Wir brauchen einen neuen Mann, der in der Lage ist, sich um das Unsichtbare, das Ewige, ebenso sehr wie um das Sichtbare zu kümmern. Er sollte auf bessere Verdienstchancen verzichten, wenn er seine Familie dabei vernachlässigen muß. Er sollte sich bei jeder anstehenden Entscheidung fragen: „Wie wirkt sich das auf die Beziehung zu meiner Familie aus?"

Wir brauchen einen neuen Mann, der die Notwendigkeit einsieht, seiner Nachwelt, besonders seinen Kindern, etwas Dauerhafteres als ein finanzielles Erbe zu hinterlassen, nämlich einen bewährten Charakter. Dieser neue Mann wird erkennen, daß er letztlich versagen würde, wenn sein Erfolg von Menschen anerkannt wird, aber in den Augen Gottes nicht zählt.

Jemand hat einmal gesagt: „Es ist besser, bei einem Werk zu versagen, das letzten Endes Erfolg hat, als in einer Sache Erfolg zu haben, die letzten Endes versagt."

Ob Sie wohl etwas mit dem Rat anfangen können, den Albert Einstein einer Gruppe junger Wissenschaftler mit auf den Weg gab? Bei einer Rede an die hochmotivierten jungen Männer sagte er: „Meine Herren, streben Sie nicht danach, als erfolgreich zu gelten. Streben Sie lieber danach, als Männer von Wert zu gelten."

Gebetstip
Stellen Sie sich Ihre Kinder als Erwachsene mit eigener Familie vor. Beten Sie für jeden einzelnen und dafür, was aus ihm werden könnte.

Das vergessene Gebot (Teil 1)

*Du sollst deinen Vater und deine Mutter ehren,
auf daß du lange lebest in dem Lande,
das dir der Herr, dein Gott, geben wird.*
2. Mose 20,12

27. April

*I*n den frühen siebziger Jahren arbeitete ich mit Teenagern in einer Gemeinde in Boulder, Colorado. Besonders gern hielt ich einen Vortrag mit dem Titel „Wie man seine Eltern erzieht". Dieser Titel war praktisch eine Tarnung der eigentlichen Botschaft. Tatsächlich ging es darum, Gottes Gebot zu gehorchen: „Ehre Vater und Mutter."

Während des Vortrags fiel mir immer wieder auf, daß ich an offene Wunden rührte. Viele hatten eine so schwierige Beziehung zu ihren Eltern, daß dieses Gebot eine Aufgabe von ungeheurer Größenordnung und einen bedeutenden Schritt für ihr Glaubensleben darstellte.

Später, in den achtziger Jahren, unterrichtete ich einige Male in den Sommerferien die Hauptsemesterstudenten der „International School of Theology", die sich in dieser Zeit Gedanken über ihre Berufung machten. Von meinen zwanzig Vorlesungen weckte die zum Gebot „Ehre Vater und Mutter" mühelos die größte Aufmerksamkeit. Ich war fasziniert. Jeden Sommer weinten am Ende dieses Vortrags Dutzende von jungen Männern und Frauen hemmungslos und waren motiviert, zukünftig ihre Eltern besser zu ehren.

Ein junger Mann reichte mir einmal ein Blatt Papier, auf dem er die Wichtigkeit dieser Botschaft bestätigte:

Ich fand Ihren heutigen Vortrag gut. Ich mußte an ein paar Erlebnisse mit meinem Vater denken, über die ich einmal reden muß. So weit ich mich erinnern kann, hat mein Vater mich jeden Abend mit einer Umarmung und einem Kuß zu Bett gebracht.

An dem Abend, als er starb, umarmte und küßte er mich auch und sagte, daß er mich lieb habe. Ich war zu verlegen, ihm zu antworten, daß auch ich ihn liebe.

Zweieinhalb Stunden danach starb er an einem Herzinfarkt, als ich schon schlief. Ich weiß noch, wie ich später neben seiner Leiche stand und sagte: „Papa, ich liebe dich." Aber es war ein paar Stunden zu spät.

Man hört heutzutage nicht mehr viel von Gottes Gebot, die Eltern zu ehren. Deshalb nenne ich es das „vergessene Gebot". Wie ich aber in den nächsten Andachten ausführen möchte, könnte es eins der grundlegendsten in der ganzen Bibel sein.

Gebetstip
Bitten Sie Gott um die Bereitschaft, Ihre Eltern zu ehren, wenn Sie Probleme mit diesem Gebot haben sollten.

28. April

Das vergessene Gebot (Teil 2)

Du sollst deinen Vater und deine Mutter ehren.
2. Mose 20,12

Nach gängiger Auffassung bedeutet Ehre so viel wie der Besitz eines guten Namens, öffentliche Wertschätzung, die Zuweisung außergewöhnlichen Respekts wegen besonderer Verdienste. Mit dem Gebot „Ehre Vater und Mutter" aber verbindet Gott noch weitergehende Forderungen.

Im alten Hebräisch hat das Wort für „Ehre" auch noch die Bedeutung „schwer" oder „Gewicht". Jemanden zu ehren hieß also: „Ich wiege dich mit Respekt und Ansehen auf. Ich messe dir einen großen Wert zu."

Beim Prozeß der Gestaltung Israels zu einem Volk macht man die faszinierende Beobachtung, wie Gott aus dem Gebot, die Eltern zu ehren, ein grundlegendes Element schafft. Denken wir an den Ausgangspunkt: Gott hatte die gesamte Nation, seit langer Zeit in Ägypten gefangen gehalten, in die Wildnis der Wüste Sinai gebracht. Er hatte als neue Heimat das Land Israel versprochen, bis dahin aber keinerlei schriftliche Anweisungen erteilt. Gebote aber waren dringend nötig, um das Verhalten der Menschen zu regeln und ihre Identität als Volk zu sichern.

Da gab Gott ihnen die Zehn Gebote. Damit wir die Bedeutung des Gebots, die Eltern zu ehren, hoch genug einschätzen, sollte uns auffallen, daß die ersten vier Gebote von der Beziehung des Menschen zu Gott handeln. Damit legte Gott fest, daß er der eine ist, vor jedem und allem anderen erhaben. Die Existenz einer Nation und auch des Individuums läßt sich von der Beziehung zu Gott her definieren.

Dann kommt das fünfte Gebot, und ich meine, daß diese Reihenfolge kein Zufall ist. Unser Glaube an Gott sollte sich unmittelbar so auswirken, daß wir unsere Eltern ehren.

Betrachten wir das Gebot noch einmal genau. Wem hat nach Gottes Wort unsere Ehrerbietung zu gelten? Nur perfekten Eltern? Nur christlichen Eltern? Nur geistlich gereiften und einsichtigen Eltern? Nur Eltern, die sich bei der Erziehung keine Fehler geleistet haben?

Nein, Gott gebietet uns, die Eltern ohne Rücksicht auf ihre Leistung, ihr Benehmen und Fehlverhalten zu ehren. Warum? Weil der Gehorsam gegen dieses Gebot von uns verlangt, im Glauben zu handeln.

Gebetstip
Bitten Sie Gott um Kraft, ihm in diesem Bereich zu vertrauen, und Ihnen praktische Möglichkeiten zu zeigen, wie Sie die Eltern ehren können.

Das vergessene Gebot (Teil 3)

Du sollst deinen Vater und deine Mutter ehren.
2. Mose 20,12

Das Gebot, die Eltern zu ehren, ergeht an Kinder aller Altersstufen. Es gibt keine Ausnahmeregelung für erwachsene Kinder. Ich spüre förmlich, wie Sie zusammenzucken. Die Erfüllung dieses Gebots ist mit manchem Risiko verbunden. Deshalb würde ich gern ausführen, was damit gemeint ist, aber auch, was nicht gemeint sein kann.

Die Eltern ehren heißt nicht, Verantwortungslosigkeit oder Sünden gut zu heißen. Es geht nicht darum zu verdrängen, was sie bei unserer Erziehung falsch gemacht haben. Wir müssen unseren Eltern nicht schmeicheln und jeden Fehler glätten; man muß auch nicht das emotionale Leid oder gar den körperlichen Schmerz leugnen, den sie uns zugefügt haben.

Wenn das inzwischen erwachsene Kind seine Eltern ehren will, muß es sich nicht wieder unter ihre Autorität beugen. Es geht nicht um das Recht, das Leben des Kindes zu manipulieren. Kurz, man muß sich nicht in den Säuglingsstatus oder in die Wiege zurückbegeben.

▶ Die Eltern ehren heißt, willentlich großen Wert auf die Beziehung zu ihnen zu legen.
▶ Die Eltern ehren heißt, die Initiative zu ergreifen, um eine bessere Beziehung zu ihnen zu schaffen.
▶ Die Eltern ehren heißt, ihnen so lange zu gehorchen, bis man sich als Erwachsener sein eigenes Leben aufgebaut hat.
▶ Die Eltern ehren heißt, anerkennen, was sie in unserem Leben gut und richtig gemacht haben.
▶ Die Eltern ehren heißt, anerkennen, welche Opfer sie für uns gebracht haben.
▶ Die Eltern ehren heißt, sie wegen des Erbes zu loben, das sie an uns weitergeben.
▶ Die Eltern ehren heißt, sie mit den Augen Christi zu sehen, also mit Verständnis und Mitgefühl.
▶ Die Eltern ehren heißt, ihnen zu vergeben, wie Christus uns vergeben hat.

Es geht um eine Einstellung und um das entsprechende Handeln, mit dem wir unseren Eltern sagen: „Ihr habt Würde. Ihr habt euren Wert. Ihr seid die Menschen, die Gott in seiner Souveränität in mein Leben gestellt hat."

Gebetstip
Bitten Sie Gott um Kraft durch den Heiligen Geist, damit Sie einen Schritt vorwärts kommen, wenn Sie Ihre Eltern ehren wollen.

Das vergessene Gebot (Teil 4)

*„Ehre Vater und Mutter", das ist das erste Gebot,
das eine Verheißung hat: „auf daß dir's wohl gehe
und du lange lebest auf Erden."*
Epheser 6,2–3

Von den zehn Geboten ist kein anderes von einem Versprechen gefolgt. Wie aber wird es uns „wohl gehen", wenn wir unsere Eltern ehren?

Zu den wichtigsten Gründen gehört meiner Meinung nach, daß wir, indem wir dieses Gebot befolgen, den Prozeß des Erwachsenwerdens abschließen können. Wir reifen unter anderem dann zum Erwachsenen, wenn wir mehr und mehr erkennen und einsehen, daß nicht nur die Eltern, sondern auch wir Verantwortung für unsere Beziehung übernehmen müssen.

In den ersten achtzehn bis zwanzig Lebensjahren ähnelt die Beziehung zu den Eltern einer Einbahnstraße. Mama wechselte uns die Windeln, Papa wiegte uns um zwei Uhr nachts in den Schlaf. Mama half uns bei den ersten Schritten, Papa brachte uns das Fahrradfahren bei. Die Initiative bei jedem liebevollen Handeln ging meist von den Eltern aus. Dabei bleibt es in der Regel bis zum Schulabschluß.

Leider bleibt es bei manchen Eltern-Kind-Beziehungen aber so, bis das Kind dreißig, ja, vierzig ist. Und dann hört man die berühmten Kommentare: „Meine Eltern behandeln mich nicht gerade wie einen Erwachsenen."

Diana wohnte in der gleichen Stadt wie ihre Mutter, aber die Beziehung zu ihr war anstrengend und flach zugleich. „Sie ging mit mir und den anderen Geschwistern so um, als wären wir noch Kinder", sagte sie. „Ich habe mich nicht respektiert gefühlt."

Diese Gefühle wandelten sich, als sie von einer Idee hörte: den Eltern eine Art Urkunde auszustellen. Sie nahm sich Zeit, alle guten Erinnerungen zu sammeln, und allmählich veränderte sich ihre Einstellung.

Zu Dianas Verblüffung fing die Mutter sofort an zu weinen, als sie die Urkunde las. „Wahrscheinlich krankte unsere Beziehung daran, daß sie sich von ihren Kindern weder respektiert noch geschätzt fühlte."

Die Urkunde half Diana und ihrer Mutter, den Streit zu begraben und an der Beziehung zu arbeiten. „Ich war auf Mamas Ebene aufgestiegen. Ich konnte ihr viel mehr mitteilen. Es war wie eine Art Startschuß in ein neues Leben."

Gebetstip

Bitten Sie Gott darum, Sie an alles zu erinnern, was Ihre Eltern bei Ihrer Erziehung richtig gemacht hatten. Schreiben Sie auf, was Ihnen dazu einfällt.

Last oder Segen?

*Siehe, Kinder sind eine Gabe des Herrn,
und Leibesfrucht ist ein Geschenk . . .
Wohl dem, der seinen Köcher mit ihnen gefüllt hat.*
Psalm 127,3.5

Viele Eltern empfinden ihre Kinder als Last. In der Bibel werden sie nirgendwo so bezeichnet. Da steht nicht: „Siehe, Kinder sind eine Last vom Herrn" oder „Bedrückt ist der Mann, der seinen Köcher mit ihnen gefüllt hat."

Unsere Ansichten leiden unter einer gewissen Verzerrung. Was wir als Last empfinden, sieht Gott als Segen. Wir haben es oft nötig, die Fenster unserer verdorbenen Einstellung einzuschlagen und den Heiligen Geist ins Haus zu lassen, damit er uns Herz und Verstand erfrischt. Dann erkennen wir wieder deutlich, was für ein Segen Kinder sind.

Verstehen Sie mich bitte nicht falsch. Barbara und ich würden als erste zugeben, daß wir unsere Kinder noch nicht fertig erzogen haben. Wir haben nicht nur einmal versagt. Manchmal war ich so frustriert, wenn alle Vernunftsgründe erschöpft, alle Belohnungssysteme und „biblischen Methoden" versagt hatten, daß ich nur noch brüllen, Gegenstände auf den Boden werfen, die Tür zuschlagen und wegrennen konnte – genau wie meine Kinder. Dadurch wiederum wuchs meine Überzeugung, daß Gottes wichtigstes Lernziel für Eltern die Einsicht in die eigene Armseligkeit ist.

Wir hätten gern ein leichtes, wenigstens aber erträgliches Leben. Wenn unser Leben durch die Kinder erschwert wird, empfinden wir sie bald als Last. Dann aber haben wir nicht gelernt, was Gott uns klar machen will: Unsere Kinder sind sein Geschenk. Gott hat uns die Kinder zu seiner Ehre und zu unserem Besten gegeben.

Wenn ich bei unseren Family Life-Konferenzen spreche, bin ich immer wieder erschüttert über die erstaunten Blicke bei der Bemerkung, unser Partner sei ein Geschenk von Gott. Warum wird da gestaunt? Hat denn niemand Gott kennengelernt? Er will uns segnen. Es geht ihm um unsere ureigensten Interessen!

Gleichermaßen sollten wir unsere Kinder als Geschenk Gottes entgegennehmen. Wenn wir das tun, ändert sich unsere ganze Einstellung. Wir versuchen nicht mehr, unsere Kinder zu ändern, wir sehen sie nicht mehr als Belastung. Vielmehr erkennen wir den wahren Segen, den Gott uns mit ihnen anvertraut.

Gebetstip

Erkennen Sie gemeinsam mit Ihrem Partner Ihre Kinder als Geschenke Gottes an.

Für Beziehungen braucht man Zeit

Laßt uns aber Gutes tun und nicht müde werden; denn zu seiner Zeit werden wir auch ernten, wenn wir nicht nachlassen. Galater 6,9

Was wäre, wenn Sie nach der Hochzeit Ihren Partner mit diesen Worten überrascht hätten: „Jetzt sind wir ja verheiratet; also zwing mich bitte nicht, dir meine kostbare Zeit zu widmen"? Natürlich müßte man mit folgender Reaktion rechnen: „Du bist wohl verrückt! Was soll das für eine Ehe sein, in der wir uns nicht füreinander Zeit nehmen?"

Das gleiche gilt für unsere Kinder. Barbara und ich haben gemerkt, daß wir uns jetzt, da sie älter werden und immer öfter mit ihren Freunden zusammen sind, mehr Mühe geben müssen, Zeit mit ihnen zu verbringen.

Man muß kreativ darüber nachdenken, was man mit den Kindern tun kann, damit sie auch Spaß daran haben. Kleinere Kinder zum Beispiel sind schon glücklich, wenn man mit ihnen zur Eisdiele geht und einen Becher Eis kauft.

Wir leben auf dem Land. Wenn wir mit unseren beiden Autos in die Stadt fahren, müssen die Kinder entscheiden, ob sie mit Mama oder Papa fahren. Meist sagen die beiden jüngsten Mädchen: „Wir wollen mit Papa fahren." Warum wohl? Weil sie glauben, daß sie mich beim Halt an der Tankstelle um den Finger wickeln können, wo sie stets versuchen, mich in die Ecke mit Eiscreme und Süßigkeiten zu locken.

Und wissen Sie was? Ich lasse es mit mir machen. Ich bin gern mit ihnen zusammen und nehme die Gelegenheit wahr, gemeinsam mit ihnen etwas zu genießen, woran sie Freude haben. Ist das immer fettarm und gesund? Nein, aber es ist gesund für unsere Beziehung.

Für Teenager ist es eine tolle Sache, gemeinsam einkaufen zu gehen. Meine Töchter zieht es zu den Boutiquen; die Jungen drängen in die Sportabteilung. Nicht der Kauf an sich ist wichtig; es geht um die Zeit, die wir zusammen sind.

Eine andere schöne Sache, die in unserer Gesellschaft nur noch selten vorkommt: Wir lesen unseren Kindern Geschichten vor. Es ist ein echtes Liebesopfer und für Väter und Mütter die einfachste Methode, sich um ihre Kinder zu kümmern. Einem meiner Söhne habe ich alle Narnia-Geschichten vorgelesen, was er ganz großartig fand.

Gestern abend bin ich mit Samuel, unserem Großen, zum Supermarkt gefahren und anschließend ohne besondere Pläne durch die Läden gestreift. Seine Reaktion? „Papa, ich bin froh, daß wir mal ohne Einkaufszettel einfach losgezogen sind. Es war toll, mit dir zusammen zu sein."

Wie lange ist es her, daß Sie sich für eins Ihrer Kinder einen ganzen Abend genommen haben, nur um mit ihm zusammen zu sein?

Gebetstip
Bitten Sie Gott um Hilfe, sich mehr Zeit für Ihre Kinder zu nehmen.

Die wichtigste Sache (Teil 1)

Denn er errettet dich vom Strick des Jägers.
Psalm 91,3

Vor ein paar Jahren hatten Barbara und ich die Chance, bei Dr. James Dobson und seiner Frau Shirley zum Abendessen eingeladen zu werden. Er ist Präsident von „Focus on the Family" (eine christliche Familienarbeit in Amerika), und seine Sendungen im Radio gehören zu den bedeutendsten ihrer Art. Sie ist inzwischen Landesvorsitzende des Nationalen Gebetstags. Beide sind ganz besondere Menschen, die Gott lieben.

Mir lag ein Thema auf dem Herzen, zu dem ich sie schon immer befragen wollte. Jetzt bot sich die Gelegenheit: „Was ist das Wichtigste, das Barbara und ich bei der Kindererziehung tun können?"

Die beiden schauten uns an und gaben ohne Zögern die Antwort: „Gebet." Dann erzählten sie uns, warum sie sich dieser Behauptung so sicher waren.

Eines Abends waren sie zu Bett gegangen, als beide um etwa Viertel nach elf ein ungutes Gefühl wegen ihrer Tochter Danae beschlich. Er sagte, er habe mit dem Schlaf kämpfen müssen, doch sie stiegen aus dem Bett, gingen auf die Knie und beteten für Danae.

Später erfuhren sie, daß Danae zur gleichen Zeit mit einer Freundin im Auto in den Bergen unterwegs war, um von einem Rastplatz aus den Anblick der hell erleuchteten Stadt zu genießen und etwas zu essen. Sie waren guter Dinge, als ein Polizeiwagen vorbeifuhr und sie dabei blendete. Das nahmen sie zum Anlaß, die Türen zu verriegeln. Sobald der Polizeiwagen fort war, kroch ein bärtiger Mann unter ihrem Auto hervor und riß am Türgriff, um gewaltsam in den Wagen einzudringen. Sie starteten schnell den Wagen und fuhren los. „Niemand kann mir weismachen, daß sich unsere Gebete nicht auf diese Situation ausgewirkt haben", schloß Dr. Dobson.

Diese Geschichte ist mir eine Mahnung, wie wichtig das Gebet für unsere Kinder ist. Wie auch immer wir uns als Eltern verhalten – letzten Endes ist es Gott, der die Sache im Griff hat.

Gebetstip
Bitten Sie Gott um Schutz für Ihre Kinder und darum, daß er sie vor der Schlinge des Bösen bewahrt.

Die wichtigste Sache (Teil 2)

*Wer den Herrn fürchtet, hat eine sichere Festung;
und auch seine Kinder werden beschirmt.*
Sprüche 14,26

Als Eltern wissen Sie, daß bei aller Mühe um die Erziehung letzten Endes Gott das Leben Ihrer Kinder in seiner Hand hat. Deshalb möchten Sie, daß die Kinder sich an ihn halten und auf ihn als „sichere Festung" vertrauen.

Das größte Machtmittel in Ihrer Hand ist das Gebet für die Kinder. Wie aber soll man beten?

Erstens: Beten Sie, daß Gott Ihre Kinder unterweist. Ich werde nie vergessen, wie zwei unserer Söhne einmal einen Streit hatten. Wir haben alles versucht – Belohnung, Strafe, Drohungen, aber nichts funktionierte. Schließlich sagten wir uns: „Gut, Herr, dann beten wir eben."

Zwei Abende hintereinander taten wir das. In der zweiten Nacht hatte einer von ihnen einen Traum, in dem der andere starb. Unser Junge kam zu uns und sagte: „Ich war so traurig, daß ich so böse zu ihm war." Damit war das Problem behoben – so einfach. In nur einer Nacht hatte Gott etwas verändert, womit wir uns wochenlang vergeblich abgequält hatten.

Zweitens: Beten Sie darum, Ihr Kind zu ertappen, wenn es etwas Böses tut. Sie wissen ja, wie es ist. Das Kind lügt oder stiehlt oder übt einen schlechten Einfluß auf andere aus, läßt sich dabei aber nicht erwischen. Dann können Sie so beten: „Gott, hilf mir, dieses Kind auf frischer Tat zu ertappen. Gib mir einen klaren Beweis." Ich selbst habe mich ans Bett eines unserer Jungen gekniet, dem wir nichts Handgreifliches vorhalten konnten, ihm die Hand aufgelegt und gesagt: „Herr, du weißt, worum es in dieser Sache geht. Wenn mein Kind lügt, dann bitte ich dich, mir den Beweis dafür zu zeigen."

Geht Gott auf solche Gebete ein? Aber sicher! Ich glaube, daß Gott mit hilflosen Eltern Mitleid hat!

Drittens: Beten Sie mit Ihrem Kind. Beim Streicheln und Kuscheln läßt es sich gut beten – um alles Wichtige, das sich in seinem Leben abspielt, und für seine Zukunft. Beten Sie darum, daß es seinen Lebensweg mit Gott geht, einen guten Ehepartner bekommt und so weiter. Kinder mögen das und Gott auch.

Gebetstip

Bitten Sie Gott um Weisheit bei der Erziehung der Kinder. Bitten Sie ihn, Ihnen zu zeigen, was sie für ihre Entwicklung brauchen. Bitten Sie ihn um Hilfe und Durchblick, wenn ein Kind vom rechten Weg abweicht.

Vorsicht!

Wachet und betet, daß ihr nicht in Anfechtung fallt!
Der Geist ist willig, aber das Fleisch ist schwach.
Matthäus 26,41

„Vorsicht, nicht stolpern!" Wie oft hört man nicht diese freundliche Warnung. Ob man aus einem alten Fahrstuhl steigt, durch ein Baugelände geht oder auf rutschiges Straßenpflaster tritt – wir wissen es zu schätzen, wenn man uns diesen Rat auf den Weg mitgibt.

Ich war froh, daß ich bei einer Wanderung durch den Wald mit meinem Sohn Samuel aufpaßte, wohin ich trat. Es war ein unvergeßlich schöner Jagdausflug. Am späten Nachmittag schritten wir auf einem alten Holzfällerpfad einher, knietief im Unkraut. Aus irgendeinem Grund schaute ich nieder und blieb sofort wie angewurzelt stehen. Mit dem nächsten Schritt hätte ich mich in die Reichweite einer zusammengerollten Moccasinviper begeben.

Die äußerst gereizte Schlange ließ mit weit aufgerissenem Maul und den nadelscharfen Zähnen keinen Zweifel an ihrer Identität aufkommen. Sie blieb in dieser arroganten Stellung, als wolle sie sagen: „Das ist mein Weg. Kommt nur näher."

Die giftige Viper ließ mir keine Wahl – entweder ich oder sie. Also verpaßte ich ihr eine „Persönlichkeitsspaltung".

Wie viele Ehen sind nicht vergiftet, ja vernichtet worden, weil wir immer wieder den Fehler machen, die Schlangen der Versuchung auf unserem Weg nicht ernst zu nehmen! Vor allem begegnen wir ihnen oft nicht mit der gebührenden Vorsicht. Tatsächlich fällt uns manchmal ein, mit ihnen zu flirten, sie direkt zu streicheln, als seien wir uns der tödlichen Gefahr nicht bewußt.

Ich bin dankbar, daß Barbara ganz am Anfang unserer Ehe das Risiko einging, mir von einer Versuchung zu erzählen, die sie verspürte. Fast augenblicklich zog die „Schlange" ab, als wir miteinander redeten und beteten.

Jesus wußte, daß die Versuchung immer dicht am Wege lauern würde. Darum gab er uns diesen Rat: „Wachet und betet." Gehen Sie mit der nötigen Vorsicht durch das Leben?

Gebetstip

Betrachten Sie sich um Ihrer Ehe und Familie willen als „Wächter auf der Mauer". Beten Sie darum, daß Sie selbst aufmerksam allen Versuchungen entgehen.

6. Mai

Satans Pläne

... damit wir nicht übervorteilt werden vom Satan, denn uns ist wohl bewußt, was er im Sinn hat. 2. Korinther 2,11

Mir ist aufgefallen, daß viele Christen etwas zu naiv sind, was die Möglichkeiten Satans angeht, uns für seine Pläne einzuspannen. Der „harmlose" Flirt im Büro, der lockere Umgang mit der Moral in den Medien – wir tun so, als wüßten wir nicht, daß Satans Pläne unsere Familie zerstören können.

Von der Welt dürfen wir keine Warnung erwarten. Wenn wir die Prüfung bestehen wollen, muß uns die Taktik Satans bewußter werden.

Beispielsweise habe ich in einem Videoverleih noch nie warnende Hinweise vor bestimmten Filmen gesehen: „Vorsicht – dieser Film enthält provokative Szenen, die eine Abhängigkeit von Pornographie, Untreue und Gewaltbereitschaft bewirken könnten."

Es gibt Situationen, in denen ich meine Verwundbarkeit angesichts der Möglichkeiten Satans deutlich spüre.

Wenn ich alleine bin: Wie die meisten Menschen bin ich der Versuchung preisgegeben, wenn niemand mich beobachtet – wenn ich alleine reise und keiner in meiner Umgebung mich kennt.

Wenn ich mit Menschen zusammen bin, die sich in Satans Pläne einspannen lassen: Der Feind stellt mir Menschen in den Weg, die gern über andere herziehen oder sich nach der Mehrheitsmeinung richten – damit ich versucht bin, den Leuten nach dem Mund zu reden.

Wenn ich müde bin: Körperliche und emotionale Müdigkeit bewirkt bei mir eine Anfälligkeit für unsinnige Gedanken über Gott, mich selbst und andere. Ich habe die Erfahrung gemacht, daß ich der Versuchung besser widerstehen kann, wenn ich nicht bis an die Grenzen meiner Leistungsfähigkeit gehe. Ich muß mich regelmäßig zurückziehen, um mich von Gott mit neuer Kraft versorgen zu lassen.

Wenn ich glaube, mein Handeln rechtfertigen zu können: Ich staune immer wieder über meine Fähigkeit, falsche Entscheidungen gedanklich hinzubiegen.

Meiner Meinung nach sind wir auf dem Holzweg, wenn wir glauben, mit zunehmendem Alter seien wir besser gegen diese Anschläge und Versuchungen gefeit. Laut Bibel und Lebenserfahrung ist mein Fleisch kein bißchen besser als damals vor vierzig Jahren, als ich Christ wurde. Wir machen einen Fehler, wenn wir vermeintlich „kleinen Versuchungen" nicht widerstehen und dem Feind die Chance geben, den Fuß in die Tür zu stellen. „Seid wachsam!"

Gebetstip

Beten Sie füreinander, damit Sie nicht auf den Trug der Sünde eingehen.

Waffen der Verteidigung

Seid nüchtern und wacht; denn euer Widersacher, der Teufel, geht umher wie ein brüllender Löwe und sucht, wen er verschlinge.
1. Petrus 5,8

Ich habe festgestellt, daß falsche Vorstellungen darüber im Umlauf sind, wie Satan uns mit Versuchungen zu verschlingen sucht. Manche glauben, die bloße Versuchung sei schon Sünde. Tatsächlich aber ist es normal, wenn ein Christ versucht wird – besonders dann, wenn er im Glauben zunimmt.

Selbst Christus, wie wir nicht vergessen dürfen, wurde zu Beginn seines Dienstes bei der klassischen Konfrontation mit Satan versucht. Problematisch wird es erst dann, wenn wir auf die Versuchung eingehen.

Wie also können wir dem brüllenden Löwen widerstehen? Erstens sollten wir unsere Schwachstellen kennen. Überfällt uns die Versuchung dann, wenn wir allein sind, heißt es Sicherungen einbauen. Bitten Sie Ihren Partner um Beistand, damit Sie ehrlich und verantwortungsbewußt bleiben. Lassen Sie zu, daß er oder sie jene unangenehmen Fragen stellt, die wir von niemandem gern hören. Gehen Sie mit wachem Verstand zu Werk; bereiten Sie sich auf Situationen des Alleinseins vor, indem Sie sich klare Grenzen setzen. Oder rufen Sie beim nächsten Ansturm der Versuchung Ihren Partner an und bitten ihn oder sie um Gebet.

Zweitens sollten Sie sich Kraft bei Gott holen, um standfest zu bleiben. Wie schon Paulus sagte: „Gott ist treu, der euch nicht versuchen läßt über eure Kraft, sondern macht, daß die Versuchung so ein Ende nimmt, daß ihr's ertragen könnt" (siehe 1. Korinther 10,13).

Drittens: Wenn Sie mit einer Versuchung spielen, sollten Sie sich klar machen, daß man ebensogut mit einer Schlange spielen könnte. So mancher begibt sich so dicht an den Rand der Sünde wie nur möglich, weil er glaubt, er stehe darüber. Tatsächlich setzt man auf diese Weise aber seine Ehe, die gesamten Familienbande und seinen geistlichen Dienst aufs Spiel. In der obigen Bibelstelle rät Paulus: „Wer meint, er stehe, mag zusehen, daß er nicht falle" (siehe Vers 12).

Während ich dieses Kapitel schrieb, bekam ich einen Anruf von einem Mann, dem beinahe Ehe und Beruf verloren gingen, weil er bei der Arbeit eine Grenze überschritten hatte. Ich wünschte, ich könnte seine Qualen veranschaulichen, die er mit besagtem Kompromiß auf sich nahm. Lassen Sie sich ermahnen, ein heiliges Leben zu führen und den Versuchungen auf dem Lebensweg zu widerstehen.

Gebetstip
Bitten Sie Gott, Ihnen zu zeigen, wie man im geistlichen Kampf standhaft bleibt. Wenden Sie sich an den Heiligen Geist, der Ihnen die Kraft gibt, nicht vom Kurs abzuweichen.

8. Mai

Ehefrauen dürfen schweben

Denn so haben sich vor Zeiten auch die heiligen Frauen geschmückt, die ihre Hoffnung auf Gott setzten und sich ihren Männern unterordneten.
1. Petrus 3,5

Von einem Drachen wird die Geschichte erzählt, wie er hoch am Himmel schwebte und in weiter Ferne eine Blumenwiese sah. Wie schön wäre es doch, wenn ich hinfliegen und mir die schönen Blumen aus der Nähe ansehen könnte! dachte der Drachen.

Nun hatte er aber ein Problem. Die Schnur des Drachens war nicht so lang, daß er fliegen konnte, wohin er wollte. Also zerrte und riß er daran, bis er schließlich frei war. Glücklich schwebte der Drachen ein paar Augenblicke auf die Blumenwiese zu. Bald aber stürzte er zu Boden und zerbrach, weit vor seinem Ziel. Was den Drachen scheinbar fesselte, hatte ihm in Wirklichkeit die einzige Chance zu fliegen verliehen.

Das schwebende Flugobjekt symbolisiert in dieser Geschichte die Frau. Die Schnur verkörpert ein biblisches Prinzip: In der Ehe ist dem Mann die führende Rolle zugedacht, während sich die Frau seiner Führung unterordnet. Dieses Band war jedoch nie als hindernde Fessel gedacht, denn gemeinsam mit dem Wind ist sie es ja, die den Drachen in der Schwebe hält.

Die Liebe des Mannes ist der Wind, der den Drachen in den Himmel hebt. Ohne diesen Wind – den Einfluß von Sicherheit und Ermutigung, den seine Führung ausübt – wird sich die Frau festgebunden fühlen statt in die Höhe gehoben.

Ein Mann kann seiner Frau helfen, sich empor zu schwingen, wenn er ihr immer wieder sagt, daß er sie liebt und ihr zeigt, wie sehr er sie in allen seinen Lebensbereichen braucht. Er kann ihr zeigen, wie sehr er sie für alles schätzt, was sie für ihn tut.

Mit dieser dienenden Führerschaft wird der Mann seine Frau erheben. Gott wollte mit diesem Prinzip keine Grenzen setzen, sondern zu Höherem befreien. Gott schuf die Frau für diese Freiheit.

Gebetstip
Sagen Sie Gott, wie dankbar Sie für Ihre Frau sind. Dabei könnten Sie ihre Hand halten.

Schlagfertigkeit tut weh

*Tod und Leben stehen in der Zunge Gewalt;
wer sie liebt, wird ihre Frucht essen.*
Sprüche 18,21

Stellen Sie sich einmal vor, daß Sie als Zuschauer direkt am Geschehen einer Fernsehshow teilhaben. Das Programm, für das Sie Karten bekommen haben, verdankt die hohe Einschaltquote nicht zuletzt der Schlagfertigkeit des Showmasters.

Nun passiert Ihnen, was man als unbeteiligter Zuschauer vielleicht ebenso heftig ersehnt wie befürchtet: Sie werden auf die Bühne geholt und stehen im Rampenlicht. Nach dem ersten Wortwechsel verspüren Sie leider am eigenen Leibe, daß die Prominenz des Fernsehstars auf Kosten seiner Gesprächspartner geht. Sobald Sie auf eine Frage antworten, werden Ihre Worte als Vorlage für einen Witz mißbraucht. Der Showmaster sonnt sich im Beifall der Menge. Nachdem Sie Ihre Rolle gespielt haben, treten Sie schweißnaß ab und geraten gleich in Vergessenheit, nachdem Sie Platz genommen haben. Man erinnert sich höchstens an den Trottel, der vom großen Star vorgeführt wurde.

Winston Churchill verstand es meisterhaft, seine politischen Gegner mit unbarmherziger Schlagfertigkeit mundtot zu machen. Als er sich wieder einmal seine Tiraden geleistet hatte, warf ihm seine nicht minder gehässige Gegnerin, Lady Astor, verächtlich vor: „Herr Premierminister, ich vermute, daß Sie betrunken sind." Churchill lächelte und gab zurück: „Ja, Lady Astor, und Sie sind häßlich. Aber morgen werde ich wieder nüchtern sein."

Leider werden solche schlagfertigen Antworten auch im Familienkreis manchmal wie Wurfgeschosse abgefeuert, einzig mit dem Ziel, zu verletzen, einzuschüchtern, weh zu tun und Schuldgefühle zu erzeugen. Damit erfährt man hautnah, was der weise Autor der Sprüche gemeint hat, als er sagte, daß der Tod in der Zunge Gewalt stehe.

Was gewinnt man eigentlich dabei, wenn man eine schlagfertige Erwiderung wie eine verbale Geschützsalve abfeuern kann? Wer die Gewalt der Zunge gern in destruktiver Manier ausübt, wird in der Bibel davor gewarnt, daß er konsequenterweise „ihre Frucht essen" wird. Oft erweisen sich diese Früchte als Verbitterung, Zwietracht und Rachegelüste. Es bleibt aber nicht bei verletzten Gefühlen. Die ganze Beziehung kann vergiftet werden.

Gebetstip

Jesus Christus ist „das Wort". Beten Sie darum, daß Ihre Worte in jedem Bereich des Familienlebens seine Rolle als Friedensfürst und Friedensstifter widerspiegeln.

Verfehlung und Vergebung

*Vergebt einer dem andern,
wie auch Gott euch vergeben hat in Christus.*
Epheser 4,32

Im Familienkreis kommt es zu allen möglichen Fehlern und Verfehlungen.

Es gibt kleine Fehler, Irrtümer oder Mißgeschicke: Ein Teller geht zu Bruch, das neue Hemd wird mit Ketchup bespritzt, die Hose bekommt einen Riß, oder Sie treten Ihrer Frau (mit den Winterschuhen) auf den Fuß, nachdem Sie schon vergessen haben, den Mülleimer zu leeren.

Dann gibt es Verfehlungen mittleren Formats, die schon etwas weher tun: Man schreit die Kinder an (zum vierten Mal an einem Tag) oder verspricht ihnen gewohnheitsmäßig etwas, das man dann nicht einhält.

Schließlich gibt es belastende und schwerste Verfehlungen, die uns unter ihrer Last schier erdrücken: eine Scheidung, eheliche Untreue, eine entfremdete Beziehung, ein aufsässiger Teenager, der sich stets im Recht glaubt, körperliche oder verbale Mißhandlungen oder die Weigerung des Mannes, in der Familie die geistliche Leiterschaft zu übernehmen.

Wie soll man also in der Familie mit großen und kleinen Verfehlungen umgehen?

Erstens sollten wir ehrlich zu unseren Sünden stehen. Die Bibel hat ein Wort dafür: Bekenntnis. Wenn wir eine Sünde bekennen, stimmen wir Gottes Ansicht über diese Sünde zu und wenden uns davon ab.

Ich muß zunächst meine Verfehlung vor Gott, aber auch vor denen bekennen, die durch sie verletzt worden sind. Dann muß ich meine geistige Haltung dazu ändern. Ich kann nicht einfach so weitermachen und über die Auswirkungen hinweggehen.

Zweitens steht in der Bibel, daß wir vergeben müssen. Einem Christen steht es nicht frei, je nach Lust und Laune zu vergeben oder nicht. Wir sind zur Vergebung aufgerufen, weil auch uns vergeben wurde.

Anderen zu vergeben heißt, das Recht zur Bestrafung aufzugeben. Wir können die Anklage nicht mehr aufrecht halten.

Vergebung ist der Kern des Christentums. Ihre und meine Ehe sollte die Einheit von zwei Menschen sein, die nicht zulassen, daß sich irgend etwas zwischen sie stellt.

Gebetstip
Danken Sie Gott für seine Bereitschaft, Ihnen zu vergeben. Beten Sie darum, anderen bereitwillig vergeben zu können, die Sie verletzt haben.

Was man sieht, das glaubt man (Teil 1)

Spricht Jesus zu ihm: Weil du mich gesehen hast, Thomas, darum glaubst du. Selig sind, die nicht sehen und doch glauben.
Johannes 20,29

Fällt Ihnen nicht auch auf, wie kreativ manche Unternehmen ihre Dienstleistungen und Produkte anbieten?

Vor ein paar Jahren hat es mir der Werbespruch eines Blumen- und Gartencenters angetan: „Unser Geschäft steht in Blüte!" Unsere Müllabfuhr war nicht minder witzig: „Zufriedenheit wird garantiert – bei Nichtgefallen kommt der Müll zurück!"

Neulich warb ein anderer Spruch um meine Aufmerksamkeit. Ein christlicher Optiker machte mit folgendem Schriftzug an seinem Laden Reklame: „Was man sieht, das glaubt man." Als ich auf diesen Satz stieß, mußte ich spontan an meine Examenszeit am Junior-College denken.

Damals in den wilden sechziger Jahren war ich ein normal gebauter Zwanzigjähriger. Ein Ziel hatte ich nicht. Mein Leben war ein Sammelsurium von Kompromissen, Zweifeln, rätselhaften Fragen, auf die ich keine Antwort wußte, und häufigen Anfällen von Verzweiflung. Ich fühlte so, obwohl sich scheinbar alles, womit ich mich im letzten Jahr beschäftigt hatte, in Gold verwandelte – mein bestandener Abschluß, Erfolge bei Mädchen und meine sportlichen Leistungen. Man hätte denken müssen, mir fehle nichts, aber mein Glaube war mir verloren gegangen.

Wie bei Thomas im Johannesevangelium nahmen die Zweifel und Fragen überhand: Ist die Bibel wirklich Gottes Wort? Warum läßt Gott Leid zu? Was ist der Sinn des Lebens, wenn das Christentum ein Bluff ist?

In dieser kritischen Balance zwischen Zweifel und der Entschlossenheit, mich in die Welt zu stürzen, fing ich an zu forschen, was Gott über mich denken mochte. Dabei war eine Frage besonders wichtig: „Muß ich denn nicht sehen, woran ich glauben soll?"

Mein unaufhaltsamer geistlicher Abstieg wurde im Herbst 1968 gebremst: Gott half mir mit seiner Liebe aus meinem Unglauben. Dabei gebrauchte er den Evangelisten Tom Skinner, der folgendes sagte: „Ich habe lange versucht, mit meinen Zweifeln klarzukommen, als mir plötzlich bewußt wurde, daß ich lieber mit meinem Glauben klarkommen sollte. Seitdem bin ich aus dem Gestrüpp von Fragen ohne Antwort zur Realität von Antworten durchgedrungen, denen ich nicht ausweichen kann. Das war eine große Erleichterung."

Als ich dies von ihm gehört hatte, spürte ich, daß ich mich um Antworten kümmern mußte, denen man einfach nicht ausweichen kann.

Gebetstip
Bitten Sie Gott um die innere Überzeugung, daß die Bibel wahr ist. Entdecken Sie darin Antworten, denen Sie nicht ausweichen können.

12. Mai

Was man sieht, das glaubt man (Teil 2)

Denn wir wandeln im Glauben, nicht im Schauen.
2. Korinther 5,7

*A*ls junger Mann erkannte ich, daß es Zeitverschwendung war, über Rätseln zu brüten, die auf dieser Seite der Himmelstür nicht gelöst werden können. Warum muß man jede Einzelheit des christlichen Lebens in Frage stellen, wenn es so viele offensichtliche Wahrheiten gibt, die man nicht leugnen kann?

Ich wußte, daß die Auferstehung geschehen ist. Wenn Christus immer noch im Grab wäre, dann hätte mir das Christentum kaum mehr zu bieten als andere Weltreligionen. Hier aber steht eine unwiderlegbare geschichtliche Tatsache: Christus ist auferstanden.

Die Wahrheit der Bibel ist durch mehr Beweise für die Echtheit ihrer Überlieferung belegt als jedes andere historische Dokument jener Zeit.

Naturwissenschaft und Archäologie eröffnen immer mehr Beweise (statt Gegenbeweise) für die historische Genauigkeit der Bibel. Nach wie vor ist die zentrale Botschaft klar: Gott liebt die Menschen und will Männer und Frauen zu sich hin erlösen.

In der Bibel steht außerdem, wie wir leben sollen. Angesichts des Todes finden wir in ihr Hoffnung. Hier sind die besten Weisungen für den Aufbau von Ehe und Familie enthalten, die ich kenne.

Und noch eine Wahrheit, die mir gegen die Zweifel half: Ich wußte, daß der auferstandene Herr Jesus Christus in mir wohnt. Er war gekommen, um mein Leben zu verändern. Als ich mich auf diese Tatsachen konzentrierte, erfuhr ich, daß die Waagschale des Glaubens schwerer wog. Ich fing an, mein Leben auf das zu gründen, was ich als Wahrheit erfahren hatte. Wie wirkte sich das nun praktisch aus?

- Mein Leben ist ein Abenteuer. Das Leben mit Gott ist etwas prickelnd Aufregendes.
- Mein Leben hat ein Ziel und eine Bedeutung gewonnen, die nicht selbst erdacht sind.
- Gott nimmt mich in einen Dienst, der Werte von ewiger Gültigkeit schafft.
- Sein Heiliger Geist gibt mir Kraft, gegen meine Selbstsucht anzugehen und andere Menschen zu lieben.
- Ich erfahre inneren Frieden und eine tiefe Zufriedenheit, die nur aus dem Gehorsam zu Gott erwächst.

Die Aussage „Was man sieht, das glaubt man" kann zwar für christliche Optiker werbewirksam sein. Doch wenn man wartet, bis jeder Zweifel und jede Frage beantwortet sind, kann es darüber zu spät werden.

Gebetstip
Räumen Sie heute Gott die ganze Herrschaft über Ihr Leben ein, wenn Sie diesen Schritt noch nie gewagt haben. Wenn Sie ihn schon einmal getan haben, danach aber wieder eigene Wege gegangen sind, wird es sicher Zeit, ihn wieder Herr in Ihrem Leben werden zu lassen.

13. Mai

Der Einfluß einer Mutter

von Barbara Rainey

Verlaß nicht das Gebot deiner Mutter.
Sprüche 1,8

Als Mutter erlebe ich Tage, an denen alles ziemlich glatt läuft und ich mich wundere, warum ich manchmal so unter Streß stehe. Die Kinder gehen miteinander liebevoll um, und kein Umstand stört die Harmonie.

Es gibt aber andere Tage, an denen die Frage aufkommt, ob mir das Leben jemals wieder Spaß machen könnte. Ich schwanke zwischen schlechtem Gewissen und Mutlosigkeit.

Weil ich nur ein Mensch bin, ist meine Identität Angriffen ausgeliefert. Ich bin abhängig von meiner Gefühlslage, von Urteilen und Erwartungen anderer und meinen Fähigkeiten und Mißerfolgen. Die Wahrheit über die eigene Person zu erkennen und danach zu leben ist ein lebenslanger Prozeß.

Ich glaube, daß Gott mir Einflußmöglichkeiten auf die nächste Generation verliehen hat, wenn ich nur durchhalte. Meist richten sich die Aktivitäten von Erwachsenen auf die eigene Generation, doch eine Mutter kann sprichwörtlich die jüngere Generation formen. Der Präsident Theodor Roosevelt hat in dieser Beziehung folgendes Wort geprägt:

Wenn alles gesagt ist, erweist sich die Mutter, sie ganz allein, als eine bessere Staatsbürgerin als der Soldat, der für sein Land kämpft. Die erfolgreiche Mutter erfüllt nämlich ihre Aufgabe mit der richtigen Erziehung von Jungen und Mädchen, aus denen die Männer und Frauen der nächsten Generation werden. Sie nützt der Gemeinschaft mehr als jeder Mann und nimmt eine ehrenhaftere und wichtigere Stellung darin ein. Wenn sie es nur erkennen würde! Die Mutter ist das höchste Gut der Nation. Sie ist weitaus wichtiger als ein erfolgreicher Staatsmann, Unternehmer, Künstler oder Wissenschaftler.

Durch unsere Kinder ist mir Einfluß auf die Zukunft verliehen worden. Ich stelle mich der Aufgabe, mein Leben als Mutter im Licht dieses Ziels objektiv zu bewerten.

Gebetstip
Bitten Sie Gott um den rechten Blick für die Art des Einflusses, den Sie durch ihre Kinder auf die Zukunft ausüben können.

Ehre, wem Ehre gebührt

So gebt nun jedem, was ihr schuldig seid:
Steuer, dem die Steuer gebührt . . .
Ehre, dem die Ehre gebührt.
Römer 13,7

Jeden Mai werden millionenfach Blumen geschenkt und Muttertagskarten verschickt. Das haben alle Mütter Anna Jarvis zu verdanken. Und ebenso kann die Grußkartenindustrie Jahr für Jahr Millionen von Vatertagskarten verkaufen – dank Sonora Smart Dodd.

Anna Jarvis organisierte in der Andrews Methodist Church in West Virginia den ersten Muttertag. Und Sonora, die an einem der ersten Muttertage in einer Kirche in Spokane in Washington saß, wurde dazu inspiriert, einen Vatertag einzurichten.

Für viele sind diese Feiertage eher lästige Pflicht als besondere Gelegenheit. Da bin ich anderer Meinung. Ich finde, daß Mütter und Väter auf ihre Weise Helden sind und diese besonderen Festtage wohlverdient haben.

Sporthelden werden reichlich verehrt. Wenn man einen Basketball ins Netz werfen kann, sich beim Rennen nur genügend abhetzt oder den Fußball unhaltbar ins Tor schießt, kann man durch Werbe- und Sponsorenverträge zum Großverdiener werden.

Ebenso den Stars der Unterhaltungsbranche wird Ehre erwiesen. Es vergeht kaum eine Woche, in denen nicht ein Preis an Sänger, Fernsehstars und Schauspieler vergeben wird.

Auch Soldaten und Polizisten bekommen Medaillen für mutige und heldenhafte Einsätze. Selbst ein Angestellter kann sich mit Spitzenleistungen oder bei Dienstjubiläen besondere Ehren verdienen.

In bezug auf die Elternschaft ist es jedoch Gott, der dieses „Amt" oder diesen Dienst verleiht.

Gebetstip

Bitten Sie Gott, jede Erinnerung zu heilen, die es Ihnen schwer macht, Ihre Eltern zu ehren. Beten Sie darum, daß Ihre eigene elterliche Mühe jeder Ehre wert sein mag.

15. Mai

Laufen für den Sieg (Teil 1)

*Wißt ihr nicht, daß die, die in der Kampfbahn laufen,
die laufen alle, aber einer empfängt den Siegespreis?
Lauft so, daß ihr ihn erlangt.*
1. Korinther 9,24

Ich habe einmal mit einem echten Läufer am Tisch gesessen, einem Marathon-Mann. Max Hooper hat einen unzähmbaren Siegeswillen. Er war an beiden Knien operiert worden und mußte erfahren, daß er nie wieder laufen könne. Drei Monate danach schaffte er die Marathonstrecke in 2 Stunden 47 Minuten und qualifizierte sich für den Boston-Marathon.

Das Äußerste hatte Max aber bereits Jahre davor gegeben. Es war in einer der feindlichsten Gegenden, die unsere Erde einem Läufer nur bieten kann. Startpunkt: Badwater in Kalifornien, inmitten von Death Valley. Es liegt fast hundert Meter unter dem Meeresspiegel und ist der tiefstgelegene Ort Amerikas. Das Ziel: der schneebedeckte Gipfel des Mount Whitney, 4.755 Meter hoch, der höchste Berg der Vereinigten Staaten. Die gesamte Strecke: 235 km.

Max und ein Freund aus der Armee schafften den Lauf in 63 Stunden und 12 Minuten. Max verschliß dabei drei Paar Laufschuhe. Seine Füße waren am Gipfel um zwei Schuhgrößen angeschwollen.

Auch wir laufen in einem ganz ähnlich harten Rennen. Es ist der Lauf, den Gott jedem von uns aufgegeben hat. Er findet in ebenso extremer Umgebung statt. Für jeden Christen ist das Leben ein Lauf um den Siegespreis. Wir müssen dabei ans Ziel gelangen und gewinnen.

Es gibt in der Christenheit fünf unterschiedliche Läufertypen:

Der gleichgültige Läufer. Er läuft, wenn ihm danach zumute ist. Das Opfer, das solch ein Rennen abverlangt, ist ihm einfach zu groß.

Der vorsichtige Läufer. Er denkt oft über die Strecke nach, geht aber auf Nummer sicher und kommt selten aus dem Startblock heraus.

Der kompromißbereite Läufer. Er gibt der Versuchung nach, einen anderen als den festgelegten Kurs zu laufen. Es gibt dort Verlockungen, denen er nicht widerstehen kann.

Der abgebrühte Läufer. Dieser alte Hase ist ein Zyniker, der an jedem etwas auszusetzen hat. Außer seinen Verletzungen zählt nichts. Seine Gefühle stecken unter einer dicken, zähen Schicht aus Bitterkeit, Neid oder Apathie.

Der engagierte Läufer. Er hat auf Sieg gesetzt und weiß, wo das Ziel liegt. Deshalb ist er jederzeit „im Training" und weiß, daß der Sieg nichts für Zaghafte ist.

Gebetstip

*Bitten Sie Gott um Kraft, den Lauf zu vollenden, der Ihnen gesetzt ist.
Beten Sie um „seine Freude" im Verlauf des Rennens.*

Laufen für den Sieg (Teil 2)

*Jeder aber, der kämpft, enthält sich aller Dinge;
jene nun, damit sie einen vergänglichen Kranz empfangen,
wir aber einen unvergänglichen.
Ich aber laufe nicht wie aufs Ungewisse;
ich kämpfe mit der Faust, nicht wie einer, der in die Luft schlägt,
sondern ich bezwinge meinen Leib und zähme ihn,
damit ich nicht andern predige und selbst verwerflich werde.*
1. Korinther 9,25–27

Wenn Sie sich auf das Rennen eingelassen haben, dürfen Sie nicht zulassen, daß man Sie hindert, richtig zu laufen. Ist Ihnen aber schon einmal eingefallen, daß Sie auch disqualifiziert werden könnten? Wir spielen mit unserer Disqualifikation, wenn wir den Führungsanspruch Gottes in unserem Leben immer wieder abstreiten, also absichtlich ungehorsam sind.

Schauen Sie sich an, was von denen übriggeblieben ist, die Gott nicht mehr dienen und verwerflich handeln. Ich kann sie nicht verurteilen, denn ich stehe in meinem Dienst, weil Gott mir gnädig ist. Wer aber disqualifiziert wurde, dient mir als warnendes Beispiel, damit nicht auch ich „verwerflich werde" und von Gott nicht mehr gebraucht werden kann.

Wie sollen wir nun also für den Sieg laufen? Paulus hat folgende Regeln genannt:

Üben Sie in jedem Lebensbereich Selbstbeherrschung. Charakterstärke heißt, unsere Wünsche und Sehnsüchte einer Disziplin zu unterwerfen. Wir sollten wissen, in welchen Bereichen wir versucht werden können, und davor zurückschrecken. Augustinus, der große christliche Philosoph, gab sich vor seiner Bekehrung einem freizügigen Leben hin. Kurz vor seinem Schritt zum Glauben begegnete er einer jungen Frau, mit der er gemeinsam gesündigt hatte. Er wandte sich daraufhin augenblicklich von ihr ab und lief fort, als sie rief: „Augustinus! Augustinus! Ich bin's! Ich bin's!" Doch Augustinus lief einfach weiter und rief zurück: „Ich bin's nicht! Ich bin's nicht!"

Lernen Sie Ihr Ziel kennen. Die Ziellinie für jeden Christen ist die Ewigkeit, in der er Jesus Christus von Angesicht zu Angesicht sieht. Schauen Sie nur auf ihn. Wachsen Sie in der Liebe zu ihm. Streben Sie danach, ihm zu gefallen.

Seien Sie opferbereit. Es gilt, das ganze Leben einzusetzen.

Laufen Sie für den Sieg. Es ist das einzige Rennen, das letztlich zählt.

Gebetstip
Bitten Sie Gott, daß Sie und Ihr Ehepartner den Versuchungen widerstehen und ein heiliges Leben führen können.

Die Fabel von den Stachelschweinen

*Denn wer sein Leben erhalten will, der wird's verlieren,
wer aber sein Leben verliert um meinetwillen, der wird's finden.*
Matthäus 16,25

Vielleicht haben Sie schon einmal die Geschichte von den Stachelschweinen gehört, die in der winterlichen Kälte froren. Die beiden Stachelschweine zitterten vor Frost und rückten einander näher, um sich gegenseitig Körperwärme zu spenden. Doch die scharfen Stacheln piksten so schmerzhaft, daß sie wieder voneinander abrückten und der Kälte ausgesetzt blieben. Bald spürten sie erneut, daß sie zusammenrücken mußten, wenn sie nicht erfrieren wollten. Wegen der schmerzhaften Stacheln aber gingen sie jedesmal wieder auf Abstand.

Auch in der Familie leidet man unter der Kälte der Einsamkeit – und man erfährt zuweilen, wie weh es tut, wenn man „stachligen" Angehörigen zu nahe kommt. Wir müssen unbedingt lernen, wie wir mit den Stacheln leben können, die nun einmal zur Gemeinschaft gehören.

C. S. Lewis beschreibt, wie dringlich dieser Lernprozeß ist:

Wer etwas liebt, nimmt sich mit Bestimmtheit alles zu Herzen, wird möglicherweise daran zerbrechen. Wenn man sein Herz vor Leid bewahren will, darf man es niemandem schenken, nicht einmal einem Tier. Man umgebe es sorgsam mit Hobbys und ein wenig Luxus; man meide alle Bindungen und verschließe das Herz sicher in einem Kästchen oder im Sarg des Egoismus. Doch in der Sicherheit, Dunkelheit, Bewegungslosigkeit und Luftarmut dieses Sarges wird es verwandelt. Hier bricht es nicht; hier wird es unzerbrechlich, undurchdringlich, unerlösbar.

Intimität hat ihren Preis. Je näher ich Barbara komme, desto mehr erkennt sie, wer ich wirklich bin. Je transparenter wir werden, desto größer die Möglichkeit, von ihr abgewiesen zu werden. Doch wenn wir beide uns trotz der Stacheln einander anvertrauen – wenn wir bereit sind, wie Jesus sagte, unser Leben zu verlieren, statt es für uns zu behalten –, dann ist die Vertrautheit unser Lohn.

Gebetstip
Bitten Sie Gott um Offenheit und vertrauten Umgang in Ihrer Familie, so daß daraus eine herzliche Verbundenheit und ein tiefes Zusammengehörigkeitsgefühl entsteht.

„Das ist nicht fair!" (Teil 1)

Denn der Herr, euer Gott, ist der Gott aller Götter und der Herr über alle Herren, der große Gott, der Mächtige und der Schreckliche, der die Person nicht ansieht.
5. Mose 10,17

Ich spiele mit dem Gedanken, nie wieder für meine Kinder Schokolade zu kaufen, die sie unter sich teilen müssen. Nein, um Vollmilchschokolade geht es nicht. Ich meine die mit den Nüssen. Es gibt absolut keine Chance, sie in gleiche Teile zu brechen.

Sofort nach Erhalt der Stücke brechen die Kinder wegen der Ungerechtigkeit in Geschrei aus: „Das ist nicht fair!" Meine Standardantwort darauf, leidenschaftslos vorgebracht, lautet: „Genau, das Leben ist ungerecht."

Barbara und ich haben uns aber auf eine Lösung geeinigt: Wir lassen eines der Kinder die Tafel teilen. Die anderen dürfen sich dann die Stücke aussuchen.

Wenn doch im ganzen Leben so einfach Gerechtigkeit geschaffen werden könnte! Die meisten Dinge aber lassen sich nicht in gleiche Teile aufteilen. Das Leben ist einfach nicht gerecht.

Manchmal kommt uns unsere „Portion" Leben besonders bitter vor. Man kann doch nicht von Gerechtigkeit reden, wenn

▶ eine geschiedene Mutter mit drei Kindern im Vorschulalter zwei Teilzeitarbeitsplätze braucht und die Kinder allein erziehen muß, während ihr verantwortungsloser Mann von Party zu Party eilt und keinen Pfennig Unterhalt zahlt;
▶ ein 34jähriger Missionar und Vater von zwei kleinen Töchtern mitten im Familienurlaub plötzlich an Herzinfarkt stirbt;
▶ ein Kind wegen Blinddarmentzündung operiert wird und durch eine verseuchte Bluttransfusion an AIDS erkrankt.

Menschlich gesehen, können diese schmerzhaft ungerechten Zustände nicht im entferntesten unseren Maßstäben von Gerechtigkeit entsprechen. Da muß man einfach wütend werden. Da kommen immer neue Fragen auf. Man schüttelt unwillkürlich den Kopf.

Glücklicherweise trifft uns die Ungerechtigkeit meist nicht mit so tragischer Wucht. Doch sind unsere Lebenserfahrungen real genug, und auch wir fragen uns, wo hier die höhere Gerechtigkeit verborgen ist.

Es ist das Leben in einer gefallenen Welt, die voller Ungerechtigkeit steckt.

Gebetstip
Beten Sie mit Ihrem Partner um die Fähigkeit, Gott angesichts aller Prüfungen und widrigen Umstände zu vertrauen.

„Das ist nicht fair!" (Teil 2)

Denn das Himmelreich gleicht einem Hausherrn, der früh am Morgen ausging, um Arbeiter für seinen Weinberg einzustellen.
Matthäus 20,1

Jesus erzählt im Matthäusevangelium 20,1–16 ein Gleichnis, das so betitelt werden könnte: „Das Leben ist ungerecht, nicht aber der Herr!" Es ist ein Gleichnis für alle, die im Leben stets Punkte vergeben. Es ist für alle, die neidisch auf „die anderen" sind.

Mir sind mindestens drei Lehren aufgefallen, die uns scheinbar ungerechte Situationen meistern helfen können:

Erstens sollten wir daran denken, was uns eigentlich zusteht. Die eingestellten Männer erwarteten einen Zuschlag (siehe Vers 10). Sie dachten, der Hausherr schulde ihnen ein kleines „Extra", obwohl er so etwas nie versprochen hatte. Auch wir denken oft, wir verdienten mehr, als in Wirklichkeit der Fall ist.

Ich muß zugeben, daß auch ich damit zu kämpfen habe. Ich denke darüber nach, was ich für Gott getan habe und meine, mir stehe ein wenig mehr zu. Das aber ist eine gefährliche Überschätzung. Immerhin hat er mir alles gegeben, was ich besitze. Außerdem werden wir in der Bibel daran erinnert, daß wir eigentlich die Hölle, nicht den Himmel verdient hätten.

Zweitens fangen wir an neidisch zu werden, wenn wir uns mit anderen vergleichen. Die Arbeiter bereiteten sich selbst Schwierigkeiten damit, daß sie zu viel sahen. Die eigenen Augen verleiteten sie dazu.

Schließlich müssen wir letzten Endes dem Meister vertrauen, dem alles gehört. Wir müssen zur Überzeugung gelangen, daß er weiß, was er tut. Gott ist der souveräne Herrscher des Universums. Er allein regiert über alles. Nicht nur, daß er weiß, was er tut – er liebt uns sogar.

Barbara und ich möchten unsere Kinder in der Erkenntnis aufwachsen lassen, daß Gott ihnen irdisches Vermögen nicht zu gleichen Teilen zukommen lassen wird. Wir möchten aber, daß sie wissen, mit welcher vollkommenen Gerechtigkeit er sie immer behandeln wird, ganz im Einklang mit seinem Wesen.

Alles, was in ihrem Leben geschehen mag, wird entweder direkt aus Gottes Hand kommen oder freundlich von ihm zugelassen werden. Umstände, Ereignisse und Probleme mögen nicht immer fair erscheinen, doch sie dürfen geschehen, weil unser liebender Vater sie zuläßt.

Das Leben ist nicht fair. Aber ich kenne den einen, der immer gerecht ist und dem wir vertrauen dürfen. Können auch Sie ihm vertrauen?

Gebetstip
Wenn Sie ungerechte Prüfungen oder Umstände durchmachen müssen, sollten Sie auf die Knie gehen und Gottes souveräne Herrschaft anerkennen, indem Sie ihm für diese Probleme Dank sagen.

Sei ein Mann!

*Und der König trat an die Säule
und schloß einen Bund vor dem Herrn,
daß sie dem Herrn nachwandeln sollten
und seine Gebote, Ordnungen und Rechte halten
von ganzem Herzen und von ganzer Seele.*
2. Könige 23,3

Das letzte, was mir in den Sinn käme, wäre die typische „Männerschelte", die gegenwärtig in unserer Gesellschaft im Schwange ist. Immerhin gehöre ich zur selben Spezies!

Viele Männer aber brauchen neuen Mut. Sei ein Mann! – heißt das Gebot der Stunde.

Gut, der eine oder andere hat sich den Gang von John Wayne abgeguckt, ist aber nach wie vor ein Weichei und müßte dringend ein paar mutige Entscheidungen treffen. Hören wir doch auf mit dem Gejammer und den Ausreden. Fangen wir an, uns wie ein richtiger Mann zu benehmen.

Wie? Indem wir uns nach Gottes Wort richten.

Im 2. Buch der Könige, Kapitel 22 und 23, lesen wir, daß der König Josia ein Mann war, der den Herrn suchte. Doch sein Leben kam an eine Wende, als das Wort Gottes neu entdeckt wurde. Er rief das Volk auf, einen neuen Bund mit Gott zu schließen (siehe oben). Gott gebrauchte Josia dazu, die Bosheit im Land wegzufegen, wie ein Orkan Häuser fortweht, als seien sie aus Streichhölzern erbaut.

Jahrelang hatte Barbara mich gebeten, unsere Familie morgens in einer Andacht zu leiten. Das habe ich als Kind nicht gekannt – eine Ausrede, die mir eine Weile über die Runden half. Schließlich erkannte ich, daß Gott mich berief, meiner Familie ein geistlicher Leiter zu sein.

Und wissen Sie, was passierte? Der Kandidat hat noch keine hundert Punkte, aber ich beginne manchen Tag so, daß ich mit meinen Kindern bete, einen Abschnitt aus der Bibel vorlese und ihnen erkläre, wie sie die Verse anwenden können. Manchmal hat das Wort der Bibel mit ihren Streitigkeiten, mit dem Gebrüll und dem Gedränge auf dem morgendlichen Schulweg zu tun.

Mir geht es darum, dabei durchzuhalten und nicht aufzugeben. Es gibt zu viele Väter, die sich auf ihre Niederlagen konzentrieren und nie mehr den Entschluß fassen, beim nächsten Mal aufrecht zu gehen wie ein Mann.

Gebetstip

Beten Sie darum, daß Gott Sie zu einem Mann Gottes und geistlichen Leiter formt.

Eine verbindliche Bindung

Darum wird ein Mann seinen Vater und seine Mutter verlassen und seinem Weibe anhangen, und sie werden sein ein Fleisch.
1. Mose 2,24

Heutzutage gehen viele Menschen mit ihren romantischen Gefühlen in die Anzeigenseiten. Ich bin auf eine Anzeige gestoßen, die verdeutlicht, wie wichtig etwas mehr Verbindlichkeit wäre. Der junge Mann warb hier um eine junge Dame, wie es ganz typisch für unsere Zeit ist. So lautete der Text:

An Mary. Aus Liebe zu dir würde ich den höchsten Berg besteigen. Aus Liebe zu dir würde ich glutheiße Wüsten durchqueren. Aus Liebe zu dir würde ich über den breitesten Strom schwimmen. Aus Liebe zu dir würde ich am Marterpfahl sterben. Alles Liebe, Jim.
P.S.: Ich treffe dich am Sonntag, wenn es nicht regnet.

So sind die Menschen von heute. Ihre Verbindlichkeit reicht zehn Kilometer weit, ist aber nicht tiefer als eine Pfütze. Uns ist unter anderem auch deswegen die Romantik in unseren Beziehungen verlorengegangen, weil wir mit dem Begriff „Verbindlichkeit" nichts anfangen können.

Wann steht unser Engagement wirklich auf dem Prüfstand? Es gibt eine Phase in der Ehe, die als „Auseinanderleben" beschrieben wird. Spätestens hier steht die Beziehung nicht mehr im Vordergrund, wird ihr der Boden unter den Füßen fortgezogen. Die Ehe ist auf einmal zum Schlachtfeld geworden. Mann und Frau werden zu Gegnern.

Wenn Gott Mann und Frau dazu beruft, einander „anzuhangen", dann hat er damit eine lebenslange Beziehung im Sinn gehabt, die nur der Tod scheiden kann. Sie verlassen die eine Beziehung (mit den Eltern) und lassen sich ganz und gar auf die gegenseitige Abhängigkeit zu einem anderen Menschen ein.

Wenn zwei Menschen verbindlich miteinander leben, dann lernen sie einander kennen und kämpfen sich gemeinsam durch die Härten des Lebens, sobald sie damit konfrontiert werden. Wenn man keine verbindliche Beziehung hat, wird man spätestens dann den Weg aus der Ehe suchen. Heute ist es fast schon einfacher, aus der Ehe auszusteigen als die Mitgliedschaft in einem Buchclub zu kündigen.

Gebetstip
Geben Sie Ihrem Ehepartner die unbedingte Gewißheit, ihm verbindlich zur Seite zu stehen und bestätigen Sie im gemeinsamen Gebet erneut das Ehegelöbnis.

Glaube: der Schlüssel zur Einheit

Es ist aber der Glaube eine feste Zuversicht auf das, was man hofft, und ein Nichtzweifeln an dem, was man nicht sieht.
Hebräer 11,1

Der Glaube hält die Ehe lebendig. Er ist die unsichtbare, aber wirksame Zutat in einer Ehe, die dadurch geistlich wächst. Er ist der Katalysator, der uns hilft, biblische Grundsätze in unserer Beziehung zu verwirklichen und Gott zu vertrauen, daß er unseren Gehorsam sieht und uns zu einer Einheit werden läßt.

Viele finden es allerdings schwierig, die richtige Definition für den Glauben zu treffen. Manche Menschen verwenden den Begriff als Ersatz für „Religion" und berichten, daß sie der christlichen Religion angehören, während ihr Nachbar sich zur islamischen Religion bekennt. Zyniker wiederum behaupten, daß der Glaube an Christus blind mache.

Die amerikanische Autorin Ney Bailey bringt in ihrem Buch *Glaube ist kein Gefühl* eine Definition, die mir gefällt: „Wer glaubt, erkennt in Gottes Wort mehr Wahrheit als bei allem anderen, was man denken, sehen oder fühlen kann." Das meinte auch der Verfasser des Hebräerbriefes, als er den Glauben als „feste Zuversicht auf das, was man hofft, und ein Nichtzweifeln an dem, was man nicht sieht" beschrieb.

Der Gegenstand unseres Glaubens ist Gott und sein Wort. Wir müssen auf das vertrauen, was er gesagt hat, und alles tun, um ihn besser kennenzulernen. Wie sollen wir auch sonst an sein Wort glauben, wenn wir nicht wissen, was darin steht?

Gebetstip
Bitten Sie Gott, Ihren Glauben zu stärken, damit Sie ihm und auch einander näher kommen.

23. Mai

Wer wirklich glaubt, muß handeln

*So kommt der Glaube aus der Predigt,
das Predigen aber durch das Wort Christi.*
Römer 10,17

Als meine Tochter Ashley acht war, nahm ich sie zum ersten Mal zum Skilaufen mit. Sie war in sportlicher Hinsicht etwas schüchtern, und unsere erste Abfahrt dauerte zwei Stunden.

Bei der zweiten Abfahrt bekam sie es mit der Angst zu tun, als sie auf einer vereisten Fläche ins Rutschen kam, und traute sich nicht weiter. Also nahm ich ihr Gesichtchen in meine Hände und sagte: „Ashley, hat dein Vater dich lieb?"

Ihre Tränen kullerten, aber sie sagte ja.

„Hast du Angst, über das Eis zu laufen?"

Noch mehr Tränen: „Ja."

„Ashley, ich will auch nicht hinfallen und mir weh tun. Aber ich hab' dich lieb. Jetzt will ich mein Bestes tun, damit wir nicht mehr über das Eis fahren müssen. Komm, und halte dich hinter mir."

Ich wandte mich wieder der Piste zu und fuhr langsam vor. Wer hielt sich wohl die ganze Abfahrt lang in meinen Spuren hinter mir und strahlte?

In dieser Situation wußte Ashley, daß sie sich auf eins noch mehr verlassen konnte als auf die Angst: Ihr Vater liebte sie und tat alles, um sie zu schützen. Dieser Glaube half ihr, entsprechend zu handeln. Die Folge war neuer Mut und Hoffnung.

Wenn wir unserem himmlischen Vater unser Leben anvertrauen, müssen wir die gleiche Gewißheit haben, daß er uns liebt. Wie können wir auch jemandem vertrauen, den wir nicht kennen? Mit anderen Worten: Wie können wir unseren Glauben an Gott bekennen, wenn wir keine Ahnung haben, wer er ist?

Der Glaube ist ein Wachtumsprozeß. Um die „feste Zuversicht auf das, was man hofft" und ein „Nichtzweifeln an dem, was man nicht sieht" (Hebräer 11,1) zu entwickeln, muß man Gott erst einmal richtig kennenlernen. Und das erreicht man am besten, wenn man die Bibel liest.

Der Glaube ist also keine blinde Hoffnung, kein Haschen nach Wind. Der Glaube ist die Zuversicht, die feste Überzeugung aufgrund des Wissens, daß Gott und sein Wort wahrhaftig sind.

Gebetstip

Beten Sie um die Gewißheit, eine gute Ehe führen zu können, wenn Sie sich Zeit nehmen, Gott kennenzulernen. Beten Sie für sich und Ihren Ehepartner, daß Sie beide in der Gnade und Erkenntnis des Herrn Jesus Christus wachsen mögen.

Die Kunst, freundlich zu streiten

*Laßt uns aber wahrhaftig sein in der Liebe
und wachsen in allen Stücken zu dem hin,
der das Haupt ist, Christus.*
Epheser 4,15

Keine Familie kommt ohne Konflikte aus. Wenn wir Konflikte ohne Streit schwelen lassen, kochen sie irgendwann über und schaden uns in geistlicher Hinsicht.

William Wordsworth hat gesagt: „Wer einen guten Freund hat, braucht keinen Spiegel." In einer Familie kann man lernen, wie man einander zum besten Freund wird. Doch hierzu muß man sich eine freundschaftliche Streitkultur aneignen. Wenn Mann und Frau einander als gute Freunde schätzen, das heißt, einer dem andern zuhört, beide aufeinander eingehen, einander verstehen und gemeinsam an allen Aufgaben arbeiten, dann wird ihre Beziehung gesegnet sein. Hin und wieder ist dazu auch mal eine liebevolle Auseinandersetzung nötig.

Zu den besten Gesprächen mit Barbara gehören auch einige, die für mich nicht ganz einfach zu ertragen waren, weil sie darin problematische Punkte in meinem Leben aufdeckte. Ich habe sie mir jedoch trotzdem angehört, weil sie mir helfen, den richtigen Kurs zu halten.

Zu Beginn einer freundschaftlichen Streitkultur steht die Liebe. Denn wie in Korinther 13 ausgeführt wird, erwartet der Liebende vom anderen nur das Beste. Es ist also demnach unmöglich, einen sinnvollen Streit zu führen, wenn man vom Gegner nur das Schlechteste erwartet oder vor Zorn geladen ist.

Mit Nörgeleien ist es genauso. Bei einem guten Streit macht man seinen Standpunkt klar, ohne ihn tagelang seinem Gegenüber unter die Nase zu reiben.

Beim Streit unter Christen ist es wichtig, daß keine Anklage erhoben wird. Wir sollten Ich-Aussagen machen und verdeutlichen, was wir empfinden. Das anklagende „Du" sollten wir vermeiden, denn es hört sich zwangsläufig wie eine Verurteilung an. Es besteht ein Riesenunterschied zwischen den Aussagen: „Ich komme wirklich ungern zu spät zum Gottesdienst – was könnte ich tun, damit wir es schaffen?" oder „Du sorgst immer dafür, daß wir uns verspäten!"

Denken Sie außerdem daran, daß der Mensch, mit dem Sie sich auseinandersetzen, nicht Ihr Feind ist. Niemals sollte Ihr Partner Ihr Feind sein.

Gebetstip
Beten Sie um Mut zum Streit in Liebe, aber auch um Weisheit, wie man die Wahrheit in Liebe sagen kann.

Wer seid ihr, daß ihr richten dürft?

Richtet nicht, damit ihr nicht gerichtet werdet.
Denn nach welchem Recht ihr richtet, werdet ihr gerichtet werden;
und mit welchem Maß ihr meßt, wird euch zugemessen werden.
Matthäus 7,1–2

Das größte Hindernis für eine freundschaftliche Auseinandersetzung ist wohl der sprichwörtliche „Balken", den wir im Auge haben. Wer dadurch „sehbehindert" ist, schätzt seine Rolle innerhalb einer Beziehung notwendigerweise falsch ein, sowohl zu Gott als auch zu Menschen. Hier folgen nun fünf Ratschläge, die Barbara und ich als Maßnahme gegen das Richten beim Streit sehr nützlich finden:

1. Überprüfen Sie Ihr Motiv. Wollen Sie mit der Auseinandersetzung helfen oder verletzen? Weil wir im Gebet unsere Motive am wirkungsvollsten hinterfragen, sollten wir stets die Situation Gott vorlegen, damit sein Licht auf uns und unser Problem leuchten kann. Danach erkennen wir meist, was unser Motiv ist.
2. Überprüfen Sie Ihre Einstellung. Bei einer liebevollen Auseinandersetzung heißt es: „Ich kümmere mich um dich." Da kann man nicht einfach zu schwerem Geschütz greifen und den Partner überrollen.
3. Überprüfen Sie die Umstände. Sorgen Sie für den angemessenen Zeitpunkt, den richtigen Ort und die Gelegenheit. Bringen Sie das Thema nicht gerade dann vor, wenn Ihr Partner nach einem harten Arbeitstag in die Wohnung kommt oder beim Essen sitzt. Streiten Sie nie vor anderen!
4. Überprüfen Sie, in welcher mißlichen Lage der andere sich befinden könnte. Seien Sie sensibel für den jeweiligen Hintergrund des andern. In welcher Situation befindet er sich zur Zeit?
5. Stellen Sie sich darauf ein, beim Streit auch einmal einzustecken. Wenn man jemandem etwas vorwirft, kann sich das als Bumerang erweisen. Mancher hat etwas in sich hineingefressen, was er genau dann zur Sprache bringt, wenn Sie mit einem bestimmten Thema anfangen. Wenn Sie erwarten, daß der andere zuhört, Sie versteht, Sie ausreden läßt und Ihren Standpunkt akzeptiert, dann sollten Sie sich die gleichen Bedingungen auferlegen.

Gebetstip
Beten Sie darum, Ihre Ehe objektiv beurteilen zu können und sich den gleichen Maßstäben zu unterwerfen, deren Einhaltung Sie von Ihrem Partner fordern.

Beim Thema bleiben

Als aber Kephas nach Antiochia kam, widerstand ich ihm ins Angesicht, denn es war Grund zur Klage gegen ihn.
Galater 2,11

Paulus und Petrus setzten sich auseinander, ohne ihre Beziehung nach dem jeweiligen Disput abzubrechen. Paulus schaffte es, sich auf sein Anliegen zu konzentrieren. Er nutzte die Gelegenheit weder, um andere Probleme auf den Tisch zu bringen, die er mit Petrus gehabt haben mochte, noch versuchte er, an Petrus Rufmord zu begehen.

Deshalb einige Vorschläge, wie man sich beim Streiten auf sein Ziel konzentrieren kann:

Beim Thema bleiben. Halten Sie nie einen ganzen Vorrat von Vorwürfen auf Lager, um Ihren Partner damit auf einmal zu überhäufen. Wenn Sie sich sagen hören: „Und noch etwas . . .", dann gehen Sie schon zu weit – so viel zur Warnung.

Kritisieren Sie nicht seinen Charakter, sondern ein bestimmtes Verhalten. Nehmen wir an, Sie wollen etwas zum Thema Sparsamkeit sagen. Dann sollten Sie über das verfügbare Geld und die notwendigen Ausgaben reden, den Partner aber nicht verschwenderisch nennen. Hüten Sie sich davor, seine Person anzugreifen. Sprechen Sie lieber von sich: „Ich glaube, wir könnten das Minus auf dem Konto vermeiden, wenn wir . . ." Und nicht so: „Du schmeißt das Geld zum Fenster raus, und am Monatsende stecken wir in der Tinte!"

Sprechen Sie von Tatsachen, statt Motive zu beurteilen. Ihr Sprößling hat vergessen Ihnen zu sagen, daß nach dem Unterricht noch eine Besprechung stattfand. Eine mögliche Reaktion wäre: „Ich mache mir Sorgen, wenn du zum normalen Zeitpunkt nicht nach Hause kommst." Nicht empfehlenswert ist jedoch: „Du denkst immer nur an dich, nie an andere!"

Vor allem sollte es das höchste Anliegen sein, einander zu verstehen, statt sich im Streit durchsetzen zu wollen. Hören Sie dem anderen stets gewissenhaft zu. Achten Sie darauf, ob hinter ihrem Streit nicht in Wirklichkeit ein ganz anderes Problem steht.

Eine gesunde Beziehung zu Gott hilft uns, offen für freundschaftliche Auseinandersetzungen zu sein. Dann muß man auch die Schwierigkeiten nicht unter den Teppich kehren. In gesunden Familien darf man unbeschadet streiten, am besten so, daß die Auseinandersetzung klar themenbezogen ist und ein Klima angestrebt wird, in dem sich jeder als Gewinner fühlen kann. Dann wird niemand in die Isolation gedrängt.

Gebetstip
Bitten Sie Gott um einen klaren Einblick in die Bedürfnisse und Gefühle aller Familienglieder und um die Fähigkeit, im Streit beim Thema zu bleiben.

27. Mai

Der Lohn der Auseinandersetzung

Wenn ihr euch zu mir bekehrt und meine Gebote haltet und sie tut, so will ich, auch wenn ihr versprengt wäret bis an des Himmels Ende, euch doch von da sammeln und an den Ort bringen, den ich erwählt habe, damit mein Name dort wohne. Nehemia 1,9

Aus dem Buch Nehemia erwarten wir eigentlich kaum einen guten Rat für das Familienleben, doch finden sich hier fünf wichtige Richtlinien, wie man Auseinandersetzungen führen sollte.

Jerusalem war zerstört worden, und das Volk Gottes befand sich in seiner Mehrheit in der babylonischen Gefangenschaft. Nehemia wollte mit einer Gruppe nach Jerusalem ziehen, um die Stadt wieder aufzubauen. Doch erst mußte er sich mit dem König Artaxerxes auseinandersetzen, um die Genehmigung zu bekommen. Ehepaare können für ihre Streitkultur von Nehemias Vorbild profitieren.

Erstens nahm er sich Zeit zum Gebet (siehe Nehemia 1,4–10; 2,4). Die meisten Probleme lassen sich lösen, wenn Sie sich treffen, den Streitpunkt vor Gott bringen und sich in seiner Gegenwart ein wenig beruhigen, bevor Sie mit dem eigentlichen Gespräch beginnen.

Zweitens bewies Nehemia erst seine Treue und Dienstbereitschaft, bevor er sein Anliegen vorbrachte. Er leitete die Audienz beim König mit folgenden Worten ein: „Der König lebe ewig!" (Nehemia 2,3). Geben Sie also einander Bestätigung und schaffen dadurch ein Klima des Vertrauens, damit die fälligen Worte auch aufgenommen werden können.

Drittens war Nehemia aufrichtig. Er rückte gleich mit seinem Problem heraus: Die Mauern Jerusalems lägen in Schutt und Asche, und die wenigen überlebenden Israeliten befänden sich in höchster Gefahr. Schenken Sie Ihrem Partner deshalb reinen Wein ein. Es wäre Betrug, wenn man eine Sünde bemänteln wollte.

Viertens hatte Nehemia eine Haltung der Unterordnung. Er teilte dem König mit, daß es ihm nicht nur um das Schicksal Jerusalems gehe, sondern auch um die Reichsinteressen. Eine Auseinandersetzung sollte also beiden Partnern nützen, nicht nur einem.

Schließlich hatte Nehemia ein ganz gezieltes Anliegen. Er bat den König um ein Begleitschreiben, um sicher reisen zu können, sowie um Material zum Aufbau der Jerusalemer Mauern (siehe Kap. 2, Verse 7–8). Wissen Sie eigentlich, was Sie von Ihrem Partner genau erwarten, damit das Problem gelöst wird? Drücken Sie sich klar und unmißverständlich aus.

Durch gesunde Auseinandersetzungen kann die Familie gestärkt werden.

Gebetstip
Bitten Sie Gott, Ihnen beim Gleichgewicht zwischen Ehrlichkeit und Sensibilität zu helfen.

Warum wir den Heiligen Geist brauchen
(Teil 1)

*Und sauft euch nicht voll Wein,
woraus ein unordentliches Wesen folgt,
sondern laßt euch vom Geist erfüllen.*
Epheser 5,18

Die meisten Christen sind sich einig, daß der Heilige Geist die dritte Person der Dreieinigkeit ist. Als Kind aber konnte ich mir unter dem Heiligen Geist immer nur so etwas wie ein Gespenst vorstellen, das wie ein weißer Nebel durch die Mauern schwebt.

Jahrelang war der Heilige Geist für mich ein „Es". Jesus aber spricht von ihm als von einer Person. Er wurde nicht nur zu seiner Verherrlichung gesandt, sondern auch für uns als Ratgeber, Fürsprecher, Verteidiger und Führer.

Kurz, wenn wir das überfließende Leben erfahren wollen, das Jesus verheißen hat, dann ist der Heilige Geist unentbehrlich. Denken Sie nur an alle Predigten, die Sie je über das Leben als Christ gehört haben. Denken Sie an alle Bücher zum Thema Ehe.

Wenn Sie aus eigener Kraft Gott zu gehorchen versuchen, dann müssen Sie scheitern. Es ist unmöglich. Sie brauchen Gottes Kraft, die er verheißen hat, wenn wir uns nach dem Heiligen Geist ausstrecken.

Betrachten wir den obigen Vers: Haben Sie sich nie gewundert, warum Paulus den Weinrausch in Gegensatz zur Erfüllung mit dem Heiligen Geist setzt? Er wollte seinen Lesern klarmachen, was es heißt, erfüllt zu sein. Wenn man betrunken ist, wird man vom Alkohol beherrscht. Das gleiche gilt im positiven Sinne, wenn man vom Heiligen Geist erfüllt ist. Wir erlauben dem Geist, die Herrschaft über uns zu ergreifen.

Keine Beziehung, Ehe oder Familie kann erlangen, was Gott ihr zugedacht hat, wenn der einzelne nicht Gott an sich arbeiten läßt. Die Voraussetzung dafür schafft der Heilige Geist.

Gebetstip
Beten Sie gemeinsam darum, daß Gott Ihnen zeigt, wie Sie dem Heiligen Geist die Herrschaft über Ihr Leben einräumen können.

29. Mai
Warum wir den Heiligen Geist brauchen
(Teil 2)

Ordnet euch einander unter in der Furcht Christi.
Epheser 5,21

*I*ch finde es aufschlußreich, daß Paulus den Heiligen Geist behandelt (siehe Epheser 5,18–21), bevor er sich der praktischen Unterweisung zum Familienleben zuwendet (siehe Kap. 5,22–6,4). Offensichtlich ist die Bereitschaft, daß Mann und Frau sich einander unterordnen und auf die Bedürfnisse des Partners eingehen, eine klare Folge der „Erfüllung mit dem Heiligen Geist".

Wir alle müssen unsere Selbstsucht bewältigen. Mehr als einmal hatte ich den Wunsch, Barbara meinen Ärger regelrecht spüren zu lassen. Gleichzeitig aber empfand ich, daß mein Leben ein Tempel Gottes ist und der Heilige Geist mit der gleichen Kraft in mir wirksam ist, die Jesus von den Toten auferstehen ließ. Der Geist hilft mir, meine schlechte Laune und Ungeduld zu mäßigen. So werde ich davor bewahrt, etwas zu sagen oder zu tun, das ich später bereuen würde.

In der Ehe muß es eine gegenseitige Unterordnung geben. Die Frau nimmt die Führerschaft des Mannes an, der sich wiederum selbst verleugnet, um seine Frau so zu lieben, wie Christus die Kirche geliebt hat. Er ist zwar der Führer innerhalb der Beziehung, ordnet sich aber seiner Partnerin unter.

In einer derartigen Situation gewinnt die Pflicht der Frau zur „Unterordnung" eine ganz neue Bedeutung. Kein Ehemann, der sich an Paulus' Anweisungen in Epheser 5 hält, könnte seine Frau als Person zweiter Klasse behandeln oder wie ein Macho ohne Rücksicht auf ihre Bedürfnisse und Gefühle mit ihr umspringen. Das wäre nicht in Gottes Sinn.

Im gleichen Maß, wie Sie und Ihr Partner Gott bitten, Sie mit der Kraft des Heiligen Geistes auszurüsten, wird seine Frucht immer stärker in Ihrem gemeinsamen Leben wachsen. In dem Maß, wie der Gott des Friedens und der Harmonie Sie erfüllt und die Herrschaft in Ihrer Ehe übernimmt, werden Sie eine Einheit und Vertrautheit erfahren, die nur er geben kann.

Gebetstip
Bitten Sie darum, daß der Heilige Geist Ihnen nicht nur die jeweiligen Rollen und Aufgaben in der Ehe verstehen hilft, sondern auch das Vermögen gibt, sich einander unterzuordnen.

Ein unvergeßlicher Urlaub

*Durch Weisheit wird ein Haus gebaut
und durch Verstand erhalten,
und durch ordentliches Haushalten
werden die Kammern voll kostbarer, lieblicher Habe.*
Sprüche 24,3–4

Ein kleines Hotelzimmer, eine Angina, eine zerbrochene Frontscheibe und eine Anzeige wegen Überschreitung der Geschwindigkeit. Worin besteht die Gemeinsamkeit dieser Erinnerungen? Die Antwort: unser Familienurlaub im Jahr 1957 – ich war neun.

Es war eigentlich ein unvergeßlicher Urlaub geplant! Zwei herrliche, übermütige Wochen mitten im Sommer in einer wunderschönen Gebirgslandschaft mit Besichtigungstouren, Forellenangeln und Ausflügen in die Umgebung.

Doch am Tag nach unserer Ankunft bekam ich Fieber. Meine Mutter war eine ausgezeichnete Krankenschwester, aber trotz ihrer Künste stieg meine Temperatur derart an, daß ich zu phantasieren begann und zum Arzt gebracht werden mußte.

Diese zehntägige, bösartige Angina machte all unsere Besichtigungstouren zunichte, wodurch sich nicht gerade mein Beliebheitsgrad in der Familie steigerte!

Als ich allmählich gesund wurde und mein Übermut zurückkehrte, fingen mein älterer Bruder Gary und ich an uns zu streiten. Ich jagte ihn nach draußen auf den Parkplatz, suchte mir einen Stein, wickelte ihn in meine Mütze und warf damit nach ihm.

Er wich meinem Geschoß jedoch kunstvoll aus, und sofort stand mir vor Schreck der Mund offen, als der Stein sich selbständig machte und die Frontscheibe des Autos eines Miturlaubers zerschmetterte. Hier erinnere ich mich an drei Folgeereignisse: Papa war wütend; Papa bezahlte, und dann mußte ich dafür büßen.

Irgendwie erholten wir uns jedoch von alledem, machten ein paar Ausflüge und fuhren wieder nach Hause. Und nun die Erinnerung an den letzten Vorfall: Nach der Durchfahrt durch eine kleine Stadt in Kansas wollte uns ein roter Ford überholen. Gary rief meiner Mutter zu, die das Auto steuerte: „Laß den kleinen Ford bloß nicht überholen!" Mutter, der manchmal der Schalk im Nacken saß, drückte also bis zum Anschlag aufs Gaspedal – der rote Ford hatte keine Chance.

Leider hatte es mit diesem Auto eine besondere Bewandtnis: Es war der Wagen des Sheriffs. Nie werde ich die atemlose Stille in unserem Auto vergessen, als Mutter dem Polizisten ihren Ausweis reichte.

Man könnte jetzt denken, ein solches Kindheitstrauma hätte mich als Erwachsenen für immer davon kuriert, selbst Familienurlaube zu machen. Dann wird es Sie überraschen, daß sich in diesen zwei Wochen meine liebsten Erinnerungen bündeln. Immerhin waren wir als Familie zusammen.

Gebetstip
Bitten Sie Gott um Weisheit, Ihrer Familie einen großen Schatz an gemeinsamen Erinnerungen schaffen zu können.

Urlaubserinnerungen

*So seht nun sorgfältig darauf, wie ihr euer Leben führt,
nicht als Unweise, sondern als Weise;
und kauft die Zeit aus.*
Epheser 5,15–16

In den Ferien haben wir Zeit, in die Beziehungen zu investieren, die uns am meisten bedeuten. Das ist eine weise Erkenntnis. Der Urlaub kann dazu beitragen, den Zusammenhalt der Familie zu festigen und Erinnerungen zu schaffen.

Wenn Barbara und ich über mehr als zwanzig Jahre gemeinsamen Urlaub Rückschau halten, dürfen wir durchaus sagen, daß wir keinen einzigen bereuen. Jeder Urlaub war voller Abenteuer, Entdeckungen und gemeinsamer Erlebnisse mit unseren Kindern.

Deshalb hat bei uns die Urlaubsplanung Vorrang. Wir beide arbeiten hart, haben uns aber fest vorgenommen, daß die Kinder uns nicht als süchtige Workaholics in Erinnerung behalten.

Edith Schaeffer sieht sogar in der Familie „ein Museum voller Erinnerungen". Wenn das zutrifft, dann hat unsere Familie genügend Urlaubserinnerungen zusammengerafft, um damit ganze Stockwerke im Nationalmuseum zu füllen:

- Wir haben Verkehrsstaus erlebt – einmal beim Überqueren eines kristallklaren Flusses im Yellowstone-Park wegen einer Büffelherde, einmal wegen einer ganzen Horde von Taxis am Lincoln-Denkmal in Washington.
- Wir haben uns in die Einsamkeit des Yosemite-Tals versenkt, wir saßen aber auch mit 35.000 Zuschauern im Baseball-Stadion und haben unsere Mannschaft angefeuert.
- Zu acht zitterten wir uns beim Camping in der Sierra Nevada in 2.800 Metern Höhe im Zelt durch die Nacht, aber wir haben auch an den Stränden von Nordflorida geschwitzt, Sandburgen gebaut und Frisbee gespielt.
- Wir sind 4.000 Meilen weit zum Crater Lake in Oregon gefahren, konnten aber auch mal zu Hause Urlaub machen, wo wir nur 400 Meter hinter unserem Haus am See geangelt und gepicknickt haben.

Neulich war ich mit einer kleinen Gruppe von Vätern und Müttern zusammen, in der ich über Familienurlaube gesprochen habe. Nach diesem Treffen überkam es mich plötzlich: Kein einziger hat die einschlägigen Freizeitparks (Disneyland, Magic Mountain usw.) als Lieblingsziel für Ausflüge genannt. Statt dessen haben Pfützen im Zelt und winzige Badeseen die computerisierten Achterbahnen oder Mickey und Minnie als Urlaubserinnerung in den Schatten gestellt.

Denken Sie einmal darüber nach. Erzählen Sie doch heute abend beim Essen von ihren schönsten Ferienerlebnissen als Kind und Erwachsener. Danach läßt es sich gut beraten, was man im nächsten Sommer wirklich machen möchte.

Gebetstip
Bitten Sie Gott um Hilfe, damit Sie beim nächsten Sommerurlaub die Beziehung zu Ihren Kindern festigen und gemeinsame Erinnerungsschätze sammeln können.

Notizen aus der Wirklichkeit

Evodia ermahne ich und Syntyche ermahne ich, daß sie eines Sinnes seien in dem Herrn.
Philipper 4,2

Offen ausgetragener Streit in der Gemeinde und chaotische Versammlungen sind keine modernen Erfindungen. Schon die Gemeinden, in denen Paulus wirkte, wiesen ein gewisses Maß an Chaos und Unstimmigkeiten auf.

Auch in unseren heutigen Familien kann es chaotisch zugehen: Eines Tages kam ich von der Arbeit nach Hause und fand einen überquellenden Mülleimer, einen kaputten Geschirrspüler und unaufgeräumte Zimmer vor. Unser Dreijähriger war krank, das Müsli lag auf dem Fußboden verstreut, und das Baby hatte in seiner Faust lauter geschmolzene Schokoladenkügelchen. Die Fünfjährige hatte noch ihren gebrochenen Arm im Gips; die 8jährige und der 10jährige klagten einstimmig über Bauchschmerzen.

An einem anderen Tag aber servierten die selben Kinder Barbara und mir ein elegantes Abendessen – im „Restaurant der vollen Mägen" (unserem Wohnzimmer). Die Speisekarte war aus Bastelpapier selbstgemacht. Wir wurden von lächelnden Kindern bedient, die ein Handtuch über dem Arm trugen und sich vor Höflichkeit fast überschlagen hätten.

Diese gegensätzlichen Erlebnisse sind ganz normal für eine große, aber ansonsten ganz normale Familie – auch christliche Familien sind nicht vollkommen.

Immerhin lernen wir noch. Wir haben festgestellt, daß man mit egoistischen Menschen keine dauerhaften Beziehungen aufbauen kann. Wir müssen miteinander ehrlich sein und zugeben können, wenn wir im Unrecht sind. Zudem versuchen wir einander großzügig zu loben.

Ganz besonders wichtig ist auch das Zuhören. Wie kann ein Kind sich sonst geschätzt fühlen, wenn ihm niemand zuhört? Wie kann ein Paar ein Paar bleiben, wenn keiner der beiden Fragen stellt oder über die Antworten nachdenkt?

Die Welt sehnt sich nach Menschen, die in Familien leben, in denen ein Gott sichtbar wird, der ihnen etwas Echtes geschenkt hat. Das ist allemal besser als alles, was Sie in Zeitschriften wie Schöner Wohnen finden können.

Gebetstip
Bitten Sie darum, daß Ihre Angehörigen auf dem Weg zu Gottes Vorbild lernen, ehrlich miteinander umzugehen.

Gottes Wahrzeichen (Teil 1)

*Er sprach zu Israel: Wenn eure Kinder später einmal ihre Väter fragen:
Was bedeuten diese Steine?, so sollt ihr ihnen kundtun und sagen:
Israel ging auf trockenem Boden durch den Jordan, als der Herr,
euer Gott, den Jordan vor euch austrocknete,
bis wir hindurchgegangen waren; damit alle Völker auf Erden
die Hand des Herrn erkennen, wie mächtig sie ist.*
Josua 4,21–24

Wer einmal durch den Osten der Vereinigten Staaten gereist ist, hat dort auf Schritt und Tritt historische Wahrzeichen vorgefunden. In Williamsburg im Staat Virginia wurde zum Beispiel eine Siedlung restauriert, die ganz typisch für die Gründungsjahre der USA ist. Wenn man sich hinsetzt, wo einmal die Gründerväter gesessen haben, bekommt man einen guten Eindruck von den Ereignissen, die hier stattgefunden haben.

In jedem Land kann man ähnliche Wahrzeichen finden, die an das Erbe des jeweiligen Volkes erinnern.

Der oben zitierte Bibeltext erzählt von einem geistlichen Wahrzeichen, das für die Fürsorge Gottes steht. Gott hatte den Männer eines jeden Stammes den Auftrag gegeben, Steine aus dem Jordanbett zu nehmen und zu einem Denkmal aufzuschichteten. Doch warum hat er das wohl veranlaßt? Vermutlich wegen der Vergeßlichkeit von uns Menschen und der Neugierde unserer Kinder.

Kinder sind Weltmeister im Fragenstellen, und ich kann mir fast bildlich vorstellen, wie ein Großvater mit seinem Enkel am Jordan spazieren geht. Der kleine Junge sieht einen der Steinhaufen, der gerade eben aus der Wasseroberfläche herausragt und fragt: „Opa, wie sind die Steine in den Fluß gekommen?"

Der Großvater antwortet: „Das ist eine ganz besondere Geschichte..."

Und wenn er zu Ende erzählt hat: „Mal ehrlich, Opa. Du willst mich doch veräppeln. Der Fluß hielt an, mitten in der Regenzeit? Der Boden war trocken?"

„Ja, was glaubst du denn, wie die Steine dahin gekommen sind?"

Hier wurde von Gott ein geistliches Wahrzeichen gegeben, damit wir nicht vergessen, wie er in der Vergangenheit für sein Volk gesorgt hat. Es soll uns anregen, ihm auch heute noch zu glauben.

Gebetstip

Suchen Sie sich doch auch einen Platz, an dem Sie gemeinsam Steine aufstapeln zur Erinnerung an etwas Besonderes, das Gott für Sie getan hat. Freuen Sie sich beim Anblick der Steine über Gottes Fürsorge und danken Sie gemeinsam dafür.

Gottes Wahrzeichen (Teil 2)

*Lobe den Herrn, meine Seele, und vergiß nicht,
was er dir Gutes getan hat: der dir alle deine Sünde vergibt
und heilet alle deine Gebrechen, der dein Leben vom Verderben erlöst,
der dich krönet mit Gnade und Barmherzigkeit,
der deinen Mund fröhlich macht
und du wieder jung wirst wie ein Adler.*
Psalm 103,2–5

Gott hat uns in der Bibel noch weitere Wahrzeichen hinterlassen, damit wir „nicht vergessen, was er uns Gutes getan hat". Eins der ältesten Wahrzeichen dieser Art ist der Regenbogen.

Als Noah die Sintflut überlebt hatte, sagte Gott, der Regenbogen solle die Menschen an sein Gericht und seine Gnade erinnern. Er habe die Erde durch die Flut gerichtet und zerstört, werde sie aber nie wieder durch Wasser vernichten. Ein Regenbogen, als sichtbares Zeichen an den Himmel gesetzt, dient uns zur ständigen Erinnerung an Gott.

Sie könnten es auch in Ihrer Familie zu einer Tradition werden lassen, daß Sie immer dann geistliche Wahrzeichen errichten, wenn Gott etwas für Sie getan hat, indem Sie das Ereignis aufschreiben. Auf diese Weise vergessen Sie niemals Gottes Güte.

Vor vielen Jahren waren Barbara und ich unterwegs zu einer Konferenz. Damit wir auch in der darauf folgenden Zeit unseren geistlichen Dienst fortführen konnten, fehlten uns damals 1.300 Dollar. Auf dem Weg zu dieser Konferenz besuchten wir viele Leute, die sich an unserer Arbeit finanziell beteiligen wollten und uns Schecks gaben. Als wir am Konferenzort eintrafen, hatten wir insgesamt 1.378 Dollars eingesammelt.

Mit dieser Geschichte können wir auch heute noch unseren Kindern vermitteln, daß Gott für uns sorgt. Er gibt uns, was wir brauchen. Wenn sie erwachsen sind, können sie wiederum ihren eigenen Kindern von dieser Begebenheit erzählen. Hoffentlich machen auch sie selbst genug Erfahrungen, um diese weiterzugeben.

Auch Ihnen hat Gott in der Vergangenheit sicher seine Treue erwiesen. Gibt es irgendwelche Gründe zu zweifeln, daß er sich heute um Sie kümmert?

Gebetstip

Drückt Sie gerade an diesem Tag eine bestimmte Not? Denken Sie daran, wie Gott bisher in Ihrem Leben gewirkt hat. Sprechen Sie ihm Ihr Vertrauen aus, daß er sich auch ein weiteres Mal um Ihre Nöte kümmern wird.

4. Juni

Vorbildlicher Charakter

Da trachteten die Fürsten und Statthalter danach, an Daniel etwas zu finden, das gegen das Königreich gerichtet wäre. Aber sie konnten keinen Grund zur Anklage und kein Vergehen finden; denn er war treu, so daß man keine Schuld und kein Vergehen bei ihm finden konnte. Daniel 6,4

Hätte man Erfolg damit, wenn man versuchen würde, Sie wegen Korruption anzuklagen? Kann man sich darauf verlassen, daß Sie in großen und kleinen Dingen das Rechte tun? Sind Sie zuverlässig?

Diese Fragen bündeln sich in einem Wort: Charakter. Ein Mensch mit Charakter kann ruhig, aber überzeugend sagen: „Ich tue, was recht ist. Auf mich könnt ihr euch verlassen – auf alle Fälle!"

Ich verspüre in unserer Gesellschaft in wachsendem Maße eine Anspruchshaltung: „Ich verdiene eine Zulage! Ich verdiene eine Beförderung (außer der Reihe)! Ich habe eine Spitzenposition, Ehre und Ruhm verdient (ohne sich entsprechend einzusetzen und Verantwortung zu zeigen)!" So klettern viele auf der Karriereleiter empor, doch nur wenige begeben sich auf den engen Pfad der Charakterschule.

Folgende Fragen können uns helfen festzustellen, ob wir von unseren Mitmenschen als Persönlichkeit mit Charakter eingeschätzt werden:

- Muß man Sie ständig daran erinnern, Ihre Aufgaben zu erledigen?
- Vergessen Sie gewohnheitsmäßig, Arbeiten zu beenden?
- Wie sehr fühlen Sie sich an die eigenen Zusagen gebunden? Ist Ihr Wort ein Qualitätssiegel, auf das man bauen kann, oder nur ein billiger Aufkleber, der leicht abgezogen und weggeworfen werden kann?
- Rufen Sie wie versprochen zurück?
- Glauben Ihnen Ihre Kinder, wenn Sie versprechen, etwas mit ihnen zu unternehmen?
- Rufen Sie zu Hause an, wenn Sie sich verspäten, obwohl Sie versprochen hatten, pünktlich zu kommen?
- Reden Sie in Gegenwart Ihrer Kinder mit Bewunderung über Menschen, die sich als erfolgreich und zuverlässig erwiesen haben?

Stellen Sie sich vor, welchen Einfluß wir als Christen auf die Gesellschaft ausüben könnten, wenn wir gegen faule Kompromisse und treuloses Verhalten aus Gehorsam zu Gott Zuverlässigkeit und Beständigkeit setzen würden. Vielleicht würde unser Salz dann wieder wahrhaft „salzig" werden.

Gebetstip

Bitten Sie Gott um eine Atmosphäre des Vertrauens und der Zuverlässigkeit in Ihrer Familie. Bitten Sie ihn, Möglichkeiten aufzuzeigen, wie Sie für Ihre Familie ein Vorbild an Treue werden können.

Was ist Ihr Ziel?

*Wie Pfeile in der Hand eines Starken,
so sind die Söhne der Jugendzeit.*
Psalm 127,4

Vor ein paar Jahren fingen mein ältester Sohn Benjamin und ich mit dem Bogenschießen an. Keine Angst, die Hirsche in den Wäldern sind vor uns sicher. Ich versichere Ihnen, daß niemand in Gefahr ist, von uns verletzt zu werden. Als wir anfingen, waren wir so schlecht, daß wir nicht einmal einen Heuballen trafen.

Bereits nach einiger Zeit stellte ich fest, daß dieser Sport mehr bietet, als man sich vorstellen kann. Zum Beispiel habe ich durch ihn neue Einsichten zu Psalm 127, Vers 4 gewonnen, in dem Kinder als „Pfeile" beschrieben werden. Wußten Sie zum Beispiel, daß selbst der beste Handwerker keinen vollkommen geraden Pfeil herstellen kann? Man kann noch so viel für den einzelnen Pfeil ausgeben, aber einen perfekten bekommt man nicht. Gleichermaßen können Eltern keine perfekten Kinder hervorbringen. Das ist unmöglich.

Außerdem gibt es viele Faktoren, die nach dem Abschuß auf einen Pfeil einwirken können – Wind, Bäume und Regen. Halten diese Einflüsse mich aber davon ab, den Pfeil abzuschießen? Nein, denn Pfeile sind nicht dazu gemacht, im Köcher zu bleiben.

Wenn wir unsere Kinder mit dem Ziel in die Welt entlassen, daß sie selbständig leben, verschließen wir uns nicht vor den Bedrängnissen und Einflüssen einer Gesellschaft, die sich immer mehr von Gott abwendet. Doch Kinder sind uns geschenkt, damit wir sie einmal freigeben.

Und was ist unser Ziel? In welche Richtung lenken wir unsere Kinder? Dahin, daß sie ihr Leben lang an Gottes Seite bleiben. Welche Faktoren auch auf sie einwirken werden, so wird es ihnen doch gut gehen, so lange wir ihnen das richtige Ziel vor Augen halten können.

Viele Eltern aber haben nie darüber nachgedacht, wohin sie ihre Kinder gehen lassen. Wir haben ein paar Umfragen gemacht und mußten feststellen, daß zwar mehr als neunzig Prozent der Eltern angaben, ihre Kinder nach einem bestimmten Plan erziehen zu wollen, aber nicht in der Lage waren, diesen klar zu erläutern.

Der große Baseballspieler Yogi Berra prägte die witzige Bemerkung: „Wenn man nicht weiß, wohin man geht, kommt man immer an." Trifft das etwa auch auf Ihre Erziehungsziele zu?

Gebetstip
Bitten Sie Gott um klare Ziele. Geben Sie Ihren Kindern Ihren Segen mit auf den Weg.

Die Familie im Kampf (Teil 1)

Seid getrost und unverzagt alle, die ihr des Herrn harret.
Psalm 31,24

Im Juni 1994 waren die Medien voll mit Geschichten und Bildern über den „D-Day". Tausende von Veteranen fuhren wieder einmal in die Normandie, um nach fünfzig Jahren der heroischen Schlachten und ihrer gefallenen Kameraden zu gedenken. Diese Soldaten, die tapfer feindliche Küsten besetzten, brachten mehr als Gewehre, Munition und Kampfausrüstungen nach Europa – sie brachten das Ende des Zweiten Weltkriegs.

Ein bestimmtes Bild aus dieser Zeit werde ich nie vergessen. Es war die deutsche Fotografie von einem Maschinengewehrposten der Wehrmacht, der oberhalb des Invasionsstrandes in einem gut gepanzerten Bunker hockte, eine gnadenlos überlegene Stellung. Zweifellos mähte er Hunderte von jungen Soldaten nieder, als sie versuchten, über den Strand in den Schutz der Hügel und Klippen zu gelangen.

Ich habe oft an die Angst jener Männer denken müssen, die sie beim Weg aus der Sicherheit des Landungsbootes in die schäumende Brandung empfunden haben mußten. Im Kugelhagel haben sie sich durch die Wellen gekämpft und sind zum Strand vorgedrungen.

Mancher von Ihnen meint wohl, Mut zu haben, ohne Angst zu sein, aber das sehe ich anders. Mut bedeutet, trotz aller Ängste vorwärts zu schreiten, um wie diese Soldaten die vorgegebene Aufgabe zu bewältigen.

Heute stehen wir in einem anderen Kampf – im Kampf für die Familie. Diese Schlacht ist ganz anders, denn sie findet im Privaten statt, in den Herzen von Männern und Frauen. Sie versuchen Tag für Tag in ihren Familien eine liebevolle Beziehung aufzubauen.

Jeden Tag müssen sie neu entscheiden, ob sie sich selbst verleugnen und sich an Gottes Plan halten, einander zu lieben und zu dienen, oder ob sie ihre selbstsüchtigen Wünsche durchsetzen sollen. Wenn solch ein innerer Kampf verlorengeht, kommen die Trümmer zum Vorschein: Scheidung, Mißhandlung, Vernachlässigung und als Folge ein zerstörtes Leben. Außerdem gehen aus derartigen Beziehungen erstaunlich viele junge Menschen hervor, die in die Welt hinausgehen, ohne überlegte und mutige Entscheidungen treffen zu können.

Oft stehen wir mit demselben Zittern vor Entscheidungen wie damals die Männer an der Küste der Normandie. Wir haben Gott vergessen, der uns zur Hoffnung auf ihn beruft. Doch der Kampf für die Familie wird siegreich ausgehen, wenn wir uns entscheiden, die Front vor uns zu durchbrechen.

Gebetstip
Widmen Sie Gott Ihre Zeit bei der Bitte um Mut, sich der Front zu stellen, und um die Fähigkeit, auf ihn zu hoffen.

Die Familie im Kampf (Teil 2)

*Wie ich mit Mose gewesen bin, so will ich auch mit dir sein.
Ich will dich nicht verlassen noch von dir weichen.
Sei getrost und unverzagt.*
Josua 1,5–6

Viele Soldaten waren am Tag der Invasion bereits in den Wellen umgekommen. Noch eine größere Zahl war am Strand gefallen. Wer aber einen vorübergehend sicheren Platz gefunden hatte, sah sich vor die nächste Charakterprobe gestellt.

Hinter ihnen auf den paar Metern Sand gellten überall die Todesschreie. Vor ihnen war nichts als Stacheldraht zu sehen, ein Stück weiter die verschanzten deutschen Maschinengewehrposten.

Sie spürten die ganze Härte des Krieges.

In solchen Augenblicken geht der echte Anführer voran. So geschah es auch hier, als sich ein Leutnant und ein verwundeter Unteroffizier dem Gewehrfeuer preisgaben, um einen Abschnitt Stacheldraht inspizieren zu können.

Der Leutnant robbte auf dem Bauch zu seinen Männern zurück und fragte: „Wollt ihr liegenbleiben und umgebracht werden oder lieber aufstehen und euer Schicksal in die Hand nehmen?"

Niemand rührte sich. Also sprengten Leutnant und Unteroffizier – immer noch unter feindlichem Beschuß – den Stacheldraht selbst in die Luft. Da endlich regten sich die Soldaten. Nach und nach durchbrachen dreihundert von ihnen diesen Abschnitt der deutschen Front.

Meine Lieblingsgeschichte aber handelt von Oberst George A. Taylor, der die amerikanische sechzehnte Infanterie befehligte. Auch seine Truppe wurde vom mörderischen Kugelhagel festgehalten; auch er mußte erkennen, daß sich ohne seine Führung niemand vorwärts wagen würde.

„Hier am Strand gibt's zwei Sorten von Männern", brüllte er, „die toten und alle, die noch sterben werden. Machen wir, daß wir hier wegkommen!" Und damit führte er seine Männer gegen die deutschen Stellungen.

Es ist historisch dokumentiert, daß an diesem Tag aus Jungen Männer wurden, weil sie sich ihrer Aufgabe stellten. Die alliierten Truppen gewannen die Oberhand, und der Krieg war bald beendet.

Wir verlieren allmählich den Kampf um unsere Familien, weil es nicht genug Anführer gibt, die sich ins Schlachtgetümmel stürzen und ihre Mannschaft anfeuern.

Wo sind die dringend benötigten Anführer? Die Familien in unserem Land sind auf Männer angewiesen, die Frau und Kinder führen, sie lieben und ihnen dienen.

Gebetstip
Bitten Sie Gott um den Sieg im Kampf um Ihre Familie.

8. Juni

Die Familie im Kampf (Teil 3)

Denn wo dein Schatz ist, da ist auch dein Herz.
Matthäus 6,21

Wir brauchen heutzutage Männer mit genug Mut für zwei Aufgaben: Erstens brauchen Männer Mut zur Entscheidung für die richtigen Familienwerte. Sie brauchen Kraft, um sich auf Gottes Seite zu stellen.

Thomas Carlisle hat hierzu einmal geschrieben: „Unsere Überzeugung ist wertlos, wenn sie sich nicht auf unser Verhalten auswirkt." Mut fängt zu Hause an. Was geben wir an unsere Kinder weiter? Wir müssen unseren Kindern ein Erbe von Werten hinterlassen, die im Sinne Gottes sind, und nicht nur etwas Materielles. Das gelingt uns aber nicht, wenn wir ganz in unserer Karriere, unserem Vergnügen und unseren Hobbys aufgehen. Dieses Erbe entsteht nur, wenn die Beziehung zu unseren Kindern für uns Vorrang hat.

Man braucht Mut, um solche Prioritäten zu setzen. Wie der obige Vers besagt, sind wir mit dem Herzen dort, wo unser Schatz ist. Haben Sie Ihre Kinder jemals als Schatz gesehen, für den es sich zu kämpfen lohnt?

Zweitens müssen wir Männer aus der sicheren Deckung unserer Familien hervortreten und „die Front durchbrechen", nicht anders als die tapferen Soldaten, die 1944 die Küste der Normandie eroberten.

Die Front ist für uns jedes Gebiet, das vom Feind besetzt ist. Wenn Sie an Gottes Seite gehen und in das Leben mit ihm hineinwachsen, werden Ihnen an Ihrem Wohnort Bereiche auffallen, die für Jesus Christus beansprucht werden müssen. Vielleicht ist es eine Familie in der Nachbarschaft, vielleicht ist es die Schule, die Ihre Kinder besuchen, oder Arbeitskollegen, die sich mit falschen Entscheidungen das Leben ruinieren.

Ich glaube, daß Gott jedem Christen, der ihm nachfolgt, eine „Front" zeigen wird. Dabei denke ich an die Worte jenes Leutnants: „Wollt ihr liegen bleiben und umgebracht werden oder lieber aufstehen und euer Schicksal in die Hand nehmen?" Was wird man sich über uns erzählen, wenn wir gestorben sind? Denkt man dann an unser mutiges Eintreten für biblische Werte in Familie und Gesellschaft?

Die nächste Generation ist abhängig von Ihren und meinen Entscheidungen.

Die meisten von uns wissen im Grunde, was zu tun ist. Wir benötigen nur den Mut dazu.

Gebetstip

Bitten Sie darum, daß Gott Sie in den Kampf führt. Bitten Sie ihn auch um eine Armee mit „Offizieren", die sich in den Kampf um die Familien begibt. So kann mit Jesus Christus als Zentrum eine Familie nach der anderen erneuert werden.

Respekt für rücksichtsvolle Männer

von Barbara Rainey

> *Darum auch ihr: ein jeder habe lieb seine Frau wie sich selbst;*
> *die Frau aber ehre den Mann.*
> Epheser 5,33

Leider gibt es manche Männer, die nur Paulus' Worte über die Unterordnung der Frau kennen und sie zur Unterdrückung mißbrauchen. Es ist einer Frau nicht möglich, sich einem Mann unterzuordnen, der auf ihre Bedürfnisse als Frau keine Rücksicht nimmt.

Jeder Mann braucht eine Frau, die ihn respektiert. Damit ist gemeint, daß sie ihn achtet, ehrt, anderen vorzieht und ihn schätzt. Negativ ausgedrückt, wirkt sich der Mangel an Respekt als beleidigendes und kritisches Verhalten aus, das den Mann weder unterstützt noch aktiv auf ihn und seine Bedürfnisse eingeht.

Eine Chance, Ihrem Ehemann Ehre zu erweisen, besteht darin, die Last seiner Verantwortung als Diener und Führer im Kreis der Familie zu würdigen. Als Frau machen Sie es sich zu leicht, wenn sie nur auf die Fehler ihres Mannes achten. Ihr Mann braucht bedingungslose Annahme, und dazu gehören auch seine Fehler. Kenny Rogers hat aus diesem Gedanken einmal ein Lied gemacht:

Sie glaubt an mich.
Ich weiß nicht, was sie in mir sieht,
doch sie glaubt an mich.

Ehre und Respekt erweisen Sie als Ehefrau Ihrem Mann auch damit, daß Sie seine Terminplanung anerkennen. In den letzten Jahren zum Beispiel mußte ich lernen, mit einer Planung zu leben, die uns fast den ganzen Sommer lang an die Termine von Dennis band. Andauernd packten wir unsere Sachen und fuhren zu Vortragsterminen, Konferenzen und Treffen. Wir mußten uns damit abfinden, daß wir meist aus dem Koffer lebten und manchmal sogar im Auto übernachteten.

Wenn es jedoch überhand nimmt, sage ich Dennis Bescheid. Dann versuchen wir gemeinsam die Situation zu ändern. Obwohl unsere Beziehung vor Dennis' Beruf rangiert, ist mir sein Terminkalender wichtig. Ich möchte gern zu seiner Arbeit beitragen und ihm helfen. Ich weiß, daß ich Dennis wirklich die gebührende Ehre erweise, wenn ich ihn in diesem Bereich seines Lebens unterstütze.

Gebetstip
Bitten Sie als Ehefrau Gott um ein besseres Verständnis für die Bedürfnisse Ihres Mannes, damit Sie wissen, wie Sie ihm Respekt erweisen können.

Was ist eigentlich mit Unterordnung gemeint?

von Barbara Rainey

Desgleichen sollt ihr Frauen euch euren Männern unterordnen.
1. Petrus 3,1

Ohne Zweifel ist die „Unterordnung" der Frau eines der strittigsten Themen innerhalb der Bibel. Man braucht dieses Wort nur auszusprechen, und manche Frauen gehen sofort in Abwehrhaltung. Die Diskussion zum Thema Unterordnung, bei der kein Mißverständnis ausgelassen wird, schlägt hohe Wogen.

Unsere Wörterbücher geben uns in diesem Punkt leider auch kaum Hilfe, weil sie den Begriff „Unterordnung" als erniedrigende Unterwürfigkeit rein negativ definieren. Widerstandslos, anspruchslos, fügsam, schüchtern, passiv und unterdrückt – das sind die dazu passenden Eigenschaften.

Wer will schon so sein? Ich jedenfalls nicht. Diese negative Definition von Unterordnung trägt oft zum Mißbrauch durch Ehemänner bei, die den biblischen Sinn und die Rolle des Mannes in der Ehe nie ganz begriffen haben.

Manche Männer und Frauen glauben tatsächlich, aus der Pflicht zur Unterordnung ergebe sich eine Unterlegenheit der Frau. Sie habe deshalb auch kein Recht, die Worte oder Taten ihres Mannes anzuzweifeln. Doch das ist nicht der Fall, und vor allen Dingen bedeutet Unterordnung nicht, daß man Mißhandlung oder Vernachlässigung durch den Ehemann hinnehmen muß.

Vielmehr wird von uns verlangt, unseren Partner zu respektieren und ihm die Führungsrolle in der Beziehung zu überlassen. Wir sollen ihn bei entscheidenden Fragen hinzuziehen, unsere Ansicht darlegen und dann dem Mann in der Entscheidung vertrauen. Wenn er das Rechte tut, dann hat er Unterstützung verdient.

Mein Mann braucht meine freiwillige Unterordnung, damit er der Diener und Führer sein kann, den Gott aus ihm machen will. Wenn Dennis mich dem Gebot entsprechend liebt, fällt es mir viel leichter, mich ihm und seiner Führerschaft auch zu unterstellen.

Gebetstip
Bitten Sie darum, daß die Themen Unterordnung und Autorität in der Familie nicht zu einem Problem werden.

Es kommt auf uns an

Juni 11.

Ihr seid das Licht der Welt ...
So laßt euer Licht leuchten vor den Leuten,
damit sie eure guten Werke sehen
und euren Vater im Himmel preisen.
Matthäus 5,14.16

Gott erwartet von Ihrer Familie vor allem, daß sie als Licht in einer dunklen Welt leuchtet. Ist Ihnen klar, welch ungeheuren Einfluß eine ganz normale Familie auf ihre Umwelt haben kann?

In diesem Zusammenhang erinnere ich mich an die Schlacht von Dünkirchen im Jahr 1940. Die französische Armee taumelte unter dem Ansturm von Hitlers Panzerdivisionen. Niederländer und Belgier hatten sich ergeben, und die englischen Aliierten waren im Kanalhafen Dünkirchen eingekesselt. Es gab keinen Ausweg. Hitlers Panzer standen kampfbereit wenige Kilometer entfernt in den französischen Hügeln.

Der Royal Navy standen zu diesem Zeitpunkt für eine Rettungsaktion nicht genügend Schiffe zur Verfügung. Dann aber passierte folgendes, wie William Manchester in seinem Buch *The Last Lion* berichtet:

Eine seltsame Flotte tauchte auf: Schlepper, Fischerboote, Rettungsboote, Ausflugs- und Küstendampfer ... sogar die Londoner Feuerwehr hatte ihre Flotte aufgeboten. Alle waren von freiwilligen Zivilisten bemannt: englische Väter, die ihren erschöpften, blutenden Söhnen zur Rettung eilten.

Schließlich gelang es dieser zivilen Armada mit ihrem Sammelsurium von Schiffen, 338.682 Männer sicher zur englischen Küste zu bringen! Ganz normale Menschen hatten die scheinbar aussichtslose Lage gewendet.

Heute geht es um den Kampf, der um unsere Familien tobt. Die Ehen in unserem Land, besonders die Kinder, erleben ihr ganz besonderes eigenes Dünkirchen. In dieser Situation kommt es auf Ihre Familie an, ihr Gewicht in die Waagschale zu legen.

Ob sich wohl genügend ganz normale Menschen finden, die bereit sind, dieser Generation erschöpfter, ausgebluteter Scheidungskinder und zerbrochener Familien zur Rettung zu eilen? Lassen Sie Ihr Licht in der Dunkelheit leuchten? Die kommende Generation braucht so eine Rettungsaktion. Das Schicksal unseres Landes hängt davon ab, wie die Kirche auf diese Krise reagiert. Was könnten Sie tun?

Gebetstip
Bitten Sie Gott darum, Ihnen beim Einsatz für andere Familien zu helfen, besonders für die jungen Paare, die ihren gemeinsamen Weg gerade erst beginnen.

12. Juni

Erforschen Sie Ihren Ehepartner

*Tut nichts aus Eigennutz oder um eitler Ehre willen,
sondern in Demut achte einer den andern höher als sich selbst.*
Philipper 2,3

In seinem Buch *The Romance Factor* schreibt Allan Lloyd McGinnis etwas, das mir sehr gefällt:

Die Kunst der Romantik setzt nicht so sehr eine sentimentale oder emotionale Ader voraus als vielmehr eine Portion fundierter Überlegung. Wenn wir an Romantik denken, fallen uns Gesten oder Begebenheiten ein, die jemand aus Liebe zustande gebracht hat. Ein Mann bringt seiner Frau am Abend eine Rose mit. Ein Mädchen backt für die Liebe ihres Lebens eine Torte mit genau der herbsüßen Füllung, die er zu schätzen weiß. Das geschieht nicht immer im gefühlsmäßigen Überschwang. So etwas ergibt sich aus Entschlossenheit und Zielstrebigkeit.

Deshalb fordere ich Sie auf: Erforschen Sie Ihren Ehepartner! Schreiben Sie sich auf, womit Sie ihm oder ihr Ihre Liebe beweisen können. Sie sollten sich dafür ein Heft anlegen, das nicht so leicht verloren geht oder vergessen wird.

Denken Sie sich etwas Unvorhergesehenes aus, das eben diese Liebe zum Vorschein bringt und wovon nicht allein Sie profitieren. Wenn Sie Ihrer Frau zum Beispiel normalerweise Blumen mitbringen, sollten Sie einmal etwas anderes machen, vielleicht einen Liebesbrief schreiben. Sie könnten auch für einen richtigen Schock sorgen und eine „kreative Verabredung" planen – schon mal gemacht?

Barbara erinnert sich gern an ein solches Lieblingsmitbringsel der romantischen Art. Ich hatte sie mit einer Reise nach Neuengland überrascht.

Zuvor mußte alles geplant werden – der Flug, das Mietauto und natürlich die Unterbringung unserer Kinder. Eine Woche vor der Reise ließ ich sie Pfadfinder spielen. Sie sollte ein Puzzle zusammensetzen, das nach ein paar Tagen auf die Staaten von Neuengland hinwies. Dann entriß ich sie dem Alltag und reiste mit ihr in die entzückendste Gegend der Vereinigten Staaten, wo wir wandern, miteinander reden und fotografieren konnten. Ganz wie in unseren Flitterwochen.

Vielleicht müssen Sie sich wieder daran gewöhnen, Ihrem Partner den Hof zu machen. Wenn die Romantik in Ihrer Ehe fehlt, sollten Sie einmal über die Bedürfnisse des anderen nachdenken und auf kreative Art für Liebesbeweise sorgen.

Gebetstip

Bitten Sie Gott um Ideen, mit denen Sie Ihrem Partner Ihre Liebe beweisen können.

Die reine Weste

*Alle Bitterkeit und Grimm und Zorn und Geschrei
und Lästerung seien fern von euch samt aller Bosheit.*
Epheser 4,31

Bei einer Konferenz wollte sich ein Mann vor mir brüsten: „Wissen Sie was? Ich bin seit vierundzwanzig Jahren verheiratet und habe mich noch nie bei meiner Frau entschuldigt, wenn ich ihr Unrecht getan habe."

„Ach, tatsächlich?" sagte ich mit einem Unterton, der ihn zwang, ins Detail zu gehen.

„Klar", erwiderte er stolz. „Jedes Mal, wenn wir uns streiten oder sonst eine Meinungsverschiedenheit haben, sage ich bloß: ‚Tut mir leid, daß du sauer auf mich bist.' Ich gebe nichts zu. Ich sage ihr nur, wie schade es ist, daß sie sich ärgert." Mit einem schiefen Grinsen gab er dann zu: „In der ganzen Zeit hat sie nie gemerkt, daß ich mich kein einziges Mal entschuldigt habe."

Seltsam, daß manche Menschen sich wie Kinder, die beim Naschen erwischt worden sind, um die Konsequenzen herummogeln. Dabei steht klar und deutlich in der Bibel: Wir müssen um Verzeihung bitten und unsererseits verzeihen, damit sich der Ärger nicht festsetzt und Verbitterung erzeugt. Wenn man solche unguten Gefühle nicht zügelt, können sie die ganze Beziehung zerstören.

Im Epheserbrief ermahnt uns Paulus, von Bitterkeit und Zorn abzulassen, doch dabei bleibt es nicht. In Vers 32 steht: „Seid aber untereinander freundlich und herzlich und vergebt einer dem andern."

So schwierig es ist, um Vergebung zu bitten, so schwer ist es auch, selbst zu vergeben, wenn man ein Unrecht hinnehmen mußte. Der Beweis für echte Vergebung ergibt sich nur aus folgender Frage: „Verzichte ich auf den Wunsch, meinen Partner zu bestrafen?" Wenn man auf dieses Bedürfnis verzichtet, befreit man den Partner und damit sich selbst aus den Fesseln des Zorns.

Wie befreiend ist es doch, eigene Fehler zuzugeben. Noch befreiender wirkt es, wenn der andere auf uns zukommt und sagt: „Ich vergebe dir – schließlich macht jeder mal einen Fehler."

Gebetstip
Bitten Sie für sich und Ihren Partner um den Mut, zugeben zu können, daß man Fehler gemacht hat, und um die Gnade, Vergebung zu erteilen, wenn man Unrecht hinnehmen mußte.

14. Juni

Siebzig mal sieben

Da trat Petrus zu ihm und fragte: Herr, wie oft muß ich denn meinem Bruder, der an mir sündigt, vergeben? Genügt es siebenmal? Jesus sprach zu ihm: Ich sage dir: nicht siebenmal, sondern siebzigmal siebenmal.
Matthäus 18,21–22

Mit diesen Worten gründete Jesus Christus den exklusivsten Verein der Welt: den „Club der Siebzig mal sieben". Er will, daß wir einander unendlich oft vergeben, nicht nur dann, wenn uns danach zumute ist. Durch eine bewußte Willensentscheidung sollen wir jede Bitterkeit ablegen samt dem Wunsch, den Menschen zu bestrafen, der uns Unrecht getan hat.

Ohne Vergebung kann keine Familie funktionieren. Wenn man auf engem Raum zusammenlebt, ergibt es sich zwangsläufig, daß man einander auf die Füße tritt. Doch manchen fällt die Vergebung besonders schwer, sicher auch, weil man sich falsche Vorstellungen macht, worauf man sich beim Vergeben einlassen muß.

Hier sind einige Hinweise, was beim Vergeben nicht von uns verlangt wird:

Vergebung bedeutet nicht, Sünde zu entschuldigen oder zu dulden. Unser Gefühl für Gut und Böse braucht uns nicht abhanden zu kommen.

Vergebung erfordert nicht, das Unrecht zu vergessen. Das steht allein in Gottes Macht. Vergebung bedeutet, trotz der Erinnerung an das Unrecht auf das Bedürfnis zu verzichten, den andern zu bestrafen.

Vergebung erfordert nicht, Leid, Verletzung oder Zorn zu leugnen. Sie brauchen vielleicht Zeit, bis sich diese Gefühle gelegt haben und Sie mit Ihrer Entscheidung zur Vergebung wieder ins Gleichgewicht gekommen sind.

Gleicherweise bedeutet Vergebung nicht, den Kummer zu unterdrücken. Wenn aus der Verletzung echter Schmerz entstanden ist, dann heilen solche Wunden nur mit der Zeit, auch wenn man mit der Vergebung vorauseilt.

Vergebung bewirkt nicht immer sofortige und volle Versöhnung. Auch dann, wenn man vergeben hat, brauchen die Beteiligten Zeit und müssen sich Mühe geben, das gegenseitige Vertrauen wieder aufzubauen.

Nun wissen Sie, was Vergebung nicht ist. Am kommenden Tag wollen wir sehen, worin sie besteht.

Gebetstip

Beten Sie darum, daß sich die Bereitschaft zur Vergebung in Ihrer Ehe stärker erweist als der Wunsch, die verletzten Gefühle zu hätscheln und einander zu bestrafen.

Vergebung nach Gottes Vorbild

Seid aber untereinander freundlich und herzlich und vergebt einer dem andern, wie auch Gott euch vergeben hat in Christus.
Epheser 4,32

John Wesley, der Begründer der Methodistenkirche, unterhielt sich einmal mit General James Oglethorpe, als dieser bemerkte: „Ich vergebe niemals." Wesley erwiderte: „Dann hoffe ich, Sir, daß Ihr niemals sündigt." Mit anderen Worten – wie dürfte man von Gott Vergebung erwarten, wenn man seinem Nächsten nicht vergeben kann?

Paulus sagte, wir sollten einander vergeben, „wie auch Gott euch vergeben hat in Christus". Aus diesem Satz ergibt sich nun die interessante Frage: Was hat Gott in Christus eigentlich getan, um uns zu vergeben?

Um darauf zu antworten, möchte ich Sie an einen Wendepunkt der menschlichen Geschichte führen: die Kreuzigung Jesu Christi. Beschrieben wird sie im Lukasevangelium, Kapitel 23.

Nachdem Christus verraten, verhört und zu Unrecht verurteilt worden war, nachdem man ihn gedemütigt, gegeißelt, verspottet und angespuckt hatte, mußte er schließlich noch die grausamste Entwürdigung erdulden. Der einzige vollkommene Mensch, der je gelebt hatte, wurde gemeinsam mit zwei Verbrechern ans Kreuz gehängt. Die Zuschauer höhnten: „Er hat andern geholfen; er helfe sich selber, ist er der Christus, der Auserwählte Gottes."

Doch Christi Antwort ist schier unfaßbar. Selbst in diesem Augenblick sagte er: „Vater, vergib ihnen, denn sie wissen nicht, was sie tun" (Lukas 23,34). Dieser Vers zeigt uns dreierlei:

Zur Vergebung gehört die Annahme des Missetäters. Christus gewährte genau denen Vergebung, die ihn am meisten verletzten.

Zur Vergebung gehört Initiative. Gott wünschte sich so sehr Gemeinschaft mit uns, daß er den ersten Schritt tat und uns vergab. Er wartete nicht darauf, bis wir die Vergebung verdient hätten.

Zur Vergebung gehört der Verzicht auf jedes Recht zur Bestrafung. Gott hat unsere Schuld gegen ihn ausradiert. Als Strafe für unsere Sünde hätten wir den Tod verdient. Gott aber wußte, daß es absolut unmöglich sein würde, diese Schuld zu begleichen. So ließ er Christus die Strafe für uns büßen.

Wenn es Ihnen einmal schwer fallen sollte, Ihrem Partner zu vergeben, dann sollten Sie daran denken, was Christus für Sie getan hat, ohne daß Sie es verdient haben.

Gebetstip

Bitten Sie Gott, Ihnen durch den Heiligen Geist (der in Ihnen wohnt) die Kraft zu geben, Ihrem Gegner die Hand zu reichen, ihn zu lieben und alle Rechte auf Bestrafung aufzugeben.

Eine Vision für Ihre Familie (Teil 1)

Denn wir sind sein Werk,
geschaffen in Christus Jesus zu guten Werken,
die Gott zuvor bereitet hat,
daß wir darin wandeln sollen.
Epheser 2,10

Jonathan Swift schrieb im Jahr 1699: „Visionär sein ist die Kunst, das Unsichtbare zu sehen."

Dr. John Geddie war von der Vision getrieben, Menschen das Evangelium zu bringen, die noch nie davon gehört hatten. So geriet er zum Volk der Aneityum auf den Neuen Hebriden. Heute kann man dort in Stein gemeißelt eine Inschrift lesen, die von Geddies hingebungsvollem Dienst zeugt: „Als er 1848 hier landete, gab es hier keine Christen. Als er 1872 ging, gab es hier keine Heiden." Vierundzwanzig Jahre lang hat er dort das Evangelium gepredigt.

Geddie hatte eine Vision, einen Traum, und er setzte als einzelner dafür sein Leben ein. Nicht jeder aber schaut so erwartungsvoll in die Zukunft. Was sicher auch ein Grund dafür ist, daß heute viele Pläne und Träume in Aktenkellern vor sich hin gammeln, nur weil die Eingeweihten keine Lust hatten, sich die Wirklichkeit anders als bisher vorzustellen.

Wann haben Sie das letzte Mal eine Zukunftsvision gehabt? Einen Traum davon, was sich verändern könnte, was radikal von der Norm abweicht? Wann haben Sie das letzte Mal Gott soviel Zeit im Gebet gewidmet, daß Sie einen Eindruck bekommen haben, wie er durch Sie wirksam werden könnte? Wenn wir als Christen eine direkte Beziehung zu unserem Schöpfer haben, dann sollten wir vor innovativen und kreativen Ideen nur so sprühen. Schenken wir den Worten Paulus' doch Beachtung!

Gebetstip
Fragen Sie Gott, was Sie seiner Meinung nach mit Ihrem Leben anfangen sollen. Fragen Sie ihn, ob aus Ihnen wirklich der Mensch wird, den er aus Ihnen machen will.

Eine Vision für Ihre Familie (Teil 2)

*Ich will dich unterweisen und dir den Weg zeigen,
den du gehen sollst; ich will dich mit meinen Augen leiten.*
Psalm 32,8

Helen Keller wurde einmal gefragt: „Gibt es überhaupt Schlimmeres, als blind zu sein?" „Ja", antwortete sie, „der bemitleidenswerteste Mensch in der ganzen Welt ist jemand, der zwar sieht, aber keine Vision mehr hat."

Eine Vision bietet dem Leben ein Ziel. Das Ziel der gesamten Menschheit aber findet sich in der Bibel und besagt, daß Gott für jeden, der an ihn glaubt, einen Plan hat. Wir sind dafür verantwortlich, im Glauben zu leben, und zwar in völliger Abhängigkeit von ihm, damit sein Ziel in und durch uns verwirklicht wird.

Gott hat Sie und Ihren Partner erwählt, damit Sie seinen ganz auf Sie zugeschnittenen Plan in Ehe, Familie und der Welt erfüllen. Haben Sie sich diese Sichtweise einmal bewußt gemacht? Ihr Partner auch?

Wir neigen dazu, für den Augenblick zu leben. Die Zukunft ist uns egal. Wir wollen unsere Befriedigung, und zwar jetzt. Wir denken nicht daran, Setzlinge zu pflanzen, die zur Eiche heranwachsen sollen. Am besten fänden wir es doch, wenn der heute gesäte Samen sich gleich morgen als Baum fällen ließe!

Viele Ehepaare beweisen nicht gerade viel Ausdauer, wenn sie an das Leben Fragen stellen. Wer sich im Strom des Lebens befindet, nimmt sich kaum die Zeit, lange genug einmal anzuhalten und zu überprüfen, wohin der Weg eigentlich führt. Bereits Seneca, der römische Philosoph, hat dazu folgendes gesagt: „Man muß wissen, welchen Hafen man ansteuert, wenn man den richtigen Wind erfassen will, der dorthin führt."

Wissen Sie und Ihr Partner, wohin die Reise geht? Stellen Sie sich bitte folgende Fragen:

▶ Worin besteht die Vision, die Richtung, das Ziel und das Streben in meinem Leben?
▶ Was ist die Vision meines Partners, was strebt er an?
▶ Was ist nach Gottes Ordnung das Ziel für meinen Partner, für mich, für unsere Ehe und Familie?

Haben Sie auf diese Fragen eine Antwort? Sind Sie sich dieser Antwort sicher? Vielleicht sind Sie und Ihr Partner gerade auf der Suche nach Sinn, Richtung und einer Vision im Leben. Vielleicht haben Sie einfach noch nie genug darüber nachgedacht.

Gebetstip
Beten Sie darum, daß Gott Ihnen zeigt, wie er sie gebrauchen kann, um auf Ihre Angehörigen und auch andere Menschen einzuwirken.

Eine Vision für Ihre Familie (Teil 3)

Wer ist der Mann, der den Herrn fürchtet?
Er wird ihm den Weg weisen, den er wählen soll.
Psalm 25,12

In ihrem Buch *Muscheln in meiner Hand* zitiert Anne Morrow Lindbergh den französischen Autor Antoine de St. Exupery: „Liebe bedeutet nicht, einander anzustarren, sondern gemeinsam in die gleiche Richtung zu schauen." In vielen christlichen Familien fehlt jedoch heutzutage ein Sinn für gemeinsame Ziele. Statt nach außen zu schauen, blicken sie nach innen. Doch schauen sie nicht einander, sondern sich selbst an. Statt Einfluß auf die Welt auszuüben, vermischen sie sich mit ihr. Statt gegen den Strich zu leben, schwimmen sie mit dem Strom.

Solcher Konformismus führt zu Kompromissen. Kompromisse aber bewirken Mittelmäßigkeit. Mittelmäßigkeit hat Sünde zur Folge. So verschwendet man sein Leben, und das uns zustehende Erbe geht verloren.

Wenn man seinem Leben ein Ziel gibt, entwickelt man praktisch eine Art sechsten Sinn: den Sinn des Glaubens. Dadurch fängt man an, das Unsichtbare zu erfassen. Im folgenden finden Sie zwei Vorschläge, wie Sie Gottes Ziel für Ihr Leben erkennen können:

Betrachten Sie zunächst einmal Ihre Vergangenheit. Worauf führen Sie es zurück, daß sich bestimmte Ideen in Gedanken und Gesprächen immer wieder durchsetzen? Gibt es Ungerechtigkeiten, über die Sie sich ärgern? Was liegt Ihnen hinsichtlich Ihrer Stadt und Ihrem Land auf dem Herzen?

Barbara und ich haben nicht über Nacht in dem Bereich angefangen zu arbeiten, wo wir uns heute engagieren. Anfangs hatten wir mit Oberschülern zu tun. In diesen Jahren aber konnten wir häufig beobachten, daß der Einfluß von geschiedenen Eltern sich negativ auf das geistliche Wachstum dieser Schüler auswirken kann. Daraus erwuchs allmählich die Überzeugung, etwas in Gang zu setzen, das wir heute mit unserer Organisation Family Life präsentieren.

Der zweite Schritt ist eine Bestandsaufnahme Ihrer Talente und Begabungen. Welche einzigartigen Fähigkeiten samt dazugehöriger Ausbildung hat Gott Ihnen zugute kommen lassen? Auf welche besondere Weise hat Gott Sie bisher gebraucht, um andere Menschen für Jesus zu beeinflussen?

Denken Sie über diese Themen nach und beten darum, daß Gott Ihnen darüber Klarheit schenkt, wohin er Sie in Ihrem Leben führen will.

Gebetstip

Beten Sie darum, daß Gott Ihnen zeigt, welchen Lebensweg Sie einschlagen sollen.

Letzte Worte der Verbitterung

*Der eine stirbt frisch und gesund in allem Reichtum
und voller Genüge ... der andere aber stirbt mit verbitterter Seele.*
Hiob 21,23.25

Die letzten Worte des Königs David waren an seinen Sohn Salomo gerichtet. Sie finden sich im ersten Buch der Könige. Der sterbende Herrscher brachte seinen Feind Schimi zur Sprache und sagte: „Bringe seine grauen Haare mit Blut hinunter zu den Toten" (1. Könige 2,9). Schimi war es gewesen, der David bei seiner entwürdigenden Flucht aus Jerusalem mit Steinen beworfen und verflucht hatte (siehe 2. Samuel 16,5–14).

Damals wurde Schimi nach Davids Anweisung in Ruhe gelassen. Auf seinem Totenbett aber redet der König, einst als Mann nach Gottes Herzen beschrieben (siehe 1. Samuel 13,14), wie ein sterbender Mafiaboss, der einen Mordauftrag erteilt. Warum hat er seine Meinung geändert und wollte seinen Feind bestrafen lassen? Warum diese Verbitterung und Rachsucht in seinen letzten Worten?

Kennen Sie auch solche Menschen, die randvoll mit Groll gefüllt und wie unter Zwang der Kritiksucht verfallen sind? An nichts und niemandem wird ein gutes Haar gelassen. Wie oft sind Sie schon von solch einem Menschen gekommen und haben im Stillen gebetet: „Bitte, Herr, laß nicht zu, daß ich so werde wie dieser da"?

Schauen wir einmal, wie eine andere biblische Persönlichkeit, nämlich Abraham, seinem Tod entgegensieht. „Und Abraham verschied und starb in einem guten Alter, als er alt und lebenssatt war" (1. Mose 25,8). Hoffentlich verhalte ich mich auf meinem Totenbett genauso, nicht wie David.

Ein Mensch verbittert nicht über Nacht, denn Verbitterung ist eine Folge von vielen verkehrten Entscheidungen. Unsere jetzige Lebensweise, unser Umgang in Beziehungen bestimmt unseren Gesichtsausdruck und unsere Einstellungen, wenn wir sechzig, siebzig und achtzig werden – und schließlich auf unserem Totenbett. David hat jahrelang zugelassen, daß die Wurzel der Bitterkeit im Garten seines Geistes wucherte.

In Hebräer 12,15 werden wir noch einmal ermahnt, keine „Wurzel der Bitterkeit" in uns sprossen zu lassen.

Gebetstip

Beten Sie darum, daß Sie sich in kleinen und alltäglichen Begebenheiten zu Liebe und Vergebung entschließen können. Beten Sie um Hilfe gegen alle Gedanken der Verbitterung.

Betrifft: Lachen

*Ein fröhliches Herz tut dem Leibe wohl;
aber ein betrübtes Gemüt läßt das Gebein verdorren.*
Sprüche 17,22

Im Ernst, ich lache gern, und ich habe einmal gelesen, daß die Ursache unseres Lachens ein rundum gutes Gefühl ist, das sich im Gesicht Platz schafft. Lachen ist Gottes Schmieröl für das Getriebe des Lebens.

Auch bekannte geistliche Größen wie C. H. Spurgeon und Martin Luther haben sich mit dem Lachen befaßt. Luther erlaubte sich folgenden Spaß: „Wenn im Himmel das Lachen verboten wäre, würde ich nicht hinein wollen." Und weiter: „Wenn auf Erden gelacht werden darf, dann ist der Himmel gewiß davon erfüllt. Der Himmel ist des Lachens Geburtsort." Als die Ältesten in Spurgeons Gemeinde ihn darum baten, doch seinen Humor auf der Kanzel zu „mäßigen", erwiderte er: „Wenn ihr nur wüßtet, wie sehr ich mich zurückhalte, dann würdet ihr mich loben."

Zu meinen witzigsten Bekanntschaften gehören die „geistlichen Größen" unserer Tage. Bill Bright und seine Frau Vonette lachen überaus gern miteinander und necken einander mehr als alle anderen Paare, die ich kenne. Chuck Swindoll ist wegen seines Gelächters fast genau so beliebt wie wegen seiner Predigten. Howard Hendricks würzt seine Botschaften mit lustigen Geschichten. Außerdem kann man sich mühelos vorstellen, daß unser Erlöser Jesus Christus das freundlichste Lächeln und herzlichste Lachen aller Zeiten hatte.

Aus dem Lebensstil mancher Christen aber müßte man schließen, daß Gott nicht gerade den Lachsack erfunden hat. Sie benehmen sich, als seien ein paar Lachanfälle pro Woche geradezu pervers.

Wir sollten nicht alles so ernst nehmen. Wir dürfen nicht glauben, alles würde von uns abhängen. Auch die Arbeit sollte uns nicht die Zeit für einen Spaß rauben. Wir sollten unsere Ziele nicht so verbissen verfolgen, daß uns der unterschwellige Gedanke beherrscht, unsere Mitmenschen – besonders unsere Angehörigen – seien uns nur im Weg.

Wann sind Sie das letzte Mal auf alle Viere gegangen und haben den Bauch Ihres Jüngsten „gegessen"? Wann haben Sie mit Ihrem „halbstarken" Sohn gerungen oder sich beim Essen mal richtig danebenbenommen? Eines Abends haben wir uns mit Marshmallows beworfen und so gelacht, daß uns die Tränen gekommen sind.

Gott hat uns das Leben nicht reibungsfrei eingerichtet. Wenn wir lachen, ebnen wir die Hindernisse im Leben zwar nicht ein, machen uns die Kletterpartie aber um einiges leichter.

Gebetstip
Bitten Sie Gott, Ihnen dieses Jahr lieber zu viel Spaß mit Ihrem Partner und Ihrer Familie zu gewähren als zu wenig davon.

Ist Abstinenz das einzig wahre Ziel?

*Denn Gott hat uns nicht berufen zur Unreinheit,
sondern zur Heiligung.*
1. Thessalonicher 4,7

In unserer Sonntagsschule habe ich meinen Sechstklässlern einmal die Frage gestellt, wie weit sie vor der Ehe im Umgang mit dem anderen Geschlecht gehen würden. Hier die Antworten:

	Jungen	Mädchen
Händchenhalten, ein paar Umarmungen	1	1
Ein paar harmlose Küsse	6	7
Ein paar harmlose Küsse, enge Umarmungen	9	15
Leidenschaftliches Petting, intime Berührungen	2	0
Bis zum Letzten	1	0

Als ich diese Ergebnisse an die Tafel schrieb, war ich wie vor den Kopf gestoßen. Diese Kinder waren in christlichen Elternhäusern groß geworden und besuchten mit ihren Eltern eine solide, biblisch fundierte Gemeinde. Wenn sie bereits vor der vollen Blüte ihrer Pubertät vorhatten, so weit zu gehen, dann stellte sich die Frage, was passieren würde, sobald die Hormone mit ins Spiel kämen und sie mit dem entsprechenden Partner allein wären.

Diese Unterrichtserfahrung öffnete mir den Blick dafür, daß viele Eltern von heute ihren Kindern nicht gerade die Unschuld bewahren helfen. Außerdem habe ich erkannt: Abstinenz ist für unsere Jugendlichen nicht das beste Ziel.

Verstehen Sie mich nicht falsch; Abstinenz ist ein hehres Ziel, darf aber nicht das einzige sein. Es reicht einfach nicht, unseren Kindern zu zeigen, wie sie ihre Jungfräulichkeit bewahren können. Glauben Sie mir bitte, wenn ich behaupte, daß Tausende christlicher Jugendlicher zwar rein biologisch jungfräulich, aber weit über unsere Vorstellungskraft hinaus sexuell erfahren sind. Man beachte: Ich spreche von „christlichen Jugendlichen".

Gebetstip
Bitten Sie Gott um Weisheit und Mut beim Schutz der sexuellen Unschuld Ihrer Kinder.

Wo bleiben die Eltern?

Fliehe die Begierden der Jugend!
Jage aber nach der Gerechtigkeit,
dem Glauben, der Liebe, dem Frieden mit allen,
die den Herrn anrufen aus reinem Herzen.
2. Timotheus 2,22

Ich wünschte, man könnte öfter erleben, wie christliche Eltern darum ringen, ihren heranwachsenden Kindern bei der Bewältigung ihrer sexuellen Begierden zu helfen. Leider ist das nicht der Fall.

Seit fast drei Jahrzehnten müssen viele Eltern zusehen, wie unsere Gesellschaft sich über die Moral der Kinder hermacht. Praktisch läuft es auf eine Amputation ihres Gewissens hinaus. Es ist kein Gerücht, daß die Schulen voller Kinder sind, die nicht mehr Gut von Böse unterscheiden können.

Dies wiederum liegt daran, daß wir die junge Generation nicht mehr mit genügend hohen Maßstäben konfrontieren. Heute sind dagegen Kräfte wirksam, denen die Jugendlichen beim Umgang mit ihrem Sexualtrieb nichts entgegenzusetzen haben, wenn man sie damit allein läßt. Wir müssen ihnen also beibringen, wie sie es vermeiden können, diesen Sexualtrieb in „höhere Gänge" zu schalten.

Viele Eltern überlassen diese Aufgabe den Jugendpastoren ihrer Kirchen. Für die Erziehungsleistung der Eltern aber kann es keinen Ersatz geben.

Barbara und ich sind als Eltern von Gott dazu bestimmt, über das Leben unserer Kinder zu wachen. Kann uns das hundertprozentig gelingen? Leider nicht, denn wir versagen manchmal. Unsere Kinder sind zudem keine Roboter und geraten deshalb bei ihren Entscheidungen mitunter vom Wege ab. Trotzdem rücken wir nicht fatalistisch von den biblischen Maßstäben ab. Wir wollen unseren Kinder das Beste bewahren helfen: ihre Unschuld.

Wenn ich manchen Eltern zuhöre, spüre ich, daß viele sich angesichts dieser Aufgabe ziemlich hilflos fühlen. Andere sind eher verwirrt. Sie wissen nicht, was eigentlich richtig ist; also geben sie ihren Kindern wenn überhaupt sehr wenig mit auf den Weg.

Ein Kind will aber von seinen Eltern herausgefordert werden. Es ist beim Bewahren seiner sexuellen Unschuld auf Hilfe angewiesen.

Gebetstip
Beten Sie für die Familien in Ihrer Gemeinde und Ihrem Wohnort.
Beten Sie um eine Bewegung von Eltern, die sich Ihnen beim Schutz der Unschuld Ihrer Kinder anschließen.

Praktische Hilfe für unsere Kinder

*Damit eure Herzen gestärkt werden
und untadelig seien in Heiligkeit vor Gott, unserm Vater.*
1. Thessalonicher 3,13

Wie können wir dazu beitragen, daß unsere Kinder auf sexuellem Gebiet rein bleiben? Dazu ein paar Vorschläge:

Halten Sie sich immer vor Augen, daß die Beziehung zu Ihrem Kind eine Brücke zu seinem Leben ist. Im Krieg will der Feind uns voneinander isolieren und die Versorgungslinien abschneiden. Genauso will der Feind uns im familiären Bereich von den heranwachsenden Kindern trennen, denn so kann er sie vereinzeln und von allem möglichen überzeugen.

Wir helfen unseren Kindern, sich selbst Maßstäbe zu setzen, damit sie den Versuchungen der Umwelt etwas entgegenstellen können. Wir schotten sie nicht von der Welt ab, fordern sie aber auf, Fernsehsendungen und Filme zu meiden, in denen es um sexuelle Themen geht.

Schließlich sollten Sie Ihr heranwachsendes Kind zur Rechenschaft ziehen. Rechenschaft zu verlangen bedeutet Einmischung in den Alltag Ihres Kindes, indem man unbequeme Fragen stellt.

Einmal ging mein Sohn nach dem Gottesdienst eine junge Dame besuchen. Ich habe ihn vorher gefragt: „Ihre Mutter ist doch zu Hause, oder?" und „Wann bist du wieder zu Hause?" So etwas geht mir wie von selbst über die Lippen, weil meine Mutter auch mich mit ihren Fragen, wo ich gewesen sei, wohin ich gehe und wann ich wieder zu Hause sein werde, unendlich genervt hat.

Die klaren Maßstäbe, die Sie Ihrem Kind in Bezug auf voreheliche Geschlechtsverkehr setzen, sollten jedoch nicht ohne Erklärungen bleiben. Letzten Endes möchte Gott uns ein Geschenk bewahren helfen, das man nur einem Menschen machen kann: das Geschenk der Jungfräulichkeit. Er hat unser Bestes im Sinn.

Um eins möchte ich Sie bitten: Wenn Sie sich entschlossen haben, Ihrem Kind Grenzen zu setzen, dürfen Sie nicht vergessen zu sagen, daß es auch bei Verfehlungen auf Gnade und Vergebung hoffen darf – von Gott und von Ihnen.

Gebetstip
Bitten Sie Gott um Hilfe bei der Auswahl von Grenzen und Maßstäben. Beziehen Sie sie aus der Bibel, nicht aus Ihrer Umwelt.

24. Juni

Hilfe für zerbrochene Herzen

Wenn die Gerechten schreien,
so hört der Herr und errettet sie aus all ihrer Not.
Der Herr ist nahe denen, die zerbrochenen Herzens sind,
und hilft denen, die ein zerschlagenes Gemüt haben.
Psalm 34,18–19

Ich kann mich gut daran erinnern, wie ich einmal nach einer Reihe aufreibender Tage von der Arbeit bei Family Life nach Hause fuhr. Meine Hände umklammerten das Steuer so fest, daß die Knöchel selbst im Zwielicht hell hervorstachen. „Wie kommt es bloß", betete ich, „daß normale Unternehmen keine Probleme haben, Führungskräfte zu finden, die ihnen Millionen einbringen? Wir können nicht einmal genug Mitarbeiter bekommen! Mir geht allmählich die Luft aus – bitte, schick mir jemanden zur Hilfe. Bitte, Gott, hilf mir!"

Genau das hat er getan. Wie so manche Erhörung eines Gebets kam auch diese nicht sofort oder ganz von selbst. Doch im Lauf der Jahre hat Gott ein unglaubliches Team zusammengerufen, das hier in Little Rock zusammenarbeitet.

Seit damals habe ich beobachtet, daß Gott solche Gebete am meisten schätzt, die in völliger Verzweiflung an ihn gerichtet werden. Diese Gebete werden nicht gedankenlos aus einem Buch abgelesen, weil sie einem Zustand äußerster Hilflosigkeit entspringen. Sie lauten im Kern: „Herr, ich bin leer. Ich habe schon wieder versagt. Es reicht nicht! Nur du kannst mir Antwort geben."

C. T. Studd, ein englischer Afrikamissionar, war einmal in eine Situation geraten, in der er und seine Familie überhaupt nichts mehr zu essen hatten. Wenn die nächste Post keine Abhilfe schuf, hätten sie verhungern müssen. Eine ganze Nacht lang beteten sie um Hilfe.

Am nächsten Tag bekamen sie tatsächlich einen Scheck über hundert Pfund von einem Mann, den sie überhaupt nicht kannten. Im Begleitbrief stand nur, daß Gott ihm gesagt habe, er solle das Geld abschicken.

Antwortet Gott immer mit so dramatischer Geste auf unsere Bitten? Nein. Worauf er aber eingeht, ist unsere Demut, mit der wir die völlige Abhängigkeit von ihm eingestehen.

Gebetstip
Bekennen Sie Ihre Nöte vor Gott, aber auch Ihre eigene Hilflosigkeit, damit umzugehen. Sagen Sie Gott, daß Sie sich ganz auf ihn und seine Hilfe verlassen.

Erwachsen werden

Als ich ein Kind war, da redete ich wie ein Kind und dachte wie ein Kind und war klug wie ein Kind; als ich aber ein Mann wurde, tat ich ab, was kindlich war.
1. Korinther 13,11

Der Apostel Paulus wußte: Kinder sind nun mal Kinder, und als solche benehmen sie sich kindisch. Doch weist er uns auch darauf hin, daß wir als Erwachsene das kindgemäße Verhalten ablegen und reifer werden müssen.

Von Natur aus sind Kinder launisch, empfindlich und in Beziehungsangelegenheiten nörgelig. Sie sind vorlaut, grob und selbstsüchtig und kümmern sich wenig darum, was sie mit ihren Worten bei anderen anrichten.

Kinder denken, im Leben drehe sich alles immer nur um sie. Sie sind selbstgerecht. Die anderen sind immer im Unrecht, selbst wenn das Gegenteil bewiesen ist. Ich werde nie vergessen, wie eine von unseren Töchtern mit schokoladeverschmiertem Gesicht an den Tisch kam – Beweis genug, daß sie an der Keksdose gewesen war. Beweis hin oder her, sie behauptete, nicht genascht zu haben! Eltern müssen häufig solche Situationen über sich ergehen lassen, obwohl sie ihren Kindern beigebracht haben, die Wahrheit zu sagen.

Zu den unglücklichsten Beziehungen zwischen Mann und Frau gehören solche, in denen einer der beiden nie richtig erwachsen geworden ist. Immer noch sind sie launisch, empfindlich und nörglerisch. Ob ihre Worte verletzen, ist ganz egal. Sie glauben immer noch, alles im Leben drehe sich nur um sie. Es fällt ihnen schwer, Verantwortung für ihr Handeln und ihre Entscheidungen zu übernehmen oder es zuzugeben, wenn sie im Unrecht sind.

Sie reden, denken und argumentieren wie Kinder.

Eines Tages, mitten im Streit mit Barbara, dämmerte es mir, daß ich endlich erwachsen werden müsse. Daß ich aufhören müsse, mich wie ein Kind zu benehmen. Und wissen Sie was? Ich konnte das kindische Wesen abtun, so wie Paulus es sagte.

Gebetstip

Beten Sie: „Lieber Vater, hilf mir, erwachsen zu werden und mein kindisches Reden, die kindischen Einstellungen und Handlungen abzulegen. Möge dein Heiliger Geist mir heute dazu Kraft geben. Amen."

26. Juni

Die sexuellen Unterschiede verstehen

Meinem Freund gehöre ich, und nach mir steht sein Verlangen.
Hoheslied 7,11

Bei einer Talkshow wurde ein Hollywood-Star interviewt, ein Mann, der für seine Erfolge bei Frauen bekannt ist. In diesem Gespräch wurde die Frage gestellt: „Was macht einen guten Liebhaber aus?"

„Zwei Dinge", antwortete er. „Vor allem muß es ein Mann sein, der eine Frau ein Leben lang befriedigen kann. Außerdem muß er ein Leben lang mit dieser Frau zufrieden sein." Ich hätte laut „Amen" rufen können.

Mann und Frau müssen sich einander so verpflichtet fühlen, daß sie die körperlichen und emotionalen Bedürfnisse ihres Partners erfüllen. Sie müssen es aber auch beide auf sich nehmen, Verständnis für die jeweils unterschiedlichen Bedürfnisse und Einstellungen zur Sexualität zu erlangen.

Häufig taucht das Problem auf, daß Männer von ihren Frauen erwarten, genau so an Sex interessiert zu sein wie sie selbst. Bei einer Umfrage in Tallahassee in Florida wurde 230 Ehepaaren eine Liste mit sechsundneunzig Freizeitaktivitäten ausgehändigt. Sie sollten davon fünf aussuchen, mit denen sie sich am liebsten beschäftigen. Unter anderem konnte man Fernsehen, Gartenarbeit, Kirchgang, Besuche bei Freunden, Sex, Sportereignisse, Lesen und Nähen ankreuzen. Bei den Männern war für fünfundvierzig Prozent „Beschäftigung mit sexuellen oder zärtlichen Beziehungen" die erste Wahl. Bei siebenunddreißig Prozent der Frauen rangierte Lesen an erster Stelle. Sex war gerade mal beliebter als Nähen!

Die meisten Männer sehnen sich nach körperlicher Einheit, während es den Frauen mehr um emotionale Einheit geht. Der Mann läßt sich von einem schönen Anblick, von Gerüchen und dem Körper stimulieren. Die Frau wird von Berührungen, Einstellungen, Taten und Worten stimuliert – von der ganzen Persönlichkeit.

Ein Mann braucht Respekt und Bewunderung. Er will körperlich gebraucht und nicht abgelehnt werden. Die Frau braucht Verständnis und Liebe. Sie will sich emotional einsetzen und hat eine gewisse Zeit nötig, um für sexuelle Intimität warm zu werden.

Wenn Sie Verständnis für die Bedürfnisse Ihres Partners erlangen, können Sie auch mal ein Opfer bringen und auf seine oder ihre Wünsche liebevoll und fürsorglich eingehen.

Gebetstip

Bitten Sie Gott um Hilfe beim Verständnis füreinander und beim Entstehen einer intimen Kenntnis voneinander – emotional, geistlich und körperlich.

„O mein Sohn Absalom!"

*Da erbebte der König und ging hinauf
in das Obergemach des Tores und weinte,
und im Gehen rief er: Mein Sohn Absalom!
Mein Sohn, mein Sohn Absalom!*
2. Samuel 19,1

Bill McCartney, der ehemalige Cheftrainer der Footballmannschaft an der Universität von Colorado, erzählt die Geschichte von einem Grußkartenunternehmen, das einmal im Gefängnis umsonst Muttertagskarten verteilte. Die Häftlinge mußten die Karten nur noch unterschreiben und mit der Adresse versehen. Die Aktion fand so großen Anklang, daß dem Unternehmen die Karten ausgingen und ein paar zusätzliche Kartons herbeigeschafft werden mußten.

Dann entschloß sich die Unternehmensleitung, am Vatertag die gleiche Aktion zu starten. Man ließ den Häftlingen mitteilen, daß alles wie zuvor ablaufen solle. Doch diesmal kam kein einziger, der seinem Vater eine Karte schicken wollte.

Das sollte uns zu denken geben. Wie Sie sich wohl vorstellen können, quellen unsere Gefängnisse über mit Männern und Frauen, die nie einen normalen Vater kannten, der seinen Aufgaben nachkam. Die meisten Häftlinge wurden in Familien groß, in denen der Vater seinen familiären Verpflichtungen nicht nachkam.

König David wird in der Bibel als Mann nach dem Herzen Gottes beschrieben. Diese Beziehung zu Gott aber hatte er seinem Sohn Absalom nicht vermittelt. Eigentlich spricht fast alles dafür, daß David mit der Vergrößerung des Reiches Israel viel zu beschäftigt war, um sich um seinen Sohn kümmern zu können. Erst als Absalom im Bürgerkrieg gegen seinen Vater umkam, war der König nicht mehr Herr seiner Tränen. Da war es natürlich zu spät.

Einer Familie vorzustehen, ohne mit seinen Mitgliedern eine gute Beziehung zu pflegen, läuft auf emotionale Vernachlässigung hinaus. Bei emotionaler Vernachlässigung aber ist beim Kind Tür und Tor geöffnet für den Druck der Gleichaltrigen, für die Beschäftigung mit vorehelichem Sex, mit okkulten Sekten, Alkohol und Drogen. Als Väter dürfen wir nie vergessen: Wenn unserem Kind der emotionale Treibstoff ausgeht, wird es seinen Tank mit irgend etwas oder irgend jemand anderem auffüllen.

Gebetstip
Bitten Sie Gott um die Fähigkeit, eine emotionale Verbindung mit allen ihren Kindern aufzunehmen, damit Sie gute Werte und Maßstäbe an sie weitergeben können.

Willenstraining

Denn ich weiß, daß in mir, das heißt in meinem Fleisch, nichts Gutes wohnt.
Römer 7,18

Dem Willen Gottes gehorsam sein ist sehr wichtig. Seine Wege sind nicht nur der Zugang zum Himmel; sie sind auch die beste Möglichkeit, hier im Leben zurechtzukommen.

Warum also ringen wir überhaupt darum, Gott gehorsam zu sein? Der Apostel Paulus meint, es sei wegen des „Fleisches", unseres sündigen Wesens. Wenn wir dem Geist unbedingt durch das Fleisch widerstreben wollen, bekommen wir genau das, was wir wollen: unseren eigenen Lebensweg. Manchmal müssen wir auf die harte Tour lernen, wie unangenehm das sein kann. Als Paulus noch die Nachfolger Christi verfolgte, gab der Herr ihm zu bedenken: „Es wird dir schwer sein, wider den Stachel auszuschlagen" (Apostelgeschichte 26,14).

Der Prophet Jesaja beschreibt diese Erfahrung so: „Wir gingen alle in die Irre wie Schafe, ein jeder sah auf seinen Weg" (Jesaja 53,6). Kurz, das Gehorchen fällt uns deshalb so schwer, weil unser Wille gegen Gottes Willen steht. Wir widerstehen ihm und lehnen uns gegen seine Gebote auf.

Nicht nur Schafe können zum Vergleich mit dem selbstsüchtigen, in Not geratenen Menschen herangezogen werden. Auch das Verhalten von Hunden ist aufschlußreich. Ich kann meine Reaktion auf Gott besonders gut bei der Ausbildung einer bestimmten Rasse, dem Retriever, wiedererkennen. Dieser Hund muß dazu trainiert werden, erjagte Vögel zu apportieren.

Nun gibt es verschiedene Arten von Retrievern. Jede reagiert unterschiedlich auf das Training. Der Chesapeake Bay Retriever hat einen besonders starken Willen. Der Trainer muß diesen „dickköpfigen" Hund mit einem Knüppel lehren, dem Befehl seines Herrn zu gehorchen. Dem schwarzen Labrador reicht schon der Schlag mit einer frisch geschnittenen Rute. Der Golden Retriever ist der allersensibelste. Hier braucht der Trainer nur die Stimme zu erheben. Offensichtlich ist sein „Herz" empfänglich für den Tonfall der Stimme seines Herrchens.

Wie diese reinrassigen Retriever reagieren auch wir ganz unterschiedlich auf die Erziehung durch Gott. Vielleicht brauchen Sie nichts weiter als einen geflüsterten Tadel und reagieren auf die leiseste Veränderung im Tonfall der Stimme des Herrn, um eine schlechte Gewohnheit abzulegen. Andere brauchen eher die Rute oder gar den Knüppel.

Gebetstip
Beten Sie darum, daß Sie und Ihre Angehörigen für die Anweisungen des Herrn immer sensibler werden.

Die sieben Stufen des Umgangs mit der Erkältung in der Ehe

Ermahnt euch selbst alle Tage, solange es „heute" heißt, daß nicht jemand unter euch verstockt werde durch den Betrug der Sünde. Hebräer 3,13

Ein kluger Beobachter von Abstumpfungserscheinungen in der Ehe hat einmal die „sieben Stufen des Umgangs mit der Erkältung in der Ehe" beschrieben. Hier reagiert der Mann von Jahr zu Jahr anders auf die Symptome:

Das erste Jahr. „Mein süßes Schätzchen, ich mach' mir ja Sorgen um mein Kleines. Dein Näschen läuft, und bei all den bösen Bakterien kann man nie wissen, was daraus wird. Ich bring' dich am besten zum Arzt, damit er dich gründlich untersucht und du dir etwas Ruhe gönnen kannst."

Das zweite Jahr. „Hör mal, Liebling, dein Husten gefällt mir gar nicht. Ich bade die Kinder und lege sie zu Bett. Du machst es dir gemütlich, bis ich das Auto schon mal vorgewärmt habe."

Das dritte Jahr. „Kleines Wehwehchen, stimmt's? Leg dich mal lieber hin und ruh dich aus. Ich mach uns was zu essen. Haben wir noch Suppe da?"

Das vierte Jahr. „Schatz, sei doch vernünftig. Wenn du die Kinder abgefüttert und das Geschirr gespült hast, solltest du auf jeden Fall ins Bett."

Das fünfte Jahr. „Klingt aber nicht gut. Nimm doch zwei Aspirin!"

Das sechste Jahr. „Ich würde es sehr zu schätzen wissen, wenn du endlich mal gurgelst oder so, statt nur rumzusitzen und wie ein Seehund zu bellen!"

Das siebte Jahr. „Um Himmels willen, hör bloß auf zu niesen! Was soll das werden, willst du mich mit einer Lungenentzündung anstecken?"

Wir können diesen fiktiven Niedergang des Mitleids natürlich von der heiteren Seite betrachten, doch in manchen Ehen ist es leider nicht viel anders. Das steht in scharfem Kontrast zu unserem Bibelvers, der dazu aufruft, täglich an einer warmen und lebendigen Beziehung zu arbeiten und einander nicht zu entmutigen, was nur für verhärtete Herzen sorgt.

Wir haben es nötig, diese Atmosphäre von Beistand und Ermutigung zur Grundlage unserer Ehe zu machen. Der Ehealltag kann mit seiner Routine jede Intimität und positive Spannung abtöten. Denken Sie noch heute darüber nach, wie Sie Ihrem Partner auf kreative Art neuen Mut machen können.

Gebetstip

Beten Sie darum, daß die Alltäglichkeit des Familienlebens und die zunehmende Vertrautheit für mehr Nähe sorgt, statt zur Gleichgültigkeit zu verführen.

30. Juni

Diamanten entstehen aus Kohle

*Ich war ... in Mühe und Arbeit, in viel Wachen,
in Hunger und Durst, in viel Fasten ...
und außer all dem noch das,
was täglich auf mich einstürmt,
und die Sorge für alle Gemeinden.* 2. Korinther 11,27–28

Stehen Sie manchmal unter Druck? Mir geht es so. Ich möchte Ihnen Einblick in einen kleinen Abschnitt unseres Lebens gewähren, aufgezeichnet in meinem Tagebuch vor ein paar Jahren:

Der Klempner hat mir gerade mitgeteilt, daß unser Haus wegen einer defekten Gasröhre jeden Augenblick explodieren könnte. Über der Dusche kommt die Tapete von der Wand. Auf dem Weg zur Arbeit standen alle Ampeln auf Rot, und ich habe mich verspätet. Als ich ins Büro kam, informierte mich ein Mitarbeiter über zwei dringende Angelegenheiten, die eine sofortige Entscheidung erforderten. Ein dicker Stapel von unbeantworteten Briefen auf dem Schreibtisch schreit nach Erledigung. Was für ein Druck! Barbara ist am Telefon. Ich soll entscheiden, wie unser Parkett lackiert werden soll. Sie fragt: „Wann soll der Mann die Versiegelung auftragen? Sollen wir auch gleich die Kinderzimmer erledigen lassen?"

Als ob das alles noch nicht reichte: Gerade war ich acht Wochen unterwegs, und schon brechen wir in vierundzwanzig Stunden als Familie zu einem Feriencamp nach Kalifornien auf, wo ich als Redner eingeplant bin.

An diesem Tag fing Barbara an zu niesen. Ashley und Samuel stimmten mit ein, und gegen Mitternacht litt der halbe „Familienzoo" unter asthmatischen Anfällen. In weniger als acht Stunden wollten wir ins Ferienlager aufbrechen. Wir fragten im Gebet, ob wir absagen sollten.

Am nächsten Morgen mußte der Rasen noch gemäht werden, die Kinder waren noch krank, und Rebecca schrie nach ihrem Frühstück. Als wir gerade aufbrechen wollten, klingelte beim Abschließen das Telefon. Wir mußten es klingeln lassen, um nicht den Flug zu verpassen. Die Kinder bettelten einstimmig: „Können wir nicht mal kurz anhalten und Kuchen kaufen, Papa?" Insgeheim dachte ich: Ist das wirklich alles nötig, Ferienlager, Parkettböden und Kuchen?

Der Apostel Paulus ließ Gott den Druck in seinem Leben nutzen, um ihn stärker zu machen. Auf diese Weise werden aus Kohlenstoff Diamanten.

Bleibt noch zu fragen: Lassen wir es zu, daß Gott uns durch solche Drucksituationen umformt?

Gebetstip
Nehmen Sie sich Zeit dafür, ganz still zu sitzen und über Gottes Frieden zu meditieren. Beten Sie dann darum, daß seine Kraft dazu beiträgt, aus Streß mehr Lebenskraft zu schaffen.

Unkraut raus, Samen rein (Teil 1)

Siehe, es ging ein Sämann aus zu säen . . .
Und einiges fiel unter die Dornen,
und die Dornen wuchsen empor und erstickten's,
und es brachte keine Frucht. Markus 4,3.7

Vielleicht haben Sie auch in der letzten Zeit einmal darüber nachgedacht, einen neuen Garten anzupflanzen. In Ihrer Phantasie entsteht eine Vorstellung, wie er aussehen könnte: ertragreiche Gemüsebeete und ein sattgrüner Rasen, der Ihren Nachbarn vor Neid erblassen läßt. Danach aber fiel Ihnen ein, daß ein Garten ohne Unkraut ziemlich unrealistisch ist.

Unkraut raus, Samen rein. Das ist die Geschichte, die das Leben schreibt. Wir gleichen einzelnen Grundstücken, auf denen entweder das Unkraut der Selbstsucht oder die Frucht des Heiligen Geistes wächst.

Im Markusevangelium, Kapitel 4, erklärte Jesus seinen Jüngern diesen Sachverhalt anhand verschiedener Bodensorten. Christus sagte, daß geistliche Fruchtbarkeit oder Unfruchtbarkeit vom Boden, also vom Herzen des jeweiligen Menschen, abhängt, der den Samen des Wortes Gottes aufnimmt.

Besonders aber warnte er vor dem erstickenden Einfluß der Dornen, von denen es drei Arten gibt, die den jungen Nutzpflanzen den Lebenssaft aussaugen.

Die Sorgen der Welt sind das erste Unkraut, vor dem Jesus warnt. Von Sorgen und Ängsten kann man in eine falsche Richtung gedrängt oder abgelenkt werden.

Was lenkt uns ab? Was drängt uns in Richtungen, die sich als unfruchtbar erweisen? Für mich kann es die Geschäftigkeit sein, ein voller Terminkalender mit vielen guten Vorhaben, die das Beste – die Beschäftigung mit Gottes Wort – verdrängen. Viel zu häufig könnte ich mich von dringenden Angelegenheiten ablenken lassen, die ebensogut ein paar Minuten aufgeschoben werden könnten.

Mancher macht sich auch Sorgen darüber, was andere von ihm halten. Es geht ihm darum, jedem zu gefallen und für alles ein Maß an Zustimmung zu bekommen. Wieder andere werden von ihrer Unsicherheit getrieben und sind darauf angewiesen, durch Leistung die eigene Bedeutung zu festigen.

Gute Ehen und Familien entstehen anders als das Unkraut nicht von allein. Deshalb ist es so wichtig, auf die Worte des Meistergärtners zu hören, Jesus Christus.

Gebetstip

Bitten Sie Gott darum, Ihren Ehepartner dafür zu gebrauchen, daß er Ihren gemeinsamen Lebensstil anhand von Gottes Rangordnung überprüft.

2. Juli

Unkraut raus, Samen rein (Teil 2)

*Und andere sind die, bei denen unter die Dornen gesät ist:
die hören das Wort, und die Sorgen der Welt
und der betrügerische Reichtum und die Begierden
nach allem andern dringen ein und ersticken das Wort,
und es bleibt ohne Frucht.*
Markus 4,18–19

Die zweite Dornenart, von der Jesus in Markus 4 spricht, ist der betrügerische Reichtum. Vielleicht sind Sie beherrscht vom Gedanken: „Ich will auf keinen Fall arm sein, ganz gleich, ob ich dafür auch mal die Unwahrheit sagen muß. So schlecht kann Reichtum wohl kaum sein."

In diesem Zusammenhang muß ich an das Jahr denken, in dem wir unsere erste Familienkonferenz in Harlem veranstalteten. Dort gab es nicht einmal den Anschein von Reichtum. Die Hoffnungslosigkeit war ganz unverhüllt sichtbar und spürbar.

Als ich von dieser Konferenz nach Hause kam, stachen mir die sauberen und blühenden Vororte von Little Rock geradezu in die Augen. Dann aber kam mir der Gedanke: Viele Leute hier verbergen ihre Hoffnungslosigkeit unter dem Anstrich des Wohlstands. In Wirklichkeit waren sie ebenso auf das Licht Jesu Christi angewiesen wie die Bewohner von Harlem.

Reichtum ist ein trügerisches Unkraut, das vom Leben Besitz ergreift und unser Verantwortungsgefühl Gott gegenüber ersticken kann. Die folgende Frage soll zur Klärung beitragen, inwieweit Sie dem Betrug des Reichtums zum Opfer gefallen sind: Wären Sie bereit, auf die Sicherheit von Arbeit und Gehalt zu verzichten und sich in einem geistlichen Dienst einzusetzen, wenn Gott Sie dazu berufen würde? Wenn nicht, dann hätten auch Sie einige Unkräuter des betrügerischen Reichtums zu jäten.

Hüten Sie sich, wenn der Wohlstand winkt – er kann tödlich wirken, indem er das Herz gegen Gottes Richtungsweisung abstumpft.

Gebetstip
Bitten Sie Gott, Sie vor dem betrügerischen Zugriff von Reichtum und Materialismus zu bewahren – egal, wie hoch Ihr Einkommen ist.

Unkraut raus, Samen rein (Teil 3)

Und die Begierden nach allem andern dringen ein und ersticken das Wort, und es bleibt ohne Frucht.
Markus 4,18–19

Die letzten stacheligen Unkräuter und Fruchtbarkeitshemmer in unserem Leben sind die Begierden nach allem andern. Manche davon lassen sich leicht entdecken, zum Beispiel sexuelle Begierde und die Sucht nach Pornographie und Perversionen. Andere Begierden sind weniger leicht zu identifizieren: Essen, Kleidung, Schmuck, Autos, Beruf, Gehalt, Hobby oder Sport, selbst die Wohngegend oder Wohnung, in der wir leben. Jede Begierde, von der wir getrieben sind, die unser Denken beherrscht oder besetzt, kann als Unkraut das Wachstum unseres geistlichen Lebens hemmen.

Eine gute Möglichkeit, diese Unkräuter zu entdecken, ist die Überprüfung unserer Gespräche: Wovon lassen wir uns am meisten begeistern? Über welche Themen unterhalten wir uns mit anderen? Womit beschäftigen wir uns gedanklich? Ist es etwas Ehrenhaftes?

Was mich an diesen Unkräutern so beunruhigt, ist ihre hohe Vermehrungsrate. Als Kind machte es mir großen Spaß, „Pusteblumen" zu pflücken. Ein Windstoß, selbst der leiseste Atemhauch ließ sofort unzählige kleine Fallschirme durch die Gegend schweben. Heute kämpfe ich gegen diese flugfähigen Eroberer an und frage mich entnervt, wie viele Löwenzahnpflanzen eigentlich aus einer einzigen Pusteblume entstehen können.

Wenn man nur eins der oben genannten „Unkräuter" ungehindert wachsen läßt, muß man mit einer Mißernte rechnen. Dornen und Disteln schmälern den Ertrag jeder Ernte. Also muß ich die Unkrautbekämpfung in meinem eigenen Leben wirklich sehr ernst nehmen.

Doch was uns allen gut tun würde, ist ein persönlicher Besuch des Meistergärtners mit seiner Hacke.

Gebetstip
Bitten Sie Gott darum, den Acker Ihres Herzens neu zu kultivieren.

4. Juli

Rutschpartie am Abgrund

Wohl dem Volk, dessen Gott der Herr ist.
Psalm 33,12

An jedem Unabhängigkeitstag der Vereinigten Staaten von Amerika versammeln sich Millionen von Bürgern in Parks und Stadien. Sie bewundern die unzähligen Feuerwerke und machen sich mit ihrer Familie einen schönen Tag. Bei allem Prunk und Pomp aber gleitet das ganze Land unbemerkt auf einen Abgrund zu. Bald ist es zu spät für eine Umkehr. Wie bedrohlich diese Rutschpartie am Abgrund ist, soll im folgenden belegt werden.

Alexander Fraser Tytler lebte gegen Ende des 18. Jahrhunderts. In seinem Buch *The Decline and Fall of the Athenian Republic* (Niedergang und Verfall der Republik Athen) aber wirkt seine beängstigend aktuelle Warnung weiter. Tytler stellte fest, daß der demokratische Staat des Altertums der Selbstsucht des menschlichen Herzens zum Opfer fiel. Er schrieb: „Das Durchschnittsalter der bedeutendsten Zivilisationen der Welt betrug 200 Jahre. Diese Nationen haben folgende Stufen durchschritten:

Aus der Unterdrückung zum Glauben auf geistlicher Grundlage;
vom Glauben zur Entfaltung des Mutes;
vom Mut zur Freiheit;
von der Freiheit zur Fülle;
von der Fülle zur Selbstsucht;
von der Selbstsucht zur Gleichgültigkeit;
von der Gleichgültigkeit zur Apathie;
von der Apathie zur Abhängigkeit;
von der Abhängigkeit zurück zum Zustand der Unterdrückung."

Kein Geringerer als Abraham Lincoln hat gesagt: „Die Kraft der Nation liegt in den Familien." Ich bin mehr denn je davon überzeugt, daß in den Familien unseres Landes die Mittel für ein geistliches und moralisches Erwachen verborgen sind. Die kleinste und doch mächtigste Einheit für geistliche Erweckung und sozialen Wandel ist die Familie. Auch Ihre Familie!

Die eigentlichen und wichtigen Auseinandersetzungen werden nicht in Parlament und Kabinett ausgetragen, sondern im Kreise unserer Angehörigen.

Gebetstip
Beten Sie für alle, die politische Macht in unserem und anderen Ländern haben, damit sie im Sinne Gottes regieren und wir in Frieden leben können.

Gemeinsam unterschiedlich sein

*Rede mir nicht ein, daß ich dich verlassen
und von dir umkehren sollte.
Wo du hingehst, da will ich auch hingehen;
wo du bleibst, da bleibe ich auch.*
Ruth 1,16

Am Anfang unserer Beziehung hatten Barbara und ich damit zu kämpfen, einander mit unseren unterschiedlichen Lebensumständen so zu akzeptieren wie Ruth ihre aus Juda stammende Schwiegermutter. Barbara war in einem feudalen Vorort von Chicago aufgewachsen, ich im kleinen Städtchen Ozark in Missouri. Sie war eine wohlerzogene junge Dame, ich ein Hinterwäldler.

Vor unserer Hochzeit suchte Barbara für uns ein silbernes Besteck aus. „Old Master" hieß die Marke. Ich wandte mich an eine vornehme ältere Verkäuferin im Kaufhaus und fragte nach dem Preis dieses Bestecks.

„Das macht 59,95 Dollar", erwiderte sie.

„Nicht schlecht für ein 24teiliges Silberbesteck", fand ich.

Sichtlich aus der Fassung gebracht schob die Dame sich die Brille zurecht, schaute mich herablassend an und sagte: „Junger Mann, soviel kostet eine einzige Garnitur."

Ich war mit meiner Reaktion bestimmt im ganzen Stockwerk des Kaufhauses zu hören: „Hören Sie mal, wissen Sie, wie viele Plastikmesser, Gabeln und Löffel man dafür kriegt? Warum soll ich zwanzig Dollar für ein Messer ausgeben? Wir haben ja nicht mal einen Tisch!"

Barbara und ich mußten uns durch noch so manch andere Schwierigkeit beißen. Manchmal war es lustig, manchmal nicht. Wir hatten zwar häufig lebhafte Diskussionen, konnten aber immer zu einem Kompromiß gelangen.

Ein Ehepaar muß die Kunst erlernen, gemeinsam unterschiedlich zu sein. Bei uns zu Hause lernen wir das, indem wir unsere Beziehung jeweils wichtiger nehmen als alle persönlichen Vorlieben. Wir versuchen unser Haus auf Werten zu erbauen, die wir uns gemeinsam erarbeiten.

Gebetstip
Beten Sie für Ihren Partner und jedes Ihrer Kinder, und bitten Sie Gott, daß alle einander in ihren Unterschieden annehmen.

Kleine Worte mit großer Wirkung

*Tod und Leben stehen in der Zunge Gewalt;
wer sie liebt, wird ihre Frucht essen.*
Sprüche 18,21

Ein Freund hat mir neulich eine Grußkarte mit folgenden Worten gezeigt: „Wenn du etwas liebst, dann laß es frei. Wenn es zurückkommt, hast du es nicht verloren. Wenn es verschwindet und nicht mehr zurückkommt, dann hat es von Anfang an in Wirklichkeit nicht zu dir gehört."

Wenn man die Karte aufklappt, geht der Text weiter: „Und wenn es vor dem Fernseher sitzen bleibt und gar nicht gemerkt hat, daß es frei gelassen wurde, hast du es wahrscheinlich schon längst geheiratet."

Mit solchen ironischen Sprüchen kann man immer ein Lächeln auf mein Gesicht zaubern. Mit anderen Worten kann man aber andere verletzen oder beschämen. Wie in dem Buch der Sprüche geschrieben steht, können unsere Bemerkungen Leben oder Tod bringen.

Ich erinnere mich, wie ich als Junge mit meinem Vater zum Eishaus ging, weil wir für die Herstellung von Speiseeis Eisblöcke brauchten. Der Eismann wußte genau, wie er mit seiner Hacke einen kleineren, exakt bemessenen Block abbrechen konnte.

Im Familienkreis kann sich unsere Zunge genauso wie ein Eispickel betätigen und das Selbstwertgefühl, ja sogar den Charakter der Angehörigen schmälern.

Doch läßt sich unsere Zunge auch sehr schön als Malerpinsel einsetzen. Vor Jahren, als für unsere Familie erst der Grundstein gelegt war, verblüffte Barbara mich mit ihrer Begabung, so großartig zu malen, daß auf einer leeren Leinwand ein wunderbares Bild entstand. Ähnlich können unsere Worte dazu beitragen, daß Christi Abbild in jedem unserer Angehörigen zu erkennen ist. Die Schönheit eines Menschen wird noch hervorgehoben, wenn man ihm Worte des Respekts und der Freundlichkeit gönnt.

Gebetstip
Wenn nötig, dann bekennen Sie jedes einzelne Wort, mit dem Sie Ihren Partner oder die ganze Familie geschädigt haben. Bitten Sie Gott um Kraft, damit Sie Ihre Zunge nur noch in respektvoller Weise einsetzen.

Auf dem Dachboden (Teil 1)

*Furcht ist nicht in der Liebe,
sondern die vollkommene Liebe treibt die Furcht aus;
denn die Frucht rechnet mit Strafe.
Wer sich aber fürchtet, der ist nicht vollkommen in der Liebe.*
1. Johannes 4,18

Als kleiner Junge hatte ich eine gehörige Angst vor dem Dachstuhl unseres kleinen zweistöckigen Holzhauses. Unheimliche Stille hüllte mich in diesem fensterlosen, heißen und stickigen Raum ein. Alles roch nach Mottenkugeln. Unsichtbare Spinnfäden drohten mich zu fangen, wenn ich ihnen zu nahe kam. Von Laken und Decken eingehüllt lauerten geheimnisvoll geformte Gegenstände in den Ecken und warfen seltsame Schatten auf den Holzboden.

Auf jeden Fall wußte ich, daß hier oben nicht nur Gerümpel herumstand. Da lebte etwas, ein Wesen, das seinen Lebensraum gnadenlos gegen einen Dreikäsehoch zu verteidigen vermochte. Zwar bekam ich diese Kreatur nie zu Gesicht, doch von ihrer Existenz war ich überzeugt.

Wohl jeder hat in seiner Phantasie mit so einem Dachstuhl zu kämpfen. Vielleicht ist es ein Raum, der die Erinnerung an vergangenes Fehlverhalten speichert. Sei es, daß man andere schlecht behandelt hat oder zum Opfer von Mißhandlung wurde – die Erinnerung daran geht dort um und klagt an. Es ist einfach eine Tatsache, daß unser Selbstwert von der Vergangenheit geformt wird und davon abhängt, ob wir als Kinder gelobt und ermutigt oder erbarmungslos kritisiert wurden.

Obwohl ich Angst hatte, allein auf den Dachstuhl zu gehen, wurde ich in Gesellschaft geradezu draufgängerisch. Da wirkte dieses dunkle, furchterregende Territorium auf einmal viel weniger grauenerregend.

Sie und Ihr Partner können einander diese Art Gesellschaft bieten. Einer von Ihnen oder beide mögen große Angst davor haben, die Dachstühle der Vergangenheit aufzusuchen. Doch Ihr Selbstvertrauen und Ihre Zuversicht werden gestärkt, wenn Sie gemeinsam dorthin gehen.

Haben Sie jemals daran gedacht, daß die Beziehung zu Ihrem Partner ihm oder ihr Mut machen kann, sich mit den Ängsten der Vergangenheit auseinanderzusetzen? Denken Sie einen Augenblick lang darüber nach, wie Sie Ihrem Partner ein Freund sein und ihm beim Betreten seines „Dachstuhls" Gesellschaft leisten können. Allein durch Ihre Gegenwart leisten Sie einen Beitrag, dem Spuk der negativen Erinnerungen die Stirn zu bieten.

Gebetstip
Beten Sie darum, daß Sie und Ihr Partner einander die Liebe Christi zeigen und helfen können, ein Haus ohne furchterregende „Dachstühle" zu bauen.

Auf dem Dachboden (Teil 2)

*Meine Brüder, ich schätze mich selbst noch nicht so ein,
daß ich's ergriffen habe.
Eins aber sage ich: Ich vergesse, was dahinten ist,
und strecke mich aus nach dem, was da vorne ist.*
Philipper 3,13

War Ihnen bewußt, daß sie als Mann und Frau gemeinsam die Dachstühle der Vergangenheit entrümpeln können?

Sue und Rich hatten sich im College ineinander verliebt. Bald waren sie verlobt und danach verheiratet. Zwar hatte Sue in der Phase des Kennenlernens ganz offen über vieles in ihrem Leben erzählt. Doch konnte Rich nicht wissen, daß das Verhalten ihres Vater der Grund für ihr geringes Selbstwertgefühl war. Bedingungslose Annahme war ein Fremdwort für ihn.

Er war ein Berufssoldat, der jeden Freitagabend das Zimmer seiner Tochter inspizierte. Sue stellte sich darauf ein und wischte sogar den Staub auf den oberen Fenster- und Türrahmen, die der Vater routinemäßig kontrollierte. Dazu mußte sie die Stühle übereinander stapeln.

Alle anderen verlangten Arbeiten wurden genauso gründlich überprüft. Einmal bekam sie zwei Wochen Stubenarrest, weil sie beim Unkrautjäten zwei Disteln auf dem Rasen übersehen hatte.

Kein Wunder, daß Sue unter Minderwertigkeitsgefühlen litt. Während ihrer Ehe wirkte sich die damit verbundene Unsicherheit manchmal so aus, daß sie sich emotional zurückzog. Rich war darauf nicht immer vorbereitet, doch bat er sie in seiner liebevollen Weise, von ihren Erfahrungen zu sprechen.

Er gab sich stets Mühe, ihr beim Aufarbeiten des Verhältnisses zu ihren Eltern zu helfen, und ließ nicht zu, daß sie diese Gefühle unterdrückte. Deshalb fühlt sich Sue inzwischen von Gott und Rich geliebt. Sie lernt zu vergessen, was hinter ihr liegt, und streckt sich aus nach dem, was vorn ist.

Gebetstip

Beten Sie für einen so vertrauten Umgang mit Ihrem Partner, daß Sie miteinander über positive und negative Aspekte des „Gepäcks" aus der Kindheit reden können.

Auf dem Dachboden (Teil 3)

*Ich jage nach dem vorgesteckten Ziel,
dem Siegespreis der himmlischen Berufung Gottes
in Christus Jesus.*
Philipper 3,14

Ich habe fünf Vorschläge, wie man seinem Partner helfen kann, den Dachboden der Vergangenheit zu entrümpeln und unbelastet in die Zukunft zu schauen:

Erstens: Arbeiten Sie mit Ihrem Partner darauf hin, das Problem ganz offenzulegen. Reden Sie darüber, wie Sie selbst von Ihren Eltern behandelt wurden, und bitten Sie Ihren Partner, von seinen Erlebnissen zu erzählen. Nur Geduld! Es kann sehr weh tun, darüber zu reden. Vermitteln Sie, während Sie zuhören, Ihre Bestätigung.

Zweitens: Helfen Sie Ihrem Partner, seine oder ihre Eltern zu verstehen. Reden Sie gemeinsam über die Eltern, rücken Sie deren Leben in die richtige Perspektive. Erinnern Sie daran, daß die beiden wahrscheinlich ihr Bestes gegeben hatten.

Drittens: Vermitteln Sie Ihrem Partner die Einsicht, daß Gottes Gnade und Macht größer ist als die Fehler seiner Eltern. Gott hat Freude daran, ein beschädigtes Selbstbewußtsein wiederherzustellen. Er ist es, der jedem Menschen seine Würde zurückgeben kann. Sprechen Sie davon, wie sehr einen Gottes Gnade überwältigen kann, wie sehr Sie seiner großen Liebe und Annahme vertrauen.

Viertens: Machen Sie Ihrem Partner Mut, seinen Eltern ganz und gar zu vergeben. Nachdem Sie beide sich darüber ausgesprochen haben, könnte ein erfahrener Therapeut eingeschaltet werden. Manchmal erweist es sich als zu schwierig, dem eigenen Partner zu helfen, diesen emotionsgeladenen Bereich in den Griff zu bekommen und seinen Eltern zu vergeben.

Schließlich: Helfen Sie Ihrem Partner, angemessen auf seine Eltern zuzugehen. Es läßt sich nichts mehr daran ändern, wie er oder sie als Kind behandelt wurde. Doch kann man die Art der heutigen Beziehung beeinflussen. Man kann sich darauf besinnen, was die Eltern gut und richtig gemacht haben, auf alles, wovon Sie als Paar profitiert haben. Überlegen Sie gemeinsam, wie Sie die Eltern ehren könnten.

In manchen Fällen kann es Monate oder Jahre dauern, bis alle Verletzungen offengelegt sind. Wenn Sie aber Geduld üben und beide bereit sind, Gott die Herrschaft über die Eltern-Kind-Beziehung zu gewähren, ist Heilung möglich.

Gebetstip
Sagen Sie Gott, daß Sie Ihren Eltern vergeben und sie lieben wollen, wenn Sie so weit sind.

Gott kommt nie zu spät

*Bei den Menschen ist's unmöglich,
aber bei Gott sind alle Dinge möglich.*
Matthäus 19,26

Wenn ich höre, daß Menschen sich wegen „gegenseitiger unversöhnlicher Abneigung" scheiden lassen, denke ich an den obigen Vers. Ist eine Ehe aus menschlicher Perspektive zum Scheitern verurteilt, wird es Zeit, sich an Gott zu wenden. Der allmächtige Gott hat es geschafft, das Rote Meer zu teilen und uns durch das Opfer seines Sohnes mit ihm zu versöhnen. Ihm kann es also auch nicht unmöglich sein, eine gescheiterte Ehe zu heilen.

Vielleicht herrscht auch in Ihrer Ehe, am Arbeitsplatz unter den Kollegen, in der Kirche oder in der Nachbarschaft solch eine „unversöhnliche Abneigung"? Wenn ja, dann schöpfen Sie doch Mut aus dem folgenden Bericht, der einem Mitarbeiter auf einer unserer Family Life-Konferenzen zugesteckt wurde.

Im März letzten Jahres teilte mir meine Frau Susan mit, daß sie mich nicht mehr liebe und sich scheiden lassen werde. Ich wollte etwas für die Rettung unserer Ehe tun, sie aber nicht.

Meine Schwester gab uns ein Anmeldeformular zur Teilnahme an einem Eheseminar von Family Life. Das war 1992. Susan hatte die Scheidung eingereicht. Also ging ich allein zum Seminar.

Im Lauf der Veranstaltung wurde mir bewußt, warum unsere Ehe am Ende stand. Gott hatte bei uns nie eine Rolle gespielt. Nach dem Seminar ging ich regelmäßig in eine Gemeinde und wurde schließlich Mitglied. Ich betete darum, daß Gottes Wille in meinem Leben geschehen möge, aber auch um die Wiederherstellung unserer Familie und Ehe. Doch bald danach wurde das Scheidungsurteil gesprochen.

Für mich war es wie ein Wunder, als meine neue Gemeinde im Juli eine Gruppe für alleinerziehende Eltern einrichtete. Ich nahm sofort daran teil. Gott half mir bei allem, was ich brauchte, um meiner Verantwortung gerecht zu werden. Danach fingen Susan und ich an darüber zu reden, welche Fehler wir im Leben und in unserer Ehe gemacht hatten. Auch das Thema Versöhnung kam zur Sprache.

Jetzt sind Susan und ich gemeinsam auf dieser Konferenz und wollen unsere Beziehung zu Gott ganz neu gestalten, damit er ein Teil unserer Familie wird. Ich danke Gott für die Antwort auf mein Gebet. Er hat es auf seine Art und zu seiner Zeit getan.

Gott kommt nie zu spät.

Diese letzte Zeile gefällt mir gut. Bei Gott ist nichts unmöglich.

Gebetstip
Bitten Sie Gott, Ihnen glauben zu helfen, daß bei ihm nichts unmöglich ist. Beten Sie gemeinsam mit Ihrem Partner, damit Gott so wirkt, wie nur er wirken kann.

Die Unschuld unserer Kinder schützen

*Denn ich eifere um euch mit göttlichem Eifer;
denn ich habe euch verlobt mit einem einzigen Mann,
damit ich Christus eine reine Jungfrau zuführte.*
2. Korinther 11,2

Als unsere älteste Tochter Ashley sechzehn Jahre wurde, durfte sie beginnen, sich mit Jungen zu verabreden. Ich machte ihr aber klar, daß ich zuvor jeden Jungen kennenlernen wollte, der sie auszuführen gedachte. An das erste Gespräch kann ich mich noch gut erinnern. Kevin kam mit seinem Motorrad zum Büro. Ich besorgte ihm eine Cola, um das Treffen möglichst locker zu gestalten. Nach ein paar Minuten Small talk schaute ich ihn direkt an.

„Weißt du, Kevin, ich war ja auch mal ein Teenager", sagte ich. „Du mußt wissen, daß ich nicht vergessen habe, wie stark die Triebe bei einem Achtzehnjährigen sind." Seine Augen waren jetzt weit aufgerissen. Er hörte angespannt zu.

„Ich erwarte von dir, daß du mit meiner Tochter so umgehst, wie das beste Stück aus Gottes Schöpfung nun mal behandelt werden sollte – mit allem Respekt und Anstand. Ob du nur einmal oder hundertmal mit ihr ausgehst, ich möchte dir jederzeit in die Augen schauen und offen fragen können, ob du meine Tochter anständig behandelst, besonders in körperlicher Hinsicht. Vielleicht will Gott, daß sie einen andern heiratet. Also paß gut auf, daß eure Beziehung rein bleibt."

Auf dem Nachhauseweg fragte ich mich, ob ich zu aufdringlich gewesen sei. Beim Essen aber verflüchtigten sich die Zweifel, und ich erzählte, was wir besprochen hatten.

Nicht nur Ashley wußte meine Einmischung zu schätzen. Auch Benjamin, damals vierzehn, zog seine Schlüsse daraus. Er sagte: „Papa, wenn ich mit einem Mädchen ausgehen will, dann möchte ich, daß ihr Vater auch mit mir redet. Dann weiß ich gleich, daß sie aus der richtigen Familie kommt!"

Ich habe mich vor allem deshalb mit Kevin getroffen, weil ich überzeugt bin, daß Gott Barbara und mir den Schutz für die Unschuld unserer Kinder anvertraut hat. Eltern sollten eine gewisse Portion „göttlichen Eifers" verspüren und ihre Kinder ohne Skrupel vor dem Bösen bewahren.

Gebetstip
Bitten Sie Gott um diesen „göttlichen Eifer" für Ihre Kinder. Beten Sie darum, daß die Kinder Ihre Rolle als Beschützer und Ernährer schätzen und respektieren lernen.

Der kosmische Krieg – ganz persönlich

Juli 12.

*Denn wir haben nicht mit Fleisch und Blut zu kämpfen,
sondern . . . mit den Herren der Welt,
die in dieser Finsternis herrschen,
mit den bösen Geistern unter dem Himmel.*
Epheser 6,12

Als Christen stehen wir ständig in einem Kampf mit unsichtbaren Mächten der Finsternis, die es darauf angelegt haben, Betrug, Spaltung und Vernichtung in unsere Familien zu bringen. Barbara und ich saßen einmal im Flugzeug neben einer jungen Frau, an deren Leben sich beispielhaft zeigen läßt, wie man als ganz normaler Mensch in diesen kosmischen Krieg geraten kann.

Susan, Ende zwanzig, stellte sich uns als Christin vor. Sie war alleinstehend, allerdings bereits dreimal geschieden. Sie sagte, ihre bereits achtzigjährigen Eltern würden sich wegen ihr und ihren beiden Schwestern große Sorgen machen.

Susans älteste Schwester sei von ihrem Mann verbal und emotional mißhandelt worden und befinde sich wegen eines Selbstmordversuches in psychiatrischer Behandlung. Die zweite Schwester sei „aktive" Christin, habe aus ihrer zwanzigjährigen Ehe drei Kinder, stehe aber kurz vor der Scheidung.

Und hier war Susan. Sie hatte zur Zeit einen Freund, mit dem sie auch schlief, wie sie zugab. In ihrer Einsamkeit und Angst und im Bewußtsein, daß die biologische Uhr tickt, sehnte sie sich nach einer Familie. Jetzt dachte sie ernsthaft darüber nach, alle ihre Maßstäbe über Bord zu werfen und einen Mann zu heiraten, der die Existenz Gottes leugnete.

Das Gespräch war faszinierend, aber traurig. Die junge Frau redete mit uns darüber, wie viel ihr eine Familie wert sei. Doch die Maßstäbe, die dazu gehörten, schwammen ihr fort. Susans ganzes Leben zeugte von ihrer Oberflächlichkeit.

Der Kampf, in dem wir stehen, tobt Tag für Tag in unserem Inneren. Es geht um Leben und Tod, um die Entscheidung für Gut oder Böse. Um hier zu bestehen, brauchen die Susans dieser Welt und natürlich wir alle klare und erkennbare Grundsätze. Wer sich ändern will, muß bei seinen Maßstäben beginnen. Richtige Entscheidungen können nur aus dem richtigen Denken hervorgehen.

Gebetstip
Lesen Sie Epheser 6,10–18 und beten Sie darum, daß Sie und Ihre Familie mit der vollen Ausrüstung Gottes in den Kampf gegen das Böse ziehen können.

„Sündige lieber nicht, Papa"

*So vergib nun die Missetat dieses Volks
nach deiner großen Barmherzigkeit.* 4. Mose 14,19

In dem nun folgenden Brief geht es um den traurigen Kommentar eines Vaters zu seinem gescheiterten Leben.

Lieber Dan,
zu Anfang dieses Briefes muß ich Dir sagen, daß ich Dich liebe. Nichts, was geschehen ist oder in Zukunft geschieht, ist in irgendeiner Weise Deine Schuld. Wenn ich als Vater so gut gewesen wäre wie Du als Sohn, dann müßte ich Dir jetzt nicht diese Worte schreiben.
Im Lauf der Jahre bin ich Deiner Mutter weder in Gedanken noch in Taten treu gewesen. Weil sie mir ganz und gar vertraut hat, konnte ich mit meinen Lügen alles verheimlichen. Letztes Jahr habe ich in Sacramento eine Frau kennengelernt. Sie heißt Susan. Ich ziehe jetzt mit ihr zusammen und verlasse Deine Mutter.
Was ich getan habe, ist moralisch verkehrt. Ich hoffe, Du nimmst mich nicht als Vorbild. Wenn Du einmal der richtigen Frau begegnest, dann solltest Du ein ganzes Leben lang bei ihr bleiben. Ich war dazu nie fähig und habe damit viel Leid ausgelöst.
Laß Dich durch dies alles bitte nicht dazu verleiten, Deine Mutter und mich weniger zu lieben. Wir haben Dich sehr lieb und sind mehr denn je darauf angewiesen, daß auch Du uns lieb hast. Wir werden Dir immer Vater und Mutter sein und Dir zur Seite stehen, auch wenn wir jetzt getrennt leben.
Ich hab' Dich lieb,
Dein Vater

Jedes Mal, wenn ich diesen Brief lese, frage ich mich, was dieser Mann sich eigentlich dabei gedacht hat. Hat er wirklich geglaubt, den Schaden wieder gut machen zu können, wenn er seinem Sohn schreibt, er solle ihn nicht zum Vorbild nehmen?

Einmal habe ich diesen Brief einem unserer Söhne gezeigt und fragte ihn, was er davon halte. Die Antwort ließ an Klarheit nicht zu wünschen übrig: „Sündige lieber nicht, Papa."

Er war noch zu jung, um die Weisheit seiner eigenen Worte zu erkennen. Ich aber kann sie nicht überhören. Deshalb bete ich mit Mose: „So vergib nun die Missetat dieses Volkes."

Gebetstip

Bekennen Sie die Sünde Ihres Volkes, in dem die Scheidungen überhandnehmen. Bitten Sie Gott um Heilung und eine Erneuerung der Familie.

Männer und Sex
von Barbara Rainey

*Er küsse mich mit dem Kusse seines Mundes;
denn deine Liebe ist lieblicher als Wein.* Hoheslied 1,2

Was die meisten von uns Frauen an unseren Männern im Grunde nicht verstehen, ist die Art und Weise, wie die Identität des Mannes untrennbar mit seiner Sexualität verknüpft ist. Manchmal gehen wir Frauen von uns selbst aus, wenn wir die sexuellen Bedürfnisse unseres Mannes betrachten.

Viele Frauen lassen deshalb oftmals durchblicken, wie sehr es sie stört, daß ihre Männer so sexbetonte Wesen sind. Mit dieser Einstellung ist eine spürbare Ablehnung des Mannes verbunden. Doch wer seine sexuellen Bedürfnisse übergeht, sich gegen seine Annäherungsversuche sträubt oder sie gerade eben duldet, fügt seinem Selbstwertgefühl Schaden zu.

In einem ihrer Bücher stellt Jill Renich fest: „Sex ist der tiefste Ausdruck von Liebe und Selbstachtung und gehört zum innersten Kern der Persönlichkeit des Mannes." Dazu auch Dr. Joyce Brothers: „Im großen und ganzen sind Männer im sexuellen Bereich viel ängstlicher, als Frauen es wahrhaben wollen."

Solche Aussagen widersprechen allen Auffassungen, die uns ständig in den Medien präsentiert werden.

George Gilder schreibt in *Men and Marriage* (Männer und die Ehe):

Tatsache ist, daß sich der typische Mann viele Gedanken macht. Er macht sich Sorgen um seine sexuelle Leistung, um die Lust seiner Frau und seine Fähigkeit, sie zu befriedigen. Wenn ein Mann sich im Ehebett als Versager fühlt, gelangt er selten zu einer tief gegründeten Selbstachtung, wie er sie sich wünscht.

Jill Renich gibt jedoch folgenden Rat: „Wenn man seinen Mann mit Freuden empfängt und die Sexualität gemeinsam genießt, vermittelt man ihm das Gefühl, geschätzt, erwünscht und angenommen zu sein." Wenn Sie Ihren Ehemann also sexuell erfreuen, stärken Sie sein Selbstwertgefühl.

Machen Sie Ihrem Mann in intimen Situationen auch mit Worten klar, daß Sie ihn bedingungslos annehmen, besonders dann, wenn er in diesem Bereich unsicher ist. Sagen Sie ihm, daß Sie seinen Körper mögen und Unvollkommenheiten und Fehler Ihnen nichts ausmachen. Seine Zuversicht wird noch wachsen, wenn er sich nicht verstellen muß und Unvollkommenheiten zugeben darf.

Gebetstip
Bitten Sie Gott um die Fähigkeit und Lust, auf die Bedürfnisse Ihres Mannes einzugehen, aber auch darum, in diesem Bereich selbst Erfüllung zu erlangen.

15. Juli

Narzißmus und Selbstsucht

Ein jeder sehe nicht auf das Seine,
sondern auch auf das, was dem andern dient.
Philipper 2,4

Natürlich konnte Paulus mir am Anfang meiner Ehe nicht ins Herz schauen, aber mit seinen Einsichten trifft er ins Schwarze. Damals hatte ich nichts als meine eigenen Interessen im Sinn und wollte nach meinem Gutdünken leben.

Samstags kaufte ich mir Cola und Chips, machte es mir im Sessel bequem und sah stundenlang fern: Baseball, Football, Tennis und Golf. Leider machte ich damit meine Frau unglücklich, die sich unsere Wochenenden anders vorgestellt hatte.

Nach einer griechischen Sage verliebte sich Narziß in sein eigenes Spiegelbild, das er in einem klaren Teich erblickt hatte. Er bewunderte sich so ausgiebig, daß er dort Wurzeln schlug und der Blume, die im Frühling strahlend gelb blüht, seinen Namen verlieh.

Wie der griechische Jüngling Narziß sind wir Menschen so sehr von uns selbst, unseren Bedürfnissen und Interessen eingenommen, daß uns die Bedürfnisse der anderen gleichgültig geworden sind. Die Begriffe Aufopferung und Selbstverleugnung sagen uns nichts mehr. Wie Christopher Lasch in seinem Buch *The Culture of Narcissism* (Die Kultur des Narzißmus) schreibt, sind heute viele Menschen der Meinung, „Befriedigung hänge davon ab, daß man sich nehmen kann, was man will, statt darauf zu warten, bis man seinen Anteil rechtmäßig bekommt."

Lasch schreibt weiter, daß gerade die Institutionen, in denen vermeintlich der Selbstsucht Einhalt geboten wird – Schule, Kirche und Familie – versagt haben. Er fährt fort: „Gegenwärtig lebt man leidenschaftlich für den Augenblick, und zwar für sich selbst, nicht im Blick auf Vorgänger oder Nachkommen."

Einmal bin ich einem Pastor begegnet, den es allein deshalb von einer christlichen Buchhandlung zur andern trieb, weil er die Gesellschaft seiner Frau floh. Andererseits habe ich Frauen seelsorgerlich beraten, die stundenlang einkaufen gingen. Nicht, weil sie die Familie versorgen wollten, sondern um sich selbst etwas Gutes zu tun.

Ist der Narziß das Ideal Ihrer Familie, oder ist es Christus in seiner Selbstlosigkeit?

Gebetstip
Bitten Sie darum, daß Christi Selbstlosigkeit zum Kennzeichen für Sie und Ihre Familie wird.

Schlag auf Schlag

Endlich aber seid allesamt gleichgesinnt . . . und demütig. Vergeltet nicht Böses mit Bösem oder Scheltwort mit Scheltwort, sondern segnet vielmehr.
1. Petrus 3,8–9

Kennen Sie den schon? Ein Mann fragt seine Frau: „Warum hat Gott dich so schön, dafür aber so dumm geschaffen?"
Sie antwortete: „Er hat mich schön gemacht, damit du mich heiratest. Dumm hat er mich gemacht, damit ich dich lieben kann!"

Auf dem Papier wirkt so ein Schlagabtausch ganz witzig, aber für eine Beziehung ist er tödlich. Da sollte man sich lieber Linda zum Vorbild nehmen, die Lou, einen Studenten im achten Semester, geheiratet hatte. Die beiden haben mittlerweile vier Kinder, und man kann sich ihren hektischen Tagesablauf vorstellen.

Einmal entschieden sie sich, eine Pause einzulegen und einen romantischen Abend miteinander zu verbringen. Lou sollte um sechs Uhr zu Hause sein. Linda sah zu, daß bis dahin alle Kinder im Bett lagen. Sie holte den Babysitter ab und war um halb sieben ausgehbereit. Dann wartete sie. Lou aber vertiefte sich währenddessen in der Bibliothek so sehr in seine Hebräischstudien, daß er darüber die Zeit vergaß und erst um viertel vor neun nach Hause kam.

Als Entschuldigung fiel ihm außer „tut mir leid" nichts ein. Als sie zu Bett gingen, schüttete Linda ihm ihr Herz aus, um Lou klar zu machen, wie sehr sie sich auf den gemeinsamen Abend gefreut hatte. Dann aber schaute sie zu ihm hinüber: Lou schlief tief und fest.

Wie reagierte Linda auf dieses Verhalten? Sie war eine gläubige Frau, die wußte, was die Bibel über eine solche Situation sagte. Am nächsten Morgen stand sie also früh auf, zog sich ihr Lieblingsnegligé an und machte Frühstück. Das servierte sie ihm im Bett. Anschließend setzte sie dem noch einen drauf und ergriff die Initiative, um mit ihm zu schlafen!

Wie reagierte nun Lou auf Lindas Art, seine Vernachlässigung mit so viel Gutem zu vergelten? Den ganzen nächsten Monat überschlug er sich praktisch, ihr jeden Wunsch von den Lippen abzulesen. Was Linda getan hatte, wirkte wie „feurige Kohlen auf seinem Haupt", und sein nachlässiges Verhalten war ihm klargeworden. Von diesem Zeitpunkt an war die Grundlage für eine neue Vertrautheit gelegt.

Gebetstip

Bitten Sie darum, daß Jesus Christus, der so viel ungerechtes Leid auf sich nahm, Ihnen hilft, Ihren natürlichen Racheinstinkt zu überwinden.

Mach's in der zweiten Halbzeit besser

Laßt uns aber Gutes tun und nicht müde werden.
Galater 6,9

Man ist vielleicht überrascht, wenn man hört, wie viele Eltern sich ihrer Aufgabe nicht gewachsen fühlen. Auch ich kann mich damit identifizieren, weil Barbara und ich ebenso mit diesen Gefühlen zu kämpfen haben. Wir erziehen ja keine kleinen Roboter, die pflichtbewußt umherrollen und uns gehorchen. Wir jammern, wenn wir versagt haben, und fragen uns, ob aus unseren Kindern wirklich etwas wird.

Ich möchte Ihnen von Roy Riegels erzählen, einem Sportler, der 1929 als Footballspieler im Team der University of California um die Meisterschaft kämpfte. Dabei machte er einen Fehler, der in die Foootballgeschichte einig. Er schnappte sich den Ball und sah beim Aufschauen nichts als den Rasen vor sich, also rannte er los, doch leider in die falsche Richtung! Schließlich wurde er von seinem Teamkameraden innerhalb des eigenen Strafraums gestoppt. Die Mannschaft von Georgia fing den Abschlag auf und machte den Punkt.

Zur Halbzeit richtete der Trainer einen flammenden Appell an seine entmutigte Mannschaft, an dessen Ende er die neue Aufstellung bekanntgab: „Den Abstoß macht das gleiche Team wie in der ersten Hälfte!" Das bedeutete: Roy sollte die zweite Halbzeit einleiten.

Alle Spieler außer ihm rannten auf das Feld. „Trainer, ich geh' da nicht mehr raus", sagte Roy. „Ich hab' mich lächerlich gemacht."

Der Trainer sah ihm in die Augen und sagte: „Hör mal, das Spiel ist erst zur Hälfte vorbei. Jetzt geh' auf's Feld und erledige den Rest!"

Die Worte dieses Trainers sind es wert, daß man sie sich merkt. Besonders, wenn man heutzutage Vater oder Mutter ist. Vielleicht ist Ihr Sohn neun Jahre und Ihnen geht der Gedanke durch den Kopf: Halbzeit – in neun Jahren ist er erwachsen. Ihr Großer ist vielleicht schon zwölf, fünfzehn oder fünfundzwanzig, und wenn Sie zurückblicken, tun Ihnen alle Erziehungsfehler leid. In solchen Situationen kommt schnell der Gedanke auf, das Spiel sei längst verloren.

Wenn wir derartiges empfinden, brauchen wir ein aufmunterndes Wort. Wie sagte doch Charles Spurgeon? „Mit Ausdauer kam auch die Schnecke bei der Arche an."

Was geschehen ist, läßt sich nicht ändern. Was sich jedoch ändern läßt, liegt noch vor uns.

Gebetstip
Bitten Sie Gott um neuen Mut, damit Sie als Eltern nicht müde werden, Gutes zu tun. Bitten Sie ihn auch um Ideen, wie Sie in diesem Kampf Ihren Partner aufmuntern können.

Denken, die vergessene Kunst

*Denn wie Geld beschirmt, so beschirmt auch Weisheit;
aber die Weisheit erhält das Leben dem, der sie hat.*
Prediger 7,12

Da Weisheit Denken erfordert, handelt es sich in unserer Gesellschaft um eine vom Aussterben bedrohte Eigenschaft. Denken macht zu viel Mühe, und es ist viel einfacher, nur mit dem Strom zu schwimmen. Selbst König Salomo suchte sein Glück zunächst in bloßem Wissen, in Liebhabereien, Besitz und Ruhm, bevor er zu dem Schluß kam, daß in der Weisheit ein größerer Wert liegt als in allem anderen.

Kurz und gut, Salomo hielt in seiner Geschäftigkeit inne und fing an nachzudenken. Allmählich ging ihm dabei der Ernst des Lebens auf, den er nun mit den Augen Gottes sah.

Ich selbst bin gerade im Begriff, die vergessene Kunst des rechten Nachdenkens über das Leben neu zu erlernen, und bin entschlossen, aus freien Stücken über folgende Fragen nachzusinnen:

- Woran glaube ich wirklich?
- Warum mache ich das, was ich mache?
- Was hat mir eigentlich Zufriedenheit gebracht?
- In welchen Situationen empfinde ich Druck? Welche Gegenmaßnahmen erwartet Gott von mir?
- Läßt sich an meinem Tagesablauf erkennen, welche Werte für mich an oberster Stelle stehen?
- Wie wirkt sich mein gegenwärtiger Lebensstil darauf aus, wie es meiner Familie in zwanzig Jahren ergehen wird?
- Wie möchte Gott, daß ich mit meinem Leben, meiner Familie und meinem Eigentum umgehe?

Im Augenblick erlebe ich, daß das Nachdenken eine mühselige, einsame Arbeit sein kann. Doch Gott ist immer noch dabei, mir neue, originelle Gedanken zu schenken ... Ideen, die mein Leben verändern, Innovationen, die unsere Familien neu ausrichten können und ein greifbares Ziel vor Augen stellen.

Hätten nicht auch Sie Lust, ein echter Denker zu werden? Schalten Sie Fernseher oder Autoradio ab, legen Sie Buch und Zeitschrift beiseite und sinnen über Ihr Leben nach. Wenn Sie aus ähnlichem Holz geschnitzt sind wie ich, wird es Ihnen schwer fallen. Wie die meisten schweren Arbeiten aber birgt das Nachdenken und Streben nach Weisheit eine Belohnung.

Gebetstip

Beten Sie darum, von Gott zum Denken seiner Gedanken inspiriert zu werden, damit Sie das Leben mit Kreativität angehen können.

Der Fluch des Vergleichs mit den anderen

Mein Freund, ich tu dir nicht Unrecht.
Bist du nicht mit mir einig geworden über einen Silbergroschen?
Matthäus 13,20

Kommt manchmal Neid in Ihnen auf? Neid kann sich dann breit machen, wenn wir uns zu Vergleichen hinreißen lassen. Es fängt damit an, daß man zu lange hinschaut, wenn jemand etwas erreicht oder bekommen hat. Wir vergleichen unseren Besitz mit dem, was andere zu haben scheinen. Meist läßt es sich so einrichten, daß solche Vergleiche zu unseren Ungunsten ausfallen, und schon schlägt der Neid Wurzeln.

Jesus hat im Matthäusevangelium (Kap. 20,1–16) ein Gleichnis darüber erzählt. Ein Grundbesitzer warb früh am Morgen Arbeiter für seinen Weinberg an und versprach einen gerechten Tagelohn. Auch am Vormittag und selbst noch am Nachmittag stellte er neue Arbeiter ein und stellte als Lohn in Aussicht, „was recht ist" (Vers 4). Sie waren einverstanden und gingen an die Arbeit.

Abends zahlte er jedem Arbeiter ohne Rücksicht auf die tatsächliche Arbeitszeit den gleichen Lohn. Wie man sich denken kann, stellten alle, die den ganzen Tag gewissenhaft in der glühenden Hitze geschuftet hatten, ihre Vergleiche an und murrten: „Das ist ungerecht!" Doch der Grundbesitzer erinnerte daran, daß sie mit dem festgesetzten Lohn einverstanden gewesen seien. Er könne schließlich mit seinem Geld machen, was er wolle.

Wir stellen uns den Murrenden gleich, wenn wir aus unserer begrenzten Perspektive heraus urteilen. So etwas verführt dazu, das uns vermeintlich Zustehende mit dem zu vergleichen, was andere scheinbar bekommen haben, und das erzeugt immer Neid.

Derartige Vergleiche sind bei uns mittlerweile gesellschaftsfähig geworden. Jeder pocht auf seine Rechte und Ansprüche. Wir Christen aber sollten darauf verzichten, diesen Samen zu säen. Vielmehr müssen wir wie die Arbeiter an jenem heißen Tag unsere Lektion lernen, daß der himmlische Chef gerecht ist und in allen seinen Urteilen gütig. Weil wir ihm vertrauen dürfen, können wir lernen, auch in solchen Umständen zufrieden zu sein, die dem äußeren Anschein nach himmelschreiend ungerecht sind.

Letzten Endes stehen wir alle vor der Entscheidung, ob wir wirklich glauben wollen, daß Gott Herr der Lage ist.

Gebetstip
Bitten Sie Gott um Hilfe, daß Sie es merken, wenn Sie versucht sind, sich mit anderen zu vergleichen und neidisch zu werden. Beten Sie für sich und Ihren Partner um Zufriedenheit in allen Lebensumständen.

Wie tief gehen die Wurzeln?

*Bleibt in mir und ich in euch.
Wie die Rebe keine Frucht bringen kann aus sich selbst,
wenn sie nicht am Weinstock bleibt, so auch ihr nicht,
wenn ihr nicht in mir bleibt.
Ich bin der Weinstock, ihr seid die Reben.
Wer in mir bleibt und ich in ihm, der bringt viel Frucht;
denn ohne mich könnt ihr nichts tun.*
Johannes 15,4–5

Vor ein paar Jahren saß ich in meinem Büro an der Arbeit, als sich plötzlich der Himmel verdunkelte. Die Bäume wurden vom Wind gebeugt, der Regen fegte fast waagerecht durch die Gegend und eine Tornadosirene heulte auf.

Ich eilte hinaus und schloß mich unserer gesamten Mitarbeiterschaft an, die bereits unter der Betontreppe versammelt war. Wir beteten. Nach fünf Minuten gab es jedoch bereits Entwarnung, und wir konnten wieder heraus. Der Tornado war über unserem Gebäude niedergegangen und hatte auf seinem Weg entlang der Straße ein paar stabile Pinien entwurzelt.

Beim Anblick dieser Bäume machte ich eine faszinierende Entdeckung. Die eine Pinie lag quer auf der Straße und mußte mehr als hundert Jahre alt sein. Keine zwanzig Meter weiter aber stand eine Eiche immer noch aufrecht. Nur ein paar Zweige waren abgeknickt.

Später erfuhr ich, daß Pinien ein ganz flaches Wurzelsystem haben, weshalb sie gegen Stürme sehr anfällig sind. Die Wurzeln einer Eiche aber gehen tief in den Boden. Sie können Stürmen viel besser widerstehen.

Auch in unserem Leben können sich widrige Winde erheben. Doch wenn wir Gott gehorchen, verwurzeln wir tief im Glauben und bekommen eine Charakterstärke, die dem Sturm standhält.

Meiner Ansicht nach verlieren Christen in Zeiten der Prüfung deshalb den Mut, weil sich ihre Wurzeln erschreckend flach ausbreiten, das heißt, sie bleiben nicht in Christus. Aber wir können uns wohl kaum auf den Tag vorbereiten, an dem der Sturm zuschlägt, wenn wir nicht heute Christus gehorsam sind.

Gebetstip
Beten Sie füreinander, damit Sie heute lernen, wie man „in Christus bleibt", und Sie sich am Tag des Sturms als Ehepaar stark erweisen.

Niemand hat Schuld

*Da sprach Adam: Das Weib, das du mir zugesellt hast,
gab mir von dem Baum, und ich aß.*
1. Mose 3,12

Obwohl wir eigentlich sechs Kinder haben, bekommen wir hin und wieder Besuch von einem siebten Kind, genannt „Niemand". Niemand verschüttet den Apfelsaft, beschmiert den Boden mit Marmelade und Erdnußbutter und geht dann einfach weg. Niemand läßt in der größten Sommerhitze wie im kältesten Winter die Türen weit offen.

Auffallend aber ist, daß Niemand keineswegs Dank für gemachte Betten und aufgeräumte Zimmer erntet. Nur wenn Puzzles, Spielsachen und Teller auf dem Wohnzimmerboden herumliegen, wird Niemand beschuldigt. Alle sechs Kinder klagen ihn an: „Niemand ist's gewesen!" Barbara und ich würden Niemand wahrscheinlich streng bestrafen, wenn wir ihn nur zu fassen bekämen.

In der Schöpfungsgeschichte versucht Adam seiner Verantwortung zu entgehen. Er gibt Eva die Schuld, vom verbotenen Baum gegessen zu haben. Tatsächlich deutet er sogar an, daß vielleicht Gott selbst sich schuldig gemacht habe, weil schließlich er ihm Eva als Partnerin gegeben hatte!

Adam und unser unsichtbares Kind Niemand verweisen auf die seit Anbeginn der Menschheit grassierende Verantwortungslosigkeit. Man drängt darauf, sich seine „Rechte" bescheinigen zu lassen. Wenn aber Rechenschaft und Verantwortung gefordert werden, macht man sich aus dem Staub.

Deshalb lernen auch die Kinder unserer Gesellschaft nicht mehr, daß falsche Entscheidungen gewisse Konsequenzen nach sich ziehen. Es bleibt nicht aus, daß sich so mancher letzten Endes im Gefängnis wiederfindet und verblüfft ist, daß es immer noch Gesetze gibt, nach denen man für seine Taten zur Rechenschaft gezogen wird.

Ich möchte Ihnen einen Vorschlag machen: Seien Sie und Ihr Partner ein anderes Vorbild. Sollte sich ein Konflikt, ein Streit oder eine Meinungsverschiedenheit ergeben, dann sollten Sie verantwortungsbewußt zur Lösung beitragen. Geben Sie es zu, wenn Sie einen Fehler gemacht haben, auch dann, wenn Sie nicht allein die Schuld tragen. Statt beim Partner nach Schwachstellen zu suchen und ihm Vorwürfe zu machen, sollten Sie sich entschuldigen. Bestimmt würde es Ihnen auch nicht passen, mit „Niemand" verheiratet zu sein.

Gebetstip

Bitten Sie Gott um Hilfe, damit Sie der Versuchung widerstehen können, anderen die Verantwortung in die Schuhe zu schieben. Seien Sie offen dafür, sich vor Gott und Ihrem Partner zu verantworten.

Wo keine Schuld ist,
da ist auch keine Verantwortung

Juli 22.

*Bekennt also einander eure Sünden und betet füreinander,
daß ihr gesund werdet.*
Jakobus 5,16

Jährlich werden in unserem Land Zigtausende von Ehen geschieden. Die relativ neue Gesetzgebung kennt dabei keinen Schuldspruch mehr. Damit können sich zwei Menschen auf praktische Art ihrer Ehe entledigen und sind der persönlichen Verantwortung füreinander enthoben.

Es geht heute glatter, schneller und einfacher als damals, als die Gerichte versuchten, das Zerbrechen der Ehe durch Schuldzuweisungen zu klären. Heute kann jedoch niemand mehr zur Rechenschaft gezogen werden, da nicht nach Schuld gefragt wird. Warum sollten auch zwei Menschen nicht ihre Beziehung lösen dürfen, wenn niemand Unrecht getan oder erlitten hat und beide einen Schlußstrich ziehen wollen?

Das alles klingt absolut rational. Wir Christen aber sollten uns hier einige Fragen stellen. Die Ehe ist von Gott zu unserem Wohl und seiner Ehre gestiftet worden. Sie kommt zustande, wenn Mann, Frau und Gott einen Bund eingehen. Wenn aber niemand mehr zur Rechenschaft gezogen wird, dann ist das Eheversprechen ohne jeden Wert. Aus einer verbindlichen Beziehung wird ein bedingter, zeitweiliger Handel.

Ferner: Wenn niemand die Schuld für das Zerbrechen der Ehe trägt, müßte man daraus schließen, daß auch niemand verpflichtet ist, zum Gelingen der Ehe beizutragen. Die Dauerhaftigkeit meines Eheversprechens an Barbara aber ist das Motiv, unsere Beziehung lebendig zu erhalten. Sie soll ein ganzes Leben lang dauern. Da gibt es keine Ausrede.

Wenn eine Gesellschaft Scheidungen ohne Schuld zuläßt, kann sie auch nicht den langfristigen Konsequenzen solcher verantwortungsfreien Ehen, wie den acht Ehen von Zsa Zsa Gabor, entgehen. Als sie sich schließlich zum achten Mal scheiden ließ, sagte sie: „Ich glaube wirklich an die Ehe."

Hier stimmt irgend etwas nicht. Die Heilung für die Scheidungsepidemie unserer Tage wäre eine Impfung mit biblischer Verantwortlichkeit, von Gott gewirkt, damit wir unsere Versprechen und Verpflichtungen einhalten können.

Gebetstip
Beten Sie darum, vorbildlich in Verbindlichkeit und Verantwortlichkeit zu leben, damit Ihre Kinder ein Gefühl für die Dauerhaftigkeit des Eheversprechens bekommen.

23. Juli — Bausteine für ein Zuhause

*Klugheit und Verstand sind ein sicheres Fundament,
auf dem du dein Haus errichten kannst,
und Wissen füllt seine Räume
mit schönen und wertvollen Dingen.*
Sprüche 24,3–4 *(Gute Nachricht)*

Der weise König Salomo vermittelt hier drei fundamentale Grundsätze nicht nur für den Hausbau, sondern auch für die Familie.

Auf Klugheit wird ein Haus errichtet. Klugheit oder Weisheit verstehe ich als „Geschick, den Alltag zu bewältigen". Salomo hat an anderer Stelle gesagt: „Die Furcht des Herrn ist der Weisheit Anfang" (Sprüche 9,10). Wenn das Zuhause mit göttlicher Weisheit erbaut wird, verhalten sich unweigerlich die Familienmitglieder in allen Umständen nach Gottes Vorbild, nicht nach ihrem eigenen Plan.

Verstand ist ein sicheres Fundament. Verstand – das ist die Fähigkeit, auf Lebensumstände einsichtig zu reagieren. Hier geht es um eine Perspektive, durch die man das Leben mit Gottes Augen betrachten lernt. Wenn man den Partner und seine Kinder aus Gottes Perspektive betrachtet, findet man sich mit Unterschieden ab und lernt, wie die verschiedenen Persönlichkeiten einander ergänzen.

Ein Ehepaar erzählte mir einmal, wie sie diesen Sachverhalt endlich begriffen. Zunächst wuchs beim Ehemann das Gefühl, seine Frau verhalte sich wie ein Staatsanwalt: „Ich fühlte mich von acht bis fünf Uhr angeklagt und von fünf bis acht Uhr verurteilt." Nach anderthalb Jahren, in denen er versuchte, sie zu ändern, wurde ihm endlich klar, daß er sich nicht mit ihrer starken Persönlichkeit zu messen hätte. „Ich kann sie so lassen, wie sie ist, und muß mich deshalb nicht unsicher fühlen."

Wissen füllt seine Räume mit wertvollen und schönen Dingen. Information wird in unserer Gesellschaft geradezu als Götze angebetet. Ohne Anwendung aber bleibt sie wirkungslos. Jeden Sonntagmorgen vermitteln uns Tausende von Pastoren bemerkenswertes biblisches Wissen. Was aber machen wir, die Zuhörer, in der Regel damit? Um fünf vor zwölf ist die Predigt zu Ende, wir singen ein Lied, sprechen ein Schlußgebet und gehen um zwölf Uhr. Das Wissen, von dem Salomo hier redet, ist mehr als Information. Es wirkt sich aus in Überzeugung, Anwendung und Werten für die Familie.

Gebetstip
Bitten Sie Gott um vertiefte Weisheit, geschärften Verstand und reiches Wissen um das, was er aus Ihnen, Ihrer Ehe und Familie machen will.

Menschen, die Gott am Herzen liegen

Ein reiner und unbefleckter Gottesdienst vor Gott, dem Vater, ist der: die Waisen und Witwen in ihrer Trübsal besuchen.
Jakobus 1,27

Aus der ganzen Bibel geht Gottes besonderes Mitgefühl für die Armen, Bedürftigen und Hilflosen hervor. Er bringt oft zum Ausdruck, daß wir uns um Witwen und Waisen kümmern sollen, weil er die Härten kennt, denen Familien ohne Mann und Vater ausgeliefert sind.

Vermutlich denkt man bei enger Auslegung des Begriffes „Witwe" nicht an geschiedene Mütter. Wenn man sich aber in unserer heutigen Gesellschaft umsieht, kann man nicht übersehen, mit welchen Schwierigkeiten alleinstehende Mütter zu tun haben. Sie müssen sich die Mittel zum Leben zusammenkratzen und gleichzeitig für die Erziehung ihrer Kinder sorgen. Sie haben unser besonderes Mitgefühl verdient. Wenn ich deshalb im Gebet an Witwen und Waisen denke, schließe ich Scheidungswitwen und -waisen ein – Menschen, die Gott sehr am Herzen liegen.

Dabei sollte es aber nicht bleiben. Wir können für Familien beten, die noch nicht durch eine Scheidung zerrissen wurden. Manchmal schaue ich auf dem Weg vom Büro auf unser Mitteilungsbrett, wo wir die Anmeldungen für alle unsere Family Life-Eheseminare anheften. Ich danke dann Gott für alle, die sich angemeldet haben, und bete für die noch Unentschlossenen. Ich weiß, daß hinter diesen Zahlen wirkliche Familien stehen, die aus den Seminaren gestärkt und geheilt hervorgehen – Männer, die in ihrer Treue gefestigt, und Frauen und Kinder, die eben nicht zu Witwen und Waisen werden.

Ein Ehepaar schrieb auf den Bewertungsbogen nach der Konferenz nur vier Worte: „Unsere Ehe ist gerettet!" Nur Gott weiß, was hinter diesen Worten steht.

Tag für Tag tobt um uns herum eine heftige Schlacht um die Ehen Ihrer Freunde, Nachbarn und Mitglieder Ihrer Gemeinde. Diese Menschen liegen Gott am Herzen. Ihnen auch?

Gebetstip
Bitten Sie Gott um Kraft für diese Paare, damit sie verbindliche, stabile Familien nach seinen Vorstellungen bauen können.

Olympische Qualitäten

Wachet, steht im Glauben, seid mutig und seid stark!
1. Korinther 16,13

So sehr wie Kinder auf Liebe von ihrem Vater angewiesen sind, brauchen sie auch einen Vater, der sich den alltäglichen Kämpfen des Lebens stellt. Ich war als begeisterter Zuschauer bei den olympischen Spielen in Barcelona, wo ich eine unvergeßliche Vater-Sohn-Begebenheit miterlebte.

Derek Redmond aus Großbritannien hatte seit Jahren für den olympischen 400-Meter-Lauf trainiert. Nach Seoul war er fünfmal an beiden Achillessehnen operiert worden, hatte aber in Barcelona ein Comeback. Jetzt lief alles gut, und er nahm gerade am Halbfinale teil.

Auf halbem Wege aber ließ ihn die rechte Achillessehne im Stich. Er fiel zu Boden, lag lang ausgestreckt auf der fünften Bahn. Die Fernsehkameras hielten auf den Titelverteidiger Steve Lewis, der das Rennen gewann.

Plötzlich erhob sich Derek wieder und humpelte auf der Bahn voran. Er war entschlossen, das Rennen zu Ende zu führen.

Dereks Vater, Jim Redmond, der weit oben in den Rängen des Olympiastadions saß, hatte seinen Sohn zusammenbrechen sehen. Der neunundvierzigjährige Maschinenhändler aus dem englischen Northampton lief die Stufen hinunter und auf die Bahn. Er wußte nur, daß sein Sohn Hilfe brauchte.

Die Zuschauermenge erlebte mit, wie Derek Redmond den Lauf seines Lebens vollführte. Im Stadion und in der ganzen Welt erhoben sich die Zuschauer und jubelten ihm zu. In der letzten Kurve erreichte Jim Redmond seinen Sohn und legte ihm den Arm um die Schultern. Als Derek sah, daß er es war, lehnte er sich an seinen Vater und schluchzte. Ein Ordner versuchte vergeblich einzugreifen und Jim Redmond von der Bahn zu schaffen.

Vater und Sohn überquerten Arm in Arm die Ziellinie.

Wenn Sie und ich als Väter eine so wichtige Rolle im Leben unserer Kinder spielen können, dann haben wir als Väter nicht versagt.

Gebetstip
Bitten Sie darum, daß Gott Ihnen zeigt, auf welche besondere Art Sie Ihre Kinder bei den alltäglichen Kämpfen unterstützen können.

„Für drei Dollar Gott, bitte"

Dann werde ich ihnen bekennen: Ich habe euch noch nie gekannt.
Matthäus 7,23

Wie gut kennen Sie Gott? Sind Sie zufrieden damit, ihn weniger gut zu kennen, als er Ihnen von sich mitteilen will? Fühlen Sie sich von den folgenden Worten getroffen, die Wilbur Reese geschrieben hat?

Ich möchte für drei Dollar etwas Gott kaufen, bitte. Nicht so viel, daß meine Seele aus den Fugen gerät und ich nicht mehr ruhig schlafen kann. Bitte nicht mehr, als eine Tasse warme Milch oder ein Nickerchen in der Sonne wert sind. Ich will nicht so viel von ihm, daß ich anfange, die Schwarzen zu lieben oder die Wanderarbeiter auf die Ernte zu begleiten. Ich hätte gern etwas Ekstase, will aber nicht gleich umgewandelt werden. Ich möchte die Wärme des Mutterleibes, doch keine neue Geburt. Ich möchte bloß ein Pfund Ewigkeit in der Tüte, bitteschön. Ich hätte gern für drei Dollar Gott.

Die Kirche, die Gemeinschaft der Gläubigen, kann nur so groß sein wie ihre Vorstellung von Gott. Haben Sie das Gefühl, Ihre christlichen Erfahrungen entsprechen nicht dem, was man erwarten kann? Dann liegt Ihr Problem wahrscheinlich darin, daß Sie sich keine Zeit für die Pflege der Beziehung zu dem Gott nehmen, der Ihnen das Leben geschenkt hat.

Nach dem Tod von Elvis Presley berichteten die Medien von Menschen, die ihn fast zum Gott ihres Lebens erhoben hatten. Ein junger Mann aus Florida unterzog sich allen Ernstes einer plastischen Operation, um Elvis ähnlich zu werden. „Presley war mein Idol, seitdem ich fünf war", sagte er. „Ich habe jede Schallplatte von ihm doppelt, Tausende von Bildern und sogar zwei Blätter von seinem Grundstück in Memphis ..." Doch überhörten die meisten wohl die tragische Bemerkung am Ende des Interviews, als er bekannte: „Ich war nie in seiner Nähe. Ich habe ihn nie gesehen. Ich habe ihn nicht gekannt."

Da muß ich mich fragen, ob wir nicht am Tag des Gerichts vor Gott stehen und bekennen müssen: „Ich habe dich vertreten, aber in deiner Nähe war ich nie. Ich habe dich nie tief genug kennengelernt. Ich habe mich für das Christentum betätigt, ohne den Vater wirklich gekannt zu haben."

Gebetstip
Bitten Sie Gott, Ihnen die Augen für sein Wirken in Ihrem Alltag zu öffnen. Bitten Sie ihn um Beistand, damit Sie auf sein Wirken geistlich reagieren können.

27. Juli

Siehe, seine Herrlichkeit

*In meines Vaters Hause sind viele Wohnungen ...
Ich gehe hin, euch die Stätte zu bereiten.*
Johannes 14,2

Wer etwas von Gott wissen will, sollte sich einmal Zeit nehmen, seine Schöpfung zu betrachten. Seine Macht, seine Majestät, Schönheit und unglaubliche Kreativität finden ihren Ausdruck in der Welt, die er geschaffen hat.

Wir können aber noch mehr von seiner Persönlichkeit erahnen. Einmal sind einer meiner Freunde und ich mit dem Skilift bergauf gefahren. Zu unserer Linken lag ein Gebirgszug mit Viertausendern. Zur Rechten lag ein wunderschöner See in die Berge eingebettet. Es war ein frostig klarer Februarmorgen.

Kopfschüttelnd sagte ich: „Hat Gott das nicht großartig gemacht?" Mein Freund erwiderte: „Ja, und alles an einem Tag. Und vor zweitausend Jahren hat Christus gesagt, daß er uns eine Wohnung bereitet. Jetzt ist er schon zweitausend Jahre fort und arbeitet immer noch daran. Der Himmel muß also ganz überwältigend werden!"

Als Kind dachte ich immer, daß es im Himmel langweilig sein werde. Was sollte ich bloß mit der ganzen Ewigkeit anfangen – herumsitzen und Harfe spielen? Mein Freund konnte mir mit seiner Bemerkung zeigen, daß es dort unendlich viel wunderbarer sein wird, als ich mir je vorstellen kann (obwohl ich nicht die geringste Ahnung habe, was mich erwartet).

Dr. Charles Ryrie sagte einmal: „Gott muß doch über uns Menschen staunen. Er kommt aus dem Himmel, um uns zu erlösen und zu sich zu holen, und dann kämpfen wir so verzweifelt gegen das Sterben an." Interessant, nicht? Nehmen wir an, Sie gingen heute nachmittag zum Arzt und müßten erfahren, daß Sie unheilbar an Krebs erkrankt sind. Würden Sie etwa gleich erfreut lächeln? Nein, Sie wären deprimiert, hätten Angst und würden sich um Ihre Angehörigen Sorgen machen.

Doch mit der Zeit müssen wir alle sterben. Ich glaube, Gott hat uns diese wunderschöne Welt auch dazu gegeben, damit wir einen winzigen Einblick in das bekommen, was auf uns wartet.

Gebetstip
Machen Sie einen Ausflug in eine Gegend mit wunderschöner Aussicht. Beten Sie dort den Gott aller Schöpfung an, der für Sie gestorben ist!

Bedrohtes Familienleben

Ich nehme mir keine böse Sache vor;
ich hasse den Übertreter und lasse ihn nicht bei mir bleiben.
Psalm 101,3

Wir haben einmal ein Marktforschungsunternehmen beauftragt, die Teilnehmer unserer Family Life-Konferenz zu befragen, welches gesellschaftliche Problem ihrer Meinung nach die Familien am meisten bedrohe. Sind es Alkohol- und Drogensucht? Ist es der Materialismus, Pornographie, Trennung und Scheidung?

Fast sechsunddreißig Prozent antworteten: das Fernsehen.

Das hätte uns nicht überraschen dürfen. Immerhin geht aus den Umfragen hervor, daß der erwachsene Durchschnittsamerikaner die enorme Zahl von dreißig Stunden pro Woche vor dem Fernseher verbringt. Vorschüler sitzen immerhin bereits etwa siebenundzwanzig Stunden vor der „Glotze". Wie sollte es auch anders sein bei einer Fernsehdichte, die mit 98 Prozent noch höher ist als die Ausstattung der Haushalte mit einer Innentoilette (97 %)?

Ich glaube, in christlichen Familien wird der Fernseher zu Recht als Bedrohung angesehen. Dazu drei Gründe:

Erstens ersetzt der Fernseher echte Beziehungen. Die Kommunikation verstummt, wenn der Bildschirm läuft. Wer kann mit einer solchen Flut von Bildern, darunter aufwendigste Werbespots und Programme, die Sex frei Haus liefern, schon konkurrieren? Ich bin mit der großen Humoristin Erma Bombeck ganz einer Meinung. Sie sagt: „Wenn ein Ehemann jeden Samstag drei Fußballspiele hintereinander im Fernsehen konsumiert, sollte seine Frau ihn gerichtlich für tot erklären lassen und seinen Besitz als Erbe beanspruchen!"

Zweitens unterminiert das Fernsehen oft jegliche Verbindlichkeit und moralische Festigkeit, von der die Familie zusammengehalten wird. Die harmlosen Serien der Vergangenheit haben längst Ehebruch, vorehelichem Sex und perverses Verhalten in ihrem Programm.

Drittens stiehlt das Fernsehen der Familie Zeit für sinnvolle gemeinschaftliche Unternehmungen. Nach seiner Teilnahme an einem unserer Eheseminare kam ein Vater nach Hause, zog den Fernsehstecker und brachte das Gerät in die Garage. An seine Stelle kam ein Familienfoto. Sein fünfjähriger Sohn setzte sich auf den Boden und starrte zunächst das Bild an. Dann schaute er zu seinem Vater auf und fragte: „Heißt das, aus uns wird jetzt eine richtige Familie?"

Gebetstip
Bitten Sie Gott um eine gesunde Urteilsfähigkeit. Treffen Sie dann Entscheidungen, die Ihren christlichen Glauben erkennen lassen.

29. Juli

Wie man mit einem Monster umgeht

Denn es ist erschienen die heilsame Gnade Gottes allen Menschen und nimmt uns in Zucht, daß wir absagen dem ungöttlichen Wesen und den weltlichen Begierden und besonnen, gerecht und fromm in dieser Welt leben.
Titus 2,11–12

Wie sollte man eigentlich mit dem Ungeheuer umgehen, wenn vieles, das mit dem Fernseher ins Haus kommt, nicht gerade zu einem gesunden Familienleben beiträgt?

Wie wär's mit einer Kampagne: „Sag einfach nein!" Ich bin kein Befürworter absoluter Abstinenz, obwohl diese Lösung für manche Familien am besten wäre. Doch sollte man sich beim Konsum mäßigen – sagen wir, auf sechs bis acht Stunden pro Woche.

In unserer Familie versuchen wir uns an folgende Ratschläge zu halten:

▶ Die Kinder müssen um Erlaubnis bitten, wenn sie fernsehen wollen. Sie sollen diese Erlaubnis nicht als Selbstverständlichkeit, sondern als Sonderfall betrachten. Die Wahl der Sendung soll nicht dem Zufall überlassen werden. Legen Sie fest, was gesehen werden darf.
▶ Zumindest zwei Zimmer sollten fernsehfrei bleiben: Der Raum, in dem man gemeinsam ißt, und das elterliche Schlafzimmer.
▶ Legen Sie gemeinsam fest, wie viele Stunden und welche Sendungen in der Woche und am Wochenende gesehen werden dürfen.
▶ Erlauben Sie den Kindern nicht, sich einen Videofilm anzusehen, wenn Sie nicht wissen, wovon er handelt. Lesen Sie Filmbesprechungen, um Anhaltspunkte zu bekommen, wie zumutbar die Dialoge sind und ob Sex und Gewalt eine Rolle spielen.
▶ Man sollte nicht einfach „fernsehen", sondern sich bestimmte Sendungen mit ganz bestimmten Absichten anschauen.

Natürlich geht so etwas nicht ohne Selbstbeherrschung und Disziplin. Denken Sie jedoch stets daran, wie sehr die „Röhre" Ihre Familie sprengen kann.

Anfang der achtziger Jahre ging aus einer Studie der Michigan State University hervor, daß ein Drittel der Vier- und Fünfjährigen in den USA zugunsten des Fernsehens auf die Beziehung zu ihren Vätern verzichten würden. Das zeugt von der erschreckenden Macht des Fernsehens. Ich glaube, Gott verlangt von uns, dieses Monster des zwanzigsten Jahrhunderts zu beherrschen.

Gebetstip
Beten Sie darum, daß Gottes Geist jedes Familienmitglied fähig macht, ungesunde Einflüsse zu erkennen und sich dagegen zu wehren.

Glaubenskrisen mitten im Leben

*Laßt uns laufen mit Geduld in dem Kampf,
der uns bestimmt ist, und aufsehen zu Jesus ...
Gedenkt an den, der soviel Widerspruch gegen sich
von den Sündern erduldet hat, damit ihr nicht matt werdet
und den Mut nicht sinken laßt.*
Hebräer 12,1.3

Jeder Läufer kann davon berichten, daß der härteste Abschnitt des Rennens durchaus nicht der Endspurt ist, sondern die Strecke genau davor. Langstreckenläufer stellen zum Beispiel fest, daß sie im dritten Viertel die schlechteste Zeit bringen. Man fühlt sich hundemüde und fragt sich, warum man überhaupt mit dem Rennen begonnen hat.

So ist es auch mit dem Glauben: Wenn man schon jahrelang Christ war, kommt man an einen Punkt, den ich einmal als „Halbzeitkrise" bezeichnen möchte. Kennzeichnend ist eine gewisse Unruhe, die Sehnsucht nach der eigenen Jugend, das In-Frage-Stellen von übernommenen Pflichten, Identität und persönlichen Werten. Die Begeisterung für Arbeit, Ehe und Familie läßt nach.

Haben Sie keinen Lebenshunger mehr? Lieben Sie Ihre Mitmenschen nicht mehr? Finden Sie Gott und die Kirche nur noch langweilig? Kann Sie nichts mehr beeindrucken? Gibt es noch irgend etwas, worüber Sie sich freuen?

Ist Ihr Job nur noch lästige Pflicht, oder tun Sie ihn als Arbeit für Gott? Fragen Sie sich, warum das Leben Sie so ungerecht behandelt hat?

Können Sie sich überhaupt noch erinnern, wann Sie Gott das letzte Mal eine Sünde bekannt haben? Gewinnen die Versuchungen an Reiz? Sind Sie ganz unten im Tal?

Für eine solche Situation gibt es kein Patentrezept. Das Leben ist nicht einfach und wird wohl auch nicht leichter werden.

So mancher erwartet von seinem Leben als Christ endlosen Wohlstand und ein Minimum an Leid. Es gibt auch einen Begriff dafür: Wohlstandsevangelium. Hat sich Christus etwa selbst an so einem Wohlstand erfreut, als er auf Erden lebte? Wenn Sie dieses Rennens müde sind, sollten Sie sich an den Rat im Hebräerbrief, Kapitel 12 halten: Laßt uns aufsehen zu Jesus und mit Geduld um den Sieg laufen.

Gebetstip

Bitten Sie Gott um eine Haltung der Ausdauer in Ihrem Leben als Christ. Bitten Sie ihn um die Fähigkeit, auf gleicher Höhe wie Ihr Partner zu laufen. Dann können Sie einander Mut zusprechen, den Lauf zu vollenden und die Krone zu gewinnen.

Die Befreiung

*Wenn wir aber unsre Sünden bekennen,
so ist er treu und gerecht, daß er uns die Sünden vergibt
und reinigt uns von aller Ungerechtigkeit.*
1. Johannes 1,9

Ist Ihr Alltag von Fehlern und Sünden der Vergangenheit unbelastet? Oder haben Sie Probleme, sich von schlechten Gefühlen gegen die Menschen zu befreien, die Ihnen einmal Unrecht getan haben? Wenn ja, dann wagen Sie sich an ein Vorhaben, das wir vor Jahren einer Frau empfohlen hatten.

Mary war verbittert gegenüber ihren Eltern, weil sie in der Kindheit von ihnen vernachlässigt worden war, und gegenüber ihrem Mann, wegen seiner Unzuverlässigkeit. Um mit dieser Verbitterung fertig zu werden, schlugen wir Mary vor, detailliert aufzuschreiben, worin das Unrecht ihrer Eltern bestand und wie es sich in ihren Gefühlen niedergeschlagen habe. Sie notierte außerdem eine Enttäuschung nach der anderen, die ihr Mann ihr bereitet hatte.

Als sie mit dieser Kummerliste fertig war, las sie alles laut vor. Es machte sie sehr traurig, als sie ihren gesammelten Ärger auf dem Papier sah und, von ihrer eigenen Stimme vorgetragen, hören konnte. Sie fing an zu weinen.

Unter Tränen neigte Mary den Kopf und betete: „Vergib mir, Gott. Was ich hier aufgeschrieben habe, ist Sünde. Du hast mir geboten, meine Eltern zu ehren, und ich habe es nicht getan, sondern den Ärger gegen sie fünfundzwanzig Jahre lang aufgestaut. Vergib mir auch", fuhr sie fort, „daß ich meinen Mann nicht geliebt habe und mich so kritisch ihm gegenüber verhalte."

Als sie aufgehört hatte, war ihre Erleichterung groß. Sie nahm einen großen roten Stift und schrieb auf alle drei Seiten in Druckbuchstaben den neunten Vers des ersten Johannesbriefes.

Danach zerknüllte sie lächelnd die Blätter, ging nach draußen, grub dort ein Loch in den Boden, warf das Papier hinein und verbrannte es. Schließlich schüttete sie Erde auf die Asche, bis das Loch wieder voll war. Oben drauf setzte sie sieben Steine.

Wenn heute ihre alte Verbitterung wieder hervorzubrechen droht und sie versucht ist, in die Vergangenheit zurückzuschauen, betrachtet sie den Steinhaufen. Er hilft ihr daran zu denken, daß ihre Sünden vergeben und begraben sind.

Gebetstip
Bekennen Sie Gott in der Stille alle Sünden und danken Sie ihm, daß er Sie gereinigt und jede Ungerechtigkeit vergeben hat.

Welche Werte geben Sie weiter?

von Barbara Rainey

Eure Rede sei allezeit freundlich und mit Salz gewürzt.
Kolosser 4,6

Als Ehefrau und Mutter frage ich mich häufig: „Welche Werte lassen sich eigentlich aus meinen Worten erkennen?"
Als die kleine Porzellanfigur zersplitterte, mußte ich schlagartig an meine Großmutter denken. Sie hatte das „Kleine Apfelmädchen" in den frühen dreißiger Jahren gekauft, als sie in Deutschland war. Ich hatte es nach ihrem Tod bekommen. Natürlich war es mir besonders wertvoll.

Ich stellte es im Schlafzimmer an einen erhöhten und vermeintlich sicheren Ort. Doch nun war das Apfelmädchen in tausend Scherben zersprungen. Ich hätte den Jungen den Hals umdrehen können – gerade noch hatte ich ihnen verboten, im Haus Ball zu spielen.

Als ich an dem Ort des Verbrechens anlangte, fand ich Samuel, den Schuldigen (damals vier Jahre alt) wie ein Opferlamm vor, das seine Strafe erwartete. Ich sagte ihm, er solle sich in sein Zimmer begeben, denn er werde für den Rest des Tages Hausarrest bekommen. Dann las ich die Stücke der Figur auf. Mit den Scherben in der Hand ging ich in Samuels Zimmer, nahm sein liebes Gesicht in die andere Hand und fragte: „Samuel, kannst du das sehen?" Die Augen weiteten sich vor Schreck. Wahrscheinlich erwartete er entweder den elektrischen Stuhl oder Tod durch Erhängen.

Er nickte und sah mich an. Ich sagte ihm, was zu sagen war: „Du sollst wissen, Samuel Rainey, daß ich dich mehr lieb habe als dies", wobei ich auf die Scherben in meiner Hand zeigte. Dann fuhr ich fort: „Ich habe dich sogar so sehr lieb, daß ich dich für deinen Ungehorsam bestrafe."

Dennis sagte, er sei stolz auf mich, weil ich mit dieser Szene meine Werte ins rechte Licht gerückt habe. Wie leicht hätte ich übertrieben reagieren können! Ich weiß nicht, ob Samuel sich an diesen Tag erinnert. Auf jeden Fall danke ich Gott für seine Kraft, die mir geholfen hat, für Samuel ein nachahmenswertes Vorbild zu sein.

Gebetstip
Bitten Sie Gott, die Quelle aller wahren Werte, um Hilfe beim Umsetzen seiner Maßstäbe und bei ihrer Weitergabe an die Kinder.

2. August

„Er war ein guter Mensch"

*Als dieser dort hingekommen war und die Gnade Gottes sah,
wurde er froh und ermahnte sie alle,
mit festem Herzen an dem Herrn zu bleiben;
denn er war ein bewährter Mann.*
Apostelgeschichte 11,23–24

Welche Erinnerungen haben Sie an Ihren Vater? Welches Erbe hat er Ihnen hinterlassen?

Wer mehr über sich selbst erfahren will, sollte versuchen, sich an den Charakter seines Vaters zu erinnern. Ich mache das gern, weil mein Vater großen Einfluß darauf hatte, was für ein Mann ich heute bin.

Mein Vater stellte die einmalige Mischung eines Menschen dar, der sich nichts gefallen läßt, Selbstdisziplin übt und seinen Humor gut verpackt. Er war ruhig und am liebsten zu Hause. Wenn er mit einer bestimmten Sache beschäftigt war, machte er nie viele Worte darum.

Schon sein Anblick gebot Respekt. Tatsächlich gab es so manchen Jungen, der einen Wandel in der Persönlichkeit durchlebte, als er von der dritten Sonntagsschulklasse in die vierte meines Vater wechselte. Hier flogen keine Papierflugzeuge mehr. Die Jungen saßen aufrecht und hörten seinen Lektionen pflichtbewußt zu.

Dann erinnere ich mich an den Sessel, auf dem er sich immer erschöpft niederließ. Wenn er seine Zeitung las, plante ich meine Anschläge auf ihn. Wahrscheinlich habe ich meinen müden Vater mit der Bitte, endlich mit mir zu spielen, fast zu Tode gequengelt.

Sein Spitzname war „Hook". So nannten ihn alle, weil der große Linkshänder einen angeschnittenen Ball warf, der mit seiner krummen Bahn allen Schlagmännern beim Baseball Rätsel aufgab. Wenn er diesen Patentwurf landete, schallte es in unserem Vorgarten vor Gelächter – von seinem und meinem. Ich habe ihn immer gern lachen gehört. Irgendwie gab mir das ein Gefühl von Sicherheit.

Ich erlebte mit, wie Vater sich um die Bedürfnisse seiner Mutter kümmerte. Drei- bis viermal die Woche sah er nach ihr. Damit war er mir ein Vorbild darin, wie man seine Eltern ehrt. Wichtiger noch, er lebte mir vor, was Charakter bedeutet. Er tat, was recht war, auch dann, wenn niemand zuschaute. Nie habe ich ihn lügen gehört. Sein Blick verlangte eine gleichermaßen ehrliche Reaktion. Die Erinnerung an seinen Charakter verleiht meinem Leben immer noch eine unverrückbare Grundlage.

Gebetstip

Beten Sie darum, daß Gott Ihnen Kraft und Weisheit gibt, Eltern in seinem Sinne zu sein.

Vorwärts, rückwärts oder unentschlossen?

Ja, ich erachte es noch alles für Schaden gegenüber der überschwenglichen Erkenntnis Christi Jesu, meines Herrn. Um seinetwillen ist mir das alles ein Schaden geworden, und ich erachte es für Dreck, damit ich Christus gewinne.
Philipper 3,8

In einem „Peanuts"-Comic sitzt Charlie Brown auf einer Bank an Deck eines großen Schiffes, als Lucy auftaucht. „Manche Menschen sitzen im Liegestuhl ihres Lebens mit dem Blick nach vorn", sagt Lucy philosophisch. „Andere sitzen mit dem Blick nach hinten und schauen dahin, wo sie gewesen sind." Dann sieht sie Charlie Brown direkt in die Sonnenbrille und fragt: „Charlie Brown, wie sitzt du in deinem Liegestuhl?"

Der zuckt die Schultern: „Weiß ich gar nicht – ich hab's noch nicht geschafft, den Liegestuhl aufzuklappen."

Heutzutage ist die Familie nicht nur für den einzelnen Bürger, sondern auch in der Politik zu einem Thema geworden. Deshalb sollten wir Christen auch in diesem Bereich unseren „Liegestuhl" endlich aufklappen. Leider haben viele Menschen kaum darüber nachgedacht, was in puncto Familie eigentlich ihre Überzeugungen sind. Schlimmer noch, sie wissen nicht, was die Grundlage für solche Einstellungen sein könnte.

Doch hat sich die Lage der Familie derart kritisch zugespitzt, daß wir uns nicht mit Nebensächlichkeiten aufhalten dürfen. Wir sollten unsere politische Meinung überall, auch in der Öffentlichkeit, deutlich machen.

Vor ein paar Jahren waren wir mit der ganzen Familie im Auto unterwegs. Ich fragte die Kinder, was ihrer Meinung nach unsere Familienwerte seien. Die Antworten sprudelten nur so hervor: „Gott, nicht so viel Fernsehen gucken, Verantwortung, Aufgaben im Haushalt, Freundschaft, Freundlichkeit, Respekt, Ausbildung, Kirche, Ermutigung, Dienen, Gehorsam, Disziplin, Teilen, Geben, wissen, wo die Grenzen sind, Versprechen halten, Familienleben, Gebet, Ausdauer, Pflichten erledigen, Liebe, Essen und Schutz, miteinander reden, Streit schlichten, Vergebung, Zärtlichkeit, Geschwister, Lachen, gemeinsam schöne Dinge unternehmen, Bibelverse auswendig lernen, vernünftiges Reden, Lesen, guter Rat."

Barbara und ich waren angenehm überrascht, was unseren Kindern alles einfiel. Vielleicht war unsere Erziehung nicht ganz vergeblich!

Gebetstip
Bitten Sie Gott, Ihnen klar zu machen, welche Werte Sie für sich und Ihre Familie wichtig finden. Bitten Sie um seine Gnade, um diese Werte miteinander umsetzen zu können.

4. August

Maskerade ohne Ende (Teil 1)

Und sie waren beide nackt, der Mensch und sein Weib, und schämten sich nicht.
1. Mose 2,25

Nichts ist leichter als Reden; nichts ist so schwer wie Kommunikation. Gute Kommunikation ist in jeder Art von Beziehung ein langersehnter Luxus, vor allem aber im Kreis der Familie. Eine ganz grundsätzliche Voraussetzung für gute Kommunikation – wie in der Bibelstelle oben angedeutet – ist Offenheit.

Vor dem Sündenfall boten Adam und Eva ein Musterbeispiel an wahrer Offenheit. Nicht nur, daß sie körperlich keine Hüllen trugen; sie versteckten auch nicht ihre Emotionen voreinander. Doch nach dem Sündenfall lesen wir: „Da wurden ihnen beiden die Augen aufgetan, und sie wurden gewahr, daß sie nackt waren, und flochten Feigenblätter zusammen und machten sich Schurze" (1. Mose 3,7).

Das ist der Anfang einer Maskerade, die bis heute kein Ende gefunden hat. Viele Menschen verschwenden eine Menge Zeit und Energie für Fassaden und Tünche, um Unsicherheit und Angst zu verstecken.

Offenheit kann besonders für Männer bedrohlich sein. Viele Männer zum Beispiel glauben, wenn man so verwundbar ist, daß man unverhohlen Tränen vergießt, sei das ein Zeichen von Schwäche. Zum Glück ändert sich diese Einstellung in der letzten Zeit.

Paulus war uns ein Vorbild an Offenheit, als er den Korinthern mitteilte: „Denn ich schrieb euch aus großer Trübsal und Angst des Herzens unter vielen Tränen; nicht, damit ihr betrübt werden sollt, sondern damit ihr die Liebe erkennt, die ich habe besonders zu euch" (2. Korintherbrief 2,4). Jesus weinte, als sein Freund Lazarus starb (siehe Johannes 11,35), und war traurig darüber, daß die hartherzigen Einwohner Jerusalems ihn abwiesen (siehe Lukas 13,34).

Es kann riskant sein, mit der Maskerade aufzuhören und für andere transparent zu werden, gar auf Schutzmaßnahmen zu verzichten. Man braucht dazu besonders viel Vertrauen und ist auf die Bereitschaft angewiesen, als Mitmensch akzeptiert zu werden, was auch immer ans Tageslicht kommt. Der Lohn aber ist dieses Risiko wert. An wahrer Vertrautheit können sich nur die erfreuen, die bereit sind, sich so zu zeigen, wie sie sind.

Gebetstip

Bitten Sie Gott, vor ihm offen sein zu können. Beten Sie darum, daß ein Maß dieser Offenheit auch in Ihrer Ehe und Familie wirksam wird.

Maskerade ohne Ende (Teil 2)

Wir sehen jetzt durch einen Spiegel ein dunkles Bild; dann aber von Angesicht zu Angesicht. Jetzt erkenne ich stückweise; dann aber werde ich erkennen, wie ich erkannt bin.
1. Korinther 13,12

Aus diesem Vers geht hervor, daß ein höchstes Maß an Kommunikation, in der wir erkennen, wie wir erkannt sind, dem Himmel vorbehalten ist. Durch Gottes Gnade aber können wir anfangen, unsere Maskerade schon in diesem Leben aufzugeben, indem wir lernen, verwundbar, offen und transparent für die Menschen zu werden, die wir lieben.

Wie bei den meisten Fertigkeiten müssen wir dabei ganz von vorn anfangen, um das Ziel zu erreichen, mit der Transparenz. Der Autor John Powell beschreibt diesen Prozeß in seinem ausgezeichneten Buch *Why Am I Afraid to Tell You Who I Am?* (Warum habe ich Angst, dir zu erzählen, wer ich bin?) Er stellt darin fest, daß sich fünf Ebenen der Kommunikation erfahren lassen.

Die meisten Menschen halten sich an die fünfte Ebene: den Small talk. Man spricht, teilt aber nichts über sich mit: „Tag, wie geht's?"

Auf der vierten Ebene geht es um den Austausch von Fakten. Man berichtet, was man weiß, was der und der gesagt hat, sagt aber nichts über sich selbst.

Hat man sich dazu durchgerungen, seine Meinung zu sagen, ist man auf der dritten Ebene angelangt. Hier werden Ideen, Urteile und Ansichten zur Sprache gebracht. Auf dieser Ebene kommt man endlich aus sich heraus und enthüllt ein wenig von sich selbst. Man riskiert Meinungsverschiedenheiten und gar Ablehnung. Also wird man sehr vorsichtig und jederzeit rückzugsbereit sein.

Auf der zweiten Ebene wagt man es, Gefühle preiszugeben. Hier hat man tatsächlich die Deckung verlassen und läßt den anderen wissen, was man fühlt. Wiederum geht man ein Risiko ein. Man muß aufpassen, daß man einander nicht weh tut. In einer Familie aber, die nicht oberflächlich sein will, ist dieser Schritt äußerst wichtig.

Die erste Ebene ist durch Transparenz gekennzeichnet. Man geht vollkommen offen miteinander um und zeigt dem andern, wie man wirklich ist. Natürlich erfordert diese Ebene der Kommunikation ein hohes Maß an Vertrauen und gegenseitiger Verbindlichkeit. Wenn wir in einer Beziehung transparent sein können, dürfen wir ansatzweise davon reden, so zu erkennen, wie wir erkannt werden.

Gebetstip
Denken Sie beim Beten daran, daß Gott Sie bis ins Innerste hinein kennt. Bitten Sie ihn um Hilfe für Ihre Angehörigen, daß alle dazu fähig werden, einander wirklich kennenzulernen und anzunehmen.

6. August

Pastor im eigenen Haus

Wenn einer untadelig ist, Mann einer einzigen Frau,
der gläubige Kinder hat, die nicht im Ruf stehen,
liederlich oder ungehorsam zu sein.
Titus 1,6

Haben Sie zu Hause einen Pastor? Der Apostel Paulus wollte, daß die Ältesten der Kirche fähig seien, auch bei sich zu Hause das Evangelium zu verbreiten.

Wenn ich anrege, daß Väter Pastoren im eigenen Haus sein sollten, dann bekomme ich meist ausweichende Reaktionen. Man glaubt, dazu müsse man etwas von Theologie verstehen und vor den Mahlzeiten redegewandt beten können. Darum geht es aber nicht.

Es ist Jahre her. Meine Tochter Ashley war gerade zu Bett gegangen, und wir kamen beim Kuscheln auf die Wiederkunft Christi zu sprechen. Ich versicherte ihr: „Ja, wirklich, Jesus kommt wieder. Dann nimmt er alle zu sich, die ihn im Herzen haben. Das wird phantastisch sein."

Ashley hatte Jesus aufgenommen, machte sich aber Gedanken um ihren Bruder Benjamin. „Wenn er so weit ist, Jesus in sein Herz zu bitten, wird er das schon tun", sagte ich.

Benjamin lag im oberen Stock des Etagenbettes und schaute über die Kante nach unten. „Papa, kannst du mir morgen sagen, wie ich Jesus in mein Herz aufnehmen soll?" fragte er.

Am nächsten Tag sprach also auch er ein Bekenntnis des Glaubens. Unmittelbar danach schlug er vor: „Papa, wir könnten doch Ball spielen!"

Damals konnte ich nicht wissen, ob Benjamin eine echte Verpflichtung eingegangen war, die sein Leben umwandeln würde. Tatsache aber ist, daß ich da war, als er sein Interesse zeigte.

Gebetstip

Beten Sie darum, die wesentlichen Aufgaben eines Pastors in Ihrer Familie verkörpern zu können. Vor allem sollten Sie ein „anwesender" Vater sein.

Ohne Angst leben

*Furcht ist nicht in der Liebe,
sondern die vollkommene Liebe treibt die Furcht aus.*
1. Johannes 4, 17–18

Mann und Frau merken manchmal, daß es mitunter Jahre dauert, bis man eine Atmosphäre geschaffen hat, in der man sich völlige gegenseitige Offenheit leisten kann. Der obige Bibelvers ist in Barbaras Ehering eingraviert: „Furcht ist nicht in der Liebe, sondern die vollkommene Liebe treibt die Furcht aus."

Ich arbeite daran, daß Barbara aus dieser Botschaft Sicherheit gewinnt. Beispielsweise bin ich in Gruppen extrovertierter als Barbara. Wenn wir auf einer Party sind, versuche ich mit meinen Fragen, Schwung in die schleppende Unterhaltung zu bringen. Häufig aber mache ich den Fehler, der weniger forschen Barbara keine Zeit zu lassen, daß auch sie sich in das Gespräch einbringen kann.

Am Anfang unserer Ehe fuhren wir nach einem solchen Abend nach Hause, und typischerweise sagte ich dann: „Meine Güte, Liebling, wir waren stundenlang bei diesen Leuten, und du hast den ganzen Abend lang keine drei Worte gesprochen!"

Barbaras Antwort: „Du hast mir ja auch keine Chance dazu gelassen!" Nach ein paar Minuten Schweigen entschuldigte ich mich meist dafür, sie nicht ins Gespräch einbezogen zu haben. Wenn ich sie jedoch später fragte, was sie von bestimmten Leuten, auf der Party halte, gab sie stets ihre eingehenden Beobachtungen wieder, denn sie ist eine sehr gute Menschenkennerin.

Statt mich zu ärgern, wenn Barbara manchmal mit ihren Gefühlen hinter dem Berg hält, habe ich gemerkt, daß mein Verhalten sie einschüchtern kann. Auch das ist eine Art Furcht.

Obwohl wir schon seit 1972 verheiratet sind, lernen wir immer noch, wie wir einander so vollkommen lieben können, daß die Furcht uns nichts anhaben kann.

Gebetstip

Beten Sie darum, als Paar im Vertrauen zueinander und im gegenseitigen Gefühl von Sicherheit so zu wachsen, wie auch Ihr Glaube und Vertrauen auf Gott zunehmen.

8. August

Schuldig im Sinne der Anklage

Die Freude am Herrn ist eure Stärke.
Nehemia 8,10

Manchmal machen gewisse Christen den Eindruck, als hätten sie Essig getrunken. Anscheinend gönnen sie sich überhaupt keinen Spaß – als sei das Leben ein einziger ernster Anlaß. Beim Versuch eines Lächelns wirkt ihr Gesicht wie aufgeplatzt.

Ja sicher, das Leben ist nicht einfach, doch als Familie braucht man einen Freiraum, wo man sich freuen und lachen kann. Barbara und ich wollen, daß unsere Kinder sich später mal an fröhliche Eltern erinnern können.

Ich denke zum Beispiel an einen Tag, der für Barbara besonders anstrengend gewesen war. Da fand ich, ein wenig Gelächter sei unbedingt nötig, und wir setzten einen „Kühlschrank-Prozeß" für sie an. Die gesamte Familie Rainey wurde einberufen. Benjamin, unser ältester Sohn, spielte den Richter, die anderen Kinder die Geschworenen.

„Diese Frau, Barbara Rainey, wird angeklagt, den Kühlschrank zu vernachlässigen", erklärte ich. Dann holten wir Lebensmittel hervor: „Beweisstück A", „B" und so weiter. Wirklich, da kam manch armseliges Stück zu Tage. Wir fanden Lebensmittel, die so lange im Kühlschrank gewesen waren, daß sie wie ein Eishockeypuck ganz ausgetrocknet und hart waren.

Wir fanden auch grün gewordene, „lebendige" Gegenstände. Wir hoben den Deckel von mancher Schale und ließen die „Geschworenen" daran riechen, so daß ihnen fast schlecht wurde. Selbst der Hund wich zurück.

Schließlich waren alle Beweisstücke auf dem Tisch. Die Geschworenen erklärten: „Schuldig im Sinne der Anklage – Vernachlässigung des Kühlschranks!" Der Hammer sauste nieder, und auch der Richter verkündete: „Schuldig im Sinne der Anklage!" Danach beteiligten sich alle an der Reinigung des Kühlschranks.

Gebetstip
Bitten Sie Gott um Hilfe, damit Sie mit Ihrer Familie Erinnerungen an fröhliches Gelächter sammeln können.

Verhauen oder lieber nicht?

Torheit steckt dem Knaben im Herzen;
aber die Rute der Zucht treibt sie ihm aus.
Sprüche 22,15

Was kann ein Kind zum Weinen bringen und Eltern scharenweise zusammenzucken lassen, als drohe ihnen der Arzt mit einer Spritze? Das schlimme Wort fängt mit S an – Schläge.

Den meisten von uns ist bekannt, daß im Buch der Sprüche „die Rute der Zucht" empfohlen wird. Weil aber manche Eltern ihre Kinder mißhandelt haben, ist für einen wachsenden Teil der Bevölkerung eine Tracht Prügel gleichbedeutend mit Kindesmißbrauch.

Ich allerdings glaube, daß körperliche Zucht zur rechten Zeit eine positive, biblische Methode bei der Kindererziehung ist. Dazu zwei einfache Maßstäbe:

Erstens muß deutlich gemacht werden, welches Fehlverhalten zu welcher Strafe führt. Legen Sie fest, mit welchen Vergehen sich ein Kind Schläge „verdient" hat, und teilen Sie Ihren Kindern diese Liste von „Delikten" mit. Wir haben sechs Kinder, aber es gibt nur ein halbes Dutzend Verstöße, auf die diese Strafe steht. Es ist das letzte Mittel bei der Erziehung, doch wir wenden es an.

Zweitens sollte man nicht im Zorn schlagen, sondern aus Liebe und im Bewußtsein einer grundsätzlich positiven Beziehung zu seinem Kind. Das Ziel ist, dem Kind verstehen zu helfen, daß sein Fehlverhalten Konsequenzen nach sich zieht. Wir haben unseren Kindern vor und nach der Strafe immer versichert, daß wir sie lieben. Ich selbst habe als Kind einige Schläge bekommen, habe mich aber immer geliebt gefühlt und die Strafe mit Sicherheit gebraucht!

Wir als Eltern arbeiten daran, bei unseren Kindern Charakter hervorzubringen und ihnen zu helfen, vor Gott und sich selbst Rechenschaft abzulegen. Wir dürfen offenen Ungehorsam nicht bemänteln und so tun, als sei nichts gewesen. Wenn wir das tun, können unsere Kinder nicht zu vollwertigen Mitgliedern unserer Gesellschaft werden.

Gebetstip
Bitten Sie Gott um Mut, sich in der Familie an die Bibel zu halten. Bitten Sie ihn um Hilfe bei der rechten Mischung von Autorität und Liebe, mit der Sie ihren Kindern zeigen können, daß Sie sich wirklich um sie kümmern.

Ein Lob säen

Eine linde Zunge ist ein Baum des Lebens.
Sprüche 15,4

Jeder wird gern gelobt, Ihr Partner ist da keine Ausnahme. William James hat geschrieben: „Die Sehnsucht, geschätzt zu werden, ist ganz tief in der menschlichen Natur verankert." Mark Twain sagte: „Mit einem guten Kompliment kann ich zwei Monate lang auskommen."

Was das Lob so wertvoll macht, ist seine Seltenheit. Wir loben unsere Mitarbeiter, Kinder und unseren Partner nur ausnahmsweise. Und doch sollte gerade das Zuhause eine Zuflucht sein, in der mit Lob verschwenderisch umgegangen wird.

Bemerkenswert sind schon die Synonyme des Begriffes „loben": würdigen, in den Himmel heben, auszeichnen, preisen, ehren, anerkennen, Beifall spenden und vieles mehr. Wer über diese Aufzählung nachdenkt, dem kommen hundert Möglichkeiten in den Sinn, wie man seinen Partner loben könnte. Je mehr man seine Anerkennung mit Worten ausdrückt, desto stärker wird die Selbstachtung des Partners gefestigt.

Haben Sie schon einmal um die Wiederholung eines Kompliments gebeten? Ich hab's getan. „Ach, das Eheseminar von Family Life hat Ihnen gefallen? Sagen Sie mir doch, was Sie am besten fanden." Dabei denke ich: „Genau das möchte ich jetzt hören! Würden Sie das bitte noch einmal sagen, damit ich diesen freundlichen Kommentar noch ein wenig länger genießen kann?" Das Leben kann manchmal unerträglich schwer sein, und ein gutes, ermutigendes Wort hilft die Last lindern. Das gilt vor allem für unsere Ehepartner.

Wenn man jemand anderen lobt, blickt man von sich selbst fort und widmet sich für ein paar kurze Augenblicke ganz intensiv seinem Gegenüber. Diese positive Konzentration auf einen anderen Menschen hilft nicht nur ihm, sein Leben in die richtige Perspektive zu rücken, sondern auch uns.

Gebetstip

Bitten Sie Gott um kreative Ideen, wie Sie Ihren Partner loben können. Wenn Sie so etwas noch nie getan haben, beten Sie ein paar Minuten lang und loben Gott für sein Wesen und alles, was er in Ihrem Leben getan hat.

Das Übel der Selbstgefälligkeit

Darum, wer meint, er stehe, mag zusehen, daß er nicht falle.
1. Korinther 10,12

Wir müssen unsere Ehen gegen Scheidung absichern. Der Pastor und Autor Charles Swindoll stellt häufig seinen Lesern die kritische Frage: „Gibt es Termiten, die an Ihrer Ehe nagen?" Eine dieser Termiten könnte die Selbstgefälligkeit sein.

Im ersten Korintherbrief richtet Paulus im obigen Vers eine ernstzunehmende Warnung an alle, die sich in der falschen Sicherheit wiegen, solche Termiten könnten ihrer Ehe nichts anhaben. Wie viele Pastoren, Missionare und Laien haben sich nicht in Affären verstrickt und ließen sich dann scheiden, weil sie zugelassen haben, daß sich in der Ehe die Selbstzufriedenheit breitmachen konnte?

Wir müssen den eigentlichen Sinn von Verbindlichkeit wieder entdecken. Kalorienarmes Bier, Cola light und leichte Salatcreme sind für unsere Gesellschaft so typisch geworden, daß man sich nicht wundern darf, wenn auch das Verantwortungsgefühl eine gewisse „Leichtigkeit" aufweist. Für einen Christen aber ist das Eheversprechen etwas Heiliges, eine Verpflichtung auch Gott gegenüber. Zwei Menschen binden sich für gute und schlechte Zeiten und geben nicht auf. Mann und Frau sehen eine viel größere Belohnung darin, Probleme gemeinsam zu durchkämpfen als vor ihnen zu flüchten.

Eine andere Art der Selbstgefälligkeit, ja Gleichgültigkeit, betrifft die Ehen der Menschen um uns herum. Eine wachsende Schar von Christen, die sich den Verletzungen und Ängsten ihrer Freunde gegenüberstehen sieht, scheut den Griff nach der Bibel, sondern teilt vorschnell billigen Rat aus: „Mach doch Schluß!" Oder man bleibt nur Zuschauer des ganzen Szenarios und unternimmt nichts. Wenn es hoch kommt, spielt man vielleicht noch den Verständnisvollen, während die Dinge ihren Lauf nehmen.

Wir müssen den Mann zur Rede stellen, der gerade seine Familie verlassen hat, und ihm sagen: „Mach es dir nicht so einfach!" Er darf sich nicht leise aus dem Staub machen, genausowenig wie die Frau aus unserem Hauskreis, die ihren Mann wegen eines anderen verläßt. Man darf nicht so tun, als sei nichts gewesen. Reden Sie mit diesen Menschen, bitten Sie, beten Sie mit ihnen. Seien Sie ihnen eine Hilfe.

Gebetstip
Gehen Sie mit Ihrem Ehepartner erneut einen Bund ein, bis der Tod Sie scheidet.

12. August

Im Reich des Löwen (Teil 1)

*Seid nüchtern und wacht;
denn euer Widersacher, der Teufel,
geht umher wie ein brüllender Löwe
und sucht, wen er verschlinge.*
1. Petrus 5,8

Vor kurzem habe ich den Atem eines Löwen gerochen, ein Gestank, bei dem ich mich fast übergeben mußte. Wo ich gewesen bin? Auf einer Löwensafari? In Kenia? Im Sudan? Im Zoo? Nein, an keinem dieser Orte.

Sagen wir einfach, daß ich im Reich des Löwen war.

Der Pastor und Schriftsteller A. W. Tozer hat sich oft dort aufgehalten. Man könnte sagen, er habe dort gelebt. Nach einer besonders schwierigen Phase schrieb Tozer folgendes: „Eins möchte ich aber sagen – es ist etwas Großartiges, dem Feind so dicht auf den Fersen zu sein, daß man ihn brüllen hört! Es gibt leider allzu viele Christen, die sich niemals ins ‚Reich des Löwen' wagen!"

Beim Nachdenken über Tozers Beobachtung kam ich zu dem Schluß, daß wir sofort in das Reich des Löwen aufbrechen sollten, also in die Gebiete, die vom Teufel beherrscht werden. Und diese finden wir überall dort, wo der Herrscher dieser Welt in unserem Alltag dominiert.

Die afrikanischen Löwen lauern schwachen, arglosen Tieren auf, denen, die hinter dem Herdenverbund her stolpern. Gleichermaßen geht der Teufel umher, um alle zu betrügen (verschlingen), die keine festen Überzeugungen, dafür aber naive Vorstellungen haben. Wenn zum Beispiel ein Christ meint, den anderen Gläubigen seiner Kirche keine Rechenschaft schuldig zu sein, wird er bald eine vereinsamte, leichte Beute für den geschickten Feind sein. Er könnte verteidigungsunfähig sein, wenn er der Versuchung ausgesetzt ist.

Ich frage mich manchmal, ob die Christen des zwanzigsten Jahrhunderts vom Wohlstand und vor lauter Beschäftigung so sehr betäubt sind, daß sie es nicht merken, wenn der Feind sich bereits über sie hermacht!

Allzu viele Christen sind vom Feind überwältigt worden. Er hat sie in dem Glauben gewiegt, daß es außer dem bekannten Durchschnittschristentum nichts anderes gibt. Jesus Christus mag vielleicht noch in ihr Weltbild gehören, ist aber nicht mehr Herr ihres Lebens.

Gebetstip

Bitten Sie Gott um einen nüchternen Verstand und um Wachsamkeit vor den Anschlägen des Feindes.

Im Reich des Löwen (Teil 2)

*Wir wissen, daß wir von Gott sind,
und die ganze Welt liegt im Argen.*
1. Johannes 5,19

August 13.

Statt dem Teufel zur Beute zu fallen, sollten Christen angriffsbereite Soldaten sein, die das Land für Christus wieder erobern. Ein Ziel unseres geistlichen Kampfes ist die Verhütung aller Einflüsse, die der Feind auf unser Leben haben könnte.

Man nimmt Risiken auf sich, wenn man erfolgreiche Invasionen beginnt. Dazu werden Männer und Frauen gebraucht, die glauben und handeln können. Der Sieg gehört denen, die mit ihrem Glauben die Entfernung vom Kopf zum Herzen überwinden. Doch viele Christen scheinen ihre Bequemlichkeit solchen Kämpfen vorzuziehen.

Winston Churchill hielt das Schlachtfeld für den Ort, an dem sich große Fragen lösen lassen. Auch ich meine, daß die kritischen Fragen unserer Zeit nur entschieden werden können, wenn gut ausgerüstete Christen sich ins Reich des Löwen vorwagen. Wie Churchill, der Verhandlungen ablehnte und bis zur Kapitulation kämpfen wollte, können wir es uns nicht leisten, uns auf Versuchungen oder Kompromisse einzulassen.

Beim Vordringen auf das Territorium des Feindes sollten wir uns Ermahnungen aus der Bibel vor Augen halten:

Steht fest und laßt euch von Gottes Wort leiten. Wir haben Gottes Zusicherung, daß wir den Kampf nicht verlieren (siehe Epheser 6,14–17).

Betet allezeit und sagt Dank (siehe 1. Thessalonicher 5,17–18).

Nehmt Versuchungen nicht auf die leichte Schulter; flieht die Unzucht (siehe 2. Timotheus 2,22).

C. T. Studd, ein Chinamissionar, war sich der Herausforderung wohl bewußt. Er schrieb: „Manche Menschen möchten den Klang von Kirchenglocken nicht entbehren, ich aber will meine Missionsarbeit auf dem Vorplatz der Hölle tun."

Der Kampf hat sich inzwischen noch verschärft. Trotzdem würde ich den Aufenthalt im Reich des Löwen nicht gegen ein friedliches, bequemes Leben eintauschen, wenn ich mich dafür auf Kompromisse einlassen müßte.

Und Sie?

Gebetstip
Bitten Sie Gott um Weisheit, Führung und Kraft, um im Kampf fest bleiben zu können.

14. August

Quälende Entscheidung

Wenn es aber jemandem unter euch an Weisheit mangelt, so bitte er Gott, der jedermann gern gibt und niemanden schilt; so wird sie ihm gegeben werden.
Jakobus 1,5

Unsere Tochter Rebecca hatte sich schon früh entschieden, Gymnastik als Leistungssport zu betreiben, und sie war darin recht gut. Mit zunehmendem Fortschritt wurde von ihr erwartet, ihr Training auszudehnen. Sie sollte schließlich dreimal in der Woche von vier bis halb neun trainieren.

Barbara und ich machten uns Gedanken darüber, wie weit ihr sportliches Engagement wohl gehen dürfe. Wir mußten uns klar machen, daß Rebecca bei noch größeren Fortschritten ihrer Familie entfremdet würde. Sie war mit ihrem Trainer länger zusammen als mit uns, und die turbulenten Jahre der Pubertät waren nicht mehr fern.

Zwar schätzten wir die positiven Auswirkungen des Sports auf Rebeccas Disziplin, doch fanden wir anderes noch wichtiger. Schließlich bekamen wir von Gott den Eindruck, daß wir unsere Beziehung zu Rebecca stärken sollten, noch bevor ihre Pubertät begann.

Je mehr wir beteten, desto deutlicher wurde uns, daß die Zeit für wichtige Bereiche, in denen wir auf Rebecca Einfluß nehmen konnten, bei noch größerem sportlichem Engagement dahinschwanden.

Nach monatelangem verzweifeltem Gebet entschlossen wir uns, Rebecca aus dem Training zu nehmen. Wir hätten zwar keine Einwände, wenn andere Eltern sich gegenteilig entschieden. Doch will ich mit dieser Geschichte zeigen, daß wir eine Vorstellung davon hatten, in welche Richtung sich Rebecca letztlich entwickeln könnte: zu einem Menschen, der sich eng an Gott hält. Das aber konnte sie besser bei uns zu Hause lernen als in der Turnhalle.

Als Eltern sollten wir uns bewußt sein, welche Charaktereigenschaften und Beziehungen wir für unsere Kinder anstreben. Die Erziehung von Kindern ist eine hohe und wichtige Berufung. Sie sind das Erbe, das wir der nächsten Generation hinterlassen.

Gebetstip
Bitten Sie Gott um seine Gnade beim Ringen um eine Erziehung, die aus Ihren Kindern eine „lebendige" Botschaft der Hoffnung für die nächste Generation macht.

Wie man sich prüft, bevor man streitet

Was siehst du aber den Splitter in deines Bruders Auge und nimmst nicht wahr den Balken in deinem Auge?
Matthäus 7,3

So wichtig es ist, in Konfliktsituationen dem Partner liebevoll die Meinung zu sagen, so entscheidend ist es auch, nicht zu richten. Man sollte bei aller Kritik nie die eigenen Fehler außer acht lassen. Hier sind ein paar Prüfsteine, die Barbara und ich ganz nützlich finden:
1. Prüfen Sie Ihre Motivation. Wollen Sie mit Ihren Worten helfen oder verletzen? Trägt es zur Heilung, zur Einheit bei, wenn Sie dieses Thema auf den Tisch bringen? Das Gebet ist ein guter Gradmesser für die Motivation. Wenn Sie Ihre Situation Gott vorlegen, erkennen Sie meist Ihr eigentliches Motiv.
2. Prüfen Sie Ihre Einstellung. Bei einer liebevollen Auseinandersetzung heißt es: „Du bist mir nicht gleichgültig. Ich respektiere dich und möchte von dir respektiert werden. Du sollst wissen, was ich empfinde, aber ich will auch wissen, was du empfindest." Nicht auf den Bulldozer springen und den Partner niedermachen! Nicht mit dem Müllwagen vorfahren und alles Ungenießbare ausschütten! Machen Sie einen liebevollen Anfang.
3. Prüfen Sie die Umstände. Dazu gehört der Zeitpunkt, der Ort und die Situation. Für Barbara heißt das, mich nicht gleich nach meiner Ankunft zu Hause anzuklagen, wenn ich einen schweren Arbeitstag hinter mir habe. Und ich muß mit meiner Konfrontation warten, bis sie keine Streitigkeiten mehr unter den Kindern zu regeln hat.
4. Bedenken Sie andere Umstände, die für Druck sorgen. Beweisen Sie Sensibilität für die Herkunft Ihres Partners. Inwiefern sind damit bestimmte Grundbedingungen für sein oder ihr Leben gegeben?
5. Stecken Sie mit der gleichen Selbstverständlichkeit ein, mit der Sie austeilen. Manchmal fällt ein Vorwurf auf den zurück, der ihn erhebt. Hüten Sie sich vor dem „Projizieren" Ihrer eigenen Fehler auf andere. Es könnte sein, daß der „freundschaftliche Rat", den Sie Ihrem Partner aufdrängen, in Wirklichkeit auf Sie selbst und Ihre eigenen Fehler zurückfällt!

Gebetstip
Beten Sie um Mut zum Streit sowie um so viel Liebe und Selbsterkenntnis, daß solche Gelegenheiten als positiver Beitrag zur Atmosphäre des Vertrauens dienen.

Konzentration auf das Entscheidende

Seht zu, daß keiner dem andern Böses mit Bösem vergelte, sondern jagt allezeit dem Guten nach untereinander und gegen jedermann. 1. Thessalonicher 5,15

Nun sind wir gemeinsam so weit gekommen, daß es Zeit wird, die heutige Andacht mit einem „Quiz zum ehelichen Konflikt" mal etwas aufzulockern! Na los, antworten Sie ehrlich und reden Sie hinterher mit Ihrem Partner darüber.

1. Bleiben Sie im Konfliktfall bei einem Thema oder geraten Sie von einem Punkt zum andern? Sparen Sie sich bitte nicht einen Haufen Beschwerden auf und überschütten damit Ihren Partner auf einmal!
2. Kritisieren Sie das Verhalten Ihres Partners, nicht aber seinen Charakter? Geben Sie Ihrem Partner bitte nicht das Gefühl, ein Feind oder die böse Macht zu sein. Vermeiden Sie allgemeine Feststellungen wie „Du bist so vergeßlich" oder „Das ist wieder mal typisch für dich!"
3. Halten Sie sich an die Fakten und richten nicht über Motive? Wenn Ihr Partner einen wichtigen Anruf vergessen hat, sprechen Sie über die Konsequenzen, nämlich über das, was jetzt getan werden muß. Sagen Sie nicht: „Das ist dir doch alles ganz egal, oder?"
4. Geht es Ihnen um ein besseres Verständnis für Ihren Partner, oder etwa darum, wer gewinnt und wer verliert? Wenn Ihr Partner Sie kritisiert, sollten Sie genau hinhören, was gesagt und was nicht gesagt wurde. Zum Beispiel könnte Ihr Partner sich über etwas ärgern, das im Lauf des Tages passiert ist, und Sie bekommen nur die Erregung über diesen Vorfall ab. Mit anderen Worten: Sie sind gar nicht das Problem. Hier wurde nur aufgestauter Frust und Ärger abgelassen. Das ist zwar nicht immer fair, aber zu einer liebevollen Ehe gehört auch die Bereitschaft zum Zuhören und Helfen.
5. Hören Sie lernbereit zu, wenn Sie kritisiert werden, oder versuchen Sie gleich, Ihr Verhalten zu rechtfertigen? Seien Sie bereit, sich die Wahrheit anzuhören und sie anzunehmen, wenn Sie damit konfrontiert werden. Die natürliche Reaktion ist allerdings ein Taktieren, wie Rechtsanwälte es pflegen. Der Rechtsanwalt hat hier nichts zu suchen! Benehmen Sie sich wie ein belehrbarer Student.
6. Verwenden Sie Ausdrücke wie „Du machst immer . . ." oder „Du kannst nie . . ." – oder lassen Sie für Ihren Partner das Motto gelten: Im Zweifel für den Angeklagten? Verallgemeinerungen treffen selten zu. Also haben Sie in der Ehe keinen Platz.

Gebetstip

Nehmen Sie sich beide jeweils die Fragen vor, mit denen Sie Schwierigkeiten haben. Beten Sie mit Ihrem Partner, daß Gott Ihnen hilft, den nächsten Konflikt in seinem Sinne durchzustehen.

Das Gesetz vom Geben

Gebt, so wird euch gegeben.
Ein volles, gedrücktes, gerütteltes und überfließendes Maß
wird man in euren Schoß geben;
denn eben mit dem Maß, mit dem ihr meßt,
wird man euch wieder messen.
Lukas 6,38

Im Christentum findet sich so manches Paradox, unter anderem das obige. Jesus lehrte: Wenn ihr gebt, dann werdet ihr empfangen. Wir verarmen also nicht, selbst wenn wir im Augenblick nichts davon bemerken.

Dieses „Gesetz vom Geben" bezieht sich auf viele Lebensbereiche; besonders aber gilt es im Hinblick auf die Selbstachtung. Einmal schrieb eine Frau in einem Brief an Barbara und mich: „Wenn ich mich selbst gebe, bekomme ich aller Erfahrung nach einen Mann, der sich einfach gut fühlt, was wiederum mir hilft, mich gut zu fühlen."

Die Welt flüstert uns jedoch das Gegenteil ein: „Du kannst nur so viel geben, wie du hast. Warte, bis deine Bedürfnisse gestillt sind. Dann kannst du dich an die anderen wenden und wirklich geben." Hat Jesus etwa das gemeint, als er uns zum Geben aufgefordert hat?

Unserer Meinung nach nicht. Warum? Jesus wußte wohl, daß kein Mensch an dem Punkt volkommener Bedürfnislosigkeit ankommt.

Vielleicht haben Sie es irgendwann satt, zu geben, und denken: Sie kennen meinen Partner nicht. Diesmal mache ich nicht den Anfang. Ein wenig kann ich das ja verstehen – in welcher Ehe gäbe es nicht auch solche Momente.

Selbst wenn Sie das Gefühl haben, immer nur der Gebende gewesen zu sein: Geben Sie nicht auf! Ihr Partner ist mehr auf Sie angewiesen, als Sie denken. Gott sieht alles. Erwarten Sie die Belohnung von ihm.

Der Theologe F. B. Meyer hat gesagt: „In den Augen der Welt ist derjenige der Reichste, der am meisten hat. In den Augen Gottes ist derjenige der Reichste, der am meisten gegeben hat."

In wessen Augen wollen Sie der Reichste sein?

Gebetstip
Beten Sie darum, daß Gott Ihnen bei der alltäglichen Entscheidung hilft, die eigenen selbstsüchtigen Wünsche außer acht zu lassen und ein freigiebiges Herz zu bekommen.

18. August

Der ausgetretene Pfad

*Darum verdroß es mich zu leben,
denn es war mir zuwider,
was unter der Sonne geschieht,
daß alles eitel ist und Haschen nach Wind.*
Prediger 2,17

Haben Sie in letzter Zeit darüber nachgedacht, was Sie eigentlich mit Ihrem Leben anfangen wollen?

An dem meist befahrenen Highway von Alaska steht ein Hinweisschild: „Achten Sie darauf, welche Spur Sie wählen. Während der nächsten 200 Meilen ist kein Wechsel möglich."

Wir haben uns allzu sehr an vorgegebene Geleise gewöhnt. Sie sind vorhersehbar und vertraut. Sie bieten Sicherheit. Doch wirken sie auch wie ein abstumpfendes Beruhigungsmittel und verführen dazu, das Leben zu verschwenden. Es heißt, der ausgetretene Pfad sei nichts anderes als ein Grab mit zwei offenen Enden. Dieses Gefühl hat wohl den König Salomo überkommen, als er im Buch des Predigers über die Vergeblichkeit des Abmühens schrieb.

Kinder jedoch lassen sich von Natur aus schwer an diese Pfade gewöhnen. Barbara und ich werden bei unseren Erziehungsversuchen an sechs Kindern immer wieder mit herausfordernden Fragen konfrontiert. Man sagt, ein Kind stelle mindestens 250.000 Fragen in seinem Leben. Kein Wunder, daß es so schnell lernt – und dabei den ausgetretenen Pfaden fernbleibt.

Vielleicht fühlen wir Erwachsenen uns deshalb so stark durch diese Pfade eingeengt, weil wir nicht genug Fragen stellen. Tag für Tag steigen wir auf das gleiche Karussell des Lebens. Wir stehen auf und machen uns an die Arbeit. Dann kommen wir nach Hause und erleiden unseren rituellen Zusammenbruch vor dem Fernseher.

Gelegentlich nehmen wir uns vor, aus den gewohnten Geleisen auszubrechen. Meist aber hilft uns die Unsicherheit wieder in den alten Trott zurück.

Salomos Gefühl der Vergeblichkeit aller Mühe hängt damit zusammen, daß alle seine Pfade „unter der Sonne" verliefen. Dort aber findet sich die transzendente Gegenwart Gottes nicht. Erst dann, als er einsehen lernte: „Fürchte Gott und halte seine Gebote" (Prediger 12,13), war er so weit, der eitlen Gleichförmigkeit des Lebens zu entrinnen.

Gebetstip
Bitten Sie Gott um Bewahrung vor den Trampelpfaden eines langweiligen „christlichen" Lebens. Beten Sie darum, sein Wirken an Ihnen und Ihrer Familie zu erkennen.

Der Klopftest

Ein guter Mensch bringt Gutes hervor
aus dem guten Schatz seines Herzens;
und ein böser bringt Böses hervor aus dem bösen.
Denn wes das Herz voll ist, des geht der Mund über.
Lukas 6,45

Max Lucado äußerte sich einmal dazu, wie ein Töpfer seine Arbeit prüft. Wenn er ein Gefäß aus dem Brennofen nimmt, klopft er daran. Ist der Klang gut und hell, dann ist die Arbeit in Ordnung. Gibt es nur ein dumpfes Geräusch, wird das Gefäß wieder in den Ofen gestellt. Auch der Charakter eines Menschen, so Max Lucado, läßt sich durch den „Klopftest" prüfen:

Anrufe am späten Abend; mürrische Lehrer; vergrätzte Mütter; angebranntes Essen; platte Reifen; Anraunzer – das ist der Klopftest. Solche unbequemen Störungen lösen die schlimmsten Reaktionen aus, deren wir fähig sind. Darauf sind wir selten vorbereitet. Sie erwischen uns auf dem falschen Fuß. Für eine echte Krise reicht es nicht, aber wehe, wenn es sich häuft!

Jesus sagte, der Mensch rede so, wie es in seinem Herzen bestellt sei. Nichts geht über einen guten Klopftest, um unsere wahre Natur zu offenbaren. Der wirkliche Charakter zeigt sich nicht in gelegentlichen Heldentaten, sondern im störungsgeladenen Wirrwarr des Alltags.

Wie reagieren Sie auf den Klopftest, auf die Stöße, Püffe und Prüfungen des Lebens? Klingt das Gefäß, oder ergibt es ein dumpfes Geräusch? Die Antwort hängt weitgehend davon gab, woraus Ihr Gefäß besteht – was im Herzen ist, wie Jesus sagte.

Doch selbst, wenn Sie an sich eher eine Tendenz zum dumpfen Reagieren als zum Klingen feststellen, sollten Sie nicht den Mut verlieren. Die Lage ist nicht hoffnungslos. Wir können aus dem Klopftest lernen und uns auf typische Situationen einstellen: den „blauen Montag", den Alltag nach dem Urlaub und ähnliches. Der Klopftest ist keine Katastrophe. Alle Stöße dienen uns zum Besten, wenn wir Gott lieben und ihm gehorchen.

Gebetstip

Befindet sich Ihr Partner oder Ihr Kind in einer „Klopftestphase"?
Beten Sie gemeinsam, daß Gottes Gnade und Liebe sich wirksam
erweisen. Dann umarmen Sie liebevoll Ihren Partner oder Ihr Kind
und essen gemeinsam ein Eis.

Erstmal ich!

Die brüderliche Liebe untereinander sei herzlich.
Einer komme dem andern mit Ehrerbietung zuvor.
Römer 12,10

Wer von uns über fünfunddreißig ist, wird wohl nie die langen Schlangen an den Tankstellen während der Ölkrise von 1973–74 vergessen. Natürlich wollten die besonders Gierigen sich vordrängen. In den Zeitungen waren lauter Berichte von Beschimpfungen und Anzeigen bis hin zu Messerstechereien und Schießereien zu lesen. Die Leute kämpften eben um ihren rechtmäßigen Platz in der Schlange vor der Zapfsäule.

Einmal drängte sich eine Frau vor ein Motorrad. Der Fahrer erhob sich langsam von seiner Maschine, nahm Helm und Brille ab und ließ ihr die Luft aus allen vier Reifen, während sie hilflos in der Schlange warten mußte.

Die kreativste Idee aber hatte ein junger Mann, der übervorteilt worden war und sich rächte, indem er den Tankdeckel des Dränglers abschraubte und ihn durch seinen eigenen, abschließbaren ersetzte. Dann fuhr er weg – den Schlüssel in seiner Tasche!

Allzu häufig geraten wir in den Bann des engstirnigen „Erstmal ich" – Denkens. „Wir sind die Champions!" ist nicht nur Schlachtruf von Fußballfans, sondern wird immer mehr zum persönlichen Motto. Selbstsucht aber ist die wahrscheinlich größte Gefahr für die Einheit und damit für die Ehe überhaupt.

Der Rat des Apostel Paulus erweist sich deshalb als Rezept für die Einheit in der Ehe: „Einer komme dem andern mit Ehrerbietung zuvor." Die Ehe gibt uns die Möglichkeit, für jemand anderen als sich selbst zu leben und der entsetzlichen Lagebeurteilung zu entgehen: „Ich habe nur mich selbst. Ich kann mich auf niemand anderen verlassen."

Gebetstip

Beten Sie darum, daß Gott in allen Ihren Familienangehörigen den Wunsch wachsen läßt, einander zu dienen, damit sie nicht den Trieb verspüren, sich „ganz nach vorn zu drängeln".

Ein Miterbe

Denn auch die Frauen sind Miterben der Gnade des Lebens.
1. Petrus 3,7

August 21.

Heutzutage gibt es im Geschäftsleben alle möglichen Partnerschaften: Stille Teilhaber, Finanzpartner, Tarifpartner, Mehrheitspartner, Minderheitspartner und so weiter. Doch in der Ehe soll es nach Gottes Absicht nur eine mögliche Variante geben: eine durchweg anteilnehmende Partnerschaft.

Der Apostel Petrus geht vom Konzept gegenseitiger Partnerschaft aus, wenn er die Männer anweist, die Ehefrau als „Miterbin der Gnade des Lebens" zu betrachten. Obwohl ihre Aufgabe und Rolle als Frau sich von der des Mannes unterscheidet, hat sie als Kind Gottes die gleiche Erbberechtigung.

Sie können Ihre Frau zur anteilnehmenden Partnerin Ihres Lebens machen, wenn Sie ihr liebevoll in die Augen schauen und sagen: „Ich brauche dich." Warum also nicht Realitäten in der Ehe schaffen mit Worten wie diesen, die man nicht oft genug sagen kann:

- Ich bin darauf angewiesen, daß du mir zuhörst, wenn ich meinen Kummer loswerden will. Ich brauche dich, weil du meine Probleme mit anderen Augen siehst und an mich glaubst.
- Ich brauche dich, damit ich zu dem Mann werden kann, als den Gott mich geschaffen hat.
- Ich möchte, daß du über alles in meinem Leben Bescheid weißt. Ich brauche dich, damit ich auch in solchen Lebensbereichen ehrlich bleibe, in denen ich leicht von Christus abirren könnte.
- Du bist der Mensch, dem ich am meisten vertraue.
- Ich bin auf deinen Rat angewiesen, auf dein Urteil bei wichtigen Entscheidungen.
- Ich brauche dein Gebet, weil ich eine Versuchung verspüre.

Wenn ich mich zum alleinigen Chef in Ehedingen aufschwinge und Barbara nur als stille Partnerin behandle, verlieren wir beide. Ihr entgeht die Möglichkeit, daß sie an meinem Leben teilhat, sie sich selbst weiterentwickelt und sich wichtig fühlt. Und ich verliere dabei, weil ich meist schlechte Entscheidungen treffe, wenn ich sie nicht einbeziehe.

Gebetstip
Bitten Sie als Mann Gott um Mut, Ihrer Frau besseren Zugang zu Ihrem Leben zu gewähren. Dann kann er Sie beide als Team gebrauchen, und Sie sind wirksamer, als wenn Sie einzeln arbeiten.

22. August

Den Besitzstand wahren

*Auf deine Schafe hab acht und nimm dich deiner Herden an;
denn Vorräte währen nicht ewig.*
Sprüche 27,23–24

Die meisten mir bekannten Ehepaare geben zu, daß das Thema Geld der häufigste Grund für Meinungsverschiedenheiten und Ehekrach sei. Oft entsteht das Problem durch eine Gewohnheit, in die man leicht verfällt und die geradezu süchtig macht: mehr auszugeben, als man einnimmt. Wie ein Herdenbesitzer aber über den Zustand der Schafe Bescheid wissen muß, so sollten auch wir Überblick über unser Bankkonto wahren.

In unserer Gesellschaft werden wir von Reklame überhäuft. Man will uns überzeugen, daß wir zu unserer Zufriedenheit oder gar zum Glück ein bestimmtes Produkt brauchen – als ob eine Sache jemals zufriedener machen könnte.

Das eine Kreditinstitut macht uns weis, daß wir ohne seine Kreditkarte nicht aus dem Haus gehen dürften. Wir hätten es angeblich nötig, nur mit unserem „guten Namen" zu bezahlen. Das Konkurrenzunternehmen macht Werbung mit dem Versprechen, das Stückchen Plastik stelle uns die ganze Welt zur Verfügung. Geht man diesen Werbeversprechen auf den Grund, so entpuppen Sie sich als Versuchung, der Realität zu entfliehen und der Phantasie zu frönen, alles, was man will, gleich jetzt zu bekommen.

Wenn man den Durchschnittsbürger fragt, ob er sich für einen Materialisten hält, sagt er: „Natürlich nicht." Er kauft nie nach Lust und Laune, sondern nur das, was er braucht. „Die Kinder brauchten neue Schuhe, ich einen Mantel und meine Frau ein neues Kleid. Letztes Jahr zu Weihnachten brauchten wir unbedingt einen neuen Farbfernseher, und inzwischen wird uns klar, daß ein neuer Wagen dran ist."

So streben wir nach Dingen, die wir vermeintlich brauchen. Doch die wahren Bedürfnisse in der Familie werden zurückgestellt. Das meiste, was uns unentbehrlich scheint, brauchen wir im Grunde nicht.

Gebetstip
Bitten Sie Gott um Dankbarkeit für die materiellen Dinge, die er Ihnen verliehen hat, und um Disziplin, mit Ihrem Geld verantwortlich umzugehen.

Pfeile abschießen (Teil 1)

*Wie Pfeile in der Hand eines Starken,
so sind die Söhne der Jugendzeit.*
Psalm 127,4

Ich finde es interessant, daß Kinder in der Bibel als „Pfeile" bezeichnet werden. Als solche sind sie zum Loslassen gedacht. Barbara und ich wissen, daß bei uns die Verantwortung liegt, die Kinder durch unsere Erziehung zu einem unabhängigen Leben zu befähigen.

Wir Eltern nehmen alle Mühen in dem Bewußtsein auf uns, daß diese „Pfeile" mit der Zeit selbstständig [...]n. Im Hinblick darauf vermitteln [...] wältigen und sich im Sinne Got[...]

[...] er als Angriffswaffe dient. Gott [...] rkung zeigt. Von uns Eltern ver[...] ziehung unseren Kindern ein[...]

[...] hre, bete ich für sie: „Herr, laß [...] in der Schule für dich da sind. [...] kelheit sind."

[...] unsere Kinder freigeben müs[...] n die Zeit tatsächlich gekom[...] m August 1993. Wir fuhren [...]. Ich kann mich gut an diese [...] anden auf dem Parkplatz des [...] uchzend. Ich weinte so sehr, [...] nußte für sich selbst beten! [...] Mädchen" auf dem Gehweg [...] an Barbara und sagte: „Eine [...] dem Sprung! Kannst du dir [...] nächstes Jahr mit Benjamin das gleiche durchmachen müssen?"

Ich schwieg einen Moment. Die Tränen fingen an zu trocknen, doch der Schmerz des Verlustes war noch frisch. „Tut ganz schön weh", sagte ich. „Das mache ich nächstes Jahr nicht mehr mit. Ich miete jemanden als Vater, der das für mich übernimmt!"

Gebetstip
Danken Sie Gott für das Privileg, die Richtung der Pfeile beeinflussen zu können. Bitten Sie ihn darum, immer das Ziel vor Augen zu haben.

24. August

Pfeile abschießen (Teil 2)

*Damit ihr ohne Tadel und lauter seid, Gottes Kinder,
ohne Makel mitten unter einem verdorbenen
und verkehrten Geschlecht,
unter dem ihr scheint als Lichter in der Welt.*
Philipper 2,15

Im Jahr darauf legten Barbara und ich den nächsten Pfeil in den Bogen: Benjamin. Wir stellten uns darauf ein, ihn loszulassen, und nahmen uns viel Zeit für Gespräche über die Versuchungen, mit denen er auf der Universität zu tun bekäme. In den Bibelbetrachtungen beim Frühstück redeten wir über Alkohol, gesellschaftlichen Druck, Verabredungen mit Mädchen und Sex.

Im August waren es nur noch Tage bis zu Benjamins Abschied. Ich arrangierte für ihn ein Überraschungsfrühstück, zu dem ich drei gläubige Männer einlud, von denen Benjamin viel hielt. Sie machten ihm Mut, in seiner Liebe zu Jesus zu wachsen und Gott treu zu bleiben.

Schließlich war es so weit. Als wir auf dem Campus ankamen, ging fast der ganze Nachmittag mit dem Putzen von Benjamins Zimmer drauf, damit er einziehen konnte.

Es war schon dämmerig, als sich der erste Härtetest ergab. Benjamin und ich gingen nach draußen, um etwas frische Luft zu schnappen. Wir setzten uns auf die Stoßstange eines Wagens, der vor der Tür abgestellt war. Ständig kamen junge Männer vorbei, die meisten von ihnen mit alkoholischen Getränken in der Hand.

Jetzt machte ich mir Sorgen um meinen Sohn. Ich wollte den „Pfeil" bewahren und in den Köcher zurückstecken, ihn jedenfalls nicht diesem „verdorbenen und verkehrten" Geschlecht aussetzen. Ich wandte mich Benjamin zu und schaute ihm in die Augen. „Junge, ich frage mich allen Ernstes, ob es wirklich eine gute Idee war, dich hierher zu bringen. Sieh nur, wie sich praktisch jeder betrinkt!"

Er schwieg nur kurz und schaute dann zurück. „Papa, ich seh' das hier als mein Missionsfeld", erwiderte er. „Es wird ganz schön hart, aber wenn es einfach wäre, hätten diese Leute nicht Jesus Christus nötig. Dazu haben Mama und du mich doch erzogen. Gott hat mich hergeschickt und wird mich auch beschützen."

Da saß ich, vom eigenen Sohn zurechtgewiesen. Das war ein Beweis seines Glaubens.

Gebetstip
Beten Sie dafür, daß Ihre Kinder den Drang bekommen, Gleichaltrige für Jesus Christus zu beeinflussen.

Wenn man zu viele Mützen trägt

25. August

*So seht nun sorgfältig darauf, wie ihr euer Leben führt,
nicht als Unweise, sondern als Weise,
und kauft die Zeit aus; denn es ist böse Zeit.*
Epheser 5,15–16

Ich bin süchtig nach Baseballmützen. Ich habe Mützen der verschiedensten Teams, darunter die Chicago Cubs, Detroit Tigers, aber auch „Cantrell Lawn and Turf". So heißt das Juniorteam meiner Söhne, das zwei Jahre hintereinander verlor. Meine anderen Mützen sind mit Werbung für Urlaubsorte und Jagd- und Sportmotiven bedruckt. Außerdem habe ich noch ein paar, die mit weniger bekannten Vereinen zu tun haben.

Diese Mützen dienen mir als Erinnerung an meine verschiedenen Rollen und Aufgaben als Mann. Vor kurzem ließen mir meine vielen Verpflichtungen die Zeit knapp werden. Deshalb war eine Jahresinventur aller meiner „Mützen" fällig. Ich mußte schauen, was neu zu organisieren oder gar abzusagen war. Zu diesen Aufgaben gehörten folgende, ohne dabei eine Rangfolge aufzustellen: Angestellter, Sonntagsschullehrer, Freund, Redner, Seelsorger, Anwerber, Schriftsteller, Radiomoderator, Bürger, Manager, Aufmunterer, Jäger, Anstreicher, Angler, Steuerzahler, Finanzplaner, Ehemann, Vater von sechs Kindern.

Viele meiner „Mützen" stehen für Menschen, die auf mich angewiesen sind. Als ich über meine Verantwortung nachdachte, kam mir eine Frage in den Sinn, die ich mir oft stellen muß. Es geht nicht darum, ob ich Erfolg habe, sondern darum, wo ich unbedingt meine Aufgabe erledigen muß. Welche Mützen müssen letzten Endes getragen werden?

Wenn ich im Epheserbrief lese, daß ich weise handeln soll, um „die Zeit auszukaufen", dann wird mir klar: Hier müssen die unwichtigeren Aufgaben abgegeben werden, damit mehr Zeit für die wichtigen bleibt.

Irgendwann habe ich ein T-Shirt mit dem Aufdruck gesehen: „Ich will alles". Nicht sehr realistisch, was? Wir können eben nicht alles haben – irgend etwas oder jemand wird darunter leiden.

Gebetstip
Beten Sie darum, daß Gott Sie an den Aufgaben wachsen läßt, mit denen Sie betraut sind. Bitten Sie ihn um Erkenntnis, was wirklich wichtig ist.

26. August

Christus in jedem Raum

Du sollst den Herrn, deinen Gott, lieben von ganzem Herzen, von ganzer Seele, von allen Kräften und von ganzem Gemüt.
Lukas 10,27

Als junger Mann habe ich jahrelang mein Leben in Bereiche aufgeteilt, auf die Gott nur teilweise Zugriff haben durfte. Dann geriet mir ein Buch von Robert Boyd Munger in die Hände. Der Titel lautet *My Heart, Christ's Home* (Mein Herz, Christi Wohnung). Es hat mich stark beeindruckt und gab mir den Anstoß, Jesus Christus unbeschränkten Zugang zu jedem „Raum" meines Herzens zu gewähren. Nun möchte ich Sie zum Nachdenken anregen: Wie weit ist er mit seiner Gegenwart in die Bereiche Ihres Innenlebens und Ihrer Wohnung vorgedrungen?

Gestehen Sie Christus die Herrschaft über den Raum zu, wo Ihr Ego wohnt. Die Tür dahin ist klein, doch wir alle wissen, wie groß das Ego sein kann, das darin lauert. Wenn Jesus keinen Zugang zu diesem Raum hat, fangen Mann und Frau an zu zanken, werden wir zu stolz, den Streit mit den Eltern zu begraben, werden die Kinder zu ehrgeizig und selbstsüchtig. Lassen Sie Jesus auf den Stammplatz Ihres Ego. Geben Sie Ihm die Herrschaft über diesen Raum in Ihrem Innern.

Öffnen Sie Christus den Raum Ihrer Ansprüche. In diesem Raum hegen wir unsere Erwartungen, wie andere sich verhalten sollten. Wenn Christus ausgeschlossen bleibt, können sich hier Sehnsüchte und ungestillte Hoffnungen häufen. Manche davon sind unrealistisch und perfektionistisch, und manche haben wir nicht einmal denen offenbart, die wir am meisten lieben.

Lassen Sie Christus in den Raum, in dem die Beziehung zu Ihren Eltern verwaltet wird. Es gibt allzu viele erwachsen gewordene Kinder, die Christus nicht in diesen Bereich lassen. Sie haben sich nach ihrer Hochzeit nicht biblisch verhalten und nicht „Vater und Mutter verlassen, um ihrem Weibe anzuhangen". Die Abhängigkeit von den Eltern ist immer noch übermächtig. Oder aber sie haben die Eltern vergessen und halten zu viel Abstand. In der Bibel findet sich nicht nur das Gebot, die Eltern zu verlassen, sondern auch die Verpflichtung, sie zu lieben und ehren. Wer Christus diesen Raum verschließt, steht nicht in der richtigen Beziehung zu seinen Eltern.

Ist Christus in jedem Bereich Ihres Herzens, in jedem Raum Ihrer Wohnung willkommen? Gibt es irgendeinen Bereich, zu dem er keinen Zugang hat?

Gebetstip

Bitten Sie um genügend Offenheit, Verwundbarkeit und Verbindlichkeit, um Jesus wirklich als Herrn über jeden Aspekt Ihres Alltagslebens einzusetzen.

Das Karrierestreben – auch eine Affäre

*Trachtet zuerst nach dem Reich Gottes
und nach seiner Gerechtigkeit,
so wird euch das alles zufallen.*
Matthäus 6,33

Seit Jahrzehnten gibt es wie aus der Schablone den führenden Manager im Dreiteiler mit Nadelstreifen, der sich mit Überstunden in die Unternehmensspitze hocharbeitet, doch sein weibliches Gegenstück ist auch schon im Kommen. Heutzutage fühlt sich eine wachsende Zahl von Männern und Frauen der Karriere mehr verpflichtet als ihrer Familie. Die Verlockungen des beruflichen Aufstiegs lassen uns vergessen, was Vertrautheit und eheliche Einheit bedeutet.

In einschlägigen Zeitschriften werden Mann und Frau als Typen vorgeführt, die brilliant und energisch ihre Karriere betreiben. Irgendwo wird zwar erwähnt, daß sich die Frau wohl ein Kind wünsche, aber bisher ihre ganze Leidenschaft ihrer Karriere gegolten habe. Oder aber sie beklagt, daß sie ihr Kind in irgendeinem Hort abgeben müsse, während sie zum Flughafen eile, weil sie die nächste Verkaufskonferenz nicht verpassen dürfe. In solchen Artikeln kommt der Eindruck auf, diese Paare seien zufrieden, chic, weltoffen und total erfüllt. Mit einem Wort, ihnen fehlt scheinbar nichts.

Bei dem Wort „Karrierestreben" denken wir wohl kaum zunächst an eine „Affäre". Trotzdem: Was ist eigentlich eine Affäre? Sie bedeutet den Bruch des Eheversprechens und die Beschäftigung mit jemandem oder etwas anderem – sei es ein Mensch, der Beruf oder etwas Materielles.

Ironischerweise kann die Karriere sich als grausame Liebschaft entpuppen. Letzten Endes ist diese Art Liebesbeziehung sehr unbefriedigend. Immer wird es einen höheren Gipfel geben, einen nächsten Geschäftsabschluß; in einem solchen Leben kann kein Raum für sinnvolle Beziehungen sein. Wer seiner Familie den Beruf vorzieht, wird kaum zufrieden sein. Er ist auf tragische Weise dem Aufstieg in der Firma verfallen, und ein Aussteigen ist kaum möglich.

Gebetstip
Bitten Sie Gott um Hilfe, damit Sie Ihrer Familie den ersten Rang zugestehen und dort eine Zufriedenheit erleben, die man anderswo umsonst sucht.

Feuer und Schwefel (Teil 1)

Herr, du bist gerecht, und deine Urteile sind richtig.
Psalm 119,137

In der Bibel sehen wir zwei Gesichter Gottes: Das eine ist liebevoll, mitleidig und fürsorglich. Das ist der Gott, der uns geschaffen hat und das größte Opfer brachte, damit wir ewig leben.

Dann aber gibt es auch den heiligen Gott, den Gott des Zorns, der über die Sünde zu Gericht sitzt.

Ich fürchte, die Kirche ist mit ihrer Botschaft über die beiden Gesichter Gottes aus dem Gleichgewicht geraten. Wir betonen viel zu häufig seine Liebe und vergessen, daß er gerecht ist: Sünde wird er also nie dulden.

Ich glaube, man redet heute zu wenig über die Sünde und ihre Folgen. In der Bibel steht zwar, daß die Sünde mit der Hölle bestraft wird, doch in unserer toleranten Gesellschaft ist so etwas unpopulär.

Das Thema Hölle ist nicht in Mode, weil sie ein Symbol für alles ist, was uns abstößt. Mit diesem Thema wiederum verbunden ist die Rechenschaft vor einer Autorität – und Autoritäten lehnen wir grundsätzlich ab. Außerdem hängt damit ein absolutes, ewiges Urteil zusammen. Es fällt uns schwer zu glauben, daß ein solcher Ort tatsächlich existiert. Eigentlich wollen wir uns nicht vorstellen, daß ewige Strafe und Qual Realität sind. Wenn wir aber keine ewige Strafe für unsere Sünden gelten lassen, ist es nicht mehr so dringend, diese Sünden zu bekennen.

Also sprechen wir mit unseren Kindern, Verwandten und Freunden nicht mehr viel über die Hölle.

Und doch existiert sie.

Das griechische Wort für Sünde bedeutet „Abweichung von einem Ziel". Zu unserem Glück ist Gott geduldig, aber er ist nicht tolerant. Seine Gerechtigkeit verlangt nach einer Sühne (einer Bezahlung, einer Strafe) für die Sünde des Menschen. Deshalb müssen unsere Kinder verstehen lernen, daß ihre Sünden ihnen den Himmel verschließen können. Auch für ihre Sünden muß bezahlt werden. Und darum starb Jesus Christus für uns am Kreuz.

Gebetstip
Beten Sie um eine heilige Furcht vor Gott.

Feuer und Schwefel (Teil 2)

*Die Furcht des Herrn haßt das Arge;
Hoffart und Hochmut, bösem Wandel und falschen Lippen
bin ich feind.*
Sprüche 8,13

Charles Spurgeon, der berühmte Evangelist und Theologe, unterrichtete im Seminar junge Männer in der Kunst des Predigens. Er sagte ihnen: „Meine Herren, wenn Sie vom Himmel reden, dann sollten Sie strahlen und lächeln. Ihr Gesichtsausdruck sollte erhaben wirken, seien Sie keineswegs schamhaft, wenn Sie auf den Himmel zu sprechen kommen. Wenn Sie aber von der Hölle reden, können Sie dreinschauen, wie es gerade kommt."

Das war sein Thema. Schade, daß die großen, alten puritanischen Prediger so selten in unsere Kirchen kommen und uns ein paar feurige Lektionen über die Hölle verpassen.

Einer von ihnen schrieb folgendes über die Hölle:

Die Hölle läßt sich unmöglich beschreiben. Nichts auf der Erde ist mit ihr zu vergleichen. Kein Lebender hat eine reale Vorstellung davon. Kein Verrückter in seinen wildesten Anfällen von Wahnsinn hat je ihren Schrecken verspürt. Auch im Delirium läßt sich niemals ausmalen, was so ungeheuer furchtbar ist. Kein Alptraum in Fiebernächten hat je einen solchen Terror hervorgebracht, der auch nur den Anfangsgründen der Hölle gleichkäme. Möge der begabteste Schriftsteller doch sein Geschick mit der Beschreibung erschöpfen, wie in den Höhlen unendliche Flammen rasen: Er wäre dem bloßen Rand der Hölle nicht einmal nahegekommen. Die Hölle war vormals für Teufel und Dämonen geschaffen, nicht für den Menschen. Kein Wunder, daß sich der ganze Himmel über einen einzigen Sünder freut, der Buße tut. Er ist gerettet, erlöst. Das bringt allen Freude, die im Himmel sind.

Was würde wohl geschehen, wenn wir nur zehn Sekunden lang die Hölle besuchen könnten? Ich glaube, unsere Sicht des Lebens, der Sünde und des Bösen würde sich ändern. Vielleicht wäre das Motiv genug, die gute Nachricht von der Erlösung durch Jesus Christus am Kreuz an alle weiterzugeben, die uns zuhören.

Gebetstip
Danken Sie Gott, daß er Sie davon erlöst hat, eine Ewigkeit lang in der Hölle gequält zu werden. Bitten Sie ihn um Mut, diese gute Nachricht anderen zu verkünden.

30. August

Der souveräne Gott

*Ja, lieber Mensch, wer bist du denn,
daß du mit Gott rechten willst?
Spricht auch ein Werk zu seinem Meister:
Warum machst du mich so?*
Römer 9,20

Ein Pastor hat einmal von seiner Gemeinde gesagt, daß ständig neunzig Prozent der Familien vor irgendeinem Problem stehen oder in der Krise stecken. Wie ich bereits erzählt habe, geriet auch unsere Familie in eine Krise, als Samuel von Muskelschwund befallen wurde.

Ich muß bekennen, daß ich in dieser und manch anderer Situation beinahe „mit Gott gerechtet" hätte. Auch nach sechsundzwanzig Jahren, in denen ich mich an Christus zu halten versuche, lassen meine eigenen Erfahrungen und die von anderen viele Fragen aufkommen, auf die es keine Antwort gibt.

Warum läßt Gott zu, daß manche Kinder sexuell mißbraucht werden?

Warum sind so viele Ehepaare unfruchtbar, wo sie sich doch so sehr Kinder wünschen?

Warum läßt so mancher Ehepartner seine Familie im Stich, obwohl er jeden Grund zur Treue hätte?

Ich glaube, auch in der Bibel finden sich keine einfachen Antworten auf diese Fragen. Allerdings meine ich, daß der obige Vers einen starken Hinweis birgt, der mir die größte Hoffnung und den stärksten Glauben möglich macht.

Wenn die Bibel uns versichert, daß Gott alles im Griff hat, dann kommt bei manchen die Frage auf, warum er dies oder jenes zuläßt. Aus der Bibel aber ergibt sich auch der Grund für unsere tiefe Zuversicht, daß das Böse trotz aller tragischen Auswirkungen nicht das letzte Wort hat.

Wir können dem liebenden Gott zutrauen, daß er sich gegen das vorherrschende Böse durchsetzen kann, wenn er der souveräne Herrscher der Welt ist.

In unserer eigenen Problematik gab Samuel selbst den Hinweis, wie Gott in seiner Macht uns befähigen kann, auch über Tragödien hinwegzukommen. Wir fuhren eines Abends vom Lebensmittelladen nach Hause. Nach einem Gespräch über die Behinderung, die Samuel im Laufe des Muskelschwundes erleiden würde, schaute er aus dem Fenster. Dann aber wandte er sich zu mir und sagte entschlossen: „Weißt du, Papa, vermutlich bin ich gar nicht auf meine Beine angewiesen, wenn ich Gott dienen will."

Gebetstip
Bitten Sie Gott um die Kraft, ihm in allen Situationen zu vertrauen.

Wenn Eltern keinen Mut mehr haben

von Barbara Rainey

Dann werdet ihr euch freuen . . . damit euer Glaube als echt und viel kostbarer befunden werde als das vergängliche Gold, das durchs Feuer geläutert wird, zu Lob, Preis und Ehre, wenn offenbart wird Jesus Christus.
1. Petrus 1,6–7

Wissen Sie, wovon die Gefühle aller heutigen Mütter beherrscht werden? Nicht Ärger, Sorgen, Angst, Einsamkeit, Mangel an Vertrauen oder Angst zu versagen. Es ist die Mutlosigkeit. Zunächst regt man sich nur auf, aber hinterher hat man das Gefühl, nicht mehr Herr der Lage zu sein.

Manchmal verliert man bei der Erziehung von sechs Kindern einfach den Mut. Ich weiß noch, wie wir einmal in einem Restaurant Pfannkuchen essen gingen und die Kinder einander fast an die Gurgel sprangen. Dennis und ich dachten: Wir haben versagt. Das sind doch junge Verbrecher! Tag für Tag machen wir Radiosendungen und veranstalten Konferenzen – und jetzt so was!

So was ist aber nur eine Momentaufnahme während der Erziehung. Wenn es jemanden geben sollte, der darin perfekt ist, dann sollte er lieber die Haut seines Kindes abziehen und feststellen, ob er es nicht mit einen Roboter zu tun hat. Wir erziehen nun mal keine Roboter, sondern Kinder mit einem eigenen Willen. Sie enttäuschen uns zwangsläufig, und das macht uns mutlos.

Wir Christen sind meiner Meinung nach anfälliger für Mutlosigkeit, weil wir so etwas wie Heiligkeit als Maßstab vor Augen haben, worunter wir mindestens hundertprozentige Vollkommenheit verstehen. Irgendwie haben wir anfangs die Vorstellung, unser Glaube werde schon alles richten. In Wirklichkeit aber ist unser Glaube dazu da, daß wir nach der Niederlage mit der Enttäuschung fertig werden.

An diesem Glauben müssen wir uns festhalten. Verbunden mit viel Ausdauer bringt er uns eine unvergängliche Belohnung ein – dazu eine Generation Kinder, die mit Gott aufgewachsen sind.

Gebetstip
Bitten Sie Gott um die Einstellung, sich als Eltern auch Niederlagen erlauben zu dürfen. Bitten Sie ihn um Hilfe beim Bewältigen von Situationen, in denen Sie sich wie Versager fühlen.

Stellung beziehen

*Denn ich schäme mich des Evangeliums nicht;
denn es ist eine Kraft Gottes,
die selig macht alle, die daran glauben.*
Römer 1,16

Es war ein ganz normaler Herbsttag, und mir war, als hätte ich einen Klumpen in der Kehle. Unsere Kinder waren diesmal frühzeitig zur Schule gegangen. Ashley, Benjamin und Samuel hatten vor, sich mit einer landesweiten Bewegung christlicher Schüler zu solidarisieren. „See You at the Pole" (Treffpunkt an der Fahne) machte es sich zur Aufgabe, vor Unterrichtsbeginn alle Schüler zum Gebet an die Flagge zu rufen.

Am Abend zuvor hatten wir als Familie ein Video dazu gesehen, das die verschiedensten Aktionen porträtiert: An einer Schule waren 250 junge Leute an der Fahnenstange zusammengekommen. Woanders waren es nur fünf Schüler gewesen, und an einer weiteren Schule hatte ein einsames Mädchen ganz allein gebetet. Wir waren von dem Einsatz eines jeden Schülers begeistert gewesen.

Ashley und Benjamin wußten, daß sich mindestens ein Dutzend Mitschüler zum Gebet zu ihnen gesellen würden. Samuel aber kannte nur zwei andere, die mit ihm beten wollten – und auch das war nicht ganz sicher. Und wenn er ganz allein da steht? dachte ich.

Mit tränenfeuchten Augen dachte ich an meinen Sohn. Alles in mir schrie danach, ihm den möglichen Schmerz zu ersparen. Aber ich spürte, daß Samuel auf diese Weise erfahren konnte, daß es etwas kostet, Christus nachzufolgen.

Wie sich dann herausstellte, gesellten sich fünfzig Kinder von insgesamt 425 Schülern zu Samuel. Gott hat dieses Ereignis dazu gebraucht, daß alle etwas Wichtiges lernten. Barbara und ich stellten fest, daß unsere Kinder auf Gelegenheiten angewiesen sind, ihren eigenen Glauben auszuprägen, auch wenn der Zweifel nagt. Darin geht es ihnen nicht anders als uns. Außerdem wurde ich ermahnt, auch in der Öffentlichkeit mutig für Christus Stellung zu beziehen und mich nicht seiner zu schämen.

Gebetstip
Bitten Sie für sich und alle Familienangehörigen, daß Sie nie zu schüchtern sind oder sich schämen, in einer nichtchristlichen Welt für christliche Werte einzutreten.

Der Entscheidungsprozeß in der Ehe

Ich lasse euch aber wissen, daß Christus das Haupt eines jeden Mannes ist, der Mann aber ist das Haupt der Frau; Gott aber ist das Haupt Christi ...
Doch in dem Herrn ist weder die Frau etwas ohne den Mann noch der Mann etwas ohne die Frau.
1. Korinther 11,3.11

2. September

Barbara und ich haben uns zu Beginn unserer Ehe versprochen, alle Entscheidungen gemeinsam zu treffen. Nur dann, wenn wir ehrlichen Herzens eine unlösbare Meinungsverschiedenheit hätten, sollte ich als Haupt der Familie entscheiden.

Ich komme darauf zu sprechen, weil mancher Mann seine Stellung als „Haupt" als eine Art Knüppel mißbraucht, um seine Frau zur „Unterordnung" zu zwingen. Ich halte es nicht für einen Fehler, wenn Paulus schreibt: „Weder ist die Frau etwas ohne den Mann noch der Mann etwas ohne die Frau." Wir sind in der Ehe aufeinander angewiesen, und dazu gehört, daß wir als Paar Entscheidungen treffen.

Bei diesem Entscheidungsprozeß in der Ehe habe ich eines gelernt: Wenn Barbara mir nur einmal etwas sagt, geht sie nicht davon aus, daß ich ihre Meinung wirklich gehört habe. Manchmal muß ich mir ihren Standpunkt mehrmals anhören, bis ich die emotionale Kraft hinter ihren Worten wahrnehme. Das ist besonders dann wichtig, wenn sie mit einer von mir getroffenen Entscheidung nicht einverstanden ist.

Als es darum ging, wegen der sportlichen Aktivitäten unserer Tochter Rebecca zu einem Entschluß zu kommen, bestand ich darauf, sie aus dem Verein zu nehmen. Barbara erinnert sich: „Ich wußte intuitiv, daß Dennis wahrscheinlich recht hatte, war aber noch nicht so weit. Ich sah Rebecca bei den Wettkämpfen so gern zu. Sie war die geborene Turnerin und hatte ihren Sport gern.

Auch machte ich mir Gedanken, weil ich nicht wollte, daß sie es uns später übelnehmen würde, sie zum Aufhören gezwungen zu haben. Ich mußte diese Gefühle bei Dennis loswerden. Bis ich der Meinung war, meine Gedanken angemessen ausgedrückt zu haben, brauchte ich einfach meine Zeit."

Tatsache ist, daß Barbara damit etwas Zutreffendes eingewandt hat. Ihre Mahnung, Rebecca könne uns die Entscheidung übelnehmen, war sehr vernünftig. Als Ehemänner gehen wir bei Entscheidungen fehl, wenn wir die Meinung unserer Frauen nicht wirklich in Betracht ziehen. Wenn der Mann klug ist, hört er genau hin.

Gebetstip

Steht eine Entscheidung an? Dann nehmen Sie sich doch gleich jetzt die Zeit und beten miteinander darüber.

3. Erwartungen können drücken

*Und ihr Väter, reizt eure Kinder nicht zum Zorn,
sondern erzieht sie in der Zucht und Ermahnung des Herrn.*
Epheser 6,4

Ein Arzt war im Krankenhaus auf dem Weg zu einem Neugeborenen. Da fand er einen kleinen Zettel auf dem Boden. Auf das zerknitterte Blatt hatte ein frischgebackener Vater gekritzelt: John Peter Jones . . . John P. Jones . . . Gouverneur John Jones . . . Pastor John Jones . . . Präsident John P. Jones . . . auf jeden Fall J. P. Jones.

Der kleine Kerl kann mit so einem weitsichtigen, ehrgeizigen und hinreichend flexiblen Vater Glück gehabt haben. Allerdings wird er auch gewisse Schwierigkeiten bekommen, wenn eben diese Erwartungen sich als unerfüllbar entpuppen.

Die Hoffnungen von Eltern für ihre Kinder kann sich auf die Selbstachtung des jeweiligen Kindes stark auswirken. Die gottgegebenen Einflußmöglichkeiten, die man in der Entwicklungsphase des Kindes hat, entscheiden darüber, wie es sich selbst einschätzt. In ihrem Buch *Your Child's Self-Esteem* (Die Selbstachtung Ihres Kindes) schreibt Dorothy C. Briggs: „Kinder zweifeln selten unsere Erwartungen an; vielmehr stellen sie ihre Persönlichkeit in Frage, wenn sie den Ansprüchen nicht gerecht werden."

Viele Christen unserer Tage schleppen sich in ihrer Beziehung zu Christus mit unnötigen Lasten ab, weil ihnen als Kind ein Mangel an Selbstachtung anerzogen wurde. Wir Eltern müssen unsere Kinder unbedingt so erziehen, daß sie Christus kennenlernen und ein gesundes, ausgewogenes Bild von sich selbst bekommen: zwar anfällig für Sünde, aber gleichzeitig von Gott hoch geschätzt und geliebt.

Nie werde ich eins meiner ersten Seelsorgegespräche vergessen, als wir mit unserer Arbeit mit Familien anfingen. Eine Mutter saß in meinem Büro und erzählte mir von der Beziehung ihres Elfjährigen zu seinem Vater.

Der machte den Jungen andauernd herunter: „Du Dummkopf – schon wieder die Tür offen gelassen!" „Jetzt guck dir mal diese Noten an – was für eine Schande!" „Wie sieht denn dein Zimmer aus! Ein Saustall! Typisch für dich!"

Heute ist dieser Junge ein Mann. Ich wäre gar nicht überrascht, wenn er Tag für Tag eine innere Stimme hört, die Selbstzweifel sät. Sein eigener Vater war so sehr im Ehrgeiz gefangen, seinem Sohn zum Erfolg zu verhelfen, daß er ihn statt dessen zum Versager programmiert hat.

Gebetstip
Beten Sie darum, Ihre Sicherheit aus der Annahme durch Gott zu gewinnen, damit Sie Ihren Kindern gern mit der gleichen Annahme und realistischen Erwartungen entgegenkommen können.

Kinder und Gottesvorstellungen

*Und Gott schuf den Menschen zu seinem Bilde,
zum Bilde Gottes schuf er ihn;
und schuf sie als Mann und Weib.*
1. Mose 1,27

Wie können wir unseren Kindern vermitteln, daß sie von uns und Gott geschätzt und angenommen werden, ihnen aber gleichzeitig realistische Maßstäbe beibringen?

In unserer Welt geht es in erster Linie um Leistung. Folglich stehen drei Werte im Vordergrund: Intellekt, Schönheit und athletische Fähigkeiten. Richtig ist das aber nicht. Wir müssen die Einzigartigkeit unserer Kinder herausstellen und ihnen zeigen, daß sie unabhängig von ihrer Leistung nach Gottes Bild geschaffen sind.

Schwierig wird es, auf eine gesunde Selbstachtung hin zu arbeiten, wenn die Eltern unterschiedliche Erwartungen hegen. Stellen wir uns einen Jungen vor, dessen Vater Wert auf ein aggressives, ehrgeiziges und extrovertiertes Verhalten legt. Dazu eine Mutter, die sich ein stilles, ruhiges „Muttersöhnchen" erhofft. Der Sohn wird sich wie im Schraubstock fühlen und weder Vater noch Mutter zufriedenstellen können.

Unsere eigene Erziehung beeinflußt die Fähigkeit, vernünftige Erwartungen vermitteln zu können. Wenn Ihre Eltern schon bei Ihnen unerreichbare Maßstäbe angelegt haben, werden Sie tendenziell mit Ihren Kindern genauso verfahren, auch wenn sie es um jeden Preis vermeiden wollen.

Wie kann man aber unrealistische Ansprüche korrigieren? Erstens muß man sein eigenes Kind kennenlernen. Dazu gehören die wirklichen Fähigkeiten und Interessen. Jedes Kind sollte unabhängig von seinen Geschwistern beurteilt werden.

Zweitens sollten die Erwartungen klar ausgesprochen werden. Leider wird über manche Regel nie gesprochen, bis sie verletzt wird. Ein Vorschlag: Schreiben Sie auf, was Sie von Ihren Kindern verlangen. Die wichtigsten Punkte könnten an eine Pinnwand geheftet werden.

Drittens sollte man sein Kind für echte Leistungen loben. Ein herzliches Lob und Respekt vor einer Leistung regt den Aufbau von positiver Selbstachtung an. Machen Sie sich nicht schuldig, Ihrem Kind Bestätigung zu verweigern. Das Lob „gut gemacht" sollte reichlich ausgeteilt werden.

Gebetstip
Beten Sie darum, Gottes Annahme persönlich zu erfahren, damit Sie Ihrerseits Annahme und Selbstachtung an Ihre Kinder weitergeben können.

5.

September

Mit offenen Armen

Schaffe in mir, Gott, ein reines Herz, und gib mir einen neuen, beständigen Geist. Verwirf mich nicht von deinem Angesicht . . . Erfreue mich wieder mit deiner Hilfe. Psalm 51,12–14

Der Teufel wird „Vater der Lüge" genannt, und das aus gutem Grund. Er versucht uns alles Mögliche einzureden, um uns von Gott abzuhalten.

Die größte Lüge ist meiner Meinung nach die Idee, Gott werde uns verstoßen, wenn wir ihm unsere Sünden bekennen und bereuen wollen.

In Wahrheit natürlich liebt Gott jeden, der voller Reue zu ihm kommt. Er heißt den Sünder willkommen und gibt ihm wieder neue Freude an seiner Erlösung. Neulich bekam ich einen Brief, mit dem die Macht von Gottes Vergebung unterstrichen wird:

Meine Frau und ich sind seit sechs Jahren verheiratet. Wir kennen uns schon acht Jahre. Vor kurzem geriet ich in einen Wust von Problemen. Ich war meiner Frau untreu geworden und hatte mich weit von allem entfernt, was recht ist. Sie erfuhr von meinem Ehebruch, ging zum Rechtsanwalt und reichte die Scheidung ein.

Ich war am Boden zerstört und hatte keine Ahnung, was ich tun oder an wen ich mich wenden sollte. Plötzlich wurde mir klar, was mir helfen würde. Ich ging zur Kirche, kniete nieder und bat Gott, mir zu vergeben und mein Leben in seine Hände zu nehmen, damit es wieder in gerade Bahnen käme. Ich habe ihm alles anvertraut.

Zu meiner großen Überraschung fühlte ich mich von ihm mit offenen Armen aufgenommen. Ich lernte wieder neu beten und die Bibel lesen. Gott nahm mich ernst.

Dieser Mann bat seine Frau, ihn auf ein Eheseminar bei Family Life zu begleiten. Erst wollte sie nicht, kam dann aber mit.

Der Herr hat nicht nur meine Gebete erhört (und unsere Ehe erneuert), sondern mir zehnmal so viel gegeben, wie ich erbeten hatte! Nicht nur, daß Rechtsanwalt und Scheidung überflüssig wurden – wir vertrauten Gott unser Leben neu an und erneuerten auch unser Eheversprechen.

Wie König David, der die wunderbaren Verse von Psalm 51 schrieb, hatte dieser Mann gelernt, daß man von vorn anfangen kann, wenn man mit einem reumütigen Herzen zu Gott kommt.

Gebetstip
Wenn Sie Sünden zu bekennen haben, sollten Sie es jetzt tun und Gott für seine Vergebung danken.

Eine Entdeckung

Was wahrhaftig ist, was ehrbar, was gerecht, was rein, was liebenswert ist ... darauf seid bedacht.
Philipper 4,8

Nach einer chinesischen Legende sagte der Kaiser einst zu seiner Frau: „Mir ist aufgefallen, daß unsere Maulbeerbäume Schaden nehmen. Ich möchte, daß du feststellst, was ihnen fehlt."

Die Kaiserin entdeckte eine kleine, graubraune Motte, die auf den Blättern Eier ablegte. Die winzigen Eier entwickelten sich zu kleinen Raupen, die ein paar Tage später einen Kokon spannen. Sie hatten die Blätter zerfressen.

Beim Versuch, die kleinen Kokons zu zerstören, ließ sie einen in kochendes Wasser fallen. Zu ihrer Überraschung löste er sich zu einem silbrigen Faden auf. Nach genauer Untersuchung stellte sich heraus, daß dieser Faden eine halbe Meile lang war!

Indem sie also ein Problem zu lösen suchte, hatte sie etwas Wunderbares entdeckt – die Seide.

Mich weist diese Geschichte darauf hin, wie wichtig die richtige Einstellung ist, wenn sich Unterschiede zwischen Ehepartnern auftun. Solche Verschiedenheiten können lästig sein wie Fliegen beim Picknick und der Beziehung Frieden und liebevolle Annahme rauben.

Ironischerweise haben besagte Unterschiede zunächst dafür gesorgt, daß man einander attraktiv fand. Er war ein Draufgänger, sie schüchtern. Er hatte Spendierhosen an, was sie als besonderes Kompliment auffaßte, weil sie ein Geizkragen war. Er vertiefte sich in seine Arbeit, sie war impulsiv und für jeden Spaß zu haben. Irgendwann nach der Hochzeit stellt man fest, daß man sich über diese Unterschiede zu ärgern anfängt. Dann ist die Zeit reif für eine wichtige Entscheidung. Lehnen Sie den Partner fortan ab oder nehmen Sie ihn, wie er ist?

Ganz praktisch kann man dem Partner zeigen, daß man ihn annimmt, indem man sich auf seine positiven Eigenschaften konzentriert. Wie Paulus im Philipperbrief schreibt (Kapitel 4,8), sollten wir auf das bedacht sein, was am Partner ehrbar und liebenswert ist.

Die Unterschiede sind es letzten Endes, die uns als Paar stark machen. Ein Freund von mir hat seine Erkenntnisse so formuliert: „Meine Frau und ich hatten beide Christus angenommen, aber wir haben mit Schrecken festgestellt, daß wir einander niemals richtig angenommen hatten."

Gebetstip
Bitten Sie um die Fähigkeit, Ihren Partner als Gottes Geschenk an Sie annehmen zu können.

7. Satans Lügen für Familien (Teil 1)

*Der (Teufel) ist ein Mörder von Anfang an
und steht nicht in der Wahrheit;
denn die Wahrheit ist nicht in ihm.*
Johannes 8,44

„Desert Storm", der Krieg, den Saddam Hussein vor ein paar Jahren anzettelte, gab mir Anlaß, über die geistlichen Kämpfe nachzudenken, die täglich um unsere Familien toben.

Man spricht jedoch kaum über sie. Zudem ist unser Feind unsichtbar. Das Schlachtfeld – unsere Seele (samt Verstand, Gefühl und Wille) – kommt auf keiner Karte vor. Vielleicht finden wir die Vorstellung zu mystisch, das Leben könne mehr umfassen als den sichtbaren Bereich, doch steht in der Bibel unübersehbar, daß die geistlichen Kämpfe tatsächlich stattfinden. Es geht um Entscheidungen von höchster Wichtigkeit.

Joe Louis, einer der ganz großen Schwergewichtsboxer, wurde einmal nach dem Geheimnis seines Erfolgs gefragt. Lewis antwortete, er und sein Manager hätten den Gegner immer sehr gründlich studiert. Folglich sei er selten überrascht worden und habe sich während des ganzen Kampfes in die Offensive begeben können.

Ich habe das Gefühl, daß die meisten Christen keine Ahnung von Satan und seiner Taktik haben. Deshalb leben viele in der Defensive und stehen ständig unter Beschuß. Kann ich Ihnen helfen, offensiv zu werden und in den Auseinandersetzungen Ihrer Familie mit dem Feind zu gewinnen? Dann möchte ich Sie mit den naheliegenden teuflischen Strategien vertraut machen.

Eine gute Freundin von mir, Ney Bailey, hat einmal eine grundlegende Aussage über Satan gemacht und seine Taktiken gegen unser geistliches Leben bloßgestellt: „Satan hat nur dann Macht, wenn er es schafft, uns seine Lügen glaubhaft zu machen."

Es war interessant zu beobachten, wie Saddam Hussein die Welt mit Lügen einschüchtern, verängstigen und aus dem Gleichgewicht bringen wollte. In den ersten vierundzwanzig Stunden des Bodenkampfes sendete Radio Bagdad: „Die alliierten Truppen sterben wie die Fliegen." Das machte mir Angst. Ich war mir schon sicher, daß er Tausende unserer Soldaten mit chemischen und biologischen Waffen umgebracht hatte. Ich meinte, die Bodenkämpfe seien wohl doch keine gute Idee gewesen; vielleicht sollten wir unsere Soldaten besser zurückziehen und nach Hause holen.

Damit war ich einer Lüge auf den Leim gegangen. Erst als die Wahrheit an den Tag kam, löste sich meine Angst: Unsere Truppen hatten einen überwältigenden Sieg errungen. Satan weiß besser als Saddam Hussein, daß seine wahre Macht über uns nur durch Lügen gesichert werden kann.

Gebetstip

Widerstehen Sie dem Teufel im Gebet. Wir haben die biblische Verheißung, daß er dann von uns flieht. Bitten Sie Gott um Hilfe, den wahren Feind erkennen zu können, die Lügen aufzudecken und im Glauben zu wachsen.

8. Satans Lügen für Familien (Teil 2)

September

*Wenn er (der Teufel) Lügen redet,
so spricht er aus dem Eigenen;
denn er ist ein Lügner und der Vater der Lüge.*
Johannes 8,44

Mir fallen mindestens vier Lügen ein, die Satan den Familien unterbreitet:

1. „Du bist ein Versager. Du schaffst es nie." Die Lüge der Selbstverdammung gehört zu Satans Hauptwaffen. Man hat ständig mit Gefühlen von Schuld und Unterlegenheit zu tun. Satan möchte uns glauben machen, daß unsere Fehler viel zu groß sind, als daß Gottes Gnade für sie ausreichen würde. Wenn Eltern dieser Lüge Glauben schenken, sind sie machtlos, passiv und wie gelähmt. Sie haben keine Hoffnung auf Fortschritt mehr.

2. „Du hast es nicht verdient, unglücklich zu sein." Natürlich möchte Gott uns lieber glücklich sehen, doch aus dem Mund Satans ist diese Aussage deshalb eine Lüge, weil er meint: „Du brauchst nur dieser Beziehung oder jenem familiären Druck zu entfliehen, und schon bist du glücklich." Eine Lüge, die direkt an unser Gefühl appelliert! Wirklich gute Gefühle entstehen aber erst, wenn man die Probleme gemeinsam bewältigt hat.

3. „Das merkt doch keiner." Kennen Sie diese leise Stimme der Versuchung, doch einmal etwas Illegales oder Unmoralisches zu tun, weil sich sofort Befriedigung oder Lust einstellen würde? Man glaubt, niemand werde von der Sache Wind kriegen. Glatt gelogen! Die Wahrheit kommt ans Tageslicht.

4. „Wenn ich das besitzen würde, was Peter hat, dann wäre ich glücklicher." Satan legt uns den Gedanken nahe, daß unser Eigentum nicht an das heranreicht, was anderen gehört. Das stellt sich als Lüge heraus, wenn wir uns klar machen, daß solche Vergleiche immer nur aus einer gewissen Entfernung heraus zutreffen. Wenn wir das besäßen, was Peter hat, bekämen wir auch mit Peters Problemen zu tun, und damit könnten wir uns verschlechtern.

Satan handelt mit Fälschungen. Wenn wir seinen Lügen keinen Glauben schenken, ist er zur Machtlosigkeit verdammt. Widerstehen Sie ihm, indem Sie beständig an Gottes Wort denken.

Gebetstip
Bitten Sie darum, daß Gottes Macht Ihnen immer bewußt ist. Beten Sie darum, daß seine Stimme jede einzelne Lüge Satans austreibt.

Mutterschaft als Beruf

von Barbara Rainey

> *Sie sollen Gutes lehren und die jungen Frauen anhalten, daß sie ihre Männer lieben, ihre Kinder lieben, besonnen seien, keusch, häuslich, gütig, und sich ihren Männern unterordnen, damit nicht das Wort Gottes verlästert werde.*
> Titus 2,4–5

Unsere Gesellschaft sendet den Müttern häufig falsche Signale. Mütter seien entbehrlich, heißt es. Oder: Alle Mütter sollten sich als Dienstmädchen betätigen, Bring- und Abholdienste leisten sowie Einkaufsexperten sein. Oder: Die mütterliche Pflege könne von ausgebildeten Erzieherinnen übernommen werden.

Ich glaube, daß christliche Mütter über solche gesellschaftlichen Signale kritisch nachdenken und sie in Frage stellen sollten. Tatsächlich wäre es angebracht, wenn sich mehr Mütter als bisher im eigenen Haus beschäftigen und sich ihrem Mann und der kommenden Generation widmen würden.

Mir ist klar, daß Mütter aus mancherlei guten Gründen in Ganztags- oder Halbtagsstellen arbeiten. Trotzdem aber sollte sich so manches Ehepaar überlegen, ob das eine Frage des Überlebens, der persönlichen Verwirklichung oder der bloßen Erhöhung des Lebensstandards ist. Wenn ein Paar sich einig ist, daß die Frau berufstätig ist, stehen ein paar wichtige Fragen an.

Einer christlichen Mutter sollte es ein dringendes Anliegen sein, daß ihr Mann mit dieser Entscheidung völlig einverstanden ist. Als Doppelverdiener entgeht man zwar der Finanzknappheit, doch entstehen dabei neue Probleme, weil viele innerfamiliäre Bedürfnisse nicht abgedeckt sind.

Noch eine gute Frage: Wenn das Zusatzeinkommen schon notwendig ist – ließe es sich nicht mit flexibler Teilzeitarbeit oder gar in der eigenen Wohnung verdienen? Einer Frau in unserer Kirche ist es gelungen, sich als Fotografin selbständig zu machen. Sie muß nicht unbedingt den ganzen Tag arbeiten, und außerdem konnte sie sich auf zuverlässige Freundinnen verlassen, die im Fall von Aufträgen ihren Sohn betreuten.

Im Beruf geht es um den ganzen Einsatz und einen ausgefüllten Zeitrahmen. Keine Verpflichtung aber ist mehr wert, Beruf genannt zu werden, als die Erziehung der Kinder, die man in die Welt setzt.

Gebetstip

Bitten Sie Gott um Rat bei Entscheidungen zu Beruf und Familie, damit der Kindererziehung nicht der Vorrang verloren geht, den sie für Christen haben sollte.

10. September

Verdientes Lob

*Ihre Söhne stehen auf und preisen sie,
ihr Mann lobt sie:
„Es sind wohl viele tüchtige Frauen,
du aber übertriffst sie alle."*
Sprüche 31,28–29

Die Frau in Sprüche 31 empfängt ihre Krone dadurch, daß sie von ihren Kindern und ihrem Mann gelobt wird. Meiner Meinung nach denken wir heutzutage viel zu selten daran, unsere Mütter als Hüter des größten Schatzes – unserer Kinder – zu würdigen.

Debbie Haley hat einmal sehr treffend zusammengefaßt, was das Muttersein alles beinhaltet. Hier ein Auszug aus Debbies Lobrede an ihre Mutter Jane:

Mutter wurde in einer kleinen Stadt in Kentucky geboren. Sie heiratete noch während ihres letzten Schuljahres an der Oberschule. Zwei Jahre später kam ich dann auf die Welt. Mutter ging weder zum College noch strebte sie eine glanzvolle Karriere an. Sie hat etwas viel Größeres getan: Vier Kinder hat sie erzogen, die jetzt vor ihr stehen.

Mutter hat mir gezeigt, was der Glaube an Gott bedeutet. Sie lehrte mich, wie man großzügig ist und Opfer bringt, ehrlich ist und sich benimmt. Mutter zeigte mir, was es bedeutet, einen Mann zu lieben. Sie ist inzwischen achtunddreißig Jahre in liebevoller Ehe mit meinem Vater verheiratet.

Mutter achtete immer auf ihr Aussehen. Sie war so schön, daß ich stolz auf sie sein konnte. Ich wollte später auch so eine Mutter werden. Mutter zeigte mir, daß es für eine Frau nichts Wichtigeres geben kann, als ihrer Familie zu dienen und zu Hause bei den Kindern zu bleiben.

Jetzt ist die Zeit gekommen, in der sie ihren Lohn empfangen kann – als Großmutter. Meine Kinder können sich freuen, gerade sie zu haben. Ich bin stolz darauf, eine Mutter wie die meine zu haben. Ich bete darum, die Werte behalten zu können, die sie mir vermittelt hat und sie wiederum an meine Töchter weiterzureichen.

Danke, Mutter. Ich habe dich lieb.

Solche Worte sollten noch viel mehr Mütter von ihren Kindern zu hören bekommen.

Gebetstip
Bitten Sie Gott um die Gelegenheit, Ihrer Mutter bald einmal für alles Gute danken zu können, das Sie von ihr bekommen haben.

Das persönliche Alarmsystem

Ordnet euch einander unter in der Furcht Christi.
Epheser 5,21

Einer der höchsten Wolkenkratzer in Neuengland ist das John-Hancock-Gebäude in Boston. Als dieses Bauwerk mit mehr als vierzig Stockwerken fertig war, gab es immer wieder Probleme mit den Fenstern. Wegen der Materialbeanspruchung durch den wechselhaften Winter in dieser Region fielen die Fenster ständig buchstäblich aus dem Rahmen und zerbarsten. Manchmal wurden deshalb die Passanten auf dem Gehweg mit Scherben übersät, und die Angestellten an ihren Schreibtischen fanden sich auf einmal direkt vor dem Nichts sitzend, hoch über der Straße.

Die Architekten und Bauunternehmer setzten sich zusammen und kamen zu folgender Lösung: Jedes Fenster mußte mit einer kleinen Alarmanlage ausgerüstet werden. Wenn das Glas sich zu sehr wölbte oder zusammenzog, meldete sich der Alarm und ließ den Handwerkern Zeit für die nötigen Maßnahmen, um dem Glas die Spannung zu nehmen. So konnte es nicht mehr von einem Augenblick auf den andern zerspringen.

Ich glaube, daß jeder Mensch ein Alarmsystem braucht, das ihm beim Abbau von Spannungen hilft, bevor etwas zu Bruch geht. Eines der besten persönlichen Alarmsysteme, das ich kenne, ist die Selbstverpflichtung, voreinander Rechenschaft abzulegen.

Die gegenseitige Verantwortlichkeit beruht auf dem biblischen Prinzip, „einander in der Furcht Christi unterzuordnen". Das heißt, ich ordne mein Leben der Aufsicht eines anderen unter, um geistliche Kraft, Wachstum und inneres Gleichgewicht zu erlangen.

Damit verpflichte ich mich auch, den anderen um Rat zu fragen. Ich gewähre meinem Gegenüber die Freiheit, seine Beobachtungen zu machen und mich ehrlichen Herzens zu beurteilen. Auf diese Weise bleibe ich belehrbar und gerate nicht in Gefahr, unnahbar zu werden.

Für mich als Ehemann, Vater und Leiter eines christlichen Werkes war diese Verantwortlichkeit immer selbstverständlich. Sie war für mein ganzes Leben als Christ entscheidend wichtig.

Manchmal werde ich wegen dieser Einstellung kritisiert. Voneinander Rechenschaft zu verlangen, das heiße „Polizist" spielen. Das Gegenteil ist wahr. Warum das so ist, möchte ich in den folgenden Andachten erläutern.

Gebetstip
Beten Sie um Demut und Verletzlichkeit, damit Ihr Leben wie ein offenes Buch vor Gott, Ihrer Familie und einigen Christen Ihres Vertrauens liegt.

12. September

Wenn man sich nicht verantworten will

*Rüge den Weisen,
der wird dich lieben.
Gib dem Weisen,
so wird er noch weiser werden.*
Sprüche 9,8–9

Wenn es etwas gibt, das unseren Charakter festigen kann, so daß Gott in unserem Leben sichtbar wird, dann ist das die Bereitschaft, sich voreinander zu verantworten. Man muß gar nicht erst lange suchen, bis man auf einen Pastor, christlichen Musiker, Evangelisten oder Leiter von kirchlichen Einrichtungen stößt, der von seinem Amt enthoben wurde – meist wegen Ehebruch.

Ich habe mich einmal hingesetzt und mir die Eigenschaften von Leuten notiert, die der Versuchung zum Opfer gefallen sind. Immer wieder wurden sie von anderen so beschrieben:

- Ungebundenes Wesen, das kaum Grenzen kennt,
- rationalisiert und entschuldigt sein Verhalten,
- hält sich abseits, zieht sich zurück,
- trifft Entscheidungen ohne Beratung,
- Mangel an Echtheit in der Lebensführung,
- hält sich bedeckt, ist stolz, gibt ungern Fehler und Niederlagen zu,
- verbirgt vor anderen ganze Lebensbereiche,
- einschüchterndes Wesen, unnahbar, geheimnistuerisch.

Verblüffend, wie solche Beschreibungen immer wieder übereinstimmen. Diese Menschen isolieren sich, halten andere auf Abstand und sind nicht bereit, ihre Lebensführung von anderen unter die Lupe nehmen zu lassen.

Je isolierter man ist, desto anfälliger wird man für Versuchungen. Vor Jahren nahm ich an einer Konferenz christlicher Autoren in Minneapolis teil. Ich kam gerade die Treppe in meinem Hotel herunter, als ich niederblickte und ein Pornomagazin herumliegen sah. Ich ging weiter, aber bei anderer Gelegenheit sah ich es immer noch dort liegen.

So allein, wie ich hier war, hätte ich die Zeitschrift aufheben und mit in mein Zimmer nehmen können. Das hätte niemand gemerkt.

Zum Glück machte ich das Richtige und ließ sie liegen. Allerdings wurde mir klar, wie stark die Versuchung sein kann, wenn man allein ist. Isolation gehört zu den mächtigsten Waffen, mit denen der Feind uns Christen in die Falle locken kann.

Gebetstip
Bitten Sie um Kraft und Weisheit, Situationen zu vermeiden, in denen Sie von anderen isoliert sind.

Der Segen der Verantwortlichkeit

Ordnet euch einander unter in der Furcht Christi.
Epheser 5,21

September 13.

Um das Jahr 1800 herum lebte in einem Quäkerdorf in Pennsylvania ein Mann, der seine Frau schlug. Die anderen Männer der Gemeinschaft wollten diesen Zustand nicht hinnehmen. Einer von ihnen schrieb in sein Tagebuch: „. . . ein paar von uns gingen zu ihm, zogen ihm die Kleider aus und schleiften ihn rückwärts durch ein Feld von Disteln. Dann teilten wir ihm mit, wir würden nicht darüber hinwegsehen, wenn er weiter so mit seiner Frau umgehe. Das nächste Mal seien wir sehr verärgert."

Ich bin zwar kein Fürsprecher derart extremer Maßnahmen, wenn ich dazu aufrufe, voreinander Rechenschaft abzulegen. Die Vorteile aber sind unübersehbar.

Betrachten wir noch einmal den obigen Vers. Man hört es nicht gern, wenn zur „Unterordnung" aufgerufen wird. Die Tendenz zur Individualität, das Beharren auf seinen eigenen Rechten steht im Konflikt mit dem Gedanken der gegenseitigen Unterordnung.

Wer aber bereit ist, vor anderen Rechenschaft abzulegen, erfährt in vielerlei Hinsicht Hilfe. Zum einen bewahrt man sich damit vor Isolation, Stolz, Sünde und dem Nachgeben bei Versuchungen und Schwächen. Zum anderen schützt man sich vor den Folgen solcher persönlichen Schwächen, wenn man einer anderen Person davon berichtet und sie darum bittet, einen hin und wieder zur Verantwortung zu ziehen.

Meine Freunde Stu und Linda Weber erzählten einmal, wie sie auf einer gefährlichen, schmalen Bergstraße in einen Schneesturm gerieten und das Auto anfing zu schleudern. Als sie schon vom Weg zu geraten und den Hang hinunter in den Tod zu stürzen drohten, fing sich das Auto an einer Leitplanke. Unsere Freunde können solche Leitplanken sein, die uns vor dem Verderben, ja selbst vor dem Tod schützen können.

Ein letzter Vorteil: Ein Leben in Verantwortlichkeit hilft uns, unsere Träume nicht aus den Augen zu verlieren. Vielleicht gehen wir so sehr in unseren Terminen auf, daß wir nicht mehr das erreichen, wozu Gott uns berufen hat. Dann kann nichts so sehr helfen wie eine klare Definition unserer Ziele und der Rat von anderen, denen wir Rechenschaft darüber ablegen.

Gebetstip

Beten Sie darum, daß Gott Ihnen Menschen an die Seite stellt, die aus Liebe bereit sind, Sie zu schützen und Ihnen bei der Erstrebung der Ziele zu helfen, die Gott durch Sie erreichen will.

Verantwortlichkeit in der Ehe

*So ist's ja besser zu zweien als allein;
denn sie haben guten Lohn für ihre Mühe.
Fällt einer von ihnen, so hilft ihm sein Gesell auf.*
Prediger 4,9–10

Es ist in erster Linie meine Frau Barbara, vor der ich mich verantworten will. Die Ehe ist genau der richtige Bereich, in dem man Verantwortlichkeit gegenüber anderen üben kann. Vier Augen sehen immer mehr als zwei. Ihr Partner kann aufdecken, wofür Sie blind sind.

In den folgenden Bereichen praktizieren Barbara und ich die gegenseitige Verantwortlichkeit:

Terminplanung: Wir versuchen, einander zu guten Entscheidungen zu verhelfen, indem wir ein Auge auf das Arbeitspensum und die Termine des anderen werfen. Wenn mich jemand einlädt, irgendwo einen Vortrag zu halten, sage ich: „Im Moment kann ich noch nicht zusagen. Meine Frau und ich haben uns vorgenommen, daß ich ohne Absprache mit ihr keine Einladungen annehme." Also reden wir darüber, und Barbara hilft mir oft beim Neinsagen.

Geld und Werte: Wir überprüfen ständig unsere persönlichen Werte. Was ist dem anderen eigentlich wichtig? Warum handeln wir so, wie wir es tun? Wo treffen uns Verluste besonders?

Treue: Vor ein paar Jahren war ich Leiter einer Bibelgruppe mit mehreren jungen Christen. Während dieser Abende verspürte Barbara, daß einer dieser Männer ihr gegenüber immer aufmerksamer wurde. Erst dachte sie, es sei nur Einbildung, und sie behielt es für sich. Als sie mir schließlich erzählte, was da vor sich ging, konnte ich direkt sehen, wie erleichtert sie war. Was sie als persönliches Geheimnis belastet hatte, verschwand im Nu, als wir gemeinsam über ihre Gefühle sprachen.

Zum Glück versuchte Barbaras Bewunderer nie, über seine Freundlichkeiten hinaus zu gehen. Im Rückblick aber auf diese Begebenheit erkennen wir, daß es sich um eine Prüfung für uns beide gehandelt hatte. Als wir uns gemeinsam gegen eine mögliche Bedrohung unserer Ehe wandten, erneuerten wir so unsere Bindung.

Ihr Ehepartner sollte als erster in Betracht kommen, wenn Sie über etwas Rechenschaft ablegen wollen.

Gebetstip
Bitten Sie Gott, daß Ihre Verantwortlichkeit Ihrem Partner gegenüber Ihnen beiden hilft, Christus näher zu kommen und die Ehe stabil zu halten.

Schritte zur Verantwortlichkeit

Ein Messer wetzt das andre und ein Mann den andern.
Sprüche 27,17

Zwar sollte Ihr Ehepartner als erster in Betracht kommen, wenn Sie jemandem gegenüber Rechenschaft ablegen wollen, doch ist es zuweilen auch hilfreich, wenn man sich von anderen gläubigen Christen „schleifen" läßt. Wenn es Ihnen auf entscheidende Fortschritte in Ihrer geistlichen Reife ankommt, werden Sie um diesen wichtigen Schritt wohl nicht herum kommen.

Dazu ein paar Vorschläge:

Stellen Sie Ihre Bedürfnisse fest. Welche zwei oder drei Lebensbereiche machen Ihnen am meisten zu schaffen? Ist es das Geld, sexuelle Phantasien, zu wenig Zeit für Gott?

Suchen Sie sich einen Christen mit reifer Persönlichkeit aus – mit gleichem Geschlecht – der den Mut hat, die Wahrheit zu sagen und unbequeme Fragen zu stellen. Es sollte niemand sein, der Angst hat, von Ihnen abgelehnt zu werden, der die gleichen Schwächen hat oder sich leicht von Ihnen beeinflussen läßt. Das ist besonders dann wichtig, wenn Sie ein willensstarker Mensch oder überhaupt eine starke Persönlichkeit sind.

Sprechen Sie diesen Menschen an und fragen Sie ihn, ob er bereit ist, Sie von Zeit zu Zeit zur Verantwortung zu ziehen.

Verabreden Sie sich regelmäßig mit diesem Mitchristen, um überprüfbare Ziele festzulegen und ihm Gelegenheit zu geben, sich nach Ihnen zu erkundigen. Legen Sie also vorher gemeinsam fest, welche Fragen er stellen darf.

Wenn Sie auf eigene Faust ein reifer Christ werden und versuchen wollen, die Sünde in den Griff zu bekommen, wird die Rechnung nicht aufgehen! Danken Sie Gott, daß er uns die Gemeinde geschenkt hat, damit wir zu Kräften kommen, Mut fassen und uns voreinander verantworten können.

Gebetstip

Bitten Sie Gott, Sie zu Menschen zu führen, von denen Sie sich „schleifen" lassen können.

16. Was ist vorrangig?

*Denn als erstes habe ich euch weitergegeben,
was ich auch empfangen habe:
Daß Christus gestorben ist für unsre Sünden nach der Schrift;
und daß er begraben worden ist;
und daß er auferstanden ist am dritten Tage nach der Schrift.*
1. Korinther 15,3–4

Die Bibel ist ein umfangreiches Buch, genau genommen, eine Sammlung aus vielen Büchern. Gut, daß der Apostel Paulus mit diesen Worten in den Vordergrund stellt, was die Kernaussage der Bibel ist. Natürlich ist in der Bibel alles wichtig, aber nichts anderes hat so so große Bedeutung wie der Tod, das Begräbnis und die Auferstehung Jesu.

Wenn Sie sich als Ehepaar einmal Zeit nähmen, um herauszufinden, was in Ihrer Beziehung der Mittelpunkt ist, würde dies bestimmt auch Ihrer Ehe gut tun. Barbara und ich haben über dieses Thema jahrelang nachgedacht und gerungen. Unter den Werten, die uns besonders am Herzen liegen, finden sich folgende: Mitleid, Disziplin, Mut, Ehrlichkeit und Gottesfurcht.

Als wir einmal im Gebet und Gespräch miteinander unsere jeweiligen Werte unter die Lupe nahmen, ergab sich eine schwerwiegende Entdeckung: Wir hatten ganz unterschiedliche Rangfolgen! Zu den ersten fünf gehörte bei Barbara: die Kinder mit dem Wert der Arbeit vertraut machen. Das kam nicht mal in meiner Top 10 vor! Auf ihrem Zettel dagegen stand unter den ersten zehn nicht das, was bei mir ganz vorn rangierte – „Beziehungen".

Plötzlich wurde klar, warum unsere Wochenenden manchmal in eine Schlacht ausarteten. Wir kämpften um unsere Werte – Arbeit gegen Beziehung. Barbara wollte unseren Samstag zu Arbeiten in Haus und Garten nutzen. Mein Anliegen war Entspannung und der gemächliche Aufbau von Erinnerungen und Beziehungen in unserem Segelboot.

Beide Werte waren nicht falsch – nur unterschiedlich.

An diesem Tag haben wir etwas gelernt, das ich nie vergessen werde: Wir alle nehmen uns meist Zeit für das, was uns am wichtigsten ist. Weil aber viele unter uns es nie schaffen, eine Rangordnung der Grundwerte für sich persönlich und die Familie aufzustellen, ergibt sich durch die unrealistischen Ansprüche aneinander ein zerrissenes und hektisches Leben.

Gebetstip
Bitten Sie Gott um Hilfe bei der Wahl besonders wichtiger Werte im Familienkreis, damit Sie Zeit und Geld so nutzen, daß er dadurch geehrt wird.

Unterschiede aushalten

von Barbara Rainey

*So macht meine Freude dadurch vollkommen,
daß ihr eines Sinnes seid, gleiche Liebe habt,
einmütig und einträchtig seid.*
Philipper 2,2

Es ist eine Sache anzuerkennen, daß unsere Unterschiede uns als Paar stärken, aber etwas ganz anderes, sich zu überlegen, wie man mit solchen Unterschieden leben kann! Dazu ein paar Vorschläge:

Beten Sie für sich selbst. Bitten Sie Gott, Ihre Einstellungen und Motive zu prüfen und Sie zu befähigen, Ihren Partner in seiner Andersartigkeit zu verstehen, zu akzeptieren und sogar zu schätzen.

Als wir frisch verheiratet waren, sorgte Dennis mit seiner Unbekümmertheit und Impulsivität dafür, daß ich als disziplinierter Mensch fast verrückt wurde. Weder unsere Zeit noch unser Geld wurde irgendwie geplant. Von regelmäßigen gemeinsamen Andachten konnte keine Rede sein.

Ich weiß noch gut, wie ich fleißig darum betete, Gott möge doch alles das an Dennis ändern, was ich nicht leiden konnte. Dann merkte ich, daß sich zunächst meine Einstellung ändern müsse. Nach einer gewissen Zeit erkannte ich, wie sehr ich auf seine Spontaneität angewiesen war, um meiner Starrheit entgegenzusteuern.

Sprechen Sie mit Ihrem Partner über Ihre Unterschiede. Sagen Sie ihm, daß Sie ihn nicht ablehnen und bei ihm bleiben wollen. Sollte es sich zeigen, daß Ihr Partner auf so ein sensibles Thema gefühlsmäßig nicht eingestellt ist, lassen Sie es auf sich beruhen.

Wenn er aber bereit ist, über etwas zu reden, das Sie stört, sprechen Sie nur von Ihren Gefühlen, ohne ihn anzuklagen und ihm Schuld zuzuweisen. Er muß wissen, daß Sie sich nicht für vollkommen halten und ihn in diesem Bereich verstehen oder das zumindest wollen.

Wenn Ihr Partner seine Andersartigkeit als Schwäche sieht, fragen Sie, ob Sie ihm helfen können. Am Ende des Gesprächs sollten Sie ihm nochmals versichern, daß Sie sich ihm verbunden fühlen und ihn annehmen.

Gebetstip

Beten Sie darum, offen über Ihre Unterschiede reden zu können, ohne daß man sich verteidigen oder bedroht fühlen muß.

18. September

Das Gewächshaus

Er richtete ein Zeugnis auf in Jakob.
Psalm 78,5

Wir alle kennen die letzten Worte Christi, bevor er in den Himmel aufgefahren ist. Sie sind im Matthäusevangelium 28,18–20 zu finden und beinhalten den Missionsauftrag.

Ich möchte in diesem Zusammenhang noch auf eine andere Bibelstelle aufmerksam machen, in der Gott auf seinen Plan hinweist, wie dieser Befehl sich erfüllen läßt. In Psalm 78,5–7 lesen wir:

Er richtete ein Zeugnis auf in Jakob und gab ein Gesetz in Israel und gebot unsern Vätern, es ihre Kinder zu lehren, damit es die Nachkommen lernten, die Kinder, die noch geboren würden; die sollten aufstehen und es auch ihren Kindern verkündigen, daß sie setzten auf Gott ihre Hoffnung und nicht vergäßen die Taten Gottes, sondern seine Gebote hielten.

Wenn ich in der Bibel lese, stelle ich fest, daß Gott sein Wort durch zwei Institutionen von einer Generation zur nächsten weitergegeben wissen will. Die eine ist natürlich seine Kirche, die andere ist die Familie. Gottes ursprünglicher Plan sah vor, daß unsere Familie als eine Art Gewächshaus dient, als Nährboden, wo die Kinder zu gottesfürchtigen Menschen heranwachsen und biblische Werte aufnehmen.

Als Eltern verfangen wir uns leicht in Alltagssorgen. Wir wechseln Windeln, schlichten geschwisterlichen Streit, fahren das eine Kind zur Klavierstunde und das andere zum Pfadfindertreffen. Von Zeit zu Zeit sollten wir uns jedoch an den obigen Versen orientieren, um uns zu erinnern, daß unsere wichtigste Aufgabe auf Erden die Erziehung der uns anvertrauten Kinder zum Glauben an Gott ist und die Vermittlung seiner Liebe zu ihnen. Durch Worte und Taten, durch ein lebendiges Vorbild, haben wir die Möglichkeit, die Zukunft unseres Volkes zu formen, weil wir einige der Menschen formen, aus denen sich dieses Volk zusammensetzt.

Gebetstip
Bitten Sie Gott um Weisheit bei der Erziehung der kommenden Generation, damit Sie alle biblischen Werte an sie weitergeben können.

Mut zum Risiko (Teil 1)

Er macht meine Füße gleich den Hirschen und stellt mich auf meine Höhen ... Du gibst meinen Schritten weiten Raum, daß meine Knöchel nicht wanken.
Psalm 18,34.37

Ich bin ein waghalsiger, risikofreudiger Mensch. Nein, weder Paragliding, Fallschirmspringen oder das Bungee-Seil reizen mich. Und dennoch finde ich es toll, etwas Neues auszuprobieren, bei dem ein gewisses Risiko mitschwingt. Das ist für mich Abenteuer.

Während eines Sommers habe ich etwas getan, das mir selbst bei der Erinnerung daran noch einen Schauer über den Rücken jagt. Mein Chef arrangierte damals ein zweitägiges Abenteuerwochenende für ein paar Leiter von Campus für Christus.

Am ersten Tag stand eine Klettertour auf dem Programm, während der ich das Wort „Seilschaft" in seiner ursprünglichen Bedeutung kennenlernte. Wenn man oben ankommen wollte, mußte man sich vorher innerlich für das offensichtlich bestehende Risiko entscheiden. Die rein physischen Schwierigkeiten waren nicht der eigentliche Gegner, es war eher der Verstand, der mir mit seinem Sicherheitsbedürfnis Grenzen setzen wollte.

Doch erst der Abstieg am zweiten Tag machte mir wirklich Angst. Als wir uns auf den Gedanken einstellen mußten, uns vom Rand der Klippe über eine Höhe von mehr als fünfzig Metern abzuseilen, gab es viel nervöses Gelächter.

Ich war der zwölfte von vierzehn Kletterern, was mir viel Zeit zum Nachdenken gab. Manchmal kann Denken gefährlich sein.

Schließlich war ich an der Reihe. Mit kalten, schwitzigen Händen befestigte ich mein Seil am Gürtel. Am Rand der Klippe mußte ich mich fast waagerecht nach hinten beugen. So ist das also, dachte ich. Das ist nun mein Ende.

Ein paar Sekunden später baumelte ich im Freien. Das Tal links unten war fünfhundert Meter tief. In dreißig Sekunden glitt ich an meinem Seil sachte zu den anderen hinunter. Das Risiko hatte sich gelohnt. Ich hakte das Seil los, schaute den Berg hoch und dachte: Das soll ich wirklich geschafft haben?

Damals habe ich gelernt, daß Risiken unumgänglich sind, wenn man auf Berge steigt oder große Leistungen für das Reich Gottes vollbringen will. Der Verstand sagt uns: „Geh auf Nummer Sicher", aber in der Bibel steht, daß wir uns auf Gott verlassen sollen.

Gebetstip

Wird man nach Ihrem Lebensende von Ihnen sagen können: „Er hat Gott eher zu viel als zu wenig vertraut?" Bitten Sie Gott um Hilfe, mehr geistliche Risiken auf sich zu nehmen.

Mut zum Risiko (Teil 2)

*Du gibst mir den Schild deines Heils,
und deine Rechte stärkt mich,
und deine Huld macht mich groß.*
Psalm 18,35

Wo liegt das wahre Bedürfnis der heutigen Christen? Wir brauchen weder mehr Sicherheit noch dicke Bankkonten. Wir brauchen auch nicht mehr Vergünstigungen, bessere Fernsehprogramme, Bekenntnisse von Stars zur Kirche, mehr Diener am Worte des Herrn oder noch offenere Türen für das Evangelium in abgeriegelten Ländern. Das alles hätten wir gern. Aber was ist unser eigentliches Bedürfnis?

Dawson Trotman, Begründer der Navigatoren, wurde einmal nach dem dringendsten Gebot der Stunde gefragt. Seine Antwort lautete:

Das Gebot der Stunde ist eine Armee von Soldaten, die auf Jesus Christus eingeschworen sind, Menschen, die daran glauben, daß er Gott ist und jedes seiner Versprechen erfüllen kann, wobei ihm nichts zu schwer ist. Nur so können wir verwirklichen, was Gott auf dem Herzen liegt: jedem Menschen das Evangelium zu bringen.

Wirklich gebraucht werden Menschen, die sich auf ein Risiko einlassen und es wagen, über den Rand des Abgrunds zu blicken und auf die Verheißungen seines Wortes zu vertrauen. Jesus hat solche Menschen Jünger genannt.

Gewiß, ich stehe noch ganz am Anfang, aber wenn ich den Schritt über die Klippe hinaus wage, werde ich bald ein erfahrener Glaubenskämpfer sein.

Wer Schritte im Glauben wagt, braucht es nicht auf Knieverletzungen, gesteigerten Blutdruck oder spektakuläre Wagnisse anzulegen. Bei manchen ist es die freiwillige Mitarbeit in der Sonntagsschule oder eine Extraspende. Für andere ist das Risiko wohl extremer: etwa dem Chef oder Nachbarn von seinem Glauben an Christus zu erzählen. Das Risiko liegt in der Verletzlichkeit, die sich aus einem Handeln ergibt, das nur in und durch Jesus Christus zu Wege gebracht werden kann.

Dann also los! Gehen Sie nicht immer auf Nummer Sicher! Das Leben ist dafür viel zu kurz. Wie sagte doch Helen Keller? „Das Leben ist entweder ein Abenteuer oder gar nichts." Entdecken Sie Ihre wahre Sicherheit in Christus. Tun Sie den ersten Schritt!

Gebetstip

Wenn Sie kein Ziel für Ihr Leben und Ihre Ehe sehen, sollten Sie gleich heute abend als Paar auf die Knie gehen und Gott um eine Aufgabe bitten, die er Ihnen geben will.

Ohne Schweiß kein Preis

*Jede Züchtigung aber, wenn sie da ist,
scheint uns nicht Freude, sondern Leid zu sein;
danach aber bringt sie als Frucht denen,
die dadurch geübt sind, Frieden und Gerechtigkeit.*
Hebräer 12,11

Kennen Sie jene jungen Männer mit Waschbrettbauch und ölglänzenden Muskeln, die vornehmlich Werbung für Sportstudios machen? Unter ihren Photos steht meist die eindrückliche Erinnerung: „Ohne Schweiß kein Preis."

Das gleiche gilt auch für unser geistliches Leben, stimmt's? Natürlich wollen wir den felsenfesten Glauben eines Mose, würden aber lieber auf die vierzig Jahre Wüste verzichten, in denen Gott ihn im Glauben stark machte.

Wir wollen Davids Beziehung zu Gott, haben aber keine Lust, von Schafsdung umgeben zu sein. Wir wollen den Glanz der Scheinwerfer, das Prestige der gehobenen Position, weigern uns aber, die Vorarbeiten zu leisten.

Wer von uns hätte nicht gern den geistlichen Einfluß eines Paulus? Er verlieh der Kirche des ersten Jahrhunderts seine Prägung. Er reiste durch fremde Länder, predigte großen Menschenmengen, vertraute sein Werk Männern wie Timotheus an: ein Leben, das seine Belohnung wahrhaft in sich birgt.

Doch hier findet sich auch Schweiß und Schmerz, der seinesgleichen sucht. Paulus mußte ins Gefängnis. Er wurde mehrfach fast „zu Tode" geprügelt – die Juden verabreichten ihm fünfmal neununddreißig Peitschenhiebe. Er wurde gesteinigt und mit Ruten geschlagen. Er hielt einen Tag und eine Nacht als Schiffbrüchiger aus. Oft hatte er weder zu essen noch zu trinken noch Kleidung. Ohne Disziplin kein Wachstum. Ohne Schweiß kein Preis.

Paulus schrieb, daß Gott die Macht hat, uns Mut zu verleihen. Wenn wir Schwierigkeiten auf uns nehmen, winkt geistlicher Gewinn. Paulus schrieb an Timotheus: „Denn Gott hat uns nicht gegeben den Geist der Furcht, sondern der Kraft und der Liebe und der Besonnenheit" (2. Timotheus 1,7).

Kommt es uns überhaupt auf den Preis an?

Gebetstip
Bitten Sie Gott um Mut, Glauben und eine Sicht des Lebens ohne Leidensscheu. Bitten Sie ihn um ein fruchtbareres Leben und machen Sie sich klar, daß vor der Ernte stets das Beschneiden der Zweige kommt.

22. Die Tretmühle

September

*Darum werden wir nicht müde;
sondern wenn auch unser äußerer Mensch verfällt,
so wird doch der innere von Tag zu Tag erneuert.*
2. Korinther 4,16

Hatten Sie schon mal das Gefühl, das Leben sei nichts als eine Tretmühle?

Ich versuche, mindestens dreimal in der Woche drei Meilen zu laufen. Doch als ich vor ein paar Jahren damit angefangen habe – an meinem vierzigsten Geburtstag – schaffte ich kaum eine einzige Meile, nicht einmal bergab. Ich mußte ein ganz schönes Durchhaltevermögen aufbringen, um drei Meilen am Tag zu laufen.

Je älter wir werden, desto mehr Widerstand scheint uns die Tretmühle entgegenzusetzen. Sie finden das beängstigend? Eigentlich nicht. Aus den Worten des Paulus entnehmen wir, daß eine gewisse „Antiproportionalität" für uns arbeitet. Je älter der äußere Mensch wird, desto mehr wird der innere Mensch erneuert.

Wenn ich aber die Bibel richtig verstehe, dann müssen wir, je älter wir werden, uns selbst mehr sterben. Wollen wir geistlich wachsen, dann müssen wir unserem Ich absagen und Ja zu Christus sagen.

Gott stellt uns Hindernisse in den Weg, damit wir stärker werden. Der Prophet Jesaja verrät uns das Geheimnis, wie wir stärker werden können: „Aber die auf den Herrn harren, kriegen neue Kraft, daß sie auffahren mit Flügeln wie Adler, daß sie laufen und nicht matt werden, daß sie wandeln und nicht müde werden" (Jesaja 40,31).

Das macht Mut. Wenn wir in der Tretmühle des Lebens durchhalten, können wir auf Gottes Gnade hoffen, die unseren müden Muskeln Kraft gibt. Denken Sie daran: Wenn Sie Gott nachfolgen, dann gibt es für Ihren Lauf ein Ziel. Sie schwitzen und leiden nicht umsonst, sondern sind Pilger auf einer Reise. Dazu verspricht Gott uns: „Selig ist der Mann, der die Anfechtung erduldet; denn nachdem er bewährt ist, wird er die Krone des Lebens empfangen, die Gott verheißen hat denen, die ihn lieb haben" (Jakobus 1,12).

Gebetstip
Bitten Sie Gott darum, Sie zu einem Ehepartner zu machen, der jeden Familienangehörigen ermutigen kann, geistlich zu wachsen und ein Mensch voller Glauben zu werden.

Geduld bringt ans Ziel

*Meine lieben Brüder, erachtet es für lauter Freude,
wenn ihr in mancherlei Anfechtungen fallt, und wißt,
daß euer Glaube, wenn er bewährt ist, Geduld wirkt.
Die Geduld aber soll ihr Werk tun bis ans Ende,
damit ihr vollkommen und unversehrt seid
und kein Mangel an euch sei.*
Jakobus 1,2–4

23. September

Dr. Mavis Heatherington arbeitet in einem Beratungszentrum, in dem besonders den Eltern geholfen wird, die erleben mußten, daß eines ihrer Kinder starb oder behindert zur Welt kam. Sie hat mir berichtet, daß sich siebzig Prozent der betroffenen Paare innerhalb von fünf Jahren nach diesem schrecklichen Ereignis scheiden lassen.

Was ist dafür die Ursache? In manchen Ehen gibt es einfach kein Konzept für ein Leben jenseits der Romantik. Sie haben keine Vorstellung, wie ihre Beziehung in solch einer verzweifelten Situation zusammengehalten werden kann.

Tod und Leiden gehören nun mal zum Leben dazu. Gott kann aus vielerlei Gründen Leid in unserem Leben zulassen, und diese Erkenntnis hilft schon, daß man sich auf Notsituationen einstellt. Der britische Autor Malcolm Muggeridge schrieb einmal zu diesem Thema:

Anders, als man vielleicht erwartet, blicke ich mit einer besonderen Zufriedenheit auf Erfahrungen zurück, die damals ausgesprochen schmerzhaft waren. Tatsächlich darf ich ehrlichen Herzens sagen, daß alles, was ich in meinen fünfundsiebzig Jahren auf dieser Welt gelernt habe, alles, was mein Leben wirklich bereichert und erleuchtet hat, mit Leid und nicht mit Glück verbunden war.

Mit anderen Worten: Sollte es je möglich sein, durch irgendeine Droge oder sonstigen medizinischen Hokuspokus unserer irdischen Existenz das Leidempfinden zu nehmen, wäre das Ergebnis nicht etwa ein lebenswerteres Dasein. Es wäre einfach unerträglich banal und trivial.

Verarbeiten Sie das Leid, das Ihnen geschieht, gemeinsam als Familie? Oder wirkt diese Erfahrung trennend? Schaffen Sie es, die Anfechtung als „lauter Freude" zu betrachten?

Gebetstip
Beten Sie sich gemeinsam durch ein Problem (nicht drum herum), durch Prüfungen oder andere Schwierigkeiten hindurch. Bitten Sie Gott um Geduld, damit Sie Zeit bekommen, aus der Erfahrung zu lernen. Bitten Sie ihn um mehr Einigkeit als Paar.

Dem Partner gefallen (Teil 1)

Wir aber, die wir stark sind, sollen das Unvermögen der Schwachen tragen und nicht Gefallen an uns selber haben.
Jeder von uns lebe so, daß er seinem Nächsten gefalle zum Guten und zur Erbauung.
Denn auch Christus hatte nicht an sich selbst Gefallen.
Römer 15,1–3

Ich bin überzeugt, daß die besten Ehen und Familien in der Selbstverleugnung wurzeln. In einer wirklich biblischen, christlichen Ehe sind beide Partner bereit, ihr Leben füreinander zu geben, um den anderen aufrichtig zu lieben.

Ich erinnere mich an eine typische Begebenheit aus der ersten Hälfte unserer Ehe: Im Rückspiegel des Autos sah ich Barbara auf der Veranda unseres Hauses mit den Kleinen, die noch Windeln trugen. Ich hatte die größeren Kinder im Wagen und fuhr mit ihnen zum Angeln an den See.

Dort aber im Boot wollte mir kein Fang gelingen, und ich dachte die ganze Zeit an Barbara. Dabei kam mir der Gedanke: Ich habe hier meinen Spaß, aber auf Barbaras Bedürfnisse bin ich überhaupt nicht eingegangen. Mir wurde klar, daß ich in der nächsten Zeit auf ein paar Hobbys verzichten müsse, um ihr zu gefallen und einige Lasten abzunehmen.

Im Wirtschaftsleben wird der Wert einer Sache oder Dienstleistung dadurch bestimmt, wie viel man hergeben oder opfern muß, um sie zu erlangen. Wenn mein Sohn sich einen neuen Basketball wünscht, kostet ihn das ein paar Wochenenden seiner kostbaren Freiheit, also ein gewisses Maß an Hausarbeit, um sich das Geld dafür zu verdienen.

Ähnlich erklärt sich Ihr Partner das Maß an Liebe, das Sie für ihn empfinden, aus der Größe des Opfers, das Sie für ihn oder sie aufbringen.

Was die Frau angeht, die ihrem Mann gefallen will, so heißt es bekanntlich: „Liebe geht durch den Magen." Warum also nicht seine Lieblingsspeisen kochen? Geben Sie acht, daß Sie sich nicht wie eine Mutter verhalten, die ihm nur das „Nützliche und Notwendige" verabreicht. Verwöhnen Sie ihn ein bißchen.

Ein Mann kann seiner Frau gefallen, wenn er sich Mühe gibt festzustellen, was ihr wirklich Freude macht. Dann kann er auf sie eingehen. Vielleicht möchte sie etwas ganz Einfaches, wie spazierengehen und mit Ihnen reden. Weniger einfach ist es, wenn man sich um ein Problemkind kümmern muß, das ihr Sorgen bereitet.

Auf jeden Fall ist eines richtig: Versuchen Sie, Ihrem Partner zu gefallen.

Gebetstip
Bitten Sie Gott um die Fähigkeit, so zu leben, daß Sie nicht sich selbst, sondern Ihrem Partner gefallen.

Dem Partner gefallen (Teil 2)

von Barbara Rainey

Lehre uns bedenken, daß wir sterben müssen.
Psalm 90,12

Wenn Sie Ihrem Partner zum Gefallen ein besonders großes Opfer bringen wollen, dann schenken Sie ihm Zeit. Sie können noch mehr Geld verdienen und viele Blumen schenken, aber Zeit können Sie nicht herstellen oder kaufen.

Uns allen jedoch fehlt Zeit. In Psalm 90,12 werden wir ermahnt, daran zu denken, „daß wir sterben müssen." Wieviel Zeit bleibt Ihnen noch? Was wollen Sie daraus machen?

Ich habe mich schon immer für Kunst interessiert und schaue mir gern in Kunstgalerien und Museen die Gemälde an. Als wir heirateten, hatte Dennis vor Kunstmuseen zwar einigen Respekt, fand sie aber langweilig. Um mir trotzdem einen Gefallen zu tun, hat er sich bis heute viel Zeit genommen und mich in nicht wenige Museen begleitet.

Ich wiederum konnte zu Beginn unserer Ehe dem Angeln nichts abgewinnen, obwohl Dennis nichts lieber tut. Folgendem Spruch konnte ich nur allzu gut zustimmen: „Ein Angler ist ein Spinner am einen Ende der Schnur, der am andern Ende der Schnur auf einen zweiten Spinner wartet."

Doch um Dennis zu gefallen, ging ich in den ersten Ehejahren oft mit ihm angeln. Als später das Anwachsen unserer Kinderzahl meine Beteiligung verhinderte, schlug ich ihm vor, allein oder mit anderen Männern loszuziehen. Dann wurden unsere Kinder größer, und er konnte sie mitnehmen.

Indem wir einander zu gefallen suchten, sind wir bereichert worden, und unser Horizont hat sich erweitert. Ich habe zum Beispiel gelernt, daß man zum Angeln Geschicklichkeit, Geduld und Ausdauer braucht, und als Zeitverschwendung kann ich es nun nicht mehr bezeichnen. Es ist mir sogar wichtig geworden, weil das Angeln so sehr zu Dennis gehört, daß es einen Teil seiner Persönlichkeit ausmacht. Wir haben tolle Erinnerungen an durchangelte Nächte im Urlaub, während unsere Kinder schliefen.

Wer seine Zeit verschenkt, bringt das größte Opfer. Nehmen Sie sich Zeit für einen stillen Spaziergang oder einen Ausflug durch malerische Gegenden. Nehmen Sie sich vor allem Zeit füreinander.

Gebetstip
Beten Sie darum, Ihre Ehe auf Jesus Christus bauen zu können. Beten Sie um gemeinsame Interessen, an denen Sie beide Freude haben.

26. Anpassungen in der Beziehung

*Rechte Einsicht schafft Gunst,
aber der Verächter Weg bringt Verderben.*
Sprüche 13,15

Viele Ehepaare sind überrascht von den Veränderungen, die sich nach der Hochzeit einstellen. Normalerweise halten die intensiven, romantischen Gefühle ein halbes Jahr, manchmal anderthalb Jahre an. Dann aber kommt eine Phase, in der man allmählich einsieht, daß diese Beziehung nicht so leicht von alleine weiterläuft, wie man zu Beginn geglaubt hat. Man bekommt mit Problemen zu tun, die sich aus unterschiedlicher Herkunft, anderen Erwartungen, beruflichem Druck, Wesensunterschieden usw. ergeben.

Wenn man auch weiterhin die Einheit wahren möchte, muß man Probleme benennen und sich einander anpassen. Selbst kleine Widrigkeiten dürfen nicht übergangen werden. Denn wenn man nicht darüber redet, wo die schmutzigen Socken hingehören und ob der Toilettendeckel offen oder geschlossen bleibt, hält die Isolation Einzug in die Ehe.

An manche solcher Anpassungen bei Barbara und mir kann ich mich gut erinnern. Nehmen wir zum Beispiel den Garten. Barbara findet, daß Gras und Blumen gezähmt werden und hübsch ordentlich hinter einem weißlackierten Zaun wachsen müssen. Mein Vater jedoch war mir ein Vorbild in der hohen Kunst der Vermeidung von Gartenarbeit. Er ließ den Garten Sommer für Sommer eines langsamen Todes an der Hitze sterben, damit er im Juli und August gar nicht erst den Rasen zu mähen brauchte.

Viele Männer müssen außerdem erst lernen, wie sie in der Ehe ihre Führungsrolle übernehmen können. Wenn die Frau genug Mitgefühl für ihren Mann aufbringen kann, gerade wenn er noch jung ist, hilft ihm das sehr, in diese Rolle hineinzuwachsen. Ein junger Mann sagte mir einmal: „Meine Frau mußte sehr gnädig und flexibel mit mir umgehen, damit ich lernen konnte, wie man Verantwortung übernimmt."

Man kommt allerdings nie über das ständige Einander-Anpassen hinaus, wenn man nicht die eigenen Werte dem allgemeinen Wohl der Beziehung unterordnet. Das heißt, daß man an einen Punkt geraten kann, wo man einfach nachgibt. Eine Ehe, in der jeder erwartet, daß man nach seiner Pfeife tanzt, steht einem Bürgerkrieg in nichts nach.

Gebetstip
Beten Sie darum, daß sich Ihr Herz nicht füreinander verhärtet, damit Sie nie die Freude daran verlieren, einander zu gefallen.

Liebe findet immer einen Weg

Die Liebe ist langmütig und freundlich . . .
sie rechnet das Böse nicht zu.
1. Korinther 13,4–5

Gibt es in Ihrer Familie jemanden, der keine Liebe annehmen will und sich nicht einmal für Gott öffnet? Nina Cameron, die mir ein Jahr lang in der Sonntagsschule bei den Sechstklässlern half, erzählte der Gruppe einmal eine Geschichte, die ich hier wiedergeben möchte.

Sie und ihre Tochter lernten in einem Pflegeheim eine Frau kennen, mit der nicht leicht auszukommen war. Die ganze Zeit beschwerte sie sich über die Krankenschwestern, das Essen, die Mitbewohnerinnen, eigentlich über alles, was ihr in den Sinn kam.

„Nichts an uns gefiel ihr", sagte Nina, „nicht mal mein Name. Aus irgendeinem Grund nannte sie mich Luke." Bei dem Versuch, ihr trotzdem näher zu kommen, fragte Nina schließlich: „Gibt es denn überhaupt nichts, was Sie mögen?"

Die Frau schaute kurz auf und murmelte: „Ich mag Sahnebonbons, und ich zeichne gern." Tatsächlich hatte die alte Dame viel Talent, obwohl ihre Augen so schlecht waren, daß keine Zeichnung fertig wurde.

Nina fragte, ob sie einmal ihre Bibel mitbringen und ihr daraus vorlesen könne. Doch sie antwortete: „Luke, ich kann diesen religiösen Kram nicht ausstehen. Ich will nie wieder was davon hören."

Dann bekam die Frau Krebs. Nina merkte, daß sie dem Tode nah war. Da sie seit Jahren nicht mehr mit ihrem Sohn gesprochen hatte, rief Nina ihn an. Im stillen sandte sie ein Gebet gen Himmel, daß der Heilige Geist alles Leid, das sich in der Vergangenheit zwischen den beiden angesammelt hatte, durchdringen möge. Endlich gab der Sohn nach. „Gute Frau", sagte er, „ich kenne Sie zwar nicht, aber ich habe meine Mutter lieb."

Er hatte nicht genug Geld, um zu ihr zu fahren, also besorgte Nina ihm ein Flugticket. In den nächsten Tagen konnte sie voller Freude miterleben, wie eine Mutter mit ihrem Sohn wieder ins Reine kam. Als Nina das nächste Mal ins Pflegeheim kam, sah die Frau so friedlich aus wie noch nie. Sie schaute Nina an und sagte: „Luke, ich mag Sie. Bringen Sie doch Ihre Bibel mit und lesen mir daraus vor."

Gebetstip
Beten Sie darum, daß Gottes Liebe Sie dazu fähig macht, auch die Unbeliebten geduldig zu lieben.

28. Wenn die Jahre vergehen

Laßt uns lieben, denn er hat uns zuerst geliebt.
1. Johannes 4,19

Es ist mir nie schwer gefallen, Barbara zu sagen: „Ich liebe dich." Das eine Mal hat mich ihre Antwort aber besonders überrascht.

Wir waren schon jahrelang verheiratet, und vielleicht wollte sie damals als Beweis für meine Worte Taten sehen. Sie sagte nämlich: „Ja, ich weiß, daß du mich liebst. Aber das ist ja normal. Du bist schließlich mein Mann."

Da war ich verblüfft. Aber sie erklärte, es gebe so manches, wodurch während unserer Ehe unsere Hingabe aneinander auf die Probe gestellt würde, und die beständig verrinnende Zeit wäre ein Hauptfaktor. Und weil wir uns während dieser Jahre beständig verändern, kann schon mal die Frage aufkommen, ob der Ehepartner mit den Worten „Ich liebe dich" eigentlich nur noch die äußere Form wahrt.

Barbara schloß mit den Worten: „Wenn man heiratet, dann erklärt man sein Vertrauen einem Menschen, den man kaum kennt."

Wirklich erstaunlich, daß man anfangs vielleicht glaubt, seinen neuen Lebenspartner zu kennen, in Wirklichkeit aber nur die Spitze des Eisbergs wahrnimmt.

Im Lauf der Jahre erlebt man einander in den unterschiedlichsten Situationen. Man feiert Siege und geht durch Niederlagen. Man gründet eine Familie, es geht beruflich auf und nieder, man bewältigt Probleme mit den Verwandten. Man übt sich in frommer Lebensweise und legt sich vielleicht gleichzeitig schlechte Gewohnheiten zu. Die Gesundheit bleibt nicht mehr so stabil, wie sie mal war; man nimmt zu, und das Haar wird grau.

Und bei alledem lernt Ihr Partner Sie besser kennen als jeder andere Mensch auf Erden. Da kommt man leicht auf den Gedanken: Du sagst zwar, daß du zu mir hältst, aber tust du das auch gern? Würdest du mich noch einmal heiraten? Du sagst, daß du mich liebst, aber meinst du das auch so?

Viele Ehen gehen auseinander, weil beide Partner im Laufe der Jahre in Verbindlichkeit und Vertrauen nachlassen. Doch in welchen Auseinandersetzungen Sie auch stehen mögen, wie sehr Sie auch bis spät in die Nacht miteinander streiten – Sie beide sollten ohne den Hauch eines Zweifels dazu stehen, daß ein Eheversprechen keine Fluchtregelung zuläßt.

Letzten Endes sollte sich Ihre Verbindung auf eines gründen: Auf den Glauben an Gott, der Sie zusammengefügt hat. Dieser Felsengrund bietet ein unverrückbares Fundament.

Gebetstip

Bitten Sie Gott um eine vertiefte Beziehung zu ihm und damit auch zueinander.

Ohne Beschneiden keine Frucht

Wir wissen aber, daß denen, die Gott lieben, alle Dinge zum Besten dienen, denen, die nach seinem Ratschluß berufen sind.
Römer 8,28

Glauben Sie wirklich, daß Gott uns alles zum Besten dienen läßt? Um so eine Aussage machen zu können, muß man anerkennen, daß Gott weiß, was er tut. Er ist nicht nur allmächtig und souverän, sondern weiß auch alles. Selbst wenn Leid und Unglück geschieht, dürfen wir Gott vertrauen, daß er weiß, was für uns gut ist.

Leider kennen wir seinen Plan nicht. Wir würden gern wissen, warum wir geprüft werden, doch Gott erklärt es uns nicht immer. Deshalb fragen wir uns, wie er es schaffen kann, dieses oder jenes Leid jemals zum Besten zu wenden.

Durch die Bibel und unseren Alltag gibt Gott uns Hinweise, daß es so ist, auch wenn wir nicht erkennen, wie es geschieht. Jesus sagte:

Ich bin der wahre Weinstock, und mein Vater der Weingärtner. Eine jede Rebe an mir, die keine Frucht bringt, wird er wegnehmen; und eine jede, die Frucht bringt, wird er reinigen, daß sie mehr Frucht bringe (Johannes 15,1–2).

In den letzten Jahren mußte unsere Familie mehrere solcher Reinigungen über sich ergehen lassen. Barbara hat eine größere Herzoperation, die Entfernung einer gutartigen Geschwulst in der Brust und fünf entkräftende Entzündungen der Nasennebenhöhlen samt Operation hinter sich. Weiter vorn im Buch habe ich bereits von Samuels Muskelschwund erzählt.

Ich weiß nicht, wie es Ihnen ergeht, aber manchmal wächst bei mir angesichts so vieler Schnitte der Baumschere die Erschöpfung beinahe unerträglich an.

Doch weiß ich es zu schätzen, wenn ich Frucht tragen darf. Zwar wünschte ich mir, es ginge auch ohne Beschneiden, aber im Leben geht es anders zu. Unsere Familie ist durch diese Schnitte innerlich gewachsen. Mein Dienst an anderen Familien, die Leid erleben, ist bereichert worden.

Gebetstip
Bitten Sie um den Glauben, daß Gott uns „bei weitem überwinden" läßt, was an Härte und Unglück in unser Leben dringt.

30. Denkanstöße zum Positiven

Gnade sei mit euch und Friede von Gott, unserm Vater, und dem Herrn Jesus Christus. Ich danke meinem Gott, so oft ich euer gedenke.
Philipper 1,2–3

Wer von uns kann eigentlich Gott für seine Eltern dankbar sein, wenn wir an sie denken? Fast jeder hat negative Erinnerungen an seine Kindheit. Es scheint heutzutage aber eine richtige Epidemie von Vorwürfen gegen Eltern zu geben. Deshalb möchte ich einmal Vorschläge machen, wie man seine negative Einstellung mit positiven Erinnerungen an zu Hause ausgleichen kann.

Wenn es Ihnen schwerfallen sollte, diese positiven Gedanken in Gang zu bekommen, sollten Ihnen ein paar Denkanstöße helfen. Vielleicht nehmen Sie sich Zeit, folgende Fragen gemeinsam mit Ihrem Ehepartner zu beantworten:

- ▶ Wohin sind Ihre Eltern mit Ihnen in Urlaub gefahren? Was haben Sie dort unternommen?
- ▶ Was haben Sie mit Ihrem Vater und mit Ihrer Mutter am liebsten gemacht?
- ▶ Welche Gerüche erinnern Sie auch heute noch an Ihr Elternhaus?
- ▶ Was war damals das Lieblingszimmer in Ihrer Wohnung?
- ▶ Welche Familientradition fanden Sie am schönsten?
- ▶ Welche Späße wurden im Familienkreis gemacht?
- ▶ Welche besonderen Ausdrücke oder Spitznamen haben Ihre Eltern erfunden?
- ▶ Wann war Ihr schönstes Weihnachtsfest? Der schönste Geburtstag?
- ▶ Über welche Probleme haben Ihre Eltern Ihnen als Teenager hinweg geholfen?
- ▶ Was haben andere Leute von Ihren Eltern gehalten?
- ▶ Welche Werte aus Ihrer Kindheit versuchen Sie nun an Ihre Kinder weiterzugeben?

Gebetstip
Beten Sie darum, die positivsten Erinnerungen an Ihr Elternhaus in die eigene Familie einpflanzen zu können.

Die Gefühle einer Frau (Teil 1)

von Barbara Rainey

Oktober 1.

Laßt die Sonne nicht über eurem Zorn untergehen.
Epheser 4,26

Wir wissen zwar, daß wir nach dem Bilde Gottes geschaffen sind. Doch viele machen sich nicht klar, daß auch unsere Gefühle Teil des uns innewohnenden Bildes Gottes sind. Gerade Frauen müssen ihre Gefühle besser verstehen lernen. Das ist nicht einfach, denn viele Frauen können nicht besonders gut mit ihren unterschiedlichen Emotionen umgehen, die sie während der verschiedenen Lebensphasen empfinden.

Wenn diese Gefühle in ihrer Vielfalt von Liebe und Annahme begleitet sind, kann eine Frau die einzelnen Phasen positiv erleben. Davon hängt nicht nur ihre emotionale Gesundheit ab, sondern auch das Vermögen, die eigenen Kinder mit einer positiven Grundhaltung zu prägen, damit deren Reifungsprozeß ungestört verläuft.

Als Dennis und ich heirateten, wurden wir beide von der Entwicklung meines Gefühlslebens in dieser neuen Phase unangenehm überrascht. Ich weiß noch, wie ich zum ersten Mal auf Dennis wütend war. Das war während des Kennenlernens, der Verlobungszeit oder in den Flitterwochen noch nie passiert. Ich wußte ehrlichen Herzens nicht, was ich mit meinem Zorn anfangen sollte.

Damals dachte ich: Was mache ich nur? Wohin soll ich gehen? Dennis kam mir nach, um unseren Streit zu schlichten. Ich war jedoch so durcheinander, daß ich ins Bad ging, die Tür abschloß und dachte: Jetzt kann ich nicht mehr weg. Ich bin festgebunden. Meine Gefühle sagten mir, daß an dieser Ehe irgend etwas nicht stimmte.

Ich hielt also die Zukunft unserer Ehe und Familie in meinen Händen. Da kam ich zu dem Schluß, daß diese Beziehung, die ich als Bund vor und mit Gott geschlossen hatte, zu wichtig sei, als daß sie abgebrochen werden könne. Nachdem ich mich also eine Weile aufgeregt hatte, kam ich aus dem Bad heraus, und Dennis und ich konnten nach einem echten Gespräch diesen Konflikt lösen.

Wir beide haben festgestellt, daß Gott die Ehe als Bund geschaffen hat, in dem Mann und Frau an ihren Emotionen arbeiten können.

Gebetstip
Bitten Sie den Heiligen Geist, Sie zu erfüllen, zu führen und dahin zu bringen, daß Sie mit Ihren Gefühlen im Hinblick auf Ihre Ehe und Familie umgehen lernen.

Oktober 2.

Die Gefühle einer Frau (Teil 2)

Desgleichen, ihr Männer, wohnt vernünftig mit ihnen (euren Frauen) zusammen.
1. Petrus 3,7

*E*in Mann zu sein – das ist manchmal zum Verrücktwerden. Wenn Barbara mit einem Problem zu mir kommt, schaltet mein Verstand automatisch in den „Reparatur-Modus". Ich will ihre Probleme lösen und der Sache auf den Grund gehen! Oft aber ist es einer Frau am wichtigsten zu wissen, daß man ihr nur zuhört und sich um sie kümmert.

Einmal kam Barbara ganz enttäuscht zu mir, weil wir beide unglaublich beschäftigt waren und sie nicht in dem Maße zu Hause sein konnte, wie sie es sich gewünscht hätte. Sie hatte so viel mit unserem Dienst, in der Gemeinde, als Elternsprecherin und Chauffeurin für unsere Kinder zu tun, daß sie nicht dazu kam, zu Hause sauber zu machen.

Wie ich darauf reagierte? Ich habe ihre Enttäuschung erst einmal persönlich genommen. Ich sagte: „Gut, ich helfe dir im Haus, so viel ich kann." Doch sie hatte mir gar keine Vorwürfe machen wollen, daß ich ihr nicht half. Sie wollte mir lediglich über ihren Kummer berichten.

Dann fiel mir, typisch Mann, eine Lösung ein. Am gleichen Abend noch erklärte ich, würde sich die ganze Familie bei einer „Hausputzkampagne" nützlich machen. Wiederum war mir das eigentliche Anliegen entgangen – nämlich wie es um ihre Gefühle bestellt war. Ich brauchte eine ganze Weile, bis mir klar wurde, daß es ihr nur auf meine Aufmerksamkeit und mein Verständnis ankam.

Also rappelte ich mich endlich auf und bat Barbara um Entschuldigung, alle Hinweise mißverstanden und überhört zu haben, was ihr eigentliches Bedürfnis sei. So kam ich ihr mit eben dem Verständnis und Mitgefühl entgegen, das sie ursprünglich vermißt hatte.

Darf ich Ihnen einen Rat geben? Wenn Ihre Frau mit einem Problem zu Ihnen kommt, wiederholen Sie mit eigenen Worten, was Sie zu verstehen glaubten, und fragen Sie sie, ob sie das auch so gemeint habe.

Männer, ob ihr es glaubt oder nicht, häufig braucht eine Frau nichts weiter als einen verständnisvollen Mann. Bremsen wir also unseren Drang, die Sache gleich „auf die Reihe zu kriegen".

Gebetstip
Bitten Sie Gott um den rechten Sinn dafür, mit Ihrer Frau „vernünftig" zusammen zu wohnen.

Die Gefühle einer Frau (Teil 3)

*Ihr Männer, liebt eure Frauen,
wie auch Christus die Gemeinde geliebt hat
und hat sich selbst für sie dahin gegeben.*
Epheser 5,25

Wie sagt doch Erma Bombeck so treffend: „Die Ehe ist die letzte Chance, die uns das Leben bietet, um erwachsen zu werden." Eben das haben viele Männer nötig, um auf die Gefühle zu reagieren, mit denen ihre Frauen in den unterschiedlichen Lebensphasen zu tun bekommen. Wir sollten diese Emotionen verstehen lernen und sie nicht abwerten.

Wenn ich Barbara beim Bewältigen ihrer Gefühle wirklich helfen will, so muß ich meine eigenen Vorstellungen beiseite stellen und mich selbstlos um sie kümmern. Man kann nicht gleichzeitig den Verständnisvollen spielen und sich verteidigen. Das eine schließt das andere aus.

Habe ich immer gewußt, was zu tun ist, wenn Barbara ihren Emotionen ausgeliefert war? Nein. Habe ich diesen Zustand persönlich genommen? Unbedingt. Ich habe jede einzelne Gefühlsregung als Vorwurf empfunden, versagt zu haben. Ich mußte mich entscheiden, „mich dahin zu geben", um ihr zu helfen.

Als nächstes mußte ich lernen, ihr oft genug zu sagen, daß ich sie liebe. Es war eine unangenehme Überraschung für mich, festzustellen, wie wenig Barbara sich am Anfang unserer Ehe meiner Liebe zu ihr sicher war. Ihr Vertrauen zu mir konnte nur schrittweise entstehen. Man gewinnt nicht schon dadurch eine vertrauensvolle Beziehung, daß man gemeinsam vor den Traualtar tritt. Liebe und Vertrauen sollten ständig bestätigt werden.

Als drittes mußte ich ihrer Persönlichkeit Raum lassen, damit sie lernen konnte, in welcher Weise Gott speziell an ihr wirken wollte. Als Mann bin ich verpflichtet, ihre Gefühle zu schätzen und nicht etwa zu sagen: „So darfst du nicht empfinden." Ich muß ihr die Freiheit gewähren, all ihren Gefühlen Ausdruck zu verleihen. Die richtige Reaktion wäre: „Ich bin froh, daß du mir das gesagt hast, weil ich mich dafür interessiere, wie du dich fühlst."

Schließlich können Sie Ihre Frau behutsam anleiten, Gott zu vertrauen, indem Sie das gemeinsame Gebet anregen. Lesen Sie einmal Psalm 31, Vers 2; darin steht: „Herr, auf dich traue ich, laß mich nimmermehr zu Schanden werden, errette mich durch deine Gerechtigkeit!" Bin ich bei Gott, brauche ich nichts zu fürchten.

Gebetstip
Bitten Sie Gott um wachsendes Verständnis für die Gefühle Ihres Partners. Lernen Sie sensibel und liebevoll zuzuhören und ihn oder sie zu bestätigen.

Absolut sauber

Wenn jemand predigt, daß er's rede als Gottes Wort; wenn jemand dient, daß er's tue aus der Kraft, die Gott gewährt, damit in allen Dingen Gott gepriesen werde durch Jesus Christus. Sein ist die Ehre und Gewalt von Ewigkeit zu Ewigkeit. Amen.
1. Petrus 4,11

Manchmal müssen Barbara und ich über das Image lachen, das unsere Familie bei anderen Leuten hat. Man hört uns reden oder liest unsere Bücher und bekommt den Eindruck, bei uns sei alles perfekt. Vom gesunden Menschenverstand her weiß man aber, daß es so etwas nicht gibt, und trotzdem entsteht ein verschwommenes, golden überhauchtes Bild vom „perfekten" Leben im Haushalt der Raineys: Die Kinder gehorchen immer, die Ehe ist im Zustand ewiger Romantik, und die Wohnung ist makellos in Schuß.

Deshalb will ich einmal von der Bestandsaufnahme unserer Fußböden erzählen. Diese Beobachtungen sind ein paar Jahre alt, aber es hat sich derart wenig geändert, daß sie von letzter Woche stammen könnten.

Auf den Böden lagen so viele Kinderbücher herum, daß man eine mobile Bücherei damit ausrüsten könnte. Die Puppen reichten für eine Spielzeugstadt, und die Legosteine waren bis in die letzte Ecke verstreut.

Im Eßzimmer, wo wir gerade gegessen hatten, hätte man mit den verkleckerten Resten ein kleines afrikanisches Land ernähren können. Unter dem Tisch fanden sich eine leere Coladose, zwei Puppenhaarbänder und eine Jacke (unsere Sechsjährige hat sie wohl darunter geworfen und gehofft, sie würde wachsen und sich im fruchtbaren Kompost auf dem Boden vermehren).

Eins unserer Kinder ist ein Verpackungskünstler, ein anderes betätigt sich als Bergarbeiter, der alles wieder ausgräbt, was der andere zu verstauen versucht. Folglich lassen sich ihre Zimmer mit einem Wort treffend beschreiben: Schutt.

Manche Eheleute lesen diese Worte vielleicht mit der Vorstellung, ich wolle Barbara einen Seitenhieb versetzen: sie lasse den Haushalt zu einem Saustall verkommen. Weit gefehlt! Barbara und ich haben vor langer Zeit erkannt, daß wir nicht alles haben können – es ist nicht gut möglich, einerseits das Haus picobello sauber zu halten, gleichzeitig aber Wert auf gute Beziehungen in der Familie zu legen.

Gebetstip
Beten Sie darum, Gott mit dem richtigen Gleichgewicht zwischen Ordnung und guten Beziehungen untereinander die Ehre geben zu können.

„Ich vertraue dir!"

Die Liebe ... glaubt alles.
1. Korinther 13,4–7

Worauf ist jeder Teenager angewiesen, wenn er durch die Untiefen der Jugendjahre navigiert? Worauf ist jede junge Mutter angewiesen, wenn sie die Verantwortung der Mutterschaft übernimmt? Was braucht der Sportler, der Höchstleistung bringen will, der Ehepartner, damit aus ihm ein Mann nach Gottes Sinn wird?
Vertrauen!
Wir alle sind auf Menschen angewiesen, die uns eine positive Erwartung entgegenbringen.

Zwei Jungen, Johnny und Marty, waren so gute Freunde und spielten so gerne Baseball, daß sie sich schworen, immer gemeinsam zu spielen, egal was passieren mochte. Im Lauf der Zeit wurde Johnny ein Baseballstar. Sein Trainer nahm ihn beiseite und erzählte ihm von den kommenden Ausscheidungskämpfen für die Juniorenliga. Johnny sagte: „Ist ja toll. Marty und ich sind dabei."

Der Trainer aber erwiderte: „Mach dir wegen Marty keine Gedanken. Er ist so eine Art häßliches Entchen – zu dürr, zu langsam, taugt im Feld nichts und kann nicht schlagen."

Johnny aber stellte fest: „Ich weiß, daß er es schafft, wenn er eine Chance bekommt. Er hat Ehrgeiz. Es gibt nichts, was er nicht lernen kann."

Nach der Zeit im Trainingslager winkte natürlich ein Vertrag für Johnny – doch Marty wurde übergangen. Da Johnny sich weigerte, sich ohne Marty zu verpflichten, gab der Verein nach und bot beiden einen Vertrag an.

Vom Verhalten seines Freundes motiviert, fing Marty langsam an, sich zu verbessern. Im dritten Jahr gab Johnny auf und verließ den Verein, doch Marty wurde der große Star. Nach einiger Zeit wurde er zu den St. Louis Cardinals berufen, einem Spitzenverein. Er spielte bei vier Weltmeisterschaften und in sieben All-Star-Games. 1944 wurde er Baseballsportler des Jahres.

Ein paar Jahre zuvor hatte Martys Mutter Johnny gefragt: „Warum willst du dein Versprechen unbedingt einhalten?"

Johnny erwiderte: „Vertrauen ist eine Art Liebe. Ich vertraue Marty. Wir sind Freunde. An jemanden zu glauben ist der beste Freundschaftsbeweis."

Gebetstip
Beten Sie als Eltern darum, jedes Familienmitglied durch positive Erwartungen inspirieren zu können.

Oktober

6.

Die Kunst des Jonglierens

*Wenn der Herr nicht das Haus baut,
so arbeiten umsonst, die daran bauen.*
Psalm 127,1

Haben Sie schon einmal einem Jongleur bei seiner Kunst zugesehen? Ich werde niemals diesen einen Mann vergessen, der mit Tellern jonglieren konnte.

Er fing am Ende eines langen Tisches an, plazierte einen Stock senkrecht auf der Tischplatte und jonglierte einen Teller so auf dem Stock, daß er gleichmäßig rotierte. Dann ließ er auf weiteren Stöcken längs des Tisches die nächsten Teller rotieren. Als der erste Teller zu wackeln begann, eilte der Mann hinzu und versetzte ihn fachmännisch neu in Schwung. Die Zuschauer seufzten erleichtert auf.

Und es ging immer weiter . . . sieben, acht, neun Teller. Als er so weit war, gerieten die Teller Nummer zwei, drei und vier ins Wackeln. Doch kurz bevor alles zu Boden krachen konnte, ließ er jeden einzelnen Teller neu rotieren und verbeugte sich vor dem applaudierenden Publikum.

Ähnlich verhält es sich mit unseren Rollen. Wir sind Ehemann oder Ehefrau, Vater oder Mutter, Geschäftsleute, Staatsbürger, kirchliche Mitarbeiter, Sonntagsschullehrer – jede Rolle steht für einen solchen rotierenden Teller. Wir fangen mit dem Jonglieren an, wenn wir heiraten. Teller Nummer eins ist unsere Ehe. Im Lauf der Jahre kommen die nächsten Teller dazu – Beruf, Kinder, Verantwortung in der Gemeinde. Die Mühe, alles in Schwung zu halten, wird immer aufwendiger.

Die eigentlichen Probleme stellen sich ein, wenn wir falsche Entscheidungen treffen. Wir kümmern uns irrtümlich um die eher materiellen „Bedürfnisse", indem wir unser Augenmerk mehr auf unsere Arbeit richten. Es geht uns nicht so sehr darum, die Familie vor dem Hungertod zu bewahren, sondern mehr um unseren Status, unsere Wichtigkeit, um ein größeres Stück vom Lebenskuchen.

Folglich verlieren wir das Wichtigste aus den Augen. Wir haben immer mehr Teller rotieren lassen, aber jetzt fangen die wichtigsten an zu wackeln, fallen sogar zu Boden und zerspringen. Wie gut sind Ihre wichtigsten „Teller" in Schwung? Wackelt da nicht schon einer?

Gebetstip
Bitten Sie Gott, daß er es Ihnen zeigt, wenn Sie für manche Lebensbereiche zu viel Energie aufbringen, andere aber vernachlässigt werden und neuen Schwung brauchen.

Verantwortung riskieren

*Wir ermahnen euch aber, liebe Brüder:
Weist die Unordentlichen zurecht,
tröstet die Kleinmütigen, tragt die Schwachen,
seid geduldig gegen jedermann.*
1. Thessalonicher 5,14

In seinem Bestseller *The Third Wave* (Die dritte Welle) schreibt Alvin Toffler, daß viele Teenager heutzutage deshalb rebellieren, weil sie sich weder von der Familie gebraucht fühlen noch glauben, während der Phase des Heranwachsens wirtschaftlich produktiv zu sein. Wir müssen also unsere Kinder mit Hausarbeit beauftragen, allein schon deshalb, weil es für sie wichtig ist, daß sie sich gebraucht fühlen.

Für perfektionistische Eltern kann das schwierig werden. Wenn man aber zum Beispiel ein Kind dazu anleitet, die Küche sauber zu machen, muß man die Ansprüche, wie eine saubere Küche auszusehen hat, etwas niedriger halten, zumindest für den Anfang. Wenn ein Kind bei der Wäsche helfen soll, wird nicht jedes Laken ordentlich zusammengefaltet sein. Sollte man es sogar wagen, ein Kind zum Kochen anzuleiten, muß man mit Spritzern und Klecksen rechnen.

Kein Kind ist ein geborener Sauberkeitsfanatiker. Ashley, unsere Älteste, ist wie ein Hamster. Sie sammelt Andenken an jeden besonderen Augenblick ihres Lebens. Benjamin ist Meister des Zweckmäßigen. Er schiebt seine Reinigungspflichten gern auf: „Wenn ich jetzt schon Staub sauge, ist heute abend alles wieder schmutzig." (Leider hat er recht.) Deborah ist die Künstlerin im Haus. Sie fängt an, ihr Zimmer aufzuräumen, beginnt aber früher oder später die Wände zu dekorieren – oder sogar sich selbst.

Trotzdem möchten wir, daß unsere Kinder einmal reife Persönlichkeiten werden, und wenn wir wollen, daß sie verantwortungsbewußt werden, müssen wir riskieren, daß zunächst eine gewisse Lücke zwischen unseren Erwartungen und ihren Leistungen klafft.

Gebetstip
Beten Sie um Mut, Ihre Kinder einerseits die Kindheit genießen zu lassen, sie andererseits aber zu wachsender Reife und Zuverlässigkeit anzuhalten.

8. Die Bedeutung des lieben Wortes

Die Liebe . . . sucht nicht das Ihre.
1. Korinther 13,4–5

*E*s wird mir stets unvergeßlich bleiben, wie am Ende eines Eheseminars in Washington ein Paar zu mir kam, das schon einunddreißig Jahre verheiratet war. Ich kannte die beiden bereits über einen Freund, der sie eingeladen hatte. Er hatte mir erzählt, wie dünn ihre Beziehung geworden, wie wenig Intimität und Gesprächsbereitschaft noch übriggeblieben sei.

Als der Mann auf mich zukam, war ich neugierig, ob er von der Konferenz profitiert hatte, und fragte: „Was ist das wichtigste, das diese Veranstaltung Ihnen gebracht hat?" Seine Antwort hat sich mir eingeprägt.

Er sagte: „Dennis, ich habe erkannt, daß ich meiner Frau sagen muß ‚Ich liebe dich'." Er fuhr fort: „Das letzte Mal habe ich es ihr vor einunddreißig Jahren gesagt, und seitdem nicht mehr."

Hinter ihm saß seine Frau auf dem Rand der Bühne. Ihr Gesicht war tränenüberströmt. Es waren zwar Freudentränen über diese Worte, aber zweifellos auch Tränen aus Traurigkeit darüber, daß ihr Mann all die Jahre mehr an sich als an sie gedacht hatte.

Es gibt immer noch zu viele Männer, die ihre innersten Gefühle nicht ausdrücken können. Es ist nicht einfach, offen und mitteilsam zu sein. Weil wir aber berufen sind, auf die Bedürfnisse unserer Frauen einzugehen, haben wir eigentlich keine Wahl.

Oft brauche ich bloß einen kleinen Anstoß, um mich daran zu erinnern, wie gerne Barbara von mir die drei Worte „Ich liebe dich", hört. Wie wäre es, wenn Sie einmal darüber nachdenken, womit Sie Ihre Verbindung und die Liebe zu Ihrer Frau neu bestätigen könnten? Es dürfen auch geschriebene Worte sein.

Gebetstip
Bitten Sie Gott, Ihnen fünf Möglichkeiten von Liebeserklärungen an Ihren Partner zu zeigen, damit er oder sie sich geliebt fühlt.

Man erntet, was man sät

*Graue Haare sind eine Krone der Ehre;
auf dem Weg der Gerechtigkeit wird sie gefunden.*
Sprüche 16,31

Möchten Sie im Alter von Ihren Kindern als weise betrachtet werden? Möchten Sie, daß sie Ihnen noch zuhören, wenn Sie so alt sind wie jetzt Ihre eigenen Eltern? Sie werden von Ihren Kindern genau beobachtet und zum Vorbild genommen. Wenn Sie Ihre eigenen Eltern nicht ehren, dann riskieren Sie, daß Ihre Kinder auch genauso mit Ihnen umgehen werden. Dasselbe gilt, wenn Sie Ihre Eltern gelegentlich mißachten: Ähnlich könnte es später Ihnen selbst ergehen.

Es gibt eine Geschichte von einem reichen Witwer, der unter einer Bedingung seinem einzigen Sohn und dessen Frau sein Gut überließ: Er wollte dort bis zum Ende seines Lebens bei ihnen wohnen bleiben.

Nach ein paar Jahren war das Erbe aufgezehrt. Die Schwiegertochter hatte den alten Herrn satt und sagte ihrem Mann, er müsse ihn wegbringen. Der Sohn war einverstanden und brachte seinem Vater die schlechte Nachricht.

Kurze Zeit später gingen er und der gebrechliche alte Mann auf staubiger Straße zu einem staatlichen Altersheim. Da der Vater das Laufen nicht mehr gewohnt war, bat er darum, sich ein paar Augenblicke auf einem Baumstumpf ausruhen zu dürfen, um sich für das letzte Stück des Weges zu rüsten.

Als er dort saß, barg er plötzlich das Gesicht in seinen Händen und fing an zu schluchzen. Der Sohn, vom schlechten Gewissen getroffen, erging sich in Entschuldigungen. Schließlich hatte der Vater sich genügend in der Gewalt, daß er sagen konnte: „Ich weine nicht, weil ich in dieses einsame Heim für Arme und Unglückliche muß. Ich weine wegen meiner eigenen Sünde. Vor vierzig Jahren bin ich mit meinem Vater den gleichen Weg gegangen und habe ihn an genau den gleichen Ort gebracht. Jetzt erkenne ich, was ich mit der bösen Tat ernte, die ich einmal gesät habe!"

Es gibt ein Sprichwort: „Der Apfel fällt nicht weit vom Stamm." Wenn Sie Ihren Kindern ein gutes Vorbild sind und Ihre Eltern ehren, tragen Sie damit im Grunde zu Ihrer eigenen Zukunft bei.

Gebetstip
Bitten Sie Gott um kreative Ideen, wie Sie Ihre Eltern in Ihre eigene Familie mit einbeziehen können.

Oktober 10.

Was ist mit der Familie los?

Der Gott Israels, der Herr der ganzen Welt, sagt:
„Ich hasse es, wenn einer seine Frau verstößt."
Maleachi 2,16 (Die Gute Nachricht)

Die Axt ist an den Baum der Familie gelegt. Seit fast dreißig Jahren wurde die Axt gegen den Stamm geschwungen. Nur der Stumpf und ein paar Wurzeln sind übriggeblieben. Die Äste und die Früchte liegen welk und verdorben auf dem Boden.

Was ist die Axt der Zerstörung? Die Scheidung. Es gibt viel zu viele Menschen, die sich mit diesem tödlichen Werkzeug ihre Probleme vom Leibe schaffen wollen.

Viele von Ihnen, die diese Worte lesen, sind ungewollt zu Hinterbliebenen eines Scheidungsurteils geworden. Ich wühle nicht gern in alten Wunden. Auch fromme Entrüstung liegt mir nicht, nur weil sich unsere Ehe im Gegensatz zu anderen als stabil erwiesen hat. Außerdem möchte ich nicht das schwere Joch der Schuld auf die Schultern der Opfer legen.

Es weckt unser Mitgefühl, wenn wir in einer Lokalzeitung folgende Kleinanzeige lesen:

Ich möchte der Öffentlichkeit mitteilen, daß ich während meiner Ehe mit Linda nur Fehler gemacht habe. Ich habe viel Falsches gesagt. Ich habe sie mit Schlägen und Worten mißhandelt. Ich habe sie bei der Aufteilung des Vermögens übervorteilt. Ich habe mich wie ein Idiot benommen und bin tiefer gesunken als der Boden, auf dem ich gehe. Den Rest meines Lebens muß ich nun ohne die Frau leben, die ich wahrhaft liebe und die mich geliebt hat. Jetzt habe ich keine Chance mehr, meine Fehler ungeschehen zu machen. Ich habe das Beste verloren, das mir je widerfahren ist, meine beste Freundin. Leute, haltet eure Ehe nicht wie ich für etwas Selbstverständliches. Scheidung ist nicht nur ein Wort. Ich bitte alle um Vergebung, die es angeht.

Solche Tragödien ereignen sich Jahr für Jahr tausendfach. In diesem Krieg gegen die Familie dürfen wir keine Zuschauer bleiben. Es geht um mehr als die Trennung von zwei Menschen, wenn ein Paar sich zur Scheidung entschließt, nämlich um die Zukunft unserer Gesellschaft. Wie kann ein Volk überleben, wenn von einem Wald sprießender Familienbäume nur noch Stümpfe übrigbleiben?

Gebetstip
Bitten Sie Gott, Ihre Familie zusammenzuschweißen und ihr ein Ziel zu geben.

Die Ehe gegen Seitensprünge sichern

Die Ehe soll in Ehren gehalten werden bei allen und das Ehebett unbefleckt; denn die Unzüchtigen und die Ehebrecher wird Gott richten.
Hebräer 13,4

Es gibt zwei traurige Tage, an die ich mich besonders gut erinnere. Der eine war der Todestag von Präsident Kennedy. Als ich von seinem Tod hörte, war ich wie vor den Kopf geschlagen. Fünfundzwanzig Jahre später geschah es an einem anderen Tag, daß mir eine Nachricht durch und durch ging. Nicht, daß eine Gewehrkugel abgefeuert worden wäre. Es gab leider keinen Attentäter, an dem sich meine Wut entladen konnte. Es war nur die Nachricht, daß einer meiner geistlichen Vorbilder gefallen war. Sein Dienst war durch Ehebruch unglaubwürdig geworden. Mir wurde richtig schlecht, als ich davon hörte, denn ich hatte viel aus seinen Büchern und Predigten gelernt und mich an seinem Leben und Wirken orientiert.

Wir haben mittlerweile eine Unzahl von Gründen, um über die wachsende Zahl von Christen nachzudenken, die wegen sexueller Untreue ihre Ehe, Familie und den geistlichen Dienst verloren haben. Wer muß noch alles fallen, bevor wir uns die Mühe machen, unsere Ehe gegen Seitensprünge zu sichern?

Dazu ein paar Anregungen:
1. Das Ehebett muß etwas Besonderes bleiben. Lassen Sie nicht zu, daß die tägliche Arbeit zu totaler Erschöpfung führt. So kann keine Leidenschaft aufkommen.
2. Reden Sie miteinander darüber, was Ihnen Lust bereitet und was nicht.
3. Führen Sie ein Element der Überraschung in Ihr Liebesleben ein.
4. Haben Sie Geduld mit Ihrem Partner. Der ganze Bereich ehelicher Liebe und Hingabe erfordert, daß man einander immer besser kennenlernt (siehe 1. Thessalonicher 5,14–15).
5. Achtung, nicht verbittern! Geben Sie es zu und bitten Sie um Verzeihung, wenn Sie versagt haben oder sich zur Verbitterung haben hinreißen lassen (siehe Epheser 4,26–27).

Vonette Bright, die Frau des Gründers von Campus für Christus, sagte einmal zum Thema Sex: „Es ist genauso wichtig, im Bett vom Heiligen Geist erfüllt zu sein wie beim Gespräch mit Nichtgläubigen über Jesus Christus."

Wahrscheinlich haben Sie im Rahmen einer Andacht noch nie so einen Vorschlag gehört: Machen Sie doch heute abend die Lichter früher aus als sonst ...

Gebetstip
Bitten Sie Gott um Segen für die sexuelle Beziehung mit Ihrem Partner.

Der Mann und die Arbeit

von Barbara Rainey

*Lasset uns Menschen machen . . .
die da herrschen über die Fische im Meer
und über die Vögel unter dem Himmel
und über das Vieh und über alle Tiere des Feldes.*
1. Mose 1,26

Was die letzten drei Jahrzehnte an neuen Ideologien über die Rechte der Frau gebracht haben, hat christliche Frauen ins Wechselbad der Verwirrung getaucht. Folglich haben viele die Bedürfnisse ihrer Männer aus den Augen verloren und sich um so intensiver um die eigenen Interessen gekümmert. Auch wenn mehr als fünfzig Prozent unserer Leserinnen berufstätig sind, möchte ich mich doch dazu äußern, wie wichtig gerade im Leben unserer Männer der Arbeitsplatz ist.

Dem Mann ist von Gott aufgegeben worden, im Schweiße seines Angesichts von seiner Hände Arbeit zu leben. Seine Arbeit ist Teil der Herrschaft, die Gott ihm als Ziel vorgegeben hat. Ihr Mann braucht seine Arbeit zur Befriedigung eines Bedürfnisses. Die Arbeit bietet ihm ein Gefühl der Bedeutung in der Welt, wenn er erfährt, wie seine Mühe in Gegenwart und Zukunft das Leben verbessern hilft.

Dieser Drang nach Bedeutung verleitet den Mann manchmal jedoch zu extremen Verhaltensweisen. Im Streben nach Wohlstand und Wichtigkeit wird er oft zum Sklaven seines Berufes. Wenn seine Bedeutung nur auf Reichtum und Rang beruht, wird die Arbeit für ihn zum Götzen.

Andererseits verliert ein Mann seine Selbstachtung, wenn er arbeitslos wird. In unserem Zeitalter der Arbeitssucht ist der Verlust der Arbeit ein Trauma, ein Schlag gegen seine Männlichkeit, ja, Menschenwürde. Wenn er nicht arbeitet, kann er nicht die Zufriedenheit empfinden, die nur ein produktiver Arbeitstag mit sich bringt.

Ihr Mann braucht Sie, damit er zwischen diesen Polen im Gleichgewicht bleibt. Er braucht Sie, um Lob für seine Arbeit zu bekommen, darf aber nicht gedrängt werden, zu viel in zu kurzer Zeit zu schaffen. Wenn ein Mann seine Stelle verliert oder aufgibt, kann seine Selbstachtung baden gehen. In solchen Situationen ist er auf Sie und Ihren Zuspruch angewiesen, damit er eine neue Stelle findet. Männer brauchen eben ihre Arbeit.

Gebetstip
Beten Sie darum, Ihrem Mann helfen zu können, seine Prioritäten zu wahren. Sein Bedürfnis nach Arbeit und seine Anwesenheit in der Familie müssen im Gleichgewicht bleiben.

Der Wert des Zuhörens

*Ein jeder Mensch sei schnell zum Hören,
langsam zum Reden, langsam zum Zorn.*
Jakobus 1,19

Paul Tournier, der Schweizer Psychiater, hat Mann und Frau für die Ehe den Rat gegeben, in erster Linie einander zuzuhören. Leider sind wir anders als im obigen Text meist langsam zum Hören, schnell zum Reden und sogar noch schneller zum Zorn. Wir brauchen deshalb allerdings keine technischen Hörhilfen, sondern nur Hilfe zum Hören.

Der erste Schritt zum wirklichen Zuhören ist unsere Konzentration auf den, der zu uns spricht. Manchmal erwarten die Kinder mich schon, wenn ich von einem harten Arbeitstag nach Hause komme, kämpfen aber vergeblich um meine Aufmerksamkeit. Dann sagt Barbara nach einer Weile: „Kinder, sprecht euren Vater lieber in ein paar Minuten an. Jetzt erst mal nicht. Er ist noch nicht ganz da."

„Ist er wohl!" rufen sie. „Hier sitzt er doch!"

„Klar, wir wissen, daß er da ist. Aber er weiß es noch nicht. Habt ein bißchen Geduld mit ihm."

Natürlich hat sie Recht. Nach ein paar entspannten Minuten kann ich mich meist auf ihre Anliegen konzentrieren.

Aktives Zuhören ist das Gebot der Stunde. Das läßt sich am besten üben, indem man Botschaften des Verstehens sendet. Ihr Partner weiß dann, daß Sie versuchen, sich in seine Lage zu versetzen. Halten Sie sich zunächst mit Bewertungen oder ausgiebigen Ratschlägen zurück. Denken Sie einfach über das Gehörte nach und lassen Sie Interesse an den Gefühlen des Partners spüren.

Wenn die Kommunikation mit Ihrem Partner durch konzentrierte Aufmerksamkeit und aktives Zuhören in Fluß geraten ist, könnten Sie mit Ihren Fragen Klarheit in die Sache bringen. Fragen wirken wie ein Stemmeisen, mit dem man beim Gegenüber Gedanken und Gefühle lockert. Dieses Stemmeisen muß jedoch geschickt und sanft geführt werden.

Konzentrieren Sie sich darauf, die Wahrheit zu erfahren, statt Anklagepunkte zu sammeln. Fragen Sie zum besseren Verständnis und nicht, um zu einem Urteil zu gelangen.

Gebetstip
Bitten Sie Gott um ein gesundes Gleichgewicht in Ihrer Familie zwischen offenem Wort und konzentriertem Zuhören.

14. Oktober

Zu schwere Lasten

*Seid aber untereinander freundlich und herzlich
und vergebt einer dem andern,
wie auch Gott euch vergeben hat in Christus.*
Epheser 4,32

Jemand hat einmal festgestellt: „Je länger man sich mit Groll herumschleppt, desto schwerer wiegt er." Wenn wir uns weigern, einem Menschen sein Unrecht zu vergeben, lastet es wie ein zermürbendes Gewicht auf unserer Seele.

Entschließen wir uns andererseits zum Vergeben, laden wir praktisch eine Riesenlast ab, die wir nicht mehr durchs Leben tragen müssen. Uns wird „leicht ums Herz", wenn wir die Bürde des Grolls abwerfen.

Was kann man gegen ein Verhalten tun, bei dem man sich mit Groll und Vorbehalten gegen Vergebung durch das Leben schleppt?

Zum einen sollte man die innerliche „Berufung" klären. Soll das Richten über andere etwa zu Ihrer geistlichen Karriere gehören? Jesus sagte: „Richtet nicht, damit ihr nicht gerichtet werdet" (Matthäus 7,1). Wer immer die andern aburteilt, auf den fällt das Urteil zurück.

Das Richten ist ebenso wie die Rache Gottes Angelegenheit, nicht Sache der Menschen: „Die Rache ist mein; ich will vergelten, spricht der Herr" (Römer 12,19). Selbst als David mit Bathseba Ehebruch begangen hatte und ihren Mann in den Tod schickte, sagte er zu Gott: „An dir allein habe ich gesündigt" (Psalm 51,6).

Da Gott die Gesetze schuf, ist er der einzige gerechte Richter. Wer andern Unrecht zufügt, handelt damit noch mehr gegen Gott als gegen Menschen. Geben wir doch eine Verantwortung ab, die eigentlich nur Gott zukommt.

Wenn wir uns also des Richteramtes entledigen, sind wir auch nicht mehr für die Strafe zuständig. Nach dem Vergeben werden wir nicht unbedingt gleich alles vergessen. Immerhin aber hegen wir keinen Groll mehr, der sich nach Bestrafung sehnt.

Gebetstip
Beten Sie darum, daß die vergebende Gnade Gottes, die Sie in Ihrem eigenen Leben erfahren haben, sich auf Ihre Einstellung anderen gegenüber auswirkt, die Ihnen Unrecht getan haben.

Nörgeln, Murren, schlechte Laune (Teil 1)

Tut alles ohne Murren und ohne Zweifel.
Philipper 2,14

Oktober 15.

Haben Sie sich schon mal über das ständige Gemecker im Haus geärgert? Ich schon. Im Lauf der Jahre wurde bei den Raineys so manche Nörgelei zu folgenden Themen laut:

- Wer darf wo am Eßtisch sitzen?
- Wer darf auf dem Weg zu Schule oder Kirche vorn im Auto sitzen?
- Die Badewanne ist voll mit Gummienten, Schiffen, Flaschen und schmieriger Seife.
- Wer muß den Tisch abräumen?
- Das Essen sieht nicht appetitlich aus oder schmeckt nicht.

Es wurde irgendwann mit unserer Nörgelei so schlimm, daß wir vor Jahren den obigen Vers auswendig lernten. Und das hat schließlich geholfen. Wie konzentrierte Schwefelsäure kann unser Nörgeln alles zerfressen, was damit „bespritzt" wird. Es trübt die Freude und löst gute Vorsätze in Nichts auf. Auf geistlicher Ebene wirkt es besonders gefährlich, sogar tödlich.

Wenn Sie ein notorischer Nörgler sind, stehen Sie damit nicht allein. Das 3. Buch Mose könnte gut und gern in „Chronik der Meckerer" umbenannt werden. Die Kinder Israel murrten gegen Mose, Aaron und Gott. Das Manna schmeckte ihnen nicht. Sie beschwerten sich: „Manna zum Frühstück, Mittag- und Abendessen! Was anderes als Manna gibt's wohl nicht?" Also schickte Gott ihnen zur Abwechslung Wachteln. Die wurden gekocht und gebraten, bis ihnen davon schlecht wurde. Können Sie sich in ihre Lage versetzen? Ein wenig Gemecker ist doch verständlich, oder?

Doch war dieses Murren kein Kavaliersdelikt. Gott ging nicht einfach darüber hinweg. Er hatte die Kinder Israel aus Ägypten befreit und sorgte täglich für sie. Sie aber reagierten mit offener Undankbarkeit.

Auch wir können uns heute häufig dabei ertappen, daß wir vergessen, wem die Herrschaft gebührt, und uns die Frage stellen: „Weiß Gott wirklich, was für mich am besten ist?"

Gebetstip
Bei passender Gelegenheit sollte jeder einzelne in der Familie die Sünde des Murrens bekennen. Danken Sie danach Gott im Gebet für mindestens drei Dinge.

Nörgeln, Murren, schlechte Laune (Teil 2)

Diese murren und hadern mit ihrem Geschick;
sie leben nach ihren Begierden,
und ihr Mund redet stolze Worte,
und um ihres Nutzens willen schmeicheln sie den Leuten.
Judas 16

Beim Nörgeln und Beklagen wird unsere innere Einstellung verbal verstärkt. Welche Lösung gibt es also für uns Nörgler?

Erstens: Machen wir uns klar, daß Murren gefährlich ist. Zwar sind viele führende christliche Persönlichkeiten der Unmoral zum Opfer gefallen, doch frage ich mich, ob nicht weitaus mehr Christen wegen ihres Gejammers von Gott für „unbrauchbar" erklärt worden sind. Die Versuchung, gegen Gott zu nörgeln und murren, ist eine offene Falle (siehe 1. Korinther 9,24–10,13).

Zweitens: Denken wir daran, daß Gott weiß, was er tut. Josef stellte uns alle in den Schatten. Er wurde von seinen Brüdern in eine Grube geworfen, in die Sklaverei verkauft, fälschlich der versuchten Vergewaltigung von Potiphars Frau bezichtigt, ins Gefängnis gesteckt und von einem Freund, dem er geholfen hatte, vergessen. Und doch steht in der Bibel kein einziges Wort, mit dem er sich beklagt hätte. Denn Josef hatte begriffen, daß Gott alles regiert und weiß, was er tut.

Drittens: Befreien Sie sich von alten Beschwerden, die sich in Bitterkeit verwandeln könnten. Wenn Sie etwas gegen jemanden haben, wenden Sie sich an ihn und klären die Streitigkeiten.

Viertens: „Seid dankbar in allen Dingen" (1. Thessalonicher 5,18). Jesus machte mit seinen Jüngern einen „Glaubenstest", als er sie in ein kleines Boot einsteigen und auf dem großen See in einen wütenden Sturm geraten ließ. Die Jünger klagten, daß sie umkommen müßten, statt Gottes Souveränität anzuerkennen und ihm zu vertrauen.

Gott möchte, daß Sie ihn inmitten aller Umstände wahrnehmen und ihm auch dann vertrauen, wenn der Ausgang noch nicht deutlich vor Ihnen liegt. So etwas nennt man Glauben: Man weiß, daß sein Wort wahrer ist als alles, was wir denken, sehen oder fühlen.

Gebetstip
Danken Sie gleich jetzt Gott für die Umstände, die Gott Ihnen persönlich und Ihrer Familie zukommen ließ. Gehen Sie dabei ins Detail.

Geistliches Training tut not (Teil 1)

Übe dich selbst aber in der Frömmigkeit!
Denn die leibliche Übung ist wenig nütze;
aber die Frömmigkeit ist zu allen Dingen nütze.
1. Timotheus 4,7–8

*E*s war um die Weihnachtszeit, als mir die Werbekampagne der Fitneß-Farm ins Auge stach. Nach einer Serie von Fernsehspots über das Abtrainieren überflüssiger Pfunde sowie nach einem Blick in den Spiegel schlug mich das schlechte Gewissen. Ich packte Trainingsanzug und Sportschuhe in die Sporttasche und folgte pflichtbewußt den verlockenden Tönen, die mir versprachen, im Fitneßstudio meine Zellulitis loszuwerden.

Dann stand ich im Flur des Studios und hatte nur noch schlanke und ranke Körper, getrimmte und wohl gestaltete Muskeln vor Augen. Meine größte Sorge war, daß sich aller Augen gleichzeitig auf mich richten würden: Hysterisch lachend hätten sie sich auf dem Boden gewälzt.

Nach dem demütigenden Gang in den Umkleideraum stieg ich in meinen Trainingsanzug (wenn ich ihn doch vorher schon angezogen hätte) und schaffte es nicht, die Spiegel zu übersehen. Sie waren überall, und alle Leute im Raum starrten ihren Körper an. Was mich anging, so vermied ich den Blick in den Spiegel – ich wußte bereits, wie ich aussah.

Dann fiel mir die Bibelstelle aus dem 1. Timotheusbrief ein. Ich schwitzte über der Arbeit an den „verderblichen" Muskeln, mußte aber andauernd über meine geistlichen Kräfte und die Wahrheit dieser Bibelstelle nachdenken.

Hier schleppte ich mich von Maschine zu Maschine, ein plumper Klotz aus Molekülen mittleren Alters, deutlich unter Bestform, umgeben von den „Heiligen aus Muskelonien". Immer wieder aber kam der Gedanke an Paulus' Mahnung, uns in Frömmigkeit zu üben. Ob unsere gesundheitsbewußte Gesellschaft sich gleichermaßen Gedanken über ihren geistlichen Zustand macht?

Gebetstip

Nehmen Sie sich als Paar einmal einen Fastentag vor, den Sie im Gebet verbringen. Nutzen Sie diese Zeit, um für eine Sache zu beten, die Ihnen als Paar oder Familie Schwierigkeiten macht.

18. Oktober

Geistliches Training tut not (Teil 2)

Ich aber laufe nicht wie aufs Ungewisse...
sondern ich bezwinge meinen Leib und zähme ihn.
1. Korinther 9, 26–27

*I*ch würde gern ein geistliches Trainingssystem erfinden. Die Geräte könnten so wie die im Fitneßstudio auf bestimmte Muskeln eingestellt werden, die man ausbilden will. Mein geistliches Trainingszentrum hätte seine unterschiedlichen Abteilungen für die aktive Entwicklung von Muskeln des Glaubens. Man könnte hier seinen geistlichen Hunger kultivieren.

Die erste Station dient zur Zähmung der Zunge, wenn sie versucht ist, Grobheiten zu verteilen; dagegen würde sie zum Durchhalten trainiert, wenn es gilt, mutig für Gott Stellung zu beziehen. Hier würde der Muskel übler Nachrede beherrschbar gemacht, dort die Sprache von Unreinheit gesäubert werden.

In der nächsten Abteilung hätte man die Möglichkeit, Glaubensmuskeln am Auge zu trainieren. Die Trainingsgeräte sind mit Bildern von biblischen Gestalten bestückt, die sich wegen mangelhafter Beherrschung der Augenmuskeln das Leben ruinierten – siehe Simson und David, denen es nicht wohl bekam, als sie die Augen zu lange auf einer Frau ruhen ließen.

Ferner gäbe es ein Trainingsgerät für geistliche Halsmuskeln. Es macht den „steifen Nacken" wieder biegsam, besonders bei denen, die zu stolz sind, Fehler zuzugeben, zu stur sind, um Vergebung zu bitten, oder zu arrogant, wenn es um ihre Abhängigkeit von Gott geht.

Ich hätte Spezialübungen, bei denen man übt, in die Knie zu gehen und den Nacken im Gebet zu beugen. Das Gebet lockert Muskeln, die sich vor Sorgen, Druck oder wegen Überstunden verhärtet haben.

Sind Sie schon am Schwitzen? Schlägt Ihr Puls schneller für Gott? Außer Atem? Muskelkater? Wie jedes gute Training sollte man auch dieses nicht beim ersten Mal übertreiben... falls man es denn übertreiben kann.

Gebetstip
Bitten Sie Gott um Mut, täglich Ihren Glauben zu üben und in Jesus Christus stärker zu werden.

Totes Holz

*Selig ist der Mann, der die Anfechtung erduldet;
denn nachdem er bewährt ist,
wird er die Krone des Lebens empfangen.*
Jakobus 1,12

Lloyd Shadrach ist ein guter Freund von uns. Er ist einer der leitenden Mitarbeiter in unserem Werk und reagiert sensibel auf alles, was Gott ihm zu lernen aufträgt. Einmal erzählte er mir, wie er nach einem Gewitter eine Straße entlangging und über abgestorbene Äste stolperte, die von einer Gruppe älterer Bäume abgerissen worden waren. „Gott wollte mir wohl anschaulich zeigen, was ein Sturm in unserem Leben bewirken kann", sagte er.

„Inmitten des Sturms, wenn der Wind heult, Blitze zucken und die Wolken immer dunkler werden, kann man sich kaum vorstellen, daß so etwas einen Sinn hat. Dabei kann Gott Stürme in unserem Leben zulassen, damit das tote Holz abfällt und neues Wachstum möglich wird. Interessant ist übrigens, wie frisch die Luft nach einem Gewitter ist!"

Als Lloyd mir sein Gleichnis erzählte, fiel mir unweigerlich ein, wieviel totes Holz im Lauf meines Lebens abgerissen wurde. Barbara und ich haben aus diesen Stürmen vor allem gelernt, daß Gott an unserem Wachstum interessiert ist. Er will, daß wir ihm inmitten des Gewitters vertrauen und als Paar zusammenwachsen und nicht etwa voneinander lassen.

Gebetstip
Beten Sie darum, daß Ihre Familie in allen Prüfungen durchhält. Beten Sie für ein bestimmtes Anliegen, damit Ihre Familie dadurch entdeckt, welche Kraft sie in Jesus Christus besitzt.

Was Krisen offenbaren

Als nun ein Platzregen fiel und die Wasser kamen und die Winde wehten und stießen an das Haus, fiel es doch nicht ein; denn es war auf Fels gegründet.
Matthäus 7,25

Mir sind zwei weitverbreitete falsche Reaktionen aufgefallen, wenn Familien mit Widrigkeiten zu tun bekommen. Erstens und typischerweise bereiten sie sich nicht auf Prüfungen und Probleme vor, die ihnen unweigerlich bevorstehen. Als Jesus davon sprach, daß wir unser Leben auf einen sicheren Grund stellen sollten, ging er davon aus, daß es Regen und Sturm geben werde. Nur der Tod und das Steuerzahlen sei sicher, wird uns eingeschärft. Dem ließe sich hinzufügen, daß auch Krisen mit Sicherheit eintreten werden.

Zweitens haben viele Ehepaare einfach keine Ahnung, wie sie mit Krisen umgehen sollen. Sie haben keine Grundlage in Christus und wissen nicht, wohin mit dem Leid – also wenden sie sich gegeneinander.

Ich hatte gerade das Abschlußwort bei einer Family Life-Konferenz in Dallas gesprochen, als ein kräftiger, muskulöser Mann mich begrüßen kam. Er war Soldat bei den Green Berets, einer Eliteeinheit. Anscheinend hatte ich in ihm etwas zum Klingen gebracht, als ich über die Notwendigkeit sprach, auf Probleme eingestellt zu sein. Er sagte nämlich: „Dennis, bei den Green Berets trainieren wir kontinuierlich bestimmte Abläufe, und dann wiederholen wir das Ganze. Manche Übungen werden bis zum Erbrechen wiederholt, aber unsere Ausbilder wissen, was sie tun. Sie wollen uns so gut auf die Kampfsituationen vorbereiten, daß wir in brenzligen Lagen auf etwas zurückgreifen können, das uns zur zweiten Natur geworden ist. Wir lernen praktisch, im Reflex zu handeln."

Familien, besonders Eltern, sollten Gottes Plan so sehr verinnerlicht haben, daß sie in Krisen und Schwierigkeiten automatisch richtig reagieren und nicht in Panik geraten. Wenn man erst dann zur Bibel greift, nachdem die Krise eingetreten ist, ist man schlecht vorbereitet und bietet dem Feind Angriffspunkte.

Gebetstip
Beten Sie darum, auf einen bewährten Glauben an Christus und eine Lebenspraxis des Vertrauens zurückgreifen zu können, wenn sich die Krise zuspitzt.

Ehre, wem Ehre gebührt

Desgleichen, ihr Männer, wohnt vernünftig mit ihnen zusammen und gebt dem weiblichen Geschlecht als dem schwächeren seine Ehre.
Denn auch die Frauen sind Miterben der Gnade des Lebens, und euer gemeinsames Gebet soll nicht behindert werden.
1. Petrus 3,7

Keinem von uns ist entgangen, daß bekannte Pastoren und führende Persönlichkeiten Menschen wie jeder andere sind. Irgendwie reagieren wir trotzdem überrascht, wenn sie preisgeben, wie fehlbar sie sind. Das ist mir gerade neulich passiert, als ich den Pastor und Autor Charles Swindoll für unsere Sendung „Family Life Today" interviewte. Charles sprach über ein Schlüsselerlebnis mit seiner Frau Cynthia, durch das ihm klar geworden war, wie egoistisch er war.

Die beiden waren seit zehn Jahren verheiratet und saßen in ihrer Küche in Boston. Cynthia fing an zu weinen und sagte: „Liebling, du darfst nicht mehr aller Welt erzählen, daß wir in unserem Dienst Partner sind. In Wirklichkeit stimmt das nicht."

Charles war wie betäubt. „Was heißt das?" fragte er.

„Du willst mich doch eigentlich gar nicht als Partner", erwiderte sie. „Wenn ich dich predigen höre, sehe ich einen anderen Mann als den, mit dem ich zusammenlebe."

Wenn Charles auf diesen Tag zurückschaut, weiß er, daß dies der Wendepunkt seiner Ehe war. „Im Grunde habe ich in meiner Ehe wie ein Alleinstehender gelebt", erinnert er sich. „Als ich das einsah, habe ich mich geschämt. Es gibt da nichts zu beschönigen.

Mir fielen plötzlich unterschiedliche Situationen aus den letzten zehn Jahren auf. Zum Beispiel habe ich keinen Wert darauf gelegt, Cynthia anderen vorzustellen. Wenn sie uns den Sonntagsbraten servierte, habe ich mir das größte Stück genommen. Ich habe Witze über sie gemacht. Wenn es am Wochenende viel zu tun gab, habe ich mich nur um meinen Kram gekümmert. Sie mußte erledigen, wozu ich keine Lust hatte. Mir wurde klar, wie egoistisch ich war."

Seit damals haben Charles und Cynthia angefangen, eine echte Partnerschaft zu schmieden. Eigentlich kämen seine besten Ideen von ihr, sagt er heute. Ihre Ehe sei ein Beweis für die Gnade Gottes, weil Charles heute nach dem Gebot aus 1. Petrus 3,7 lebt und seiner Frau als „Miterbin der Gnade des Lebens" die gebührende Ehre erweist.

Gebetstip
Bitten Sie Gott um Hilfe, Ihrer Frau dienend voranzugehen, weil sie darauf angewiesen ist.

Auf den Heiligen Geist hören

*Gott, sei mir gnädig nach deiner Güte,
und tilge meine Sünden nach deiner großen Barmherzigkeit.
Wasche mich rein von meiner Missetat,
und reinige mich von meiner Sünde.*
Psalm 51,1–2

König David hatte einen Mann in den sicheren Tod geschickt, um sich seine Frau nehmen zu können. Als ihm aber der Prophet Nathan diese ungeheuerliche Sünde vorwarf, hatte David die Wahl: Er konnte sich von Gott abwenden oder seine Tat zugeben und Buße tun. Wie wir alle wissen, hörte David zu, als Gott durch Nathan zu ihm sprach, und tat Buße. Die wunderbaren Worte aus Psalm 51 beweisen, wie tief er getroffen war.

Ich frage mich, wie viele Menschen Gott durch jemand anderen reden hören, aber trotzdem ihren falschen Weg weitergehen. Was wäre gewesen, wenn Charles Swindoll den besonderen Augenblick in der Küche nicht genutzt hätte, auf seine Frau zu hören? Wenn er seinen Egoismus auf die Spitze getrieben hätte?

Wahrscheinlich hätte das Folgen gehabt. Erstens hätte er so weitergemacht wie bisher und seinen Ruhm und Bekanntheitsgrad steigern können, doch Leben und Dienst wären später in zwei Bereiche zerfallen. Zweitens hätte Gott das Werk des Heiligen Geistes durch ihn beenden können. Vielleicht wäre er dann heute auf irgendeine Arbeit mit wenig Wirkung beschränkt.

Früher oder später ist jeder, der den Weg der Selbstsucht und Auflehnung bis zu Ende geht, leer und ausgebrannt. Man kann sich also glücklich schätzen, wenn man auf die Stimme des Heiligen Geistes hört. Oft spricht er nämlich früh genug durch den Partner und erspart uns jahrelanges Elend.

Als Cynthia Swindoll ihrem Mann gestand, daß sie sich nicht in seine Arbeit einbezogen fühlte, merkte Charles: „Da hat jemand ein Licht angeknipst." Er sagte sich: „Wach auf, Swindoll. Etwas Besseres kann dir gar nicht passieren. So bleibt dir deine Ehe erhalten."

Wenn man seine Partnerschaft unter die Führung des Heiligen Geistes stellt, nimmt die Ehe einen neuen Aufschwung. Man muß nur hinhören, wenn er redet.

Gebetstip
Nehmen Sie Ihre Frau bei der Hand und danken Gott von ganzem Herzen für sie.

Angst vor dem Versagen

Die Liebe deckt auch der Sünden Menge.
1. Petrus 4,8

In einer Botschaft an die im Bürgerkrieg geteilte Nation betonte Abraham Lincoln die Notwendigkeit, trotz des Versagens durchzuhalten. Er sagte: „Ich bin nicht über euer Scheitern bekümmert. Ich kümmere mich darum, daß ihr wieder aufsteht." Auch im folgenden Textausschnitt, den ich in einer Anzeige im Wall Street Journal fand, geht es um genau diesen Punkt:

Du hast oft versagt, auch wenn du wohl nicht mehr daran denkst. Bist du nicht schon beim ersten Versuch zu laufen hingefallen? Beim ersten Schwimmversuch bist du sogar fast ertrunken. Und wie war es beim ersten Mal, als du Baseball gespielt hast und den Ball treffen wolltest? Die besten Schläger treffen auch am häufigsten daneben. R. H. Macy erlitt siebenmal Schiffbruch, bevor sein New Yorker Geschäft lief. Der englische Schriftsteller John Cracey wurde siebenhundertdreiundfünfzigmal von Verlagen abgewimmelt, bevor er seine fünfhundertvierundsechzig Bücher veröffentlichen konnte. Babe Ruth (der Baseballstar) schlug 1.350mal ins Aus, schaffte aber auch siebenhundertvierzehn Home Runs. Mach dir keine Gedanken, wenn du versagt hast. Sorge dich lieber um die verpaßten Chancen, wenn du nicht einmal den Versuch machst.

In einer leistungsorientierten Gesellschaft wie der unseren trifft das Scheitern wie ein Tiefschlag. Wiederholtes Scheitern versetzt uns den K.o. So mancher gibt dann gleich auf.

Ein Leben mit wenigen Niederlagen ist dummerweise ein sehr risikoarmes Leben. Diese Art Leben garantiert scheinbar Sicherheit, bringt uns aber eigentlich nur ein schlechtes Gewissen, Langeweile, Gleichgültigkeit und letzten Endes ein schwaches Selbstwertgefühl ein. Gott hat uns zu einem produktiven Leben geschaffen. Dazu gehört reichlich Vertrauen und Risikobereitschaft.

Hat Ihr Partner die Freiheit, auch einmal zu scheitern? Kann er oder sie bei allen Fehlern Ihrer Liebe sicher sein? Wenn Sie Ihrem Partner allmählich den Spielraum für Fehlschläge erweitern helfen, wird er offener für einen Wandel sein, risikobereiter werden und sich bei Entscheidungen mehr zutrauen.

Gebetstip
Bitten Sie Gott um genügend Glauben, über Ihre Ängste hinwegzukommen und ihm sogar im Scheitern zu vertrauen.

Die Anatomie des Scheiterns

Mose sprach zu Gott:
Wer bin ich, daß ich zum Pharao gehe
und führe die Israeliten aus Ägypten?
2. Mose 3,11

Haben Sie sich einmal überlegt, wie Mose sich gefühlt haben muß, als er einen Ägypter umgebracht und aus Angst um sein Leben in die Wildnis floh? Vierzig Jahre lang lebte er in der Wüste. Zweifellos fühlte er sich von zahllosen Stimmen gehetzt, die ihn allesamt verdammten.

Als Gott ihm also im brennenden Busch erschien, war sich Mose seiner Identität nicht sicher, wenn man sein Scheitern und die Ablehnung bedenkt. Das zeigen seine Reaktionen auf Gott im dritten und vierten Kapitel des 2. Buches Mose. Gott hatte ihm mitgeteilt, daß er ihn senden werde, die Kinder Israel zu befreien, doch Mose erwiderte: „Wer bin ich?" Gott antwortete nur: „Ich werde mit dir sein." Vor allem war Mose auf Gottes bestätigende Gegenwart angewiesen. Ohne Gott hätte er nie vor Pharao treten können; auf sich gestellt, wäre er mit Sicherheit gescheitert.

Doch Mose bedrängte Gott weiterhin mit seinen Zweifeln, selbst nach wiederholten Bestätigungen und Hinweisen, daß Gott sein Volk auch mit Hilfe von Wundern befreien würde. Schließlich faßte er seine Ablehnung etwa so zusammen: „Ich kann nicht tun, was du mir aufträgst. Bitte suche dir jemand anderen aus." Statt auf Gott zu schauen, starrte Mose beständig in sein Inneres.

Erst als Mose einsah, daß es keinen Ausweg gab, unterwarf er sich Gottes Berufung. Er war von seiner Unfähigkeit so überzeugt, daß Gott viel Zeit gebraucht hatte, ihn vom Gegenteil zu überzeugen.

Ähnlich könnte es auch Ihrem Partner schwerfallen, Gott und Ihnen zu glauben. Nun muß man wissen, daß Gott in dieser Vertrauenskrise Mose einen Gefährten an die Seite stellte – Aaron. Bestimmt mußte Aaron seinen Bruder oft an die Wahrheit erinnern: daß er Gottes Mann für diesen Auftrag sei und Gott sein Versprechen halten werde. So wie Mose Aaron brauchte, ist Ihr Partner auch auf Sie angewiesen.

Gebetstip
Beten Sie um Sensibilität, um Ihrem Partner Mut machen zu können, sich auf Gottes Macht und Treue ganz und gar zu verlassen.

Scheitern ist erlaubt

*Siehe, ich habe dir geboten, daß du getrost und unverzagt seist.
Laß dir nicht grauen und entsetze dich nicht;
denn der Herr, dein Gott, ist mit dir in allem, was du tun wirst.*
Josua 1,9

Oktober 25.

Bei uns zu Hause haben wir alle schon oft versagt, im Kleinen und im Großen. Jahrelang war zum Beispiel eine Mahlzeit ohne Kleckereien nichts weniger als ein Wunder. Dabei kann die Milch sich auf den ganzen Tisch ergießen oder einen breiten Strom bilden, der an der Kante als Wasserfall zu Boden geht. Unser Lieblingssatz für solche Situationen, besonders bei den Kindern, heißt: „Schon in Ordnung. Jeder macht mal einen Fehler."

Eines Abends verschüttete ich mein Getränk beim Essen. Ein Händchen tätschelte meinen Arm, und die damals fünfjährige Rebecca tröstete mich: „Schon gut, Papa. Jeder macht mal Fehler."

Wenn man dem Partner erlaubt zu versagen, befreit man ihn von dem Druck, etwas leisten zu müssen, um akzeptiert zu werden. Man nimmt ihm die Angst und hilft ihm, auf Gott zu vertrauen. Damit kann er aus Fehlern lernen, ohne sich verurteilt zu fühlen.

Jahrelang haben wir Pläne geschmiedet, aufs Land zu ziehen. Der Gedanke daran, daß die Kinder dort herumtoben könnten, war sehr verlockend. Mit einer großen Familie tatsächlich umzuziehen ist dagegen ein Jahrhundertwerk. Schlimmer noch, es war riskant. Vielleicht würden wir es satt bekommen, ständig in die Stadt und zurück zu fahren? Oder wir würden den Kontakt zu unseren Freunden verlieren? Wir schoben die Entscheidung also vor uns her.

Eines Tages sagte Barbara dann: „Gut, wenn es uns dann doch nicht gefällt, verkaufen wir eben das Haus wieder und ziehen zurück in die Stadt!" Das war ein Wort. So konnte ich einen Entschluß fassen – ob richtig oder falsch! Wir wagten es und sind froh darüber. Bemerkenswert daran ist, daß wir uns die Freiheit zu diesem Risiko erst dann erlauben konnten, als wir uns die Freiheit zum Scheitern gestatteten.

Gebetstip
Bitten Sie Gott um mehr Glauben, damit Sie Ihren Aufgaben gerecht werden können. Lassen Sie sich von ihm zeigen, wie Ihre Mißerfolge zur Reife in Christus beigetragen haben.

Oktober 26.

Verabredung mit meiner Tochter

*Sondern wir sind unter euch mütterlich gewesen,
wie eine Mutter ihre Kinder pflegt.*
1. Thessalonicher 2,7

Väter sollten sich nicht an Klischeevorstellungen vom Macho-Mann halten, sondern so fürsorglich sein wie Paulus im Umgang mit den Thessalonichern, seinen „Kindern im Glauben".

Mir bleibt unvergessen, wie sehr es sich bei meinen Kindern ausgezahlt hat, wenn ich versucht habe, sanft und liebevoll mit ihnen umzugehen. Meine erste „Verabredung" mit unserer Tochter Ashley hatte ich, als sie drei war. Ich rief sie vom Büro aus an und sagte: „Hallo, hier ist Papa. Ich würde mich heute abend wirklich sehr gern mit dir verabreden, meine Prinzessin."

Sie kicherte. Ich hörte sie mit piepsiger Stimme sagen: „Papa will mit mir ausgehen!" Barbara wußte Bescheid, und deshalb war Ashley bereits feingemacht, als ich zu Hause vorfuhr. Ich klopfte an. Barbara öffnete, und ich fragte: „Hallo, meine Dame, ist Ihre Tochter zu Hause?"

Ashley kam dazu, und Hand in Hand stiegen wir die Veranda hinunter zum Auto. Ich öffnete ihr zum Einsteigen höflich die Tür.

Als wir die Straße entlangfuhren, legte sie mir den Arm um die Schulter. Wir hielten vor einem Cafe, wo es Schokoladenkuchen, Kakao und Schokoladeneis gab. Anschließend gingen wir ins Kino. Ashley kletterte die meiste Zeit auf den Sitzen umher und schaute hin und wieder Bambi zu. Dabei knabberten wir Popcorn. Manches landete unter dem Sitz. Auch mit der Limonade kleckerten wir ein bißchen. Es war so, wie es bei einer Verabredung sein muß.

Nach dem Kino fuhren wir nach Hause. Das Armaturenbrett spendete uns spärliches Licht. Ich wandte mich Ashley zu und fragte: „Was fandest du heute abend denn am schönsten?"

Sie tätschelte mir mit ihrem Händchen den Arm und sagte: „Daß wir zusammen waren, Papa."

Da hätte ich wie Butter in der Sonne zerschmelzen können.

Gebetstip
Beten Sie als Vater darum, daß Ihre Führungsrolle nicht mit dem Bemühen in Konflikt gerät, mit jedem in der Familie freundlich und sanft umzugehen.

Die Autorität Christi (Teil 1)

Und alles hat er unter seine Füße getan und hat ihn gesetzt der Gemeinde zum Haupt über alles.
Epheser 1,22

Mir ist einmal ein faszinierender Text von A. W. Tozer in die Hände gefallen, aus dem ich zitieren möchte:

Gegenwärtig hat Christus in den evangelikalen Gemeinden eine Stellung, die einem König in konstitutionellen Monarchien vergleichbar wäre. Er wird geehrt und unterstützt. Die echte Autorität jedoch ist begrenzt. Nominell ist dieser König Oberhaupt für alle, doch in der Krise entscheidet jemand anders. Bei formellen Anlässen erscheint er in königlichem Ornat und hält zahme, blasse Reden, die ihm die wahren Herrscher im Lande in den Mund legen. Das Ganze läuft auf gut gemeinte Schauspielerei hinaus . . .

Dann bringt Tozer die Parallele zu Christus und der Kirche. Geben Sie gut acht:

Im Kreise der evangelikalen Kirchen hat Christus tatsächlich kaum mehr zu sagen als ein repräsentatives Staatsoberhaupt. Unsere Hymnen künden von der Macht seines Namens; das Kreuz ist unser offizielles Symbol. Doch in den wöchentlichen Gottesdiensten und dem alltäglichen Verhalten der Kirchenmitglieder treffen andere als Christus die Entscheidungen.

Ich meine, daß Christus auch in unseren heutigen Familien seiner Autorität beraubt wird. Autorität – das ist Herrschaft, rechtmäßige Verantwortung, Macht und das Recht, Regierungsgewalt zu übertragen. Wir haben Christus zwar nicht verworfen, ihn aber bei aller Freundlichkeit in die Schranken gewiesen und ihm die Eigentumsrechte an unserem Leben streitig gemacht.

Nein, so direkt weisen wir ihn nicht ab. Wir wandeln einfach seine Stellung ab. Wenn Gottes Wort uns zu hart vorkommt, wandeln wir den Inhalt ab und interpretieren ihn neu, bis er uns paßt.

Er aber verlangt mehr von uns. In den beiden nächsten Andachten möchte ich deshalb die Autorität Christi näher beleuchten.

Gebetstip
Seien Sie heute abend beim Beten ganz ehrlich und denken Sie über Jesu Autorität in Ihrem Leben und Ihrer Familie nach.

Die Autorität Christi (Teil 2)

Und Jesus sprach zu ihnen:
Folgt mir nach; ich will euch zu Menschenfischern machen.
Markus 1,17

Im Markusevangelium erleben wir, wie Jesus Simon und Andreas begegnet, die gerade ihre Fischernetze ins Meer warfen. Er fordert sie auf, ihm zu folgen, und sie dachten wochenlang über die richtige Entscheidung nach, wobei sie die Finanzen überschlugen und auch nicht vergaßen, was aus ihrem Ruf werden könne.

Falsch! Simon und Andreas verließen ihre Netze sofort und folgten ihm nach. Sie haben die Autorität Christi augenblicklich anerkannt.

Meiner Meinung nach verlassen deshalb so wenige ihre Netze, um Jesus zu folgen, weil wir in den Gemeinden den echten, lebendigen Christus nicht mehr in all seiner Herrlichkeit, Majestät und Macht predigen. Wenn wir ihn sehen, wie er ist, kann weder Besitz noch irdisches Ansehen und Erfolg dem Vergleich mit dem König der Könige standhalten.

Nicht alle, die Jesus gesehen haben, folgten ihm nach. Im Johannesevangelium, Kapitel 6, wird nach einigen schwierigen und herausfordernden Worten Jesu festgestellt: „Von da an wandten sich viele seiner Jünger ab und gingen hinfort nicht mehr mit ihm" (Vers 66). Dann fragt Jesus die restlichen zwölf: „Wollt ihr auch weggehen?" (Vers 67).

Petrus macht darauf eine bemerkenswerte Aussage: „Herr, wohin sollen wir gehen? Du hast Worte des ewigen Lebens" (Vers 68). Er war zu dem Schluß gekommen, daß es niemand anderen gebe, dem er nachfolgen könne.

Je länger ich als Christ lebe, desto klarer wird mir, daß außer Christus und seinem Wort nichts anderes eine Rolle spielt. Gerade in den letzten Tagen habe ich ihn gebeten, mich mit der Überzeugung zu durchdringen, daß er allein der Nachfolge wert ist.

Gebetstip
Beten Sie darum, Sehnsucht nach dem zu bekommen, der Worte des ewigen Lebens hat, und ihn besser kennenzulernen.

Die Autorität Christi (Teil 3)

*Der Geist des Herrn ist auf mir, weil er mich gesalbt hat,
zu verkündigen das Evangelium den Armen; er hat mich gesandt,
zu predigen den Gefangenen, daß sie frei sein sollen,
und den Blinden, daß sie sehen sollen, und den Zerschlagenen,
daß sie frei und ledig sein sollen,
zu verkündigen das Gnadenjahr des Herrn.*
Lukas 4,18–19

Wenn wir Christus Autorität in unserem Leben gewähren, werden wir feststellen, daß er Macht hat, unser Leben viel besser zu gestalten als zuvor ohne ihn. Betrachten wir dazu den Vers aus dem Lukasevangelium.

Sind Sie wegen eines Kindes, einer Beziehung oder einer zwischenmenschlichen Notlage niedergeschlagen? Solche Sorgen und Nöte gehören zum Leben. Ich bin oft Betroffenen begegnet und konnte ihnen kaum Trost vermitteln. Jesus aber sagte, daß wir ihm unsere Verletzungen und Sorgen überlassen können.

Wollen Sie etwa Ihren ganzen Kummer mit ins Grab nehmen und ohne Hoffnung aus dem Leben scheiden? Oder doch lieber alles Jesus zu Füßen legen und ihn, den großen Arzt, mit einem Machtwort den Kummer heilen lassen?

Außerdem hat Jesus Autorität über die Sünde. Nichts kann uns so sehr befreien und von Sorgen heilen wie die Vergebung unserer Sünden. In Markus 2,5 sagt Jesus zu dem Gelähmten: „Mein Sohn, deine Sünden sind dir vergeben." Um den murrenden Schriftgelehrten den Mund zu stopfen, die einzig Gott solche Autorität zuerkannten, bewies er, wer er eigentlich war, und heilte danach diesen Mann!

Schließlich hat er auch Autorität über den Tod. Das sehen wir daran, wie er Lazarus auferweckte, und natürlich an seiner eigenen Auferstehung.

Wenn wir wissen, daß Christus uns ewiges Leben schenkt, werden unsere Erdenjahre mit neuem Sinn und neuer Hoffnung erfüllt: „Tod, wo ist dein Sieg?"

Gebetstip
Bitten Sie Gott inmitten Ihrer Sorgen um Hoffnung und Freude.

Von der Ehre, Vater und Mutter zu sein

Wohl dem, der den Herrn fürchtet und auf seinen Wegen geht!
Du wirst dich nähren von deiner Hände Arbeit;
wohl dir, du hast's gut.
Psalm 128,1–2

Teddy Roosevelt zeigte ganz unverhohlen seinen Stolz über seine Kinder:

Es ist ausgesprochen interessant und erfreulich, als Unternehmer, Eisenbahner und Farmer oder als Rechtsanwalt, Arzt, Schriftsteller oder gar Präsident erfolgreich zu arbeiten. Doch ungetrübtes Interesse und Vergnügen ergibt sich erst aus einem Haus voller Kinder ... im Vergleich dazu verlieren alle anderen Erfolge und Leistungen an Bedeutung.

Wenn man seine Kinder im Familienleben an die erste Stelle setzt, ergeben sich aus dieser Liebesmühe manche segensreiche Folgen. Barbara und ich konnten das bei einem Festessen der Mitarbeiter von Family Life im Sommer 1992 erleben. Wir sollten zu einer Podiumsdiskussion nach vorn treten, erfuhren dann aber, daß der eigentliche Zweck des Abends eine vorgezogene Feier zu unserem zwanzigsten Hochzeitstag war.

Ein paar gute Freunde hatten sich zuvor versteckt und hielten nun kleine Ansprachen. Doch der Höhepunkt war der Auftritt unserer sechs Kinder mit ihren extra für uns verfaßten Reden.

Laura war die erste und stellte sich auf einen Stuhl: „Danke, Mama, für alle Kleider, die du mir genäht hast. Für die Umarmungen und Küsse. Du bist eine tolle Mama. Papa, danke, daß du mit mir Eis essen gehst, für die Gute-Nacht-Geschichten und daß du Ringkämpfe mit mir machst."

Das war Nummer eins. Noch fünf würden folgen. Ich schaute zu Barbara, und wir beide kämpften mit unseren Tränen.

Deborah war die nächste. Mit ihrer ruhigen, sanften Stimme dankte sie ihrer Mutter für die Hilfe bei Schulaufgaben und für das Haareschneiden. Sie dankte mir für die Angelausflüge. Dann sagte sie: „Und ich möchte euch beiden danken, daß ihr mich adoptiert habt, als ich ein Baby war."

Das gab uns den Rest! Man sah uns beide nur noch mit Taschentüchern.

Dieser Abend ist in unserer Erinnerung einer der wichtigsten, den wir je erlebt haben. Barbara und ich betrachten es als unser größtes Privileg, als höchste Errungenschaft, „Mama" und „Papa" genannt zu werden.

Gebetstip
Beten Sie darum, nie zu vergessen, daß Kinder ein Segen sind.

Gut und anstrengend

Und außer all dem (kommt) noch das,
was täglich auf mich einstürmt,
und die Sorge für alle Gemeinden.
2. Korinther 11–28

An mehr als einer Stelle dieses Buches machen wir das anstrengende moderne Leben zum Thema. Oder ist dieses Thema einfach nur modisch? Aus der obigen Bibelstelle geht hervor, daß auch Paulus den Druck des Lebens zu spüren bekam. Wie hat er es geschafft, ihn so gut zu ertragen?

Mir fällt auf, daß Druck sich aus zwei Quellen speist: aus dem, was andere von uns erwarten, und aus Ansprüchen an uns selbst. Man kann sich außerdem leicht in die Pläne anderer einspannen lassen. Dann vereinen sich die Stimmen von außen zu einem ohrenbetäubenden Chor, der uns unablässig vorschreibt, was wir zu tun haben. Doch Paulus war innerlich so abgeklärt, daß er versichern konnte: „Ich vermag alles durch den, der mich mächtig macht" (Philipper 4,13).

Dr. Hans Selye, Pionier in der Erforschung und Behandlung von Streß, hat das Phänomen „EuStreß" beschrieben. Dieser Druck ist tatsächlich gut für uns. Dann gibt es den „DiStreß" – ein Druck, der unser System überlastet und Schwächen und Verletzlichkeit überhand nehmen läßt.

Ein streßfreies Leben kann es nicht geben. Vielleicht empfinden wir einmal im Himmel keinen Druck mehr, nur noch Ruhe und Zufriedenheit, doch hier und jetzt haben wir Aufgaben, und die Verantwortung dafür schafft Druck und Streß.

Wir können allerdings zulassen, daß dieser Druck uns zu Jesus bringt. Wir dürfen an seiner Kraft teilhaben. J. Hudson Taylor, der Chinamissionar des letzten Jahrhunderts, sagte dazu: „Es spielt keine Rolle, wie groß der Druck ist, nur, worauf er einwirkt. Solange der Druck sich nicht zwischen mich und meinen Erlöser drängt, sondern mich ihm näher bringt, darf er getrost stärker werden. Er vergrößert ja nur meine Abhängigkeit von ihm."

Wie wirken sich Drucksituationen geistlich auf Sie aus? Wenn Sie Gott nicht so nahe stehen wie früher, dann denken Sie einmal darüber nach, wer von Ihnen abgerückt ist!

Gebetstip
Beten Sie darum, daß der allmächtige Gott Ihnen hilft, unnötigen Streß abzubauen, und Ihnen Kraft gibt, den restlichen Druck in positive Kräfte umzumünzen, die Sie ihm näherbringen.

Energie für zu Hause

Ein Bischof aber (sei) . . . einer,
der seinem eigenen Haus gut vorsteht
und gehorsame Kinder hat in aller Ehrbarkeit.
1. Timotheus 3,2–4

Der Apostel Paulus verlangte von den Bischöfen der Frühkirche, ihre Familie gut im Griff zu haben. Mein Vater war so ein Mann. Ich erinnere mich an seine ruhige Autorität. Er hatte Zeit für uns.

Welche Erinnerungen werden Ihre Kinder an Sie als Vater haben? Ob sie sich an ihren Vater als jemanden erinnern, der Zeit für sie hatte, mit ihnen spielte und lachte? Oder werden sie jemanden vor Augen haben, der nur seine Arbeit, halb fertige Projekte oder ein Hobby im Sinn hatte?

Ich werde einmal persönlich. Was würde passieren, wenn Sie einen Austausch vornehmen würden: die Energie, die Sie in Ihre Arbeit stecken, gegen die Energie für Haus und Familie? Was würde sich am Arbeitsplatz tun? Was würde zu Hause anders?

Sicher, diese Frage ist unfair, weil aus purer Notwendigkeit viele Männer weit weg von zu Hause arbeiten. Trotzdem gibt es zu viele Väter, die fast ihre ganze Energie in den Job stecken, wodurch für die Familie nichts mehr übrig bleibt.

Ein Freund von mir hat auf seinem Schreibtisch eine Postkarte mit der Aufschrift: Laß etwas für zu Hause übrig.

Er hatte gemerkt, daß er ohne diese tägliche Erinnerung meist völlig ausgepumpt nach Hause kommen würde. So anstrengend war seine Arbeit.

Wir müssen in allen Lebensbereichen ins Gleichgewicht kommen, wenn die nächste Generation so geleitet werden soll, wie sie es nötig hat. Deshalb brauchen wir heute Väter, die sich für ein erfolgreiches Familienleben Energie aufsparen und dafür keine Kosten scheuen.

Als Führer und Manager unserer Familien können wir nicht aus der Ferne wirken. Wir müssen an Ort und Stelle sein, und zwar mit ganzem Einsatz!

Gebetstip

Bitten Sie Gott, Ihnen als Vater den Sinn eines Dieners zu verleihen, dazu die Kraft eines Aufsehers (die wörtl. Bedeutung von „Bischof"), der seinen Haushalt wohl versieht.

Erziehung als Mission

*Darum gehet hin und machet zu Jüngern alle Völker:
Taufet sie auf den Namen des Vaters und des Sohnes
und des heiligen Geistes und lehret sie halten alles,
was ich euch befohlen habe.
Und siehe, ich bin bei euch alle Tage bis an der Welt Ende.*
Matthäus 28,19–20

Neulich ermahnte mich mein Pastor mit einer Frage, die zum Nachdenken anregt: „Stell dir vor, du bist am Ende deines Lebens angekommen. Was wäre, wenn der Missionsbefehl dann schon erfüllt ist, du aber nicht daran mitgewirkt hättest?"

In der obigen Bibelstelle befiehlt Christus uns, „alle Völker zu Jüngern zu machen". Ist Ihnen klar, daß die wichtigsten Jünger Ihre eigenen Kinder sind? Ich wünschte vor allem, daß sich mehr Mütter diese Sicht zu eigen machen würden. Der Feind versucht heutzutage, in den Müttern ein Gefühl von Wertlosigkeit zu erzeugen, damit sie die kommende Generation nicht mehr dazu erziehen, in die Welt zu ziehen und für Christus zu wirken.

Wenn Sie Ihren Kindern ein Missionsbewußtsein einpflanzen wollen, fangen Sie schon früh an, ihnen von Gottes Absichten zu erzählen. Helfen Sie ihnen dabei, ihren Freunden auch davon zu berichten.

Hat Ihr Kind einen starken Willen? Solche Menschen können das Land für Christus erobern. Sie geben nicht auf, bis sich in ihrem Einflußbereich etwas getan hat.

Beten Sie mit Ihren Kindern für ihre zukünftigen Ehepartner. Warum das dazu gehört? Weil es ganz auf den Partner ankommt, was Ihr Kind einmal mit seinem Missionsbewußtsein erreichen kann.

Als nächstes muß Ihr Kind wissen, daß es ein Pilger in dieser Welt ist. Ein Pilger darf nur leichtes Gepäck mitnehmen, wenn er sein Ziel erreichen will. Wenn man solche Überzeugungen prägt, fängt Ihr Kind an, sich auf sein Ziel einzustellen.

Geben Sie Ihrem Kind schließlich genügend Freiheit, damit Gott an seinem Leben wirken kann. Ist es herangewachsen, sollte man es in seinen Entscheidungen und Zielsetzungen bestätigen.

Als Jesus Christus seinen Jüngern die Füße wusch und ans Kreuz ging, gab er ihnen die Fackel des Missionsbefehls. Sie ist im Laufe der Geschichte weitergereicht worden. Wir sind dafür verantwortlich, unsere eigenen Kinder zu Christus zu führen und ihnen ein Sendungsbewußtsein für die nächste Generation zu vermitteln.

Gebetstip
Bitten Sie Gott, Arbeiter in die Ernte zu schicken. Die Ernte ist groß, doch es gibt nur wenige Arbeiter.

Weder Tod noch Leben ...

von Barbara Rainey

*So gibt es nun keine Verdammnis für die,
die in Christus Jesus sind.*
Römer 8,1

Am Anfang unserer Ehe hatte ich mit einigen Schwierigkeiten zu kämpfen. Ich litt unter Depressionen und mangelndem Selbstwertgefühl. Es gab Tage, an denen ich mich wie eine Versagerin fühlte und dachte: Als Ehefrau bin ich einfach nicht gut genug. Ich bin auch keine gute Mutter. Ich bin es einfach nicht wert.

Dann tröstete mich Dennis und sagte: „Laß nur. Ich liebe dich, und Gott liebt dich auch."

Das schien mir damals zu schön, um wahr zu sein. Ich schaute ihn skeptisch an: „Du kannst mich doch gar nicht lieben, schließlich bin ich nicht gut genug für dich." Nach einem solchen Gespräch begannen wir meist zu streiten, denn meine Gefühle waren stets stärker als die Wahrheit.

Eines Tages sagte Dennis dann: „Barbara, du sollst wissen, daß ich dich liebe, und Gott auch, und das ist die Wahrheit. Du kannst dich jetzt entscheiden, ob du es glauben willst oder nicht."

Diese Aufforderung brachte etwas Licht in meinen Verstand. Ich dachte: Er hat recht. Wenn ich ständig seine Liebe zu mir bestreite, mache ich ihn unweigerlich zum Lügner. Für mich war dieser Tag ein Wendepunkt. Ich stellte mich zur Wahrheit, ungeachtet meiner Gefühle.

Der Lyriker Edwin Markham sagte einmal: „Entscheidungen sind die Wendepunkte des Schicksals." Bei mir war diese Entscheidung eine der wichtigsten für mein ganzes Leben und unsere Beziehung. Als ich allmählich willentlich an Dennis' Liebe für mich glaubte, konnte mein negatives Selbstwertgefühl seinen Würgegriff nicht mehr ansetzen.

Manche Menschen hören nie auf, sich selbst zu verurteilen. Sie vergessen, daß Christus alle Strafe auf sich nahm, die wir verdient hätten. Wir als Christen haben das Recht und die Chance, unseren Partner an die Wahrheit zu erinnern: „Weder Tod noch Leben ... weder Hohes noch Tiefes noch eine andere Kreatur kann uns scheiden von der Liebe Gottes" (Römer 8,38–39).

Gebetstip
Lesen Sie gemeinsam das 8. Kapitel des Römerbriefs. Beten Sie um „Augen des Glaubens", damit Sie erkennen, daß er nie aufhören wird, Sie zu lieben.

Rezept für Ihre Erinnerungen

*... daß diese Tage nicht zu vergessen,
sondern zu halten seien bei Kindeskindern,
bei allen Geschlechtern.*
Ester 9,28

*E*sters Onkel Mordechai war es gelungen, die Juden vor einem von den Medopersern geplanten Völkermord zu bewahren. Kein Wunder, daß jede Familie aufgerufen war, sich an dieses Ereignis zu erinnern! Auch die Familien von heute brauchen Erinnerungen. Denn sie wirken gegen die Wurzellosigkeit, von der unsere Gesellschaft befallen ist.

Unser Haus schmiegt sich in eine großartige Umgebung ein, zu der Wälder, Hügel und ein See gehören. Doch sind es die gemeinsamen Erinnerungen, nicht die Umgebung, die aus unserem Haus ein Zuhause machen.

Ich erinnere mich zum Beispiel an die „Kinderkekskompanie" – eine Maßnahme unserer Kinder, um ihr Taschengeld aufzubessern. Sie backten eine Unmenge von Plätzchen, die sie im Dutzend für einsfünfzig in einem hübschen Stand an der Straße anboten.

Die nächste sagenhafte Erinnerung war der rekordverdächtige Angelurlaub an dem See neben unserem Haus. Ashley, unsere Älteste, gewann damals bei einem Angelwettbewerb den ersten Preis. Sie fing eine zwei Kilo schwere Regenbogenforelle. Ein Photo davon ziert heute noch ihre Wand.

Es gibt außerdem noch ein weiteres, besonderes Erinnerungsstück: die letzte Wegwerfwindel in unserem Haushalt – nach zwölf Jahren treuen Pampers-Verbrauchs. Noch haben wir sie nicht vergoldet.

Es heißt, daß Gott uns Erinnerungen schenkt, damit wir auch im Dezember noch Rosenduft haben. Den Duft eines Neugeborenen, das Gefühl weicher Babywangen oder seines Bäuchleins – so etwas werde ich nie vergessen. Ich trauere diesen Eindrücken ein wenig hinterher, doch vielleicht wird eines Tages ein Enkel mit seinem Lallen und Lächeln diese für immer verewigten Erinnerungen lebendig machen.

Wenn Sie in letzter Zeit nicht dazu gekommen sind, etwas Wildes und Verrücktes mit Ihren Kindern zu unternehmen, dann schaffen Sie doch gleich heute abend eine neue Erinnerung.

Gebetstip
Beten Sie darum, daß die stärksten Erinnerungen Ihrer Kinder dazu beitragen, ein eigenes glückliches und festgefügtes Zuhause zu gründen.

5. Seid still!

von Barbara Rainey

Seid stille und erkennet, daß ich Gott bin.
Psalm 46,11

Vielleicht machen auch Sie sich Gedanken um ein Problem, das unseren Kindern heutzutage zu schaffen macht: der Druck, sich ständig beschäftigen zu müssen. Fällt es Ihrer Familie genauso schwer wie unserer, einmal zur Ruhe zu kommen?

Hierzulande sorgt eine starke Tendenz dafür, daß unsere Kinder an unzähligen Aktivitäten teilnehmen müssen, und das bereits schon im zartestem Kindesalter. Natürlich wollen die Eltern, daß ihr Kind das klügste, bestangezogenste und begabteste ist. Sie fürchten, daß ihr Tommy als Erwachsener praktisch behindert sein wird, wenn er nicht mit drei Jahren Klavierstunden bekommt, mit vier Sport, Kunst- und Naturstudien betreibt und mit fünf Tennis spielen lernt.

Wie kommen unsere Kinder damit klar? Wollen sie wirklich all diese Aktivitäten? Oder haben die Eltern sie nur dazu überredet?

Meiner Meinung nach werden aus Kindern, die mit so einem Überangebot an Aktivitäten leben müssen, später einmal Erwachsene, die nicht mehr anders können, nach Aktion süchtig sind. Sie wissen nicht, wie man zur Ruhe kommt und einfach mal nachdenkt: „Seid stille und erkennt, daß ich Gott bin."

Viele Eltern bieten in diesem Zusammenhang ein schlechtes Vorbild. Warum die ganze Hetze? Wir müssen uns fragen: „Warum eigentlich engagiere ich mich im Jugendclub, im Elternausschuß oder in der wöchentlichen Frauenbibelstunde? Wozu arbeite ich ganztags?" Auch ich mußte mir die Frage nach Sinn und Nutzen meines Aquarellkurses und meiner Näh- und Handwerksarbeiten stellen. Gott hat mich im Lauf der Jahre sanft dazu bewegt, die meisten Aktivitäten zurückzustellen, damit ich mehr Zeit habe, Mutter zu sein.

Es ist nicht ganz leicht, die Geschäftigkeit aufzugeben oder im eigenen Wochenplan aufzuräumen. Doch für keine Aktivität der Welt würde ich die Chance eintauschen, meinen Kindern einen in sich ruhenden Charakter zu vermitteln.

Gebetstip

Beten Sie darum, Gott mehr Einfluß auf Ihren Tagesablauf gewähren zu können, damit Sie seine Gegenwart auch in den unvermeidlichen Aktivitäten verspüren.

Unter dem Einfluß unserer Kinder

*Wer den Herrn fürchtet, hat eine sichere Festung,
und auch seine Kinder werden beschirmt.*
Sprüche 14,26

Hinten am Schulbus war ein Aufkleber mit dem Spruch: „Vorsicht, wenn Sie sich nähern. Fahrer steht unter dem Einfluß von Kindern." So ergeht es uns Eltern auch manchmal. Wir stehen unter dem Einfluß, den unsere Kinder auf uns haben.

Neulich habe ich eine Reise nach Seattle gemacht, um zwei Gruppen christlicher Eltern mit Kindern unter zehn Jahren zu beraten. Diese berichteten von fünf Grundgefühlen bei ihrer Erziehungstätigkeit.

Angst: Väter wie Mütter fürchteten die bald einsetzenden Teenagerjahre und die versiegende Kommunikation während dieser turbulenten Zeit. Sie hatten Angst, daß ihre Kinder die gleichen unangenehmen Eigenschaften entwickeln könnten wie sie selbst. Sie fürchteten, als Eltern zu versagen.

Schuld: Fehler und Mißerfolge verursachen ein schlechtes Gewissen. Sie machten sich Gedanken, inwiefern sie ihren Kindern das Leben verbauen. Sie bereuten bestimmte Worte und Taten, die ihre Kinder zu spüren bekamen.

Enttäuschung: Die Eltern waren frustriert, sogar zornig auf ihre Kinder, die nicht gehorchen wollten. Sie hatten das Gefühl, auch die einfachsten Dinge zu häufig erklären zu müssen.

Selbstzweifel: Haben wir alles falsch gemacht? Waren unsere Ansprüche zu hoch oder zu niedrig? Wie lange soll man sein Kind mit seiner schlechten Laune gewähren lassen? Wie kann man sich sicher sein, sein Kind zu recht bestraft zu haben?

Entmutigung: Die Eltern glaubten, zu häufig versagt zu haben. Sie entdeckten, wie sich ihre eigenen Schwächen und die der Großeltern an den Kindern zeigten. Sie fühlten sich untauglich, ihre Kinder richtig erziehen zu können.

Ich glaube, daß solche Gefühle wie ein Wurm am Apfel nagen. Daraus kann leicht Hoffnungslosigkeit und Verzweiflung werden. Kein Wunder, daß die Eltern von heute meinen, „unter dem Einfluß ihrer Kinder" zu stehen.

Trotzdem verspricht uns Gott in seinem Wort, daß er unsere Zuversicht bleibt. Er macht uns immer wieder Mut. Wenn wir ihn suchen, ist er treu und gerecht. Sein Wille geschieht in unserem Leben und an unseren Kindern.

Gebetstip
Beten Sie mit Ihrem Partner, daß Gott Ihnen Zuversicht, Weisheit und Kraft gibt, Ihren Kindern zu nützen und nicht aufzugeben.

7. November

Sieh auf dich selbst!

Du rühmst dich des Gesetzes und schändest Gott durch Übertretung des Gesetzes?
Denn „euretwegen wird Gottes Name gelästert unter den Heiden", wie geschrieben steht.
Römer 2,23–24

Ich erinnere mich gut an die traurigen Ereignisse des Jahres 1987, als der Fall eines wohlbekannten Fernsehevangelisten wahre Medienstürme erregte. Die schmutzige Wäsche eines Mitchristen wurde genüßlich im Fernsehen ausgebreitet und füllte den Blätterwald. Als ich das sah, mußte ich mich einfach fragen, wie Gott die Arbeit dieses Mannes so lange blühen lassen konnte.

Eine Frage jagte die andere: Gibt es überhaupt jemanden, der hinter der glänzenden Fassade und den choreographierten öffentlichen Auftritten als echter Christ leben kann? Sehen jetzt die Nichtchristen das gesamte Christentum im Licht dieser wenigen Blender? Sollen wir uns schämen und still in die Ecke stellen? Müssen wir Gott und sein Werk in Zweifel stellen? Haben die medienwirksamen Christen einfach zu wenig Substanz? Darf man solche Werke überhaupt noch finanziell unterstützen? Sollte jeder, der als Christ in den Medien arbeitet, damit aufhören? Wird es Zeit, diesen gesamten Dienst skeptisch und zynisch zu durchforsten?

So wichtig diese Fragen sein mögen, vordringlich ist eine ganz andere Forderung, nämlich sich selbst durch solche Ereignisse zu hinterfragen, ob es in meinem Leben Bereiche gibt, die ich der Autorität Christi noch nicht unterstellt habe?

Skandale machen uns traurig. Wir machen uns Gedanken darüber, wie die Ungläubigen und besonders die frisch bekehrten Christen darauf reagieren, die sich gerade erst auf geistliche Wahrheiten eingelassen haben und nun zweifeln, ob sie nicht vom Regen in die Traufe geraten sind. Doch zuallererst müssen wir bei uns selbst anfangen: „Sieh auf dich selbst, daß du nicht auch versucht werdest" (Galater 6,1).

Gebetstip
Beten Sie um Aufrichtigkeit für sich selbst und Ihren Partner.

Der Ehezement

*Gott möge euch Mut und Kraft geben
und euch in der Liebe Christi zusammenhalten;
die ganze Größe seines Geheimnisses sollt ihr erkennen.
Dieses Geheimnis ist Christus.
(„Hoffnung für alle")*
Kolosser 2,2

Echte Partnerschaften werden dadurch gefestigt, wenn das betreffende Paar oft und ausdrücklich darüber spricht, wie sehr man einander braucht. Doch ab einem gewissen Zeitpunkt, irgendwann zwischen dem Ehegelöbnis und dem fünften Hochzeitstag, bleibt das gegenseitige Abhängigkeitsbekenntnis auf der Strecke. Seltsam, daß sich dann die Ehe, eigentlich das Symbol dieser gegenseitigen Abhängigkeit, mit ihrer Routine gegen ihr ursprüngliches Ziel wendet.

Erinnern Sie sich doch an die erste romantische Zeit und ihren Reiz. Damals brauchten Sie einander. Heute immer noch! Der Mann braucht seine Frau, um ein ausgeglichenes und ehrliches Bild von sich selbst zu bekommen. Die Frau braucht ihn zur Ergänzung ihres Lebensentwurfs, weil er alles durch eine andere Brille betrachtet.

Oft passiert es, daß man die Unterschiede eher als Hindernis denn als Vorteil wahrnimmt. Doch gerade wegen dieser Unterschiede hat ihre Persönlichkeit dazu gewonnen. Warum also den Partner zu ändern versuchen, wenn man doch auf den Unterschied angewiesen ist?

Der Mann braucht seine Frau, weil sie auch dann noch an ihn glaubt, wenn andere und er selbst sich aufgegeben haben. Sie ist der Spiegel positiver Annahme und Erwartungen. Sie lobt ihn und vertraut ihm, daß er die gleiche Bedeutung hat wie eh und je. Vielleicht sagt sie es nur mit anderen Worten. Sie wiederum braucht ihn zum Mitlachen, Mitweinen und ist auch auf seine Erfahrungen mit Gott angewiesen.

Zwei Menschen üben einen mäßigenden Einfluß auf ihre jeweiligen Schwächen aus, sie helfen einander über blinde Flecken hinweg und bringen die Stärken des Partners zum Tragen.

Hüten Sie sich davor, voneinander unabhängig sein zu wollen. Selbstsucht kann zu einem Gefängnis werden. Wer sich nicht auf das Wagnis der Gemeinsamkeit einläßt, lebt unabhängig von dem Menschen, den ihm Gott in seiner Souveränität zugedacht hat.

Gebetstip
Bitten Sie darum, daß Gottes Geist Ihre Gemeinschaft festigt, damit Sie darin gegenseitige Bedürfnisse ausdrücken und erfüllen können.

Die Verschwörung des Schweigens (Teil 1)

*Höret, meine Söhne, die Mahnung eures Vaters;
merkt auf, daß ihr lernet und klug werdet.*
Sprüche 4,1

Vor ein paar Jahren hat mir ein Freund erzählt, wie sein Vater ihn sexuell aufgeklärt hatte. Anscheinend wollte seine Mutter, daß sein Vater ihm das klassische Aufklärungsgespräch verpaßte. Also forderte der Vater ihn eines abends nach der Arbeit auf: „Mein Junge, morgen nach der Schule ziehst du dir deine Sonntagssachen an. Wir gehen in die Stadt."

Am nächsten Tag fuhren die beiden nachmittags die zweistündige Strecke nach West Helena, einer mittelgroßen Stadt in Arkansas. Der Vater lud seinen Sohn in eine Bar ein und bestellte etwas zu essen. Irgendwann erschien auf der Bühne eine Frau und führte einen Striptease vor. Der junge Mann und sein Vater schauten die ganze Zeit stillschweigend zu.

Dann fuhren sie zwei Stunden lang im Dunkeln nach Hause. Als sie ankamen, machte der Vater die Tür auf und verkündete seiner Frau: „Bitte sehr, ich hab's gemacht. Jetzt leg ich mich schlafen."

Das also war die Sexualerziehung meines Freundes.

Wie sind Sie in die Sexualität eingeweiht worden? Durch Eltern oder Freunde? Durch ein Buch? In der Schule? Durch die Enthüllungen von Geschwistern?

Wenn es je eine Zeit gegeben hat, in der Eltern Anleitung für die Sexualerziehung ihrer Kinder gebraucht haben, dann ist es unsere Epoche. Bei einer Umfrage wurden vor kurzem Sechzehn- und Siebzehnjährige gefragt: „Von wem bist du sexuell aufgeklärt worden?"

- 22 Prozent: von Eltern
- 37 Prozent: von Freunden
- 15 Prozent: in der Schule
- 18 Prozent: durch Unterhaltungsmedien

Hoffentlich haben Sie es gemerkt: Nur 22 Prozent sind von ihren Eltern aufgeklärt worden. Die Eltern, ganz besonders die christlichen, haben sich zum Schweigen verschworen, was dieses Thema angeht.

Wir als Christen sollten es noch mehr als alle anderen mit der Wahrheit halten, weil unser Gott selbst sich die menschliche Sexualität ausgedacht hat.

Gebetstip
Beten Sie um Gottes Hilfe, wenn Sie mit Ihren Kindern über die menschliche Sexualität reden.

Die Verschwörung des Schweigens (Teil 2)

Denn am Fenster meines Hauses guckte ich durchs Gitter und sah einen unter den Unverständigen und erblickte unter den jungen Leuten einen törichten Jüngling.
Sprüche 7,6–7

In einer Gesellschaft, die zum Thema Sexualität sehr kontroverse und oft schädliche Ansichten hegt, müssen wir frühzeitig die Chance wahrnehmen, die Einstellung unserer Kinder zu formen. Mein Vorschlag für Sie: Als Eltern müssen wir drei Barrieren abbauen, damit wir unsere Kinder zur Durchquerung einer Landschaft fit machen können, die nur so von Fallen, Versuchungen und Prüfungen wimmelt.

Die erste Barriere: Unsere eigenen zwiespältigen Gefühle in bezug auf die Sexualität. Viele Eltern haben als Kinder nie eine fundierte Aufklärung bekommen und wissen deshalb nicht, wie sie es ihren Kindern erklären sollen.

Viele andere schleppen einiges an Lasten mit sich herum: ihre eigenen Fehler. Deshalb haben einige von ihnen vor bestimmten Fragen ihrer Kinder Angst, zum Beispiel: „Warst du noch Jungfrau, als du geheiratet hast?"

Die zweite Barriere: Eine flache Beziehung zum eigenen Kind. Gute Beziehungen entstehen nur durch Vertrautheit, Risikobereitschaft und Mut. Manche Eltern spüren instinktiv, daß sich zwischen ihnen und den Kindern nichts abspielt. Wenn es Zeit wird, sich um das Thema Sex zu kümmern, ist ihnen nicht wohl in ihrer Haut, weil sie wissen, daß ihnen die gemeinsame Grundlage fehlt.

Trotzdem glaube ich, daß Gott generell Gespräche mit unseren Kindern wichtig findet. Es geht nämlich nicht nur um eine gute Sexualerziehung, sondern auch um die Intensivierung der Eltern-Kind-Beziehung.

Die dritte Barriere: Angst. Manche Eltern geben zu: „Nein, ich könnte mit meinem Kind nie darüber reden." Ich darf Ihnen als Eltern sagen, daß Sie kein Experte sein müssen, wenn Sie auf dieses Thema zu sprechen kommen. Verlassen Sie sich einfach auf die Kraft Gottes, wenn Sie seine Haltung zu diesem besonderen Lebensbereich vertreten.

Gebetstip
Beten Sie füreinander, um die Barrieren abbauen zu können, die Sie an der rechten Erziehung Ihrer heranwachsenden Kinder hindern. Praktizieren Sie Ihr Christentum da, wo es wirklich zählt – zu Hause.

11. November

Problemlösungen

Ich ermahne euch nun, liebe Brüder,
durch die Barmherzigkeit Gottes,
daß ihr eure Leiber hingebt als ein Opfer,
das lebendig, heilig und Gott wohlgefällig ist.
Das sei euer vernünftiger Gottesdienst.
Römer 12,1

Es vergeht keine Woche, in der man nicht aus Zeitung und Zeitschrift, Radio oder Fernsehen erfährt, welche erschütternden sozialen Probleme unser Land bedrücken. In Sondersendungen im Fernsehen erfahren wir vom zunehmenden Pegel der Gewalt. Mißhandelte Frauen melden sich zu Wort. Mehr als die Hälfte unserer Mitbürger macht sich „große" Sorgen um die wirtschaftliche Lage, und die überwältigende Mehrheit meint, die Kriminalität greife immer mehr um sich.

Lassen Sie mich eines fragen: Wie oft hört man, daß jemand praktikable Lösungen für diese Probleme vorschlägt?

Ich finde, daß der Apostel Paulus in Römer 12, Vers 1 eine Lösung bringt, wie sie praktischer nicht sein könnte: „Gebt eure Leiber als lebendiges und heiliges Opfer hin, das Gott wohlgefällig ist."

Große soziale Mißstände werden nicht in politischen Gremien gelöst, sondern in den Familien unseres Landes. Kurz, ein Wandel ist nur dann zu erwarten, wenn die Christen mit ihrer Beziehung zu Gott ernst machen und in der Familie vorleben, was für sie wertvoll und wichtig ist.

Nur dann wird sich etwas ändern, wenn Väter wieder auf die Knie gehen und Frau und Kinder um Verzeihung bitten, wenn sie ihnen Unrecht getan haben. Die Männer müssen wieder die Verantwortung in der Familie übernehmen und dürfen nicht darauf warten, daß die Kirche ihnen diese Aufgabe abnimmt. Erst dann ändert sich die Lage, wenn die Männer zu sich selbst sagen: „Ich werde meine Führungsaufgabe wahrnehmen."

Nur dann wird sich etwas ändern, wenn sich immer mehr Mütter für ihre Mutterschaft statt für eine berufliche Karriere entscheiden, wenn mehr Kinder zur Gottesfurcht erzogen werden, weil die Eltern an ihrem Leben teilhaben.

Wenn sich genügend Familien bereit finden, ein heiliges Leben zu führen, sich für das Richtige zu entscheiden und einander zu lieben, dann wird unser Land eine „Familienreformation" erleben.

Gebetstip
Wie würde es sich auf Ihre Familie auswirken, wenn Sie mit einem Leben für Christus ernst machen würden?

Wo bleiben die weiblichen Mentoren?

(Sage) desgleichen den alten Frauen, daß sie sich verhalten, wie es sich für Heilige ziemt . . . und die jungen Frauen anhalten, daß sie ihre Männer lieben, ihre Kinder lieben.
Titus 2,3–4

Am Anfang unserer Ehe kamen Barbara massive Zweifel, ob sie als frischgebackene Ehefrau zu etwas tauge. Ich habe sie dann immer wieder aufgemuntert und ihr gesagt: „Das machst du toll, du bist wunderbar!" Aber zu einer echten Bestätigung langte es nicht.

Als wir nach Dallas umzogen, nahm Barbara an einer Bibelgruppe für junge Frauen teil, die von einer alten Dame geleitet wurde. Diese erfahrene Mutter hatte sich eine Aufgabe gesetzt – sie begleitete und unterwies die nächste Generation junger Mütter. Mit so einer Frau als Mentorin gewann Barbara neue Zuversicht, weil sie einsah, daß ihre Selbstzweifel normal waren.

Zweifellos sind die ersten Ehejahre äußerst wichtig. Hier wird das Rollenverhalten geprägt; man paßt sich aneinander an, und Ansprüche werden festgelegt. Kein Wunder, daß die Scheidungsrate in den ersten fünf Jahren am höchsten ist.

Ich glaube, daß bei weitem nicht so viele Ehen geschieden zu werden müßten, wenn mehr Ehefrauen und Mütter eine Mentorin an ihrer Seite hätten wie damals Barbara. Unter einer Mentorin verstehe ich eine Frau, die das gleiche durchgemacht hat, ihren Mann treu geliebt hat (ohne vollkommen zu sein) und biblische Werte vermitteln kann.

Barbara meint dazu: „Es ist viel wert, wenn der Ehemann sich Mühe gibt, aber manchmal wirkt es nicht so nachhaltig wie die Ermutigung einer Frau, die in der gleichen Lage war und sich damit identifizieren kann."

Vor ein paar Jahren habe ich fasziniert zugehört, wie ein Dutzend junger Frauen und Mütter sich zu der Frage äußerten: Was sollte die Kirche Ihnen als Frau und Mutter bieten? Die Antworten waren überdeutlich – sie brauchten weder Videos, Kassetten, Seminare, Bücher noch Radiosendungen. Sie wollten eine echte, lebendige Mutter, mit der man reden und weinen kann. Sie sollte beziehungsfähig sein und Rede und Antwort stehen können.

Also fing ich an, älteren Frauen und Müttern vorzuschlagen, sich als Mentorin zur Verfügung zu stellen. Die Reaktion? „Wir wissen auch nicht jede Antwort. Wir haben zu viele Fehler gemacht." Wissen Sie was? Genau das ist die Qualifikation, die man als Mentorin braucht.

Gebetstip
Bitten Sie Gott um den Glauben, als „lebendiges und heiliges Opfer" vor ihm zu leben.

Freie Zeit füreinander

*Ich will aufstehen und in der Stadt umhergehen
auf den Gassen und Straßen und suchen,
den meine Seele liebt.*

Hoheslied 3,2

Ein wichtiger Beitrag zu einer stabilen Ehe ist die gute Gewohnheit, sich immer wieder nur für den Partner Zeit zu nehmen. Leider lassen wir uns so sehr in alle möglichen Aktionen einspannen, daß ein paar ausschließlich dem Partner gewidmete Stunden auf unserer Rangliste nicht besonders weit oben stehen.

Möchten Sie einen guten Rat? Nehmen Sie sich wöchentlich Zeit, gemeinsam aus der Routine auszubrechen.

Barbara und ich haben seit Jahren den Sonntagabend für unsere Verabredungen vorbehalten. Wenn uns jemand an diesem Abend zu anderen Unternehmungen einlädt, sagen wir höflich nein. Wir brauchen diese Zeit, um gemeinsam unsere Planungen der nächsten Woche oder des nächsten Monats durchzugehen, um über das zu reden, was uns wichtig ist, Streitpunkte, die Kinder, einfach darüber, wie wir in unserer Ehe und Familie vorankommen können. Zudem macht es uns Freude, einander zu erleben.

Außerdem braucht man täglich etwas Zeit, gemeinsam allein zu sein und zu reden. Ich werde nie vergessen, wie ein befreundetes Paar uns einmal warnte: „Wartet bloß ab, bis aus euren Kindern Teenager werden. Ihr werdet schon sehen." Und so geschah es. Sie kommen selbst um elf oder halb zwölf Uhr nachts in unser Schlafzimmer und wollen mit uns reden. Daß sie uns stören könnten, kommt ihnen erst gar nicht in den Sinn.

Also muß man die Tür schließen und den Kindern beibringen, eine geschlossene Tür zu respektieren. Sonst kann es überhaupt kein vertrauliches Gespräch mehr unter Eheleuten geben, geschweige denn romantische Situationen.

Schließlich nehmen Barbara und ich uns ein paarmal im Jahr Zeit für ein Wochenende außer Haus – ohne Kinder, Fernseher, Lärm und rastlosem Treiben. Danach sind wir stets erfrischt und neu gestärkt.

Zu den wichtigsten Erfahrungen, die man seinen Kindern vermitteln kann, gehört die Hingabe an den eigenen Ehepartner. Glauben Sie mir, so etwas ist unglaublich schwierig, wenn man sich nicht genügend Zeit für die Beziehung nimmt.

Gebetstip
Beten Sie darum, daß es Ihnen gelingt, die Beziehung zu Ihrem Partner höher einzustufen als bisher.

Wenn man sich nichts mehr zutraut

Höre, Gott, mein Schreien und merke auf mein Gebet!
Vom Ende der Erde rufe ich zu dir;
denn mein Herz ist in Angst.
Psalm 61,2–3

Mutlosigkeit: Wer hat dieses lähmende Gefühl nicht auch schon verspürt? Mutlosigkeit läßt jeden Optimismus schwinden und meuchelt die Hoffnung. Bei vielen tritt sie dann ein, wenn Gott ein wichtiges Gebetsanliegen scheinbar nicht zur Kenntnis nimmt.

Gute Freunde von uns ließen sich vor einiger Zeit scheiden – es war eine herzzerreißende Erfahrung. Ihre fünfjährige Tochter wurde erst in den Norden der Staaten verfrachtet, dann in den Süden, als die Ehe endgültig geschieden war. Fast drei Jahre lang hatten Barbara und ich gebetet, Seelsorge angeboten, telefoniert, Briefe geschrieben und die beiden zu zwei Eheseminaren geschleppt. Wir bettelten, argumentierten und weinten. Wir setzten uns ein und beteten ständig für sie.

Als der Tag der Scheidung kam, wurde uns das Herz unter der Last der richterlichen Entscheidung schier zerdrückt. Wir waren bestürzt und verwirrt. Hatte Gott nicht gesagt, er hasse die Scheidung? Und jetzt das; wir waren versucht, sämtlichen Mut fahren zu lassen.

In solchen Situationen helfen uns Vorbilder. In diesem Fall war es die englische Missionarin Elizabeth Aleward. Sie litt als junges Mädchen unter zweifachem Kummer: Ihr Haar war schwarz und glatt (wobei damals blondes, lockiges Haar als schick galt), und sie wuchs einfach nicht.

Jahre später berief Gott sie auf das Missionsfeld nach China. Wenn sie dort die Menschen betrachtete, denen sie nach Gottes Willen dienen sollte, stachen ihr zwei Beobachtungen geradezu ins Auge: „Erstens hatten alle langes, glattes und schwarzes Haar. Und zweitens hatten alle zum gleichen Zeitpunkt wie ich zu wachsen aufgehört. Da beugte ich mich nieder und betete: ‚Herr, du weißt, was du tust.'"

Wir brauchen niemals den Mut zu verlieren, solange wir wissen, daß Gott immer noch regiert. Er weiß, was er tut, auch wenn wir oft nicht verstehen, welche Absichten er hat. Er will, daß wir unseren Glauben bewahren und ihn nicht aufgeben.

Gebetstip
Danken Sie Gott dafür, daß er regiert. Bitten Sie ihn um Hilfe, wenn Sie Phasen der Mutlosigkeit durchmachen, die ihnen den Glauben nehmen wollen.

15. Wie man mit Mutlosigkeit umgeht

*Laßt uns aber Gutes tun und nicht müde werden;
denn zu seiner Zeit werden wir auch ernten,
wenn wir nicht nachlassen.*
Galater 6,9

Kennen Sie die Geschichte, in der der Teufel eine öffentliche Versteigerung abhält? Als die zukünftigen Käufer versammelt sind, merken sie, daß Satan seine Werkzeuge verkauft: Sorgen, Angst, Wollust, Gier und Selbstsucht. Doch an die Seite geräumt steht ganz allein ein abgenutztes Stück mit der Aufschrift „Unverkäuflich".

Um eine Erklärung gebeten, erwidert der Teufel: „Auf die anderen Werkzeuge kann ich verzichten, aber dies ist das nützlichste Mittel, das es gibt. Damit kann ich mich in den Herzen vorarbeiten, die sonst unzugänglich wären. Es ist die Mutlosigkeit."

Welche Werkzeuge helfen nun aber gegen die Mutlosigkeit? Erstens die Wahrhaftigkeit. Ich habe festgestellt, daß Gott sich von erhabenen Gebeten für die Missionare in Afrika nicht beeindrucken läßt, wenn ich innerlich verletzt bin. Gott kann mit unseren Gefühlen umgehen. Seien wir ehrlich zu uns selbst und Gott, wenn wir enttäuscht sind.

Zweitens ist es das Gebet. Wissen Sie bei einem Ihrer Kinder nicht mehr ein noch aus? Sagen Sie es Gott. Wollen Sie wegen ungelöster Konflikte mit Ihrem Partner den Mut sinken lassen? Gott weiß es schon, aber schütten Sie ihm Ihr Herz aus.

Finden Sie drittens heraus, was die Quelle Ihrer Mutlosigkeit ist. Manchmal ist es ein Ziel, das schon wieder nicht erreicht werden konnte. Vielleicht hat ein Freund eine bissige Bemerkung gemacht, oder Sie haben das Gefühl, eine besonders schwere Last allein tragen zu müssen. Vielleicht bleibt die Anerkennung eines Menschen aus, auf die es Ihnen besonders ankommt.

Wenn ich die Ursache der Mutlosigkeit ermittelt habe, muß ich oft feststellen, daß es falsche Hoffnungen waren, die ich auf Menschen oder Umstände gesetzt hatte. Manchmal aber habe ich richtig gehandelt. Dann darf ich nicht aufgeben, sondern muß den Impuls überwinden, das Handtuch zu werfen.

Viertens sollte man im Glauben über die Umstände hinweg sehen und ungeachtet seiner Gefühle auf Gott schauen, der uns mit jedem Tag eine neue Chance gibt. Gott verspricht, daß wir eines Tages eine Ernte erwarten dürfen, wenn wir nicht nachlassen.

Gebetstip
Gehen Sie auf die Knie und beten Sie darum, daß weder Sie noch Ihr Partner im Glauben nachlassen und müde werden.

Retuschiertes Christentum

*Bekennt also einander eure Sünden
und betet füreinander, daß ihr gesund werdet.*
Jakobus 5,16

Oliver Cromwell, der englische Staatsmann und Herrscher Großbritanniens, saß eines Tages Modell für ein Portrait. Als die Künstlerin mit ihrer Arbeit fast fertig war, stand er auf und betrachtete das Werk. Dann wandte er sich an die junge Frau und wies sie zurecht: „Wer mich malt, muß die Warzen mitmalen!"

Die Malerin hatte Sir Oliver aufs beste dargestellt, leider aber zu gut. Ich finde, diese kleine Anekdote trägt dazu bei, unsere retuschegewohnte Gesellschaft zu charakterisieren. Man kann heutzutage ein wenig schmeichelhaftes Photo von sich machen lassen und sämtliche „Warzen" wegretuschieren. Man kann die dicke Nase verschmälern, die Augenfarbe intensivieren, am Lächeln basteln und jeden unansehnlichen Makel beseitigen – und zwar mit Pinsel und Tusche oder dem Bildbearbeitungsprogramm am Computer.

In unserer Gesellschaft wird am laufenden Band gefälscht: Das ganze Leben wird geschönt; wir machen uns Illusionen und würden anderen nie unsere Fehler offenbaren. Häufig gilt das auch für Christen. Wenn man erst einmal weiß, wie man mit anderen Christen spricht und sich in ihrer Gegenwart gibt, kann man allzu leicht den Eindruck vermitteln, man sei ein viel reiferer Christ, als man in Wirklichkeit ist.

Ironischerweise setzt jedoch der Reifeprozeß erst dann ein, wenn man bereit ist, einander die Sünden zu bekennen. Wir haben Angst, uns dadurch verletzlich zu machen, obwohl unsere Mitmenschen fast immer mit Herzlichkeit und Verständnis reagieren.

Wie in Jakobus 5,16 steht, werden wir gesund, wenn wir im Wandel mit Gott unsere Sünde nicht mehr verbergen. Wenn wir die Sünden vor Gott und anderen bekennen, werden wir Stück um Stück Jesus ähnlicher.

Wenn man wirklich echt werden will, ist die Ehebeziehung wohl der bestgeeignete Ort dafür. Hier ist kein Platz für den Retuschepinsel; hier ist das Leben selbst aus der Nähe und ganz persönlich zu bearbeiten. So hat Gott es gewollt.

Gebetstip
Bitten Sie Gott, Sie seinem Bild ähnlicher zu machen. Dazu müssen Sie lernen, vor dem Leib Christi Rechenschaft abzulegen.

Gott die Rache überlassen

*Rächt euch nicht selbst, meine Lieben,
sondern gebt Raum dem Zorn Gottes;
denn es steht geschrieben:
„Die Rache ist mein; ich will vergelten, spricht der Herr."*
Römer 12,19

In einer Lokalzeitung im Raum San Francisco stand folgende Anzeige: Zu verkaufen: 1984er Mercedes 240 SL, vollgetankt. Wer als erster 50 $ zahlt, bekommt ihn. Tel. 868-5737.

Ein Mann glaubte, seinen Augen nicht zu trauen, rief aber an und fragte, ob die fünfzig Dollar ein Druckfehler seien. Die Frau am Telefon versicherte ihm, es habe alles seine Richtigkeit. Also eilte der Mann zum Treffpunkt und gab ihr das Geld in bar. Erst als sie ihm den Fahrzeugbrief des Luxuswagens überreichte, stellte er die überfällige Frage: „Warum verkaufen Sie so einen Mercedes für fünfzig Dollar?"

„Na ja", erklärte sie, „mein Mann hat mich aus Las Vegas angerufen. Er ist dort mit seiner Sekretärin und teilte mir mit, daß er mich verläßt. Beim Spielen hat er alles verloren und bat mich, den Mercedes zu verkaufen. Ich soll ihm die Hälfte des Betrages schicken, den ich dafür bekomme."

Diese Frau genoß ihre „süße Rache". Leider kann sich so ein Verhaltensmuster auch in den Familien einschleichen, in denen man nicht an Scheidung denkt. Wir finden es nur zu gerecht, uns zu rächen, wenn man uns ausnutzt. Denn dann ist die Rechnung „beglichen".

Warum wird in der Bibel gegen so ein Denken und Verhalten vorgegangen? Warum sollen wir Gott die Rache überlassen? Weil er, nicht wir, Gut und Böse auseinanderhalten kann. Wenn Ihr Partner Ihnen weh tut, schmerzt die Wunde letzten Endes Gott noch mehr als Sie. Außerdem kann Gott uns seine vergebende Gnade gewähren, wenn wir selbst unseren Partner verletzen.

Wer sich das Recht nimmt, an anderen Rache zu üben, lebt im Prinzip seinen Stolz aus. Der Rat des Apostels Paulus: „Segnet, die euch verfolgen" (Römer 12,14), wird vervollständigt von dem Gebot: „Trachtet nicht nach hohen Dingen" (Vers 16). Wir sollen nicht beanspruchen, was nur Gott gebührt.

Die Strafe ist seine Sache. Unsere Ehe funktioniert besser, wenn wir derart gewichtige Dinge Gott überlassen.

Gebetstip

Beten Sie darum, daß Sie und Ihr Partner demütig werden und einander vergeben können. Rachegefühle sollten Sie Gott überlassen.

Steinchen im Schuh (Teil 1)

Seid allezeit fröhlich, betet ohne Unterlaß, seid dankbar in allen Dingen; denn das ist der Wille Gottes in Christus Jesus an euch.
1. Thessalonicher 5,16–18

Macht es Ihnen etwas aus, wenn ich ein paar Tage bei der obigen Bibelstelle verharre? Sie hat unsere Aufmerksamkeit verdient.

Haben Sie manchmal das Gefühl, daß die „kleinen" Umstände des Lebens Ihnen schwer zu schaffen machen? Ich habe einmal gehört, wirklich müde mache nicht der Berg, den wir erklimmen, sondern die Sandkörnchen in unseren Schuhen. Diesen Satz kann ich unterschreiben.

Ich zähle einmal auf, was für Steinchen sich in meinen Stiefeln ansammeln:

- Menschen, die mir ein schlechtes Gewissen machen wollen,
- die roten Zahlen auf meinem Konto,
- meine unaufgeräumte Garage,
- das unaufhörliche Klingeln des Telefons;
- Streit unter meinen Kindern,
- tropfende Wasserhähne, rauchende Kamine, Wasserflecken an der Zimmerdecke,
- Autopannen, die immer im unpassendsten Moment passieren,
- ein jammerndes Kind,
- Gegenstände, die nicht da sind, wo ich sie gelassen habe oder wo sie von mir vergessen wurden,
- ungelöste Konflikte mit Angehörigen,
- Stolpern über Gegenstände, die von sechs Kindern liegen gelassen wurden!

Die kleinen Dinge setzen uns häufig sehr zu. Sicher, die großen Probleme sind schwerer zu lösen, und es gibt Schlimmeres, das uns das Leben vermiesen könnte. Aber jetzt und heute muß ich inmitten solchen Kleinkrams über die Runden kommen.

Das ganze nennt sich Realität, und wenn ich mit ihr konfrontiert werde, kann ich mir wirklich gut vorstellen, warum es in unserer Gesellschaft immer mehr Aussteiger gibt.

Darf ich Gott mit dem Kleinkram meines Lebens belästigen? Möchte er uns mit dem platten Reifen vielleicht etwas beibringen? Will er wirklich jeden Augenblick unseres Alltags durchdringen, oder behält er sich lieber den Abschnitt von halb zehn bis zwölf Uhr am Sonntagvormittag vor?

Seid dankbar – in allen Dingen.

Gebetstip
Neigen Sie doch gleich jetzt Ihren Kopf und danken Sie im Glauben für alles.

Steinchen im Schuh (Teil 2)

*Seid dankbar in allen Dingen;
denn das ist der Wille Gottes in Christus Jesus an euch.*
1. Thessalonicher 5,18

*L*ange Jahre konnte ich mich nicht besonders gut auf die kleinen Nervereien einstellen – besagte „Steinchen im Schuh". Ich sah mich meist „vom Pech verfolgt", fühlte mich zermürbt oder zuckte bestenfalls mit den Schultern: „Was soll's"?

Dann entdeckte ich diesen Bibelvers für mich und fing an, meinen Weg mit Gott an diesem kleinen Satz zu messen: „Seid dankbar in allen Dingen." Ich mußte staunen, wie sich meine Einstellung zum Leben ganz allgemein änderte. Mir wurde klar, daß Gott jeden Bereich meines Lebens durchdringen will.

Deshalb kann ich jetzt drei Gründe aufführen, warum Gott möchte, daß wir in allen Dingen dankbar sind:

Erstens drückt sich durch Dankbarkeit in allen Dingen unser Glaube aus. Es ist der Glaube an einen Gott, der weiß, was er tut; der sich in allem, was uns zustößt, als souveräner Herrscher erweist. Will er uns nicht gerade das begreiflich machen?

Zweitens wußte er, daß Dankbarkeit keine natürliche Reaktion ist. Dankbarkeit in allen Dingen – damit zeige ich, daß ich mich nicht von meiner Laune beherrschen lasse, sondern als geistlicher Mensch lebe.

Liegt nicht gerade hier die Erklärung, woran es dem Christentum des zwanzigsten Jahrhunderts fehlt? Halten wir Gott nicht aus unserem Alltag heraus? Lehnen wir nicht letzten Endes alles ab, was sich unserer Kontrolle entzieht? Seien wir ehrlich: Lieber meckern und beklagen wir uns, lieber sind wir unglücklich über unsere Umstände, als daß wir Dank dafür sagen.

Schließlich will Gott uns lehren, wie wir mit den störenden Steinchen im Schuh umgehen sollen, damit wir mit dem Aufstieg auf die Berge vorankommen, die er uns zugedacht hat. Wir konzentrieren uns so sehr auf die Steinchen und meinen, im wirklichen Leben viel besser voranzukommen, wenn wir sie nur loswerden könnten. Dabei sind die Steinchen gerade das eigentliche Leben, das Gott uns Tag für Tag schenkt. Er gebraucht sie, damit wir uns von ihm belehren lassen und in Christus reifer werden.

Gebetstip
Sagen Sie Gott, daß Sie sich ihm unterordnen und lernen wollen, was er mitten im Alltag für Sie bereit hält. Bitten Sie ihn, Sie durch diese Steinchen im Schuh klüger zu machen.

Das „Danke" im Erntedankfest

Danket dem Herrn, ruft seinen Namen an,
tut kund unter den Völkern sein Tun!
1. Chronik 16,8

Man hört gelegentlich die Forderung, Christus wieder ins „Christfest" zurückzubringen. In unserer Gesellschaft kommt die Weihnachtssaison schon im Herbst auf volle Touren. Da ist das Erntedankfest bei vielen kaum mehr als eine Station auf dem Weg nach Weihnachten.

Wenn man an Erntedank denkt, dann träumt man von einem Festmahl für die Familie (Anm. d. Übersetzers: Hier wird ein amerikanisches Erntedankfest beschrieben. Man begeht es Mitte November mit viel mehr Aufwand als in Deutschland). Es ist der „Truthahntag". In einigen Geschichtsbüchern steht allen Ernstes, daß die Pilgerväter mit diesem Fest ursprünglich den Indianern für ihre Hilfe danken wollten. Selbst die Historiker haben vergessen, daß unsere Vorväter tatsächlich ihren Dank an Gott gefeiert haben, der ihnen Mut und Ausdauer schenkte, mit unsagbaren Mühen fertig zu werden.

Das Erntedankfest kann jedoch zu einem sehr bedeutsamen Gedenktag des Jahres werden, wenn man nur den Schwerpunkt richtig setzt.

Barbara hat schon immer entscheidend dazu beigetragen, daß unsere Familie den Erntedanktag mit einem Festessen feiern kann.

Jeder zieht dann seine besten Sachen an. Die Kinder malen Platzkarten, dekorieren den Tisch und decken ihn mit dem guten Geschirr. Zum Essen gehört ein Brotauflauf nach einem besonderen Rezept. Während dieser sich im Ofen befindet, versammeln wir uns am Tisch und tragen zu Anfang Abschnitte aus *The Light and the Glory* von Peter Marshall und David Manuel vor. In diesem Buch wird von dem starken Glauben der ersten Siedler in Amerika berichtet.

Auf jedem Teller liegen fünf Maiskörner. Ein Korb wird herumgereicht, und alle legen zunächst ein Korn hinein und erzählen von einer Sache, für die sie besonders dankbar sind. Der Korb geht fünfmal um den Tisch.

Was wir bei diesem Festessen unternehmen, läßt sich leicht auch auf andere Familien übertragen. Unsere Kinder freuen sich an dieser Tradition, und sie hilft uns allen, den Erntedanktag mit echter Dankbarkeit zu begehen.

Gebetstip

Bitten Sie Gott heute beim Essen, sich stets an seine Güte erinnern zu können und dankbar zu sein. Jedes Familienmitglied könnte für irgend etwas danken, das Gott getan hat.

Ein kleiner Einblick

*Ich habe keine größere Freude als die, zu hören,
daß meine Kinder in der Wahrheit leben.*
3. Johannes 4

Ich habe bereits unser Festessen zum Erntedanktag beschrieben, wo wir in erster Linie Gott für alles danken, was er in unserem Leben getan hat. Es ist immer besonders interessant zu hören, wofür unsere Kinder ihren Dank ausdrücken.

Vor ein paar Jahren berichtete unsere Tochter Rebecca: „Ich bin dankbar, daß ich eine Familie habe. Ich bin dankbar für meine große Schwester. Ich bin dankbar, daß ich zu Gottes Familie gehöre. Ich bin dankbar, daß ich gut lernen kann. Ich bin dankbar, daß Papa in der Sonntagsschule die sechste Klasse unterrichtet."

Und das schrieb Benjamin, als er in der Oberstufe seiner Schule war: „Ich bin dankbar für: 1. Gott und alles, was er mir an guten Dingen gegeben hat. 2. Samuels Freundschaft. 3. Mama und Papa und ihr Vorbild, wie man nach Gottes Willen leben kann. 4. daß ich an der Oberschule evangelisieren darf und 5. meine Schwestern und alles, was ich von ihnen über Beziehungen erfahren durfte."

Und Samuel, damals fünfzehn, hat folgende Dankesanliegen: „1. Ich bin dankbar: daß Ashley uns besuchen kam (es war ihr erstes Jahr am College, und alle haben sich gefreut, daß sie nach Hause kam). 2. für meine Familie. 3. für meine Muskelschwäche und die Reise zur Mayo-Klinik. 4. Ich habe einen Hirsch geschossen. 5. für meinen großer Bruder."

Für uns war es besonders ergreifend, wie dankbar unsere Kinder Gott waren, daß sie einander hatten. Selbst für das Schwere im Leben konnten sie danken – Samuel hatte gerade erst im Sommer von seiner Muskelkrankheit erfahren. Nach all den Streitigkeiten, die die Kinder im Lauf der Jahre ausgetragen haben, konnten Barbara und ich buchstäblich dabei zusehen, wie sie sich wieder einig wurden.

Elternschaft ist eine langwierige und aufreibende Aufgabe. Man fragt sich häufig, ob sie gelungen ist oder ob man versagt hat. Jahrelang weiß man nicht, was bei all der Mühe herauskommen wird. Wenn man also einen kleinen Einblick gewinnt, daß die Kinder sich zur Wahrheit bekennen, dann muß man sich einfach freuen.

Gebetstip
Danken Sie Gott für jede richtige Entscheidung, die Ihr Ehepartner oder eines Ihrer Kinder in letzter Zeit getroffen hat.

Wie wichtig Beziehungen sind

Ich danke meinem Gott, sooft ich euer gedenke.
Philipper 1,3

Einmal habe ich die Ergebnisse einer Umfrage gelesen, bei der die Frage gestellt wurde, ob man auf das Erntedankfest im Familienkreis verzichten würde, wenn man tausend Dollar dafür bekäme. Die meisten sagten, sie würden auf das Geld verzichten und lieber mit ihrer Familie zusammensein. Wie schade, daß man sich dabei trotzdem häufig ganz auf den Festtagsbraten, die Soße und den Kartoffelbrei konzentriert und darüber die Beziehungen vergißt.

Wenn man sich dagegen Zeit dafür nimmt, jedem zu sagen, wie sehr man ihn schätzt, kann der Sinn dieses Festtages erhalten bleiben. Für manche ist der bloße Gedanke daran peinlich; vielleicht ist es ihnen auch ganz unmöglich. Manchmal aber müssen wir über uns hinauswachsen und zum Ausdruck bringen, was zu sagen wichtig ist.

Für unsere Sendung „Family Life Today" haben wir Aufnahmen von einigen Leuten im ganzen Land gemacht, die auf diesem Wege sagen konnten, wie dankbar sie ihrer Familie sind. Hier ein paar Beispiele:

Greg Fast, Colorado Springs: „Ich bin dankbar für drei großartige Babys, sie sind wahre Wunder, weil wir eigentlich gar kein Kind bekommen konnten. Erst gestern abend schaute ich in ihr Zimmer, als sie schliefen, und ich erinnere mich an das Gefühl der Dankbarkeit, für diese Kinder beten zu können."

Charlie Boyd, Little Rock: „Ich bin dankbar für meinen Vater. Er ist ein ehrlicher Mensch und hat meine Mutter sehr geliebt. Ich weiß noch, wie er jeden Abend von der Arbeit nach Hause kam, in die Küche ging, meine Mutter umarmte und ihr mit einem dicken Kuß sagte, daß er sie liebt. Daran erinnere ich mich, als wäre es gestern."

Linda Allaback, Tulsa: „Ich bin echt dankbar für meinen Mann. Wir feiern am Sonntag unseren zwölften Hochzeitstag, und ich freue mich über ihn, weil er mich so nimmt, wie ich bin."

Können Sie sich vorstellen, wie gut der Sinn unserer Feiertage erfüllt würde, wenn man solche Worte einmal konkret ausspricht?

Gebetstip

Bitten Sie alle Familienmitglieder, Gott einmal mit einem geschriebenen Gebet zu danken. Lesen Sie diese Gebete zum Erntedankfest oder bei anderen geeigneten Anlässen vor.

Barbaras Operation (Teil 1)

*Wer festen Herzens ist, dem bewahrst du Frieden;
denn er verläßt sich auf dich.*
Jesaja 26,3

Morgens um viertel vor sieben ging ich in Barbaras Krankenzimmer und sah sie friedlich schlafen. Wenigstens konnte sie sich ausruhen. Dazu war ich jedoch nicht in der Lage.

Der Schlauch an ihrem Arm zeugte davon, wie ernst es um sie stand. Der Arzt sagte mir, die heutige Operation werde lange dauern. Ich hoffte, daß es bei fünf Stunden bleiben würde, hatte aber das Gefühl, es könne viel länger werden.

Barbara und ich waren nach Oklahoma City gefahren, um hier ihre Herzkrankheit behandeln zu lassen, die manchmal für einen Pulsschlag von dreihundert pro Minute sorgte. Nach zwei derartigen Anfällen im Jahr 1990 rangen wir uns zur Behandlung bei einem Arzt durch, der für solche Krankheitsbilder eine neue Operationstechnik entwickelt hatte.

Als ich an jenem Morgen an ihrem Bett saß und wartete, daß sie wach wurde, überfielen mich zahllose Ängste.

Auch später, auf dem Weg zum Wartezimmer, in dem Barbaras Eltern und Freundinnen saßen, hatte ich keine Ahnung, was Gott mir zeigen wollte. Und wenn ihr Herz von der Operation noch schwächer wird statt gesund? dachte ich. Muß ich mich darauf gefaßt machen, mich von meiner Frau und liebsten Freundin zu verabschieden? Ich war so hilflos und konnte nichts mehr machen, nur noch beten.

Um ein Uhr versicherte mir die Aufnahmeschwester, daß alles nach Plan verlaufe, auch wenn Barbaras Puls noch ein paarmal hochgeschnellt sei. „Aber das haben sie im Griff", sagte sie. Doch ihr Blick, als sie mit einer Schwester sprach, und ihre Stimme, als sie mir die Information weitergab, sagten mir, daß sie nicht alles erzählte, was sie wußte.

Wie sollte ich bei solcher Angst Frieden finden? Als ich aber allein war, die Psalmen las und betete, kam ich zur Ruhe. Jesaja 26,3 wurde mir zur Wahrheit, denn ich wußte, daß ich Gott vertrauen durfte.

Gebetstip
Beten Sie um die Gewißheit, daß Gott ungeachtet Ihrer momentanen Situation die Übersicht behält.

Barbaras Operation (Teil 2)

Ich erkenne, daß du alles vermagst, und nichts, das du dir vorgenommen hast, ist dir zu schwer.
Hiob 42,2

Wir wußten, daß im ganzen Land für Barbara gebetet wurde. Schon dieses Wissen sorgte für unglaublichen Trost und Kraft. Doch im Laufe der Geschehnisse setzte sich bei mir der Gedanke fest, Gott sei wegen dieser Gebete geradezu verpflichtet, die Operation zu einem schnellen Ende zu bringen. Mit diesem Denken aber war die Enttäuschung vorprogrammiert.

Abends um halb sechs, nach neuneinhalb Stunden im Operationssaal, informierte uns der Doktor: „Barbara stellt unser Können auf die Probe ... Sie sollten jetzt eigentlich erst einmal essen gehen. Es wird noch eine Weile dauern!"

Jetzt mußte ich nicht nur mit meiner Angst ringen. Auch Enttäuschung stellte sich ein. Ich machte Gott Vorwürfe: „Warum müssen Barbara und ich so etwas durchmachen? Was ist mit all den Gebeten für sie? Warum kann sie es nicht leichter haben?"

Vier Stunden später war die Spannung endlich genommen. Als Barbara aus dem Raum gerollt wurde, war sie so benommen, daß sie weder meinen Kuß spürte noch meine Erleichterung wahrnahm. Der Arzt sagte, der Eingriff sei erfolgreich gewesen, habe sich aber als die schwierigste Aufgabe erwiesen, mit der er je konfrontiert gewesen sei.

Ich bin so froh, daß Barbara nie wieder solches Herzrasen bekommen wird. Die Operation hat unsere Freundschaft und Partnerschaft vertieft und unsere Vertrautheit auf eine neue Ebene gehoben.

Dieser Tag ist der bisher schwerste in meinem ganzen Leben gewesen. Als ich mich dort im Krankenhaus zu Barbaras Füßen schlafen legte, strömten reichlich Tränen, die ich bis dahin hatte zurückhalten können. Der Tag mit seinem Überschwang an Emotionen, Spannung, Angst, Enttäuschung und Zweifel war endlich vorbei. Unter Tränen dankte ich Gott, daß er mich den ganzen Tag lang geliebt und mir meine Frau wiedergegeben hatte.

Gebetstip

Danken Sie Gott für seine Macht, alles nach seinem Plan durchzuführen. Bitten Sie ihn um noch mehr Vertrauen, damit Sie seine Herrschaft über jeden Bereich Ihres Lebens zulassen können.

25. November

Mal was Verrücktes machen

*Du hast mir das Herz genommen, meine Schwester,
liebe Braut, du hast mir das Herz genommen
mit einem einzigen Blick deiner Augen.*
Hoheslied 4,9

Was war Ihre verrückteste, ausgefallenste Idee, als Sie um Ihre Frau warben? Neulich habe ich ein paar Mitarbeiter nach solchen Verrücktheiten gefragt, die sie sich geleistet hatten. Hier ein paar Anworten:

Brent Nelson: „Ich habe eine Schatzsuche auf Catalina Island in Kalifornien organisiert. Sechs Stunden lang liefen wir als Piraten verkleidet auf der Insel herum. An diesem Tag habe ich ihr den Verlobungsring überreicht und gefragt, ob sie mich heiraten wolle. Später gab es dann ein romantisches Essen."

Kim Spyridon: „Als ich meinen Zukünftigen auf den Tag genau ein Jahr lang kannte, rief mein Vater: ‚Kimberly, im Vorgarten ist etwas, das wohl dir gehört.' Vor dem Haus schwebten Ballons um ein metergroßes rotes Herz, auf dem geschrieben stand: ‚Zum einjährigen Jubiläum, Liebling'. Das Herz hängt immer noch in unserer Garage."

Bob Lepine: „Einmal habe ich beim Pizzabäcker eine herzförmige Pizza bestellt und sie zu Mary Anns Arbeitsstelle liefern lassen. Ein anderes Mal habe ich zum Valentinstag eine Schachtel mit Lutschern gekauft und an jeden einen Adreßaufkleber geheftet, auf denen ihr demnächst neuer Name in allen möglichen Variationen stand: „Die zukünftige Frau Lepine", „Mary Ann Lepine", „Frau Lepine in spe" und so weiter. Ich habe jeden einzeln abgeschickt, damit sie am Valentinstag achtundzwanzig Lutscher in ihrem Briefkasten finden konnte."

Lee Walti: „Als Heiratsantrag für Jeannette verabredete ich mit einem Freund, der bei einem Radiosender arbeitete, zu einer bestimmten Zeit unser Lieblingslied zu spielen, in dessen Mitte mein Heiratsantrag an sie eingeblendet war. Dann mietete ich uns eine Luxuslimousine und führte sie groß zum Essen aus. Auf dem Rückweg hielt ich an der Straße und schaltete das Radio ein. Sie war etwas verwundert, warum ich das machte, aber als sie das Lied und dann meine Stimme hörte, brach sie in Tränen aus."

Wann haben sie das letzte Mal so etwas Kreatives gemacht? Vielleicht sogar, als Sie bereits verheiratet waren?

Gebetstip
Bitten Sie Gott um seinen Beistand, damit das Feuer der Romantik in Ihrer Ehe nicht erlischt.

Testen Sie Ihre Verbindlichkeit

*Was nun Gott zusammengefügt hat,
das soll der Mensch nicht scheiden.*
Matthäus 19,6

Wenn man heiratet, sollte man eine so total verbindliche Entscheidung treffen, daß überhaupt kein Gedanke an die Möglichkeit einer Flucht daraus offen bleibt. In dieser Beziehung darf kein Raum für Ausweichklauseln sein.

Allerdings glaube ich, daß uns manchmal nicht ganz klar ist, wie oft wir etwas tun oder sagen, womit unser Eheversprechen ausgehöhlt wird. Deshalb die folgenden Fragen – ein Test, wenn man so will – zum Thema Verbindlichkeit:

- Drohen Sie manchmal damit, Ihren Partner zu verlassen?
- Fühlt Ihr Partner sich auf Grund Ihres Versprechens bei der Hochzeit sicher?
- Ist Ihnen Ihr Partner wichtiger als Ihr Beruf?
- Ist Ihnen Ihr Partner wichtiger als Ihre Kinder?
- Ist Ihnen Ihr Partner wichtiger als Hobbys und Lieblingsbeschäftigungen?
- Lassen Sie Ihren Partner emotional im Stich, indem Sie sich eine ganze Weile wegen eines Konfliktes entziehen?
- Lassen Sie Ihren Partner gedanklich im Stich, indem sich ständig andere Dinge in Ihre Gedanken drängen?
- Fragen Sie nach den Bedürfnissen Ihres Partners und tragen Sie aktiv dazu bei, sie zu erfüllen?
- Und zuletzt: Wie würde wohl Ihr Partner diese Fragen beantworten?

Solche Fragen betreffen wichtige Bereiche einer Ehe, zum Beispiel den Umgang mit Konflikten, die Stellung des Ehepartners in der Rangordnung (vor oder nach den Kindern?) und Hobbys. Gehen Sie wirklich auf die Bedürfnisse Ihres Partners ein? Machen Sie doch schnell einmal eine Bestandsaufnahme, indem Sie diese Fragen ernsthaft beantworten!

Gebetstip
Bitten Sie Gott um Mut, Ihr Eheversprechen zu erfüllen, auch wenn Ihr Partner nicht darauf eingeht.

27. November

Gott hat genug für alle

Solches Vertrauen aber haben wir durch Christus zu Gott. Nicht daß wir tüchtig sind von uns selber, uns etwas zuzurechnen als von uns selber, sondern daß wir tüchtig sind, ist von Gott.
2. Korinther 3,4–5

Das Leben kann uns ganz leicht unterkriegen. Denken wir an unsere Verantwortung in Ehe, Familie, am Arbeitsplatz, in der Gemeinde und für die Verwandten, können sich plötzlich Gefühle von Unzulänglichkeit und Hoffnungslosigkeit einstellen und wie ein dichter Nebel auf uns lasten.

Und doch können wir uns davor bewahren, wenn wir uns auf Christus konzentrieren, der uns „volles Genüge" gibt. Er ist auch heute der Lebendige und hält sich bereit, uns auf den richtigen Weg zu führen.

In einem aussagestarken Gedicht heißt es:

Herr, auf unfruchtbarem Land müh' ich mich hin zu Dir mit leerem Becher
Weiß nicht, ob ich um ein paar Tropfen der Erfrischung bitten darf
Ach, hätte ich Dich besser nur gekannt,
dann wäre schnell ich mit viel größerem Gefäß gekommen.

Gott möchte, daß wir ihn kennenlernen, seine Segnungen empfangen und ein Leben voller Frieden, Sinn und Vergebung führen. In der Bibel stehen lauter wunderbare Wahrheiten, die jedoch zu abgestandenen Dogmen werden, wenn man sich weigert, Jesus zum Mittelpunkt des Lebens zu machen.

Vielleicht fühlen Sie Ihre Unzulänglichkeit gerade dann, wenn Sie Ihrem Partner helfen wollen. Dann ist Gott ohne Abstriche in der Lage, das scheinbar Unmögliche zu tun. Seine Macht ist dann am deutlichsten spürbar, wenn wir besonders schwach sind, wie Paulus im Philipperbrief schreibt: „Ich vermag alles durch den, der mich mächtig macht" (Philipper 4,13).

Beugen wir uns doch gleich heute vor ihm und bitten ihn, uns „volles Genüge" und Kraft zu sein.

Gebetstip
Beten Sie darum, auf Gottes Genüge vertrauen zu können, auch wenn es in Ihren eigenen Augen ganz unmöglich ist, irgend etwas von Bestand zu schaffen.

Mit Teenagern im Gespräch (Teil 1)

*Die sollten aufstehen und es auch ihren Kindern verkündigen,
daß sie setzten auf Gott ihre Hoffnung
und nicht vergäßen die Taten Gottes,
sondern seine Gebote hielten.*
Psalm 78,6–7

Mein Sohn Benjamin stand in der Küche und knabberte an ein paar Kartoffelchips. Seit einer Woche oder noch länger hatten wir kein richtiges Gespräch mehr miteinander geführt. Deshalb kam meine Frage wohl sehr überraschend. Eigentlich gab es keinen anderen Grund dafür, als mit meinem Vierzehnjährigen, der mitten in der Pubertät war, in Verbindung zu bleiben. Ich fragte: „Na, Junge, bleibst du in der Schule auch immer sauber?"

Ich wartete ab, um die Frage wirken zu lassen. Er hatte wohl verstanden, was ich meinte. Dann schob ich nach: „Du weißt, ich rede von Pornographie – diesen Heftchen, die schon mal in der Klasse kursieren."

Er sah mir geradewegs in die Augen und grinste dabei ein bißchen, als sei er ertappt worden. „Komisch, daß du das fragst", sagte er. „Heute hat jemand ein Penthouse-Magazin in den Umkleideraum mitgebracht. Ich hab nicht reingeguckt. Bin gleich gegangen."

„Gut gemacht! Gut gemacht!" Ich sagte es gleich zweimal, damit sich meine Worte meinem heranwachsenden Jungen richtig einprägen konnten. Als er dabei direkt strahlte, merkte ich, wie stolz er war, das Richtige getan zu haben.

Leider trauen sich viele Eltern nicht, ihren heranwachsenden Kindern solche indiskreten Fragen zu stellen. Irgend etwas passiert mit uns Eltern, wenn unsere Kinder zu Teenagern werden. Sie wissen plötzlich nicht mehr, wie sie mit ihnen reden sollen.

Die „Adoleszenz" ist das Alter, in dem Ihre Kinder lernen sollten, wie der christliche Glaube in den Alltag umgesetzt werden kann. Dazu gehört, daß man ihnen erklärt, was sie über Gott wissen müssen; es ist jedoch immer noch etwas ganz anderes, ihnen das Leben mit Gott ganz praktisch nahe zu bringen und zu zeigen, wie man Versuchungen wie Pornographie meidet.

Darf ich Sie in ein Geheimnis einweihen? Ihre „Großen" reden wahrscheinlich gern mit Ihnen. Wenn Sie das nicht glauben, liefere ich Ihnen den Beweis – in der nächsten Andacht.

Gebetstip
Beten Sie füreinander, damit Ihr Glaube jenen Schuß Mut bekommt, mit dem die Heiligen des Alten Testamentes ihre Feinde niederschlugen.

Mit Teenagern im Gespräch (Teil 2)

*Und diese Worte, die ich dir heute gebiete,
sollst du zu Herzen nehmen und sollst sie
deinen Kindern einschärfen und davon reden,
wenn du in deinem Hause sitzt oder unterwegs bist,
wenn du dich niederlegst oder aufstehst.*
5. Mose 6,6–7

Doch, ich weiß alles über Teenager – ihre Angeberei, ihre Überheblichkeit. Ich weiß, daß sie ihre Eltern oft für dumm halten. Doch egal wie sie sich verhalten, wünschen sie sich trotzdem sinnvolle Gespräche mit Ihnen.

Wenn Sie das bezweifeln, habe ich Beweise dafür. Vor ein paar Jahren legte der Jugendpastor meiner Kirche seiner Gruppe zwei Fragen vor, um ein Meinungsbild zu bekommen. Hier die erste Frage: „Welches Thema würdest du gern mit deinen Eltern besprechen?" Dazu eine Auswahl der Antworten:

- Petting
- Ehe
- Sex
- Zensuren
- Taschengeld
- Verabredungen
- Drogen und Alkohol
- Ausleihen des Autos
- Ausgang
- Gott
- Jungen bzw. Mädchen
- Freunde
- selbständige Entscheidungen
- Scheidung der Eltern
- Freundschaften
- Verantwortung
- Badeanzüge
- Druck von Freunden
- Liebe
- eigene Vorstellungen
- mein Ich
- meine Fehler
- Probleme mit Freunden
- Geld
- Abitur
- Lernen aus Fehlern, um als Christ zu leben

Und da fragen Sie sich noch, worüber Sie mit Ihren heranwachsenden Kindern reden sollen? Was für eine Chance, ihnen bei alltäglichen Entscheidungen in schwierigen Situationen helfen zu können, so daß Gott die Ehre bekommt.

Gebetstip
Bitten Sie Gott um Gnade für Sie als Eltern, Ihre „Großen" in dieser gefährlichen Zeit richtig zu erziehen.

30. November

Mit Teenagern im Gespräch (Teil 3)

Da sprach Nathan zu David: Du bist der Mann!
2. Samuel 12,7

König David war in die Enge getrieben worden. Er hatte mit Batseba geschlafen und danach ihren Mann im Krieg an eine Position gestellt, wo er getötet werden mußte. Als der Prophet Nathan mit dem hypothetischen Fall eines Mannes zu ihm kam, der eben diese Sünde begangen haben sollte, entschied David, dieser Mann habe den Tod verdient. Man stelle sich seinen Schock vor, als Nathan rief: „Du bist der Mann!"

Ich nehme mir diesen Vers vor, weil wir als Eltern uns ebenso wie David in die Nesseln setzen können, wenn wir mit unseren heranwachsenden Kindern reden.

Die Jugendlichen einer Gemeinde wurden gefragt: „Auf welche Fragen hättest du gern eine Antwort von deinen Eltern?" Hier ein paar Themen:

- Warum fällt es Eltern schwerer, mit ihren Kindern zu reden, als Kindern, mit ihren Eltern zu reden?
- Habt ihr mit dem Sex gewartet, bis ihr geheiratet habt? Hat es sich gelohnt?
- Habt ihr schon einmal etwas Schlimmes gemacht und es hinterher bereut?
- Warum meidet ihr schwierige Gesprächsthemen?
- Was würdet ihr dazu sagen, wenn euer Kind nicht auf die Uni gehen möchte?
- Würdet ihr es zugeben, wenn ihr eure Kinder falsch behandelt habt, und sie um Verzeihung bitten?
- Wie würdet ihr euch entscheiden, wenn ihr entweder auf mich oder auf eure Arbeit verzichten müßtet?
- Habt ihr mich eigentlich lieb? Kümmert ihr euch überhaupt um mich? Glaubt ihr, daß ich etwas wert bin oder irgend etwas kann? Warum hört ihr mir niemals zu?
- Warum ist es so wichtig, Erfolg zu haben? Kommt man davon in den Himmel?

Verstehen Sie, was Ihre Kinder damit sagen wollen? Sie hätten ihren Eltern gern diese Fragen gestellt, trauten sich aber nicht. Ihre Kinder brauchen Ihr Vorbild und Engagement. Sie müssen genug Freiheit dazu verspüren, Ihnen unangenehme Fragen stellen zu können. Viel schlimmer als eine peinliche Frage, die man nur ungern beantwortet, ist ein falsch erzogenes Kind, das Sie später bloßstellt und demütigt.

Gebetstip
Danken Sie Gott für seine Gnade und Vergebung durch den Glauben an Jesus Christus.

Gottes Lot

Der Herr stand auf der Mauer,
die mit einem Bleilot gerichtet war,
und er hatte ein Bleilot in seiner Hand.
Und der Herr sprach zu mir: Was siehst du, Amos? ...
Da sprach der Herr zu mir:
Siehe, ich will das Bleilot legen an mein Volk Israel.
Amos 7,7–8

1. Dezember

„Die Stärke eines Volkes", sagte Abraham Lincoln, „liegt in den einzelnen Familien." Mit anderen Worten, der Zustand des Landes steht und fällt mit dem Zustand von Ehe und Familie.

Mit welchem Maßstab können wir jedoch präzise messen, wie es um unsere Familien steht? Der Prophet Amos stand an einer Wand, die nach Gottes Maßstab gerade oder „lotrecht" war. Dieses Maß müssen wir an unser Zuhause und das ganze Volk anlegen.

Schon im Jahr 1947 schrieb der Historiker Carle Zimmerman einen niederschmetternden Aufsatz über Zivilisationen, bei denen seiner Meinung nach bestimmte Faktoren zu deren endgültigem Zusammenbruch geführt hatten. Die Trümmer dieser Gesellschaften zeigten, daß die Ehe ihre Unantastbarkeit verloren hatte und häufig durch Scheidungen zerbrochen worden war. Die Frauen hatten keine Neigung mehr verspürt, Kinder zu bekommen, weshalb die Geburtenrate gesunken war. Und Eltern, ja Elternschaft und Autorität im allgemeinen Sinne, waren in aller Öffentlichkeit verhöhnt worden.

Auch stellte er fest, daß die Jugendkriminalität und Promiskuität zugenommen hatten, ebenso Auflehnung und Rebellion. Selbst Menschen, die traditionellerweise heirateten, hatten keinerlei familiäre Verpflichtungen auf sich nehmen wollen. Ehebruch war zunehmend gebilligt worden, und sexuelle Perversionen aller Art, unter anderem auch Homosexualität, waren immer erstrebenswerter und häufiger geworden.

Wenn Sie den Zustand unseres Landes beurteilen, sollten Sie Zimmermans Studie im Sinn haben. Die Hälfte aller Ehen werden inzwischen geschieden. Die Geburtenrate ist zurückgegangen. Jugendkriminalität, sexuelle Perversion und Promiskuität nehmen mittlerweile überhand.

Wie ist das passiert? Weil der Zustand des Volkes vom Zustand der Ehen abhängt. Sind wir dazu verurteilt, in die Fußstapfen von Weltkulturen zu treten, die wegen solcher Faktoren gefallen sind? Unsere einzige Hoffnung ist der Wiederaufbau der Mauern in unseren Familien und unserem Volk anhand des göttlichen Lotes und Maßstabs.

Gebetstip
Bitten Sie Gott für sich und Ihre Familie um Hilfe, ihn und seinen Maßstab gut zu vertreten.

2. Dezember

Der Wiederaufbau

„Die Mauern Jerusalems liegen zerbrochen ..."
Als ich aber diese Worte hörte,
setzte ich mich nieder und weinte
und trug Leid tagelang und fastete
und betete vor dem Gott des Himmels.
Nehemia 1,3–4

Was läßt sich nun aber an dem Zustand unseres Landes und der Familien ändern? Natürlich können wir dafür sorgen, daß unsere eigene Familie sich dem Niedergang entgegenstellt. Nehmen wir uns ein Beispiel an Nehemia. Er weinte, fastete und betete, und zwar vier Monate lang!

Dann ging er ans Werk. Aus monatelangem Gebet war ein Plan erwachsen, den Gott ihm in Herz und Verstand gelegt hatte. Nehemia sorgte dafür, daß die Mauern Jerusalems in fünfundfünfzig Tagen aufgebaut wurden. Selbst die Feinde verfolgten diese Leistung mit ungläubigem Staunen. Gott griff ein und brachte Ordnung, Zusammenarbeit und gemeinsames Handeln zustande, um dem seit neunzig Jahren herrschenden Chaos ein Ende zu setzen.

In vielerlei Hinsicht gleicht unser Land dem damaligen Jerusalem. Die Hauptverteidigungsmauer – die Familie – liegt in Ruinen und muß unbedingt wieder aufgerichtet werden. Wie zur Zeit Nehemias sind wir bei dieser Aufgabe wie nie zuvor auf Gottes Eingreifen angewiesen. Deshalb müssen wir darum beten, daß

- ▶ christliche Ehen und Familien in einer verlorenen Welt als Vorbild für die Liebe Gottes dienen;
- ▶ wir in unserer Gemeinde mit Weisheit und Mut gegen Scheidungen und Scheidungsfolgen aufstehen, gleichzeitig aber Mitleid und Liebe für die Opfer aufbringen;
- ▶ unsere Kinder überlegt in die Ehe gehen;
- ▶ unser Erbe an die Kinder sich nicht auf das Materielle beschränkt, sondern von Fürsorge für eine Welt geprägt ist, die Jesus Christus als Herrn und Erlöser braucht;
- ▶ Gott jedem die Mittel gewährt (Geld, Begabung, Führung, Technik und Mitarbeiter), der sich um die Stärkung der Familie bemüht.

Beten wir doch für den Zustand unseres Volkes, indem wir Gott zuvor den Zustand unserer Familien anbefehlen: Gott, komm und baue wieder auf. Komm und heile die zerbrochenen Familien. Bring Verwirrung über unsere Feinde, o Herr, und schwäche ihren Einfluß zum Bösen! Gib unseren Familien deine Gnade.

Gebetstip

Nehmen Sie sich heute abend Zeit, mit Ihrem Partner zu beten. Sprechen Sie auch das obige Gebet. Beten Sie darum, daß Jesus Christus zunächst Herr in Ihrer eigenen Familie und dann in jedem christlichen Zuhause wird, damit Gott geehrt wird.

Wie man gut sein kann

Gott sei aber gedankt, daß ihr . . .
nun von Herzen gehorsam geworden (seid) der Gestalt der Lehre,
der ihr ergeben seid.
Römer 6,17

*E*ines Tages tippte unser damals achtjähriger Sohn Samuel ein Werk mit dem Titel „Wie man gut ist". Es folgt mit seiner freundlichen Genehmigung die bisher nicht veröffentlichte Fassung:

WIE MAN GUT IST
1. Gehohrche Eltern und Gott.
2. Tu auch was andere Kinder tun wollen.
3. Sei nicht egoistisch.
4. Sei lieb zu kleinen Kindern.
5. Tue was die Eltern sagen.
6. Tue nicht betrügen.
7. Spiele richtig.
8. Sei ein guter Spieler.
9. Streng dich beim Sport an.
10. Mach keine Ausreden.

Nicht schlecht, oder? Wer weiß, was diesem aktiven kleinen Jungen den Anreiz bot, seine einfallsreiche Liste zu Papier zu bringen. Samuels Punkte entsprechen der kindlichen Umsetzung der Zehn Gebote. Er kannte sich damit vielleicht besser aus als mancher Erwachsene.

Wenn ich die Zehn Gebote betrachte, dann erkenne ich, daß bereits die beiden ersten eine gute Zusammenfassung bieten, „wie man gut ist":
1. „Du sollst keine andern Götter haben neben mir." Israels Versuchung war damals der Götzendienst. Ich bin überzeugt, daß eine der schlimmsten heutigen Formen des Götzendienstes der Materialismus ist. Barbara und ich überdenken dieses Thema immer wieder, weil wir unseren Kindern nicht das Vorbild rein materiell orientierter Eltern bieten wollen.
2. „Du sollst den Namen des Herrn, deines Gottes, nicht mißbrauchen". Gottes Namen zu mißbrauchen geht über seine Verwendung in Flüchen weit hinaus. Die Grundbedeutung des Verses lautet: „seinen Namen verwenden und nichts bedeuten lassen". Selbst die Routine, mit der manche Christen „Preis dem Herrn" sagen, kann auf einen Verstoß gegen dieses Gebot hinauslaufen. Gott ist heilig. Wir sollen ihn fürchten. Fluchen ist demnach gedankenloses Reden von ihm auf eine Art, die ihn nicht fürchtet.

Wir wissen, daß diese Gebote (und ebenso die anderen acht) ein Licht auf Gottes Wesen werfen, auf seine Heiligkeit und Güte. Die Philosophen wollen Gottes Wesen kraft ihres Verstandes ergründen. Der Gläubige erfährt durch Gehorsam auf sein Wort, wer er ist.

Gebetstip
Beten Sie darum, daß Sie den inneren Drang verspüren, Gottes Willen zu tun. Begnügen Sie sich nicht mit nur pflichtgemäßer Erfüllung der Gebote.

Das Versteckspiel (Teil 1)

Und sie hörten Gott den Herrn, wie er im Garten ging, als der Tag kühl geworden war.
Und Adam versteckte sich mit seinem Weibe vor dem Angesicht Gottes des Herrn unter den Bäumen im Garten.
1. Mose 3,8

Haben Sie als Kind auch „Verstecken" gespielt? Meine Cousins und ich suchten uns meist die Dämmerung dazu aus. Einer mußte suchen. Während er sich die Augen zuhielt (oder auch nicht) und laut bis fünfzig oder hundert zählte, stoben wir anderen fort in unsere schwer auffindbaren Verstecke. Dann versuchte er uns zu finden, bevor wir zum sicheren „Anschlag" zurückflitzen konnten, meist ein dicker Baumstamm.

Ich konnte mich stets weitaus besser verstecken als suchen. Niemand schaffte es, mich zu finden. Doch nach einer Weile wurde die schiere Freude, daß ich meine Mitspieler vor eine unlösbare Aufgabe gestellt hatte, von meiner Einsamkeit übertroffen. Es war dann auch diese Einsamkeit, wegen der ich mein Versteck jedesmal preisgab.

Ebenso gelingt uns auch als Erwachsenen innerhalb einer Beziehung das Verstecken besser als das Suchen. Der Mensch ist ganz auf das Verstecken eingestellt – wir haben uns schließlich seit Anfang unserer Geschichte darin geübt. Als Adam und Eva im Garten Eden gesündigt hatten, rannten sie gleich los und versteckten sich. Zum einen verbargen sie sich voreinander hinter dem berüchtigten Feigenblatt. Und dann versuchten sie ihren Ungehorsam zu verheimlichen und versteckten sich vor Gott.

Von da an haben wir Menschen in unseren Beziehungen stets Masken getragen, sowohl vor Gott als auch vor anderen. Wir verstecken uns, weil wir Angst haben, uns entdecken zu lassen und den Menschen zu zeigen, wer wir wirklich sind. Wir meinen abgelehnt zu werden, wenn man unsere Fehler entdeckt.

Dieses Verhalten ist deshalb so problematisch, weil Gott uns nicht zum Versteckspiel geschaffen hat. Im Garten Eden hat er nach Adam und Eva gesucht. Auch heute geht er uns nach und fordert uns auf, unsere sündhafte, selbstgenügsame Isolation aufzugeben und uns von ihm entdecken zu lassen, wie auch von unseren Ehepartnern.

Gebetstip
Beten Sie darum, sich von Gott und Ihrem Ehepartner wahrhaft entdecken zu lassen.

Das Versteckspiel (Teil 2)

Denn wenn ihr mich von ganzem Herzen suchen werdet,
so will ich mich von euch finden lassen.
Jeremia 29,13

In der letzten Andacht war die Rede davon, wie wir uns vor Gott und voreinander verstecken. Warum tun wir das eigentlich? Weil wir Angst haben, verletzt zu werden. Auch in vertrauten Beziehungen ist man vor Leid nicht sicher.

Keine menschliche Beziehung ist für das Versteckspiel sowie für Verletzungen so anfällig wie die Ehe. In dieser intimsten aller menschlichen Bindungen trachten zwei Menschen danach, einander zu erkennen und erkannt zu werden. Wie tragisch, daß viele Menschen heiraten, damit sie nicht mehr einsam sind, bald aber noch mehr vereinsamen als zuvor.

Ich glaube, in fünfundneunzig Prozent aller Ehen leidet man unter einer gewissen Isolation. Aber nur wenige Eheleute erkennen, wie verzweifelt allein sie tatsächlich sind. Oft entfernen sich Mann und Frau so langsam voneinander, daß sie den zunehmenden Abstand nicht bemerken. Wenn man sich dann ein paar Jahre voreinander versteckt und mit kargen Gesprächen begnügt hat, wird offenbar, daß die einst romantische Liebe schal geworden ist. Darum sind viele scheinbar gut funktionierenden Ehen kaum mehr als die Verbindung zweier gut funktionierender Menschen, die unabhängig voneinander nach ihrem Erfolg streben. Als Freunde und Lebenspartner kann man sie nicht mehr bezeichnen.

Wie geht man gegen dieses Abdriften in die Isolation vor?

Am wichtigsten ist meiner Meinung nach regelmäßiges gemeinsames Gebet. Barbara und ich haben mit dieser geistlichen Übung kurz nach unserer Hochzeit im Jahre 1972 angefangen. Unserer Ehe hat das mehr genützt als alles andere. Wenn sich ein Problem zwischen uns stellt, können wir uns entscheiden, entweder an der Schwierigkeit zu arbeiten und zu beten oder uns verärgert schlafen zu legen. Weil wir uns vorgenommen haben, jeden Tag mit Gebet abzuschließen, konnten wir lernen, zunächst Brücken der Verständigung zwischen uns zu bauen, einander zu vergeben und dann zu beten.

Das gemeinsame Gebet bewahrt uns davor, sich in Verstecke zu verkriechen.

Gebetstip

Beten Sie abwechselnd füreinander, wenn Sie sich heute nacht schlafen legen. Bitten Sie Gott um Hilfe, diese geistliche Übung in der Beziehung zu ihm und miteinander pflegen zu können.

6. Dezember

Der Alltag einer Ehefrau

*Ihr Männer, liebt eure Frauen,
wie auch Christus die Gemeinde geliebt hat
und hat sich selbst für sie dahin gegeben ...
die Frau aber ehre den Mann.*
Epheser 5,25.33

So einen Brief vergißt man nicht so leicht: Eine Frau, die an unserem Eheseminar teilgenommen hatte, klagte darin über Entmutigung, Ärger und Leid. Sie protestierte gegen meinen kompromißlosen Aufruf, sich um ihren müden Ehemann zu kümmern. Der Brief enthielt ihren Tagesablauf und eine unübersehbare Meinungsäußerung:

5.30	– Aufstehen, waschen, anziehen, Kaffee kochen.
6.00	– Frühstück machen und Kindern die Tasche für Kindergarten packen.
6.30	– Mann und Kinder wecken, abfüttern, für die Schule anziehen.
7.00	– Geschirr spülen
7.15	– Kinder zum Bus bringen. Fertig anziehen.
7.30	– Zum Kindergarten und danach zur Arbeit. Zum Frühstück Kaffee.
8.00 – 16.00	– Acht Stunden Arbeit.
16.30	– Kind vom Kindergarten abholen, gelegentlich einkaufen für Abendbrot.
17.15 – 23.00	– Nach Hause fahren, Abendessen machen, Waschmaschine laden, Kindern bei den Hausaufgaben helfen, Erlebnissen in der Schule zuhören, Wäsche zusammenlegen, Geschirr spülen, Staubsaugen, Kinder und mich baden, ins Bett sinken.
Samstag	– Hausputz, wöchentlicher Einkauf, Essen vorbereiten, Geschirr spülen, Kinder sauber ins Bett bringen.
Sonntag	– Kirche, Essen, Arbeiten im Haus erledigen, die im Lauf der Woche liegengeblieben sind.

Natürlich kommen zu solchen Tätigkeiten noch Besuche bei Arzt und Zahnarzt, Elternabende und andere schulische Aktivitäten hinzu sowie gelegentliche Besucher, die unterhalten werden müssen.

„Und wo steckt mein Mann die ganze Zeit?" schreibt sie. „Hinter seiner Zeitung oder wie festgewurzelt vor dem Fernseher. Gar nicht so einfach, auch noch romantische Gefühle für so einen Klotz zu entwickeln, der sich endlich vom Fernseher losreißt, wenn ich längst halb bewußtlos bin und mich fühle, als hätte man mich rücklings durchs Gebüsch gezogen. Vielen Dank für eure Hilfe."

Ich wünschte bloß, diese frustrierte Frau hätte ihren Absender angegeben, weil ich ihr gern schreiben und mich für meinen unsensiblen Vortrag entschuldigen würde.
Mit ihrem Mann hätte ich auch noch ein Wörtchen zu reden.

Gebetstip

Bitten Sie Gott um Sensibilität, was die Lasten Ihrer Frau angeht. Bitten Sie ihn um Weisung, wo Sie ihre Lasten tragen helfen sollten.

7. Dezember

Wenn einer Mutter Gutes widerfährt

von Barbara Rainey

> *Laßt uns aber Gutes tun und nicht müde werden; denn zu seiner Zeit werden wir auch ernten, wenn wir nicht nachlassen.*
> Galater 6,9

Für mich ist Mutterschaft einerseits die größte Freude und andererseits die Quelle steter Herausforderung und Sorgen. Manchmal aber glaube ich, daß Gott uns Müttern bestimmte Augenblicke schenkt, die uns mit einer solchen Zufriedenheit erfüllen, daß wir Mut zum Weitermachen bekommen.

Eines Tages ging ich mit meiner Tochter Ashley einkaufen. Als wir alle Tüten ins Haus brachten, rutschte Ashley eine große Flasche Spülmittel aus dem Arm, knallte auf den Garagenboden, und der Inhalt ergoß sich in alle Richtungen. „Ach, Ashley!" stieß ich hervor. Auch wenn ich sonst nichts sagte, machte mein Tonfall klar: „Was bist du nur für ein Trampel!"

Nachdem alles aufgewischt war, ging ich ins Haus und schlug den Kindern vor, mir beim Aufräumen zu helfen. Ashley machte daraufhin ganz gegen ihre Gewohnheit die Bemerkung, das Haus sei so ein Saustall, daß ein bißchen Aufräumen sowieso nicht viel ändern würde. Ich fühlte mich in meinem Stolz getroffen, weil sie im Grunde recht hatte, sagte aber nichts.

Am Abend fand ich dann einen Zettel von Ashley: „Liebe Mama, es tut mir leid, daß ich das Haus einen Saustall genannt habe. Verzeihst du mir? Und dann das Spülmittel. Das war wirklich ungeschickt. Hoffentlich nimmst du mich wieder mal zum Einkaufen mit. Ich hab' dich mehr lieb, als du dir vorstellen kannst. In Christi Liebe, Ashley."

Einmal zu Weihnachten bekam ich einen ähnlichen Brief, der mich aus einem Tief heraushob. Ich hatte Benjamin ausgeschimpft, weil er sein Zimmer verkommen ließ. Danach sagte ich: „Benjamin, bestimmt fällt dir immer nur mein Gemecker über dein Zimmer ein, wenn du später mal an mich denkst."

An diesem Abend gab er mir einen Zettel, auf dem stand: „Danke, daß du so eine tolle Mutter bist. Daran werde ich mich am meisten erinnern. Ich hab' dich lieb. Benjamin."

Natürlich kann es für eine Mutter aufreibend, hart, frustrierend und einsam werden. Aber es gibt diese unbezahlbaren Augenblicke, die sich Tag für Tag einstellen – in Form von Briefchen, Umarmungen und Küssen oder einem Wort, wie nur Ihr Kind es sagen kann.

Gebetstip
Bitten Sie Gott, Sie mit Weisheit und Geduld auszurüsten und Sie mit Freude zu belohnen.

Nichts zu tun, ist am einfachsten

Laßt uns aber Gutes tun und nicht müde werden.
Galater 6,9

8. Dezember

Es ist kein Geheimnis, daß unsere Gesellschaft mitten in einer geistlichen und moralischen Krise steckt. Aus mehreren Umfragen geht hervor, daß sich die meisten Menschen große Sorgen darüber machen, in welche Richtung sich die Spirale drehen wird. Das eigentliche Problem ist meines Erachtens jedoch der beängstigende Mangel an Menschen, die sich dazu aufraffen, ihre Meinung zu äußern. Manchmal ist sogar nur eine einzige Person nötig, um eine negative Entwicklung umzukehren.

Nehmen wir als Beispiel Babe Ruth, den berühmtesten Baseballspieler aller Zeiten. In seiner letzten Spielsaison versagte er total. Eines Tages wurde er, wie eine Anekdote berichtet, in Cincinnati erbarmungslos verhöhnt. Als er nach dem Spiel seinen Weg zum Umkleideraum antrat, riefen ihm die Fans obszöne Sprüche nach. Als die Buhrufe immer lauter wurden, sprang ein kleiner Junge über das Gitter und rannte auf seinen Helden zu.

Das Kind klammerte sich an Babe Ruths Beinen fest und weinte dabei. Der Baseballstar war von dieser Geste sehr gerührt und nahm den Kleinen in seine Arme. Gemeinsam gingen sie mit Tränen in den Augen vom Feld.

Darauf verstummten plötzlich die Buhrufe, das Geheule und die Flüche. Aus der unheimlichen Stille entsprang donnernder Beifall. Zuschauer allen Alters fingen an zu weinen. Das Handeln eines kleinen, mutigen Jungen hatte Wirkung auf das Verhalten von Tausenden gezeigt.

Ich habe mich instinktiv gefragt, wie lange der Junge dort der fluchenden, wütenden Menge zugehört hat, bis er etwas tat. Wahrscheinlich nicht sehr lange.

Wieviel schlimmer muß es mit unserer heutigen Gesellschaft eigentlich noch werden, bevor einzelne Menschen aus Mitleid und Überzeugung aus ihrem Sessel hochkommen und den Entschluß fassen, ihren Einfluß geltend zu machen?

Beim Gebet für unser Volk und seine Familien spüre ich immer deutlicher, daß der Kampf von Laien gewonnen werden muß, Männern und Frauen wie Sie, die Paulus Gehör schenken: „Laßt uns aber Gutes tun und nicht müde werden" (Galater 6,9).

Gebetstip
Bitten Sie Gott, Ihnen das Bedürfnis ins Herz zu legen, an diesem Kampf teilzunehmen.

9. Dezember

Flagge zeigen

Ihr seid das Salz der Erde ...
Ihr seid das Licht der Welt.
Matthäus 5,13.14

Salz macht haltbar, und Licht vertreibt die Dunkelheit. Wie ich es sehe, müssen wir Christen die Verantwortung übernehmen, liebevoll gegen die Dummheit und Bosheit anzugehen, die unseren Pfad kreuzt. Wir können nicht einfach wegschauen und so tun, als sei das Böse nicht existent. Wir müssen uns persönlich einmischen und uns dagegen verwahren.

Neulich waren Barbara und ich als „Anstandswauwaus" bei einer Schulparty. Ich hatte mich zunächst ein wenig verspätet. Als ich schließlich im Saal ankam, wurde mir gesagt, in einer dunklen Ecke tanzten ein paar Schüler mit reichlich fragwürdigen Bewegungen.

Ich drängte mich zu den betreffenden Schülern hin und war verblüfft, schockiert und peinlich berührt von dem, was sich mir bot. Etwa zwei Dutzend Jugendliche machten tanzend Bewegungen wie beim Geschlechtsverkehr.

Ich sah mich in einem Dilemma – sollte ich handeln oder nicht? Schließlich drängte es mich zum Eingreifen, als zwei Jungen und ein Mädchen sich besonders vulgär bewegten. Ich ging auf die Gruppe zu, klopfte den Jungen auf die Schulter und sagte: „Ihr seid zu weit gegangen. Hört auf damit!" Als sie sich reumütig von dem Mädchen wegschlichen, schaute ich ihr in die Augen und schimpfte: „Wie kannst du zulassen, daß die beiden so gemein und vulgär mit dir umspringen? Was bleibt da noch von deiner Würde übrig?"

Interessant übrigens, daß diese Jugendlichen genau wußten, wie unanständig ihr Verhalten gewesen war. Sie haben praktisch auf jemanden gewartet, dem so viel an ihnen lag, daß er sich einmischte.

Jahrelang wurde in unserer Gesellschaft die „Toleranz" als höchster aller Werte gepredigt. So verstanden, besagt Toleranz, daß es keine absoluten moralischen Maßstäbe gibt. Jede Meinung hat das gleiche Gewicht. Viele andere Erwachsene hätten sich bei meinem Versuch schockiert gezeigt, den Jugendlichen bei der Party „meine Meinung überzustülpen".

Leider hat das Ideal dieser angeblichen Toleranz uns jedoch zu einer Gesellschaft werden lassen, in der Gut und Böse nicht mehr unterschieden werden können. Und alle schauen zu, wie es immer weiter bergab geht.

Gebetstip
Beten Sie um Mut, „Salz" und „Licht" in unserer Gesellschaft sein zu können.

Gehören wir zur Familie Gottes?

*Denn also hat Gott die Welt geliebt,
daß er seinen eingeborenen Sohn gab,
damit alle, die an ihn glauben, nicht verloren gehen,
sondern das ewige Leben haben.*
Johannes 3,16

Vor ein paar Jahren haben wir als Familie im Yosemite-Nationalpark Urlaub gemacht. Beim Spaziergang unter den riesigen Sequoiabäumen entdeckten wir einen, der besonders gigantisch war. Unten am Stamm hing ein Schild: „Das treue Pärchen." Ein Parkführer erklärte dazu, es handele sich eigentlich um zwei Bäume. Vor etwa 1.500 Jahren sprossen zwei Schößlinge im Abstand von etwa fünf Metern auf. Ungefähr achthundert Jahre später waren die Stämme einander nahe genug, daß sie sich berührten, und sie begannen zusammenzuwachsen.

Ich dachte: Was für ein vollkommenes Beispiel für gläubige Familien! Die Glieder sind zusammengewachsen, behalten aber ihre eigene Identität. Wenn sie in der Beziehung zu Gott nach oben wachsen, kommen sie einander näher und können wie der mächtige Mammutbaum den Stürmen des Lebens trotzen, weil sie eins sind.

Das ist der Schlüssel zu einer wunderbaren Ehe: die Verpflichtung, gemeinsam näher zu Gott zu gelangen. Wer aber dahin gelangen will, muß erst Teil der Familie Gottes werden. Das fängt damit an, daß wir Christus als Erlöser und Herrn annehmen.

So wie die Ehe mit dem persönlichen Versprechen zweier Menschen füreinander beginnt, verhält es sich auch mit der Beziehung zu Gott. Wir müssen uns an ihn wenden, Buße für unsere Sünden tun und Christus vertrauen, daß er die Sünden vergibt.

Eine Beziehung zu Gott zu beginnen, ist die wichtigste Entscheidung eines ganzen Lebens. Eins kann ich Ihnen sagen: Man ist danach nicht mehr der gleiche Mensch.

Gebetstip

Beten Sie darum, daß Ihre Familienangehörigen im Weinberg des Herrn ihre Individualität in einen einzigen, starken und fest verwurzelten Stamm einbringen werden.

11. Dezember

Im Feuer singen

*Denn die uns gefangen hielten,
hießen uns dort singen und in unserm Heulen fröhlich sein:
Singet uns ein Lied von Zion!*
Psalm 137,3

Gil Beers, früher Herausgeber der Zeitschrift *Christianity Today*, hat einmal die Geschichte einer seiner Vorfahren aufgeschrieben, damit sich die Familie daran erinnert, wenn sie das nächste Mal unter einer Prüfung zu leiden hat. Beers Urgroßmutter achten Grades hieß Catherine DuBois.

Eines Tages schwärmte eine Gruppe Indianer vom Stamm der Minnisink vom Catskill-Gebirge aus und nahm Catherine und ihre Tochter samt anderer Frauen und Kinder gefangen.

Nach zehn Tagen fanden die Indianer, eine Vergeltung sei nicht mehr zu erwarten, und wollten ihren Erfolg mit der Verbrennung Catherines und ihrer Tochter feiern. Die beiden Gefangenen kamen auf einen Holzstoß, der mit einer Fackel entzündet wurde.

Statt zu schreien und die Folterer oder Gott in dieser Lage zu verwünschen, fing Catherine DuBois an zu singen! Es war eine hugenottische Hymne, die sie in Frankreich gelernt hatte. Die Worte waren Psalm 137,3 entlehnt. Die Indianer waren von ihrer Tapferkeit und ihrem Lied so beeindruckt, daß sie noch mehr Lieder von ihr hören wollten. Während Catherine DuBois noch sang, tauchte ihr Mann mit einem Suchtrupp auf und rettete sie.

Denken Sie bitte nicht, diese Geschichte sei als Beispiel für Ihre Familie zu weit hergeholt, weil die kleinen „Feuer", mit denen Sie zu tun haben, selten lebensbedrohlich seien. Es gibt jedoch viele Situationen, in denen ein kleines Lied oder ein wenig Humor den aufflammenden Streit oder die aufkeimende Spannung entschärfen können. Tatsächlich haben gerade die Eltern erstaunlich viel Talent zur Krisenbewältigung, die ständig ein kleines Lied auf den Lippen haben oder eine Melodie summen.

Paulus und Silas kannten sich damit aus. Als sie in der Stadt Philippi ins Gefängnis kamen, beteten und sangen sie. Auf einmal bebte die Erde unter ihnen und die Mauern zerbrachen! Unterschätzen Sie nie die Kraft, die in einem Lied steckt.

Gebetstip
Bitten Sie Gott darum, auch dann ein Lied zu seinem Lob singen zu können, wenn Ihnen die gegenwärtigen Umstände allen Mut zu rauben scheinen.

Wie zeigt Mann seiner Frau, daß er sie liebt? (Teil 1)

Dezember 12.

So sollen auch die Männer ihre Frauen lieben wie ihren eigenen Leib ... Denn niemand hat je sein eigenes Fleisch gehaßt; sondern er nährt und pflegt es, wie auch Christus die Gemeinde.
Epheser 5,28–29

Wie würde Ihre Frau reagieren, wenn Sie ihr eines Abends in die Augen schauten und fragten: „Liebling, was kann ich tun, damit du merkst, wie sehr ich dich liebe? Wie kann ich es dir beweisen?"

Aus Erfahrung weiß ich, daß viele Frauen in einem solchen Fall zu einer der folgenden Reaktionen neigen:

1. Sie muß sich erstmal setzen. Wie kommt er auf so eine Frage?
2. Sie läuft ins Bad und kommt mit einem Fieberthermometer zurück. Der Mann muß krank sein.
3. Sie lacht spöttisch und wechselt das Thema. Wahrscheinlich macht er bloß Witze.
4. Sie wird mißtrauisch. Aus Erfahrung weiß sie, daß ihr Mann sie zu irgendwas rumkriegen will.

Leider klingt es etwas zynisch, aber bei vielen Männern geht das romantische Feuer gleich nach der Hochzeit aus. Manche denken anschließend überhaupt nicht mehr darüber nach, womit sie ihre Liebe beweisen könnten. Es geht ihnen nur noch um ihre eigenen Bedürfnisse.

Wenn Sie also Ihrer Frau so eine Frage stellen, fällt ihr womöglich nicht gleich die passende Antwort ein. Wahrscheinlich hat sie sich nie Zeit genommen, darüber nachzudenken. Sie wird sich aber freuen, daß Sie an ihren Bedürfnissen interessiert sind.

Wenn Sie dann Bescheid wissen, sollten Sie konsequent sein und Ihre Liebe zu ihr ohne Hintergedanken beweisen. Allzu häufig sehen wir Männer nämlich Romantik nur als Mittel zum Zweck – und dieser Zweck ist Sex. Wir meinen: Wenn ich all das für meine Frau mache, wird sie heute abend im Bett auf mich eingehen!

So eine Einstellung wird Ihre Frau schnell spüren. Aufopferungsvolle Liebe ist das nicht. Wenn Sie Ihrer Frau mit romantischen Erlebnissen Freude machen wollen, dann sollten Sie Ihre eigenen Pläne fallen lassen und einzig das Ziel anstreben, daß sie sich geliebt fühlt.

Gebetstip

Beten Sie darum, für Ihre Frau sorgen zu können und sie ohne Hintergedanken schätzen zu lernen. Ihre eigenen Ziele sollten dabei hintenanstehen.

Wie zeigt Mann seiner Frau, daß er sie liebt? (Teil 2)

von Barbara Rainey

Mein Freund ist mein, und ich bin sein.
Hoheslied 2,16

Wie Dennis in der letzten Andacht schrieb, fragt ein Mann am besten seine Frau, wenn er wissen will, wie er ihr seine Liebe beweisen kann. Doch um etwas mehr Hilfe anbieten zu können, haben wir bei unseren Eheseminaren achthundert Teilnehmer befragt. Hier (und in der nächsten Andacht) also unsere Top Ten, von hinten nach vorn, was aus der Sicht der Frauen zur romantischen Liebe gehören sollte.

10. Händchen halten. Für eine Frau bedeutet dieses einfache Zeichen Nähe. Damit sagt man: „Ich möchte dir nahe sein. Ich mag dich."
9. Massage. Viele Frauen bitten ihre Männer nur ungern um Fuß- oder Rückenmassagen, weil sie wissen, daß Männer sie als sexuelles Vorspiel sehen. Eine Frau aber genießt die Massage auch einfach pur.
8. Liebesdienste, gern auch aufopferungsvoll. Reicht vom einfachen Türaufhalten bis zum Abwaschen nach dem Mittagessen. Wenn ein Mann selbst in kleinen Dingen auf seine Bequemlichkeit verzichtet, dann zeigt er damit, daß er sich um sie kümmert und etwas Besonderes in ihr sieht.
7. Ein Kuß. Interessanterweise nannten Männer hier eine höhere Rangstufe. Ich vermute, auch Frauen würden sich mehr aus Küssen machen, wenn sie nicht aus Erfahrung wüßten, daß Männer sich meist nicht damit begnügen.
6. Gemeinsamer Spaziergang. Der hingegen steht bei den Männern nicht sehr hoch im Kurs, fördert aber die Beziehung. Wenn wir mit unserem Mann spazieren gehen, gönnen wir uns eine Pause von alltäglichen Arbeiten und Ablenkungen. Weder Telefon noch Fernseher stören. Auch die Kinder sind mal nicht dabei. Die Beziehung steht im Mittelpunkt.

Als ich diese Hälfte der Liste durchsah, war ich verblüfft, wie unterschiedlich Gott uns Frauen geschaffen hat. Auch für mich selbst bedeutet romantische Liebe in unterschiedlichen Situationen mal dies, mal das. Wir haben aber alle eines gemeinsam: Wir wollen uns von unserem Mann geliebt fühlen.

Gebetstip
Beten Sie darum, daß Gott den Wunsch in Ihnen erweckt, Ihrer Frau Liebe zu erweisen, ohne eine Gegenleistung zu erwarten.

Wie zeigt Mann seiner Frau, daß er sie liebt? (Teil 3)

von Barbara Rainey

Mein Freund ist mein, und ich bin sein.
Hoheslied 2,16

Hier die Fortsetzung der romantischen Dinge, die sich Ihre Frau von Ihnen wünscht:

5. Schriftliche Grüße, Briefe oder Karten. Neulich machte ich unser Bad sauber und fand einen Zettel, den Dennis mir einmal geschrieben hatte: „Hast du alle Grüße mit meinen Liebeserklärungen gefunden?" Vor einigen Jahren hatte er nämlich solche Nachrichten überall im Haus versteckt, und mir hatte es viel Freude bereitet, nach ihnen zu suchen. Diese eine klebte immer noch an der Badezimmerwand, um mich daran zu erinnern, was für ein wunderbarer Mann er ist.
4. Gemeinsam ausgehen. So eine Verabredung bedeutet, nur für uns beide Zeit zu haben. Eine Frau steht gern im Mittelpunkt der Aufmerksamkeit ihres Mannes. Sie genießt diese Zeit, in der sie ihn ganz für sich allein hat.
3. Ein gemeinsames Essen. Sie könnten Ihre Kinder ein bißchen früher als sonst zu Bett bringen und für ein Abendessen bei Kerzenschein bei sich zu Hause sorgen. Oder Sie holen Ihre Frau zur Mittagspause vom Büro ab und machen ein kleines Picknick.
2. Berührungen. Hier spreche ich nicht von sexuellen Berührungen, sondern vom Umarmen, Kuscheln und Streicheln, ohne später eine Belohnung zu erwarten.

Viele Frauen haben von ihren Eltern nie besonders viel Zärtlichkeit bekommen. Sie sehnen sich also von Kindheit an nach körperlicher Berührung. Wenn aber alles, was von ihrem Mann kommt, in Sex mündet, bleibt der Gedanke nicht aus: So sehr liebt er mich auch wieder nicht. Er braucht mich nur als Lustobjekt.

Schließlich komme ich zum Schluß der Liste:

1. Blumen. Viele Männer haben noch nicht begriffen, wie stark Blumen auf Frauen wirken – ich weiß selbst nicht, warum. Blumen bedeuten wohl: „Du bist etwas Besonderes." Vielleicht hängt es damit zusammen, daß Blumen so vergänglich sind. Nach ein paar Tagen welken und verdorren sie. Aber für kurze Zeit erinnern sie farbenfroh daran: Mein Mann liebt mich.

Sicher fällt auf, daß diese Aufzählung von einem roten Faden durchzogen wird: Frauen wollen sich als etwas Besonderes fühlen. Sie wollen, daß ihr

Mann seine Liebe beweist, ohne Sex einzufordern. Für Frauen bedeutet Romantik soviel wie Beziehung.

Gebetstip
Beten Sie darum, daß Gott Ihnen hilft, die Romantik in Ihrer Ehe lebendig zu halten.

Mit Steinen werfen ...

Wer den Armen verspottet, verhöhnt dessen Schöpfer.
Sprüche 17,5

15. Dezember

Als ich in der ersten Klasse war, sortierte ich mit meinen Freunden alle Kinder durch, wer „in" und wer „out" war. Als erste war Lois „out". Sie kam aus einer armen Familie und trug nicht so schöne Sachen wie die andern. Außerdem war sie etwas langsam im Lernen. Das trug nicht gerade zu ihrem Ansehen bei. Also wurde sie schnell ausgeschlossen.

Die „in"-Gruppe lehnte Lois als Person ab – ganz allmählich wurden wir dabei immer rücksichtsloser. Als wir in die Oberschule kamen, war sie bereits Gegenstand zahlloser Witze. In der Oberstufe hatte sie bereits solch einen Minderwertigkeitskomplex, daß sie nur noch den Blick gesenkt hielt.

Jahre später erkannte ich, wie falsch meine Wertmaßstäbe und die hochmütige, dumme Einstufung meiner Klassenkameradin gewesen waren. Beim Gedanken an meine Grausamkeit mußte ich weinen. Ich habe Gott um Vergebung für mein arrogantes, kindisches Verhalten gebeten. Sie war ja ganz genau so wie ich nach Gottes Ebenbild geschaffen.

Mit einer bösen Zunge kann man Gift spritzen. William Hazlitt hat einmal geschrieben: „Spitznamen sind die härtesten Steine, mit denen uns der Teufel bewirft." So mancher kann nie den Namen vergessen, den man ihm einmal angehängt hat.

Hier ein paar Spottnamen, die wir in letzter Zeit aufgeschnappt haben: Dummerjan, Drecksack, Fettsack, Ochse, Gipskopf, Spatzenhirn, Pickelgesicht, Penner, Gartenzwerg, Dumpfbacke, Schlampe, Schleimer, Streber, Triefauge, Jammerlappen, Waschlappen, Muttersöhnchen, Zimtzicke, Hampelmann, Wackelpudding ... Damit kann man wirklich weh tun.

Was Ihr Partner heute von sich hält, kann stark von den Nachwirkungen solcher Bosheiten beeinträchtigt sein. Auch heute noch könnte er sich vom Urteil seiner Mitmenschen abhängig machen. Er fragt sich vielleicht voller Hemmungen, ob er „die richtigen Sachen" trägt oder den richtigen Jargon beherrscht. Möglicherweise ist er oder sie unsicher im Umgang mit Ihren Freunden.

Wie an anderer Stelle in diesem Buch bereits gesagt, sind Sie für Ihren Partner eine Art Spiegel. Selbst heute noch ist es möglich, die negativen Stimmen der Vergangenheit mit Worten der Bestätigung und Anerkennung zum Schweigen zu bringen.

Gebetstip
Beten Sie um Gelegenheiten, das Selbstwertgefühl Ihres Partners mit positiven Worten zu heben.

16. Dezember

Die Frau aus Sprüche 31

*Wem eine tüchtige Frau beschert ist,
die ist viel edler als die köstlichsten Perlen.* Sprüche 31,10

Zu unseren Lieblingssendungen bei „Family Life Today" gehört der „Anruf bei Mama". Wir rufen bekannte Hausfrauen und Mütter im ganzen Sendegebiet an und fragen nach, wie es bei ihnen läuft.

Ich hake dann auch gerne nach und frage, wie es im Haus aussieht. Eine Frau mit Baby sagte: „Unser Schlafzimmer sieht schlimm aus! Nicoles Wiege und ihr Schaukelstuhl stehen drin. Mein Schreibtisch ist zum Wickeltisch geworden. Überall liegen Windeln rum, und in jeder Ecke liegt ein Kleiderstapel."

Anschließend haben wir meine Frau Barbara angerufen. Sie beschrieb ihre Küche: „Ach, die ist unaufgeräumt wie immer. Mal sehn, da steht Blaubeerkuchen von letzter Woche rum. Das Spülbecken ist voll Geschirr, auf dem Boden liegen Krümel, und auf dem Eßtisch habe ich heute morgen die Wäsche zusammengefaltet. Auf dem Stuhl daneben quillt der Korb trotzdem noch mit frischer Wäsche über."

Danach war Brenda dran, eine unserer Freundinnen. Ihr Beitrag: „Unser Haus bricht zusammen. Die Küche ist voll mit schmutzigem Geschirr. Aber der Tag war toll. Ich habe alles gemacht, was mir wichtig war."

Ich weiß, daß viele Leute die Hausfrau und Mutter aus Sprüche 31 als eine Art „Superfrau" betrachten, die niemals etwas falsch macht. Dazu nur diese Fragen: Ob nicht auch ihre Wohnung manchmal schmutzig war? War wohl die Wäsche stets ordentlich gefaltet?

Obwohl diese Frau gelobt wird – „Sie schaut, wie es in ihrem Hause zugeht, und ißt ihr Brot nicht mit Faulheit" (Vers 27) –, war sie nicht vollkommen. Ihr Lob gründet sich nicht auf die Ordnung im Haushalt, sondern darauf, daß sie dem Wichtigen den Vorrang gab.

Tragisch, daß in den letzten Jahrzehnten die Leistung einer Hausfrau zu häufig nach Gesichtspunkten der Ordnung beurteilt wird. Wir sollten doch in der Lage sein, die Sache mit Abstand zu betrachten, und entscheiden können, was wichtig ist. Vielleicht muß der Fußboden in Ihrer Wohnung gewischt oder der Kühlschrank abgetaut werden. Vielleicht läuft den Kindern die Nase. So etwas kann ganz schön unter Druck setzen.

Aber was spielt das in zehn oder fünfzehn Jahren noch für eine Rolle? Welche bleibenden Erinnerungen werden die Kinder an Sie haben? Wollen Sie nicht, daß sie sich in erster Linie an Ihre Liebe erinnern und an das Vorbild, wie man an Gottes Seite lebt?

Gebetstip

Bitten Sie Gott um die richtige Perspektive bei Ihrer Pflichterfüllung im Haushalt. Männer, beten Sie für Ihre Frauen – aber machen Sie sich anschließend auch nützlich!

Welches Vermächtnis werden Sie hinterlassen?

*Gedenke der vorigen Zeiten
und hab acht auf die Jahre von Geschlecht zu Geschlecht.
Frage deinen Vater, der wird dir's verkünden,
deine Ältesten, die werden dir's sagen.*
5. Mose 32,7

Bei unseren Family Life-Konferenzen im ganzen Land zeigt sich, daß viele Ehepaare mit dem Begriff „Vermächtnis" nichts anfangen können. Die alttestamentliche Familie hingegen wußte, was es mit der Hinterlassenschaft einer Generation auf sich hat. Im obigen Bibeltext geht es darum, daß die Zeitgenossen des Mose ein Vermächtnis aus der Vergangenheit empfangen hatten. Sie wurden aufgefordert, sich daran zu erinnern, damit sie darin Wurzeln schlagen konnten.

Auch manche Familien des zwanzigsten Jahrhunderts nehmen ihr Erbe ernst. Als ein kleiner Junge vor seinem sechsten Geburtstag stand, ahnte er, daß etwas Besonderes passieren würde. Eine Woche vor der Geburtstagsfeier war die Garagentür mit einem nagelneuen Vorhängeschloß gesichert worden. Endlich war es so weit. Er wurde von einem Onkel geweckt und sollte nach unten in die Küche kommen, wo die Eltern, Tanten, Onkel, Oma und Opa warteten.

Alle gingen aus dem Haus und bildeten vor dem Garagentor einen Halbkreis. Dann öffnete der Vater das Schloß und schob das Tor hoch. Drinnen lag der Abschnitt eines Mammutbaumstamms, etwa ein Meter fünfzig groß und dreißig Zentimeter dick.

Der Junge trat heran und stellte fest, daß die riesige Holzscheibe sorgfältig lackiert und poliert war. Dann sah er kleine Zeichen an den Baumringen. An einem Ring stand „Verkündigung der Befreiung; 1. Januar 1863". Auf einem anderen Ring stand das Hochzeitsdatum seiner Eltern.

Je gründlicher der Junge die sorgfältig beschrifteten Ringe auf der Mammutbaumscheibe studierte, desto klarer wurde ihm, daß hier nicht nur die Familiengeschichte stand, sondern auch die Geschichte seines Volkes. Seine Familie wußte um die Notwendigkeit, einem jungen Mann ein Verständnis für seinen Ursprung zu vermitteln.

Da ist es kein Wunder, daß aus dem kleinen Alex Haley der Autor des Bestsellerromanes *Roots* wurde.

Gebetstip
Beten Sie darum, die positiven Werte Ihrer Herkunftsfamilien weitergeben zu können. Sagen Sie allem Negativen ab. Vermitteln Sie Ihren Kindern ein starkes geistliches Vermächtnis.

18. Dezember

Das Ende aller Menschen

*Es ist besser, in ein Haus zu gehen, wo man trauert,
als in ein Haus, wo man feiert;
denn da zeigt sich das Ende aller Menschen,
der Lebende nehme es zu Herzen!*
Prediger 7,2

Wir entnehmen diesem Vers aus dem Buch Prediger, daß das Wissen um unseren Tod unser gegenwärtiges Leben beeinflussen sollte.

Leider merken viele Menschen erst dann, was im Leben wichtig ist, wenn es damit zu Ende geht. Vor ein paar Jahren bekam ich einen Brief, der diese Tatsache verdeutlichte:

Frank war ein wunderbarer Mann, aber auch stoisch ernst. Er brachte seinen drei Jungen bei, stark und zäh zu sein. Tränen und Umarmungen gab es bei ihm nicht, höchstens einen männlichen Händedruck beim Zubettgehen. Er wollte alles nach seiner Art erledigt haben. Und ein guter Zuhörer war er nicht.

Frank bekam mit dreiundvierzig unheilbaren Krebs, der von einem Bein aus in Lunge, Milz und andere Körperteile metastasierte. Ein paar Tage, nachdem er von seinem Krebs erfuhr, gab er sein Leben Jesus. Frank fing an, ihm zu vertrauen und sich um Kraft und Mut an ihn zu wenden.

Jetzt wurde es ihm wichtig, seine Söhne täglich zu umarmen und sie lieb zu haben. Er sagte ihnen, was ihm auf dem Herzen lag, weinte mit ihnen und verschwieg nicht, wie stolz er auf sie war und wie sehr er sie liebte. So wurde aus ihm der aufmerksame, liebevolle Ehemann, von dem jede Frau träumt.

Seine letzten vier Monate hier auf Erden sorgte er für Lachen und gute Laune. Obwohl der Krebs sich in seinem Körper festgesetzt hatte, schenkte Gott ihm bis zum Ende wirkliche Lebensqualität. Frank bereitete die Familie auf seinen Tod und die Aufgaben vor, die zu bewältigen waren, damit auch sie eines Tages das Ziel erreichen und vor Gottes Thron stehen würden.

Frank hatte das Glück, die Chance auf eine Neuordnung seines Lebens wahrnehmen zu können.

Gebetstip
Bitten Sie Gott um Beistand für ein Leben mit den richtigen Prioritäten.

Sich auf den Kampf einstellen

Leide mit als ein guter Streiter Christi Jesu.
2. Timotheus 2,3

Liebe Eltern, wir sind dringend auf Sie angewiesen. Uns steht ein großer Kampf bevor. Wie wichtig er ist, wurde mir vor Augen geführt, als ich einmal vor Oberschülern zum Thema „sexuelle Enthaltsamkeit" sprechen sollte.

Erst waren die Mädchen alleine dran. Ich stellte ihnen drei Mädchen aus der Oberstufe vor, die sich alle für Jungfräulichkeit vor der Ehe und Reinheit aussprachen. Die zweihundert Zuhörerinnen reagierten mit spontanem Applaus. Sie hatten Sehnsucht nach anderen Vorbildern als Madonna.

Bei den Jungen lief es anders. Als ich zwei Oberstufenschüler präsentierte, die moralisch sauber und ohne sexuelle Erfahrungen in die Ehe gehen wollten, fing eine Gruppe an zu lachen. Sie machten sich über die beiden lustig. Da wurde ich wütend. Ich fuhr hoch, ging direkt auf die Zwischenrufer zu und sagte: „Eure Einstellung macht mich sehr traurig."

Ein ernüchternder Gedanke, daß aus diesen Jungen später einmal Ehemänner werden. Was für Familien wird es in der nächsten Generation geben? Wie werden dort die Kinder erzogen? Man fragt sich geradezu, ob unser gegenwärtig niedriger Standard von Recht und Ordnung in Zukunft als „gute alte Zeit" gelten wird.

Liebe Väter und Mütter! Ziehen Sie sich für den Kampf warm an und stellen sich auf Härten aller Art ein, wenn Sie Ihre Kinder erziehen. Für Golfclubs und anderen Zeitvertreib bleibt keine Zeit.

Mischen Sie sich in die Kämpfe Ihrer Kinder ein. Seien Sie da, wenn Sie gebraucht werden. Erkunden Sie das Schlachtfeld. Schauen sie sich genau an, welche Freunde Ihre Kinder haben. Bereiten Sie Ihre Kinder auf den Kampf mit dem eigenen Sexualtrieb vor. Sprechen Sie auch dann darüber, wenn es allen Beteiligten peinlich ist.

Vor allem aber dürfen Sie nicht den Kopf in den Sand stecken und so tun, als ob es gar keinen Kampf gibt.

Gebetstip
Beten Sie darum, daß Sie und Ihre Familie in der Schlacht um moralische Reinheit klug kämpfen, damit Gott Ihnen den Sieg gewährt.

20. Dezember

Es passierte zu Weihnachten (Teil 1)

Der Herr hat's gegeben, der Herr hat's genommen;
der Name des Herrn sei gelobt!
Hiob 1,21

Am 20. Dezember 1980 waren die Kinder schon früh im Bett. Barbara und ich wollten uns gerade einen gemütlichen Abend machen.

Da klingelte das Telefon. Die Stimme am anderen Ende klang so kühl und nüchtern, daß ich es nie vergessen werde. Mir wurde mitgeteilt, daß mein guter Freund Mick Yoder und zwei seiner Söhne nachmittags in einen schweren Flugzeugunfall geraten waren.

Mick und seine Frau Helen waren erst im Sommer nach Greenville gezogen, um dort eine Gemeinde zu gründen. Es war also nur ein paar Monate her, daß Barbara und ich uns von den Yoders verabschiedet hatten. Sie waren seit Gründung von Family Life fünf Jahre lang unsere Mitarbeiter gewesen.

Am Morgen des Unfalls hatte Mick den Sonntagsgottesdienst gehalten. Danach hatte er sich mit seinen Söhnen einem Ehepaar zu diesem Flug angeschlossen. Etwa zwei Meilen vor der Landebahn brach ein Teil des Vergasers, der Motor versagte, und sie verfehlten die Bahn um nur drei Meter und prallten auf eine Böschung.

Alle bis auf Benji, Micks siebenjähriger Sohn, überlebten den Aufprall. Er war sofort tot.

Am nächsten Morgen verabschiedete ich mich von Barbara und flog nach South Carolina. All die Jahre in meinem Dienst hatten mich nicht auf so etwas vorbereiten können. Um Mick stand es sehr schlecht. Arme und Beine waren gebrochen. Helen hatte die Wucht der Ereignisse emotional stark mitgenommen.

Als ich an Micks Krankenbett trat, konnte ich erst nicht fassen, wie viele Schläuche in seinem Körper steckten. Ich beugte mich über ihn und versuchte, ihn zu trösten: „Hunderte von Christen im ganzen Land beten für dich."

Mick nickte. Den Verlust seines Sohnes nahm er mit den Worten aus Hiob 1,21 hin: „Der Herr hat's gegeben, der Herr hat's genommen. Der Name des Herrn sei gelobt!"

Bei diesen Worten löste der ganze Kummer, der tief in mir gesteckt hatte, einen unaufhaltsamen Strom von Tränen aus.

Gebetstip
Bitten Sie Gott um Hilfe, damit Ihr Glaube wächst. Beten Sie darum, daß Gott Sie beide zu Menschen nach seinem Willen macht.

Es passierte zu Weihnachten (Teil 2)

Tod, wo ist dein Sieg? Tod, wo ist dein Stachel?
1. Korinther 15,55

Mick war der einzige Pastor dieser kleinen Gemeinde, also hatte ich die Aufgabe, den Beerdigungsgottesdienst für Benji zu leiten.

Dieser Tag hat sich tief in mein Herz eingebrannt. Hier stand der kleine, grauweiße Sarg mit dem Leichnam eines siebenjährigen Jungen. Dort stand Benjis Mutter Helen, daneben ihr zehnjähriger Sohn, tapfer und aufrecht. Die anderen Familienangehörigen lagen mit nahezu zerschmettertem Körper im Krankenhaus. Das ganze Leben schien zum Stillstand gekommen zu sein.

Welchen Zuspruch kann ein schwacher Mensch in so einer Situation äußern? Was kann man einer Mutter sagen, die zu Weihnachten die ungeöffneten Geschenke für ihren geliebten Sohn wegräumen muß? Menschlich gesprochen herrschten nur unlösbare Fragen, Ungerechtigkeit, Verzweiflung und Zorn. Alles war grausam und dunkel.

Doch inmitten der Dunkelheit des Todes strahlte der Stern von Bethlehem plötzlich hell auf. Als ich aus der Bibel vorlas, kam die Hoffnung des Evangeliums Jesu Christi und verschlang die Dunkelheit. „Tod, wo ist dein Sieg?"

Der Kontrast von Qual und Freude war unvergeßlich. Wenn das Evangelium von Jesus Christus einer Mutter Trost und Hoffnung bringen kann, die gerade ihr Kind verloren hat, dann ist Gott wirklich allmächtig. Das Grab Jesu ist leer. Wir bekommen von Gott Vergebung und Frieden, weil Christus lebt.

Viele Ehepaare, die wie Mick und Helen ein Kind verloren haben, können sich davon nicht mehr erholen, und die Ehe zerbricht. Doch die Yoders schafften es, sich auf den Sieg zu stützen, den Christus versprochen hat. Vierzehn Monate nach Benjis Tod brachte Helen ein gesundes Mädchen zur Welt. Sie und Mick gaben ihr den Namen Hope. Dabei dachten sie an die Verheißung aus Jeremia 29,11:

Denn mein Plan mit euch steht fest: Ich will euer Glück und nicht euer Unglück. Ich habe im Sinn, euch eine Zukunft zu schenken, wie ihr sie erhofft. Ich, der Herr, sage es. (Die Gute Nachricht)

Gebetstip
Beten Sie gemeinsam darum, inmitten der Härten und Tragödien des Lebens nie die Hoffnung zu verlieren.

Ein kleines Stückchen Gnade

von Barbara Rainey

*Ein schönes Weib ohne Zucht
ist wie eine Sau mit einem goldenen Ring durch die Nase.*
Sprüche 11,22

Ich glaube, daß wir Ehefrauen unseren Männern etwas Gnade gewähren müssen. Sie wissen nicht, wie eine Frau empfindet und daß wir auch anders funktionieren als sie. Früher dachte ich: Warum versteht Dennis einfach nicht, was ich durchmache? Warum macht er alles anders, als ich es haben will? Ich mußte hinnehmen, daß er nicht automatisch weiß, wo ich gefühlsmäßig stehe oder was ich in den verschiedensten Situationen erwarte. So etwas muß ich ihm immer mitteilen. Wenn ich dabei sein Wesen kritisiere, verteidigt er sich nur. Mir bleibt dann nichts anderes übrig, als ihm etwas Gnade zu gewähren.

Jetzt kann ich lachen, wenn ich an einen bestimmten Morgen denke. Ich mußte zur gleichen Zeit wie die Kinder aus dem Haus und sagte zu Dennis: „Heute morgen brauche ich wirklich deine Hilfe. Kannst du mal das Frühstück machen?"

Damit meinte ich, er solle alles so machen wie ich – das Essen zubereiten, die Mädchen in die Küche rufen und fragen, was sie trinken wollen. Bei mir geht es immer gesprächig zu.

Dennis hingegen steckte nur Brot in den Toaster, während er im Fernsehen die Nachrichten verfolgte. Er legte einen Stapel mit zehn Scheiben auf einen Teller und stellte diesen auf den Tisch. Als die Kinder dann ins Auto stiegen, hatten sie noch nichts gegessen. „Warum nicht?" fragte ich sie. „Wo war denn das Essen?" fragten sie zurück. Dennis hatte vermutet, sie würden den Rest des Frühstücks schon finden.

Als ich ins Haus zurückging, wurde mir klar, daß sich Dennis dieser Aufgabe anders widmete als ich. Beim Frühstück meiner Kinder bin ich auch mit dem Gefühl bei der Sache, während er nichts tat, als seine Arbeit zu erledigen. Im Geist befand er sich schon im Büro. Dabei hatte er im Grunde genau ausgeführt, worum ich ihn gebeten hatte, nur nicht genauso, wie ich es gemacht hätte.

Im Stillen gewährte ich ihm meine Gnade.

Gebetstip

Bitten Sie Gott, daß er Ihnen Verständnis für Ihren Mann gibt, wenn er anders als Sie an die Aufgaben herangeht. Verzichten Sie gnädig auf eine Verurteilung.

Krumme Nägel

Denn ich weiß nicht, was ich tue.
Denn ich tue nicht, was ich will; sondern was ich hasse, das tue ich ...
Denn ich weiß, daß in mir, das heißt in meinem Fleisch,
nichts Gutes wohnt.
Wollen habe ich wohl, aber das Gute vollbringen kann ich nicht.
Römer 7,15.18

Es fing mit einem schönen Weihnachtsbaum an, einer zwei Meter hohen Tanne. Nur war der Stamm für unseren winzigen Ständer zu dick. Als ich ihn dann bearbeitet hatte, war er zu kurz und reichte nicht mehr bis zum Boden des Ständers.

Barbara schlug vor, eine Verlängerung anzunageln. Also versuchte ich, ein passendes Holzklötzchen mit zwei Nägeln am Stamm zu befestigen. Gar nicht so schwierig? Doch!

Mit einem kräftigen Schlag machte ich den Nagel völlig krumm. Das Holz schien wie versteinert. Als es mit dem zweiten Nagel nicht besser ging, grummelte ich vor mich hin: Weihnachtsbäume sind ja doch bloß eine heidnische Sitte.

Der dritte Nagel wurde krumm wie seine Vorgänger. Der vierte sauste gleich in einen Azaleenbusch. Selbst wenn der Baumstamm aus Butter gewesen wäre, würde sich auch der fünfte Nagel krümmen – genau das tat er. Ob es wohl von Dämonen besessene Weihnachtsbäume gab?

Ich warf den bereits heftig nadelnden Baum auf die Ladefläche unseres Autos und nahm mir vor, das blöde, heidnische, versteinerte Ding dahin zurückzubringen, wo ich es besorgt hatte. Dann aber sah ich meinen verschreckten fünfjährigen Benjamin, der die Szene miterlebt hatte und nun wahrscheinlich glaubte, Weihnachten müsse ausfallen. Jetzt hätte ich mich an W. C. Fields' Rat halten müssen: „Wenn es beim ersten Mal nicht klappt, dann geben Sie auf! Es hat keinen Zweck, sich zu blamieren!"

Niemand gibt gern auf, besonders dann nicht, wenn ein Kind zuschaut. Doch leider können wir nicht anders. Wie schon der Apostel Paulus beklagte, wollen wir das Gute tun, können es aber nicht immer.

Auch in einem echten Zuhause geht viel daneben. Freunden und Mitarbeitern macht man schon mal etwas vor, aber im eigenen Haus gibt es nie genug Teppiche, unter die man alles kehren könnte. Selbst Schränke und der Dachboden reichen nicht als Versteck für den Mist, den wir produzieren. Was soll man also machen, wenn man unter den Augen der Familie versagt? Verdrängen? Oder lieber doch alles zugeben und um Verzeihung bitten?

Gebetstip
Bitten Sie Gott um ein Familienleben, in dem die Realität nicht verdrängt wird, sondern Vergebung herrscht.

24. Dezember

Unser denkwürdigstes Weihnachtsgeschenk (Teil 1)

Ich ermahne euch nun ..., daß ihr eure Leiber hingebt als ein Opfer, das lebendig, heilig und Gott wohlgefällig ist.
Römer 12,1

Barbara und ich wurden neulich gefragt: „Gibt es ein Weihnachtsgeschenk, an das ihr euch besonders gut erinnert?" Sofort eilten die Gedanken auf unsichtbaren Pfaden zurück in die Vergangenheit und blieben an der gleichen Stelle unseres gemeinsamen Lebenswegs stehen: Unser erstes gemeinsames Weihnachtsfest im Jahr 1972.

Der Weihnachtsbaum war mit einigem roten Zierrat spärlich geschmückt. In unserem kleinen Wohnzimmer war es ruhig, aber warm. Nur wenige Geschenke lagen unter der Tanne.

Wir beide wissen nicht mehr, was uns den Anstoß gab. Anscheinend wollte der Geist Gottes, daß wir unser junges gemeinsames Leben Jesus Christus neu weihten. Also entschlossen wir uns, noch vor dem Überreichen der Geschenke erst einmal Gott das Wertvollste zu geben, das wir besaßen: unser Leben.

Der Küchentisch war Barbaras Altar, meiner die geliehene Couch. Wir nahmen uns Zeit, jeder für sich aufzuschreiben, was in unserem Leben zählen sollte. Es ging darum, den Preis für die Nachfolge Christi zu überschlagen. Wir wollten alle Rechte und Besitzansprüche an unser Leben Gott übertragen. Das war unsere praktische Anwendung der Verse eins und zwei aus Römer 12, wo es heißt, daß wir Gott unser Leben ganz und gar geben sollen.

Gar nicht einfach, so eine unverhüllte Ehrlichkeit vor Gott. Wir schrieben alles auf, was wir uns vom Leben wünschten, alles, was wir für wichtig hielten. Das wollten wir ihm überlassen. Dann falteten wir die beiden Blätter zusammen und steckten sie in einen Umschlag, auf den wir schrieben: An Gott, unseren Vater.

Anschließend versiegelten wir den Umschlag, und im gemeinsamen Gebet sprachen wir aus, was schon jeder für sich zu Papier gebracht hatte.

Weder Glocken noch Engelchöre wurden plötzlich hörbar. Es gab auch kein blendend helles Licht, und dennoch waren wir fest überzeugt, das Richtige getan zu haben.

Achtzehn Jahre später holten wir diese Dokumente aus unserem Safe und lasen sie erneut. In der nächsten Andacht möchte ich Ihnen unsere Entdeckung mitteilen.

Gebetstip
Beten Sie darum, Gott von ganzem Herzen Ihr gesamtes Leben überlassen zu können.

Unser denkwürdigstes Weihnachtsgeschenk (Teil 2)

*Dem aber, der überschwenglich tun kann über alles hinaus,
was wir bitten oder verstehen,
nach der Kraft, die in uns wirkt, dem sei Ehre ...*
Epheser 3,20

$\mathcal{E}$s war faszinierend, achtzehn Jahre später zu lesen, wie ernst wir als junges Paar unsere Verpflichtung genommen hatten. Auf beiden Blättern stand obenan eine ähnlich lautende Einleitung:

Vertrag mit Gott

Hiermit überlasse ich Gott die Rechte an allem, was ich haben möchte.

Dann kamen die einzelnen Punkte (hier auszugsweise):

Dennis	**Barbara**
Schönes großes Haus mit Werkstatt und Büro	Kinder – mindestens ein Junge und ein Mädchen
Ski fahren	Dennis
Schöne Möbel und Einrichtung	So lange leben, bis die Kinder erwachsen sind
Schicke Kleidung	Etablierte und stabile Verhältnisse
Sicherheit	Als Paar und Familie etwas Besonderes sein
Bequeme Arbeit	
Erfolg im Dienst und beim Reden	
Gesundheit	
Gesunde, große Familie – ein paar Jungen	
Barbara	

Als wir die beiden Seiten gelesen hatten, waren Barbara und ich direkt sprachlos. Zwei Dinge brachten uns zum Staunen: Erstens fiel uns auf, wie dumm und oberflächlich manches war, das wir für wichtig genug hielten, es Gott zu überlassen. Ich war erschüttert, so sehr an materiellen Dingen gehangen zu haben. Wenn ich unsere gemeinsame Zeit im Rückblick betrachte, fasziniert mich, daß Gott ständig bestrebt war, uns von allem Vergänglichen abzubringen und zu einer Umorientierung unserer Werte zu bewegen: hin zu den Menschen und seinem Wort.

Außerdem waren wir überrascht, wieviel mehr Gott uns geschenkt hatte, als wir aufzugeben gedacht hatten. Uns fiel sofort Epheser 3,20 ein. Wir finden, daß wir nichts aufgeben mußten und viel mehr gewonnen haben, als wir uns je träumen ließen.

Gebetstip

Beten Sie darum, daß Gott Ihnen erkennen hilft, was in Ihrem Leben wirklich zählt.

Freundschaft mit anderen Frauen

von Barbara Rainey

Zuletzt, liebe Brüder, freut euch, laßt euch zurechtbringen, laßt euch mahnen, habt einerlei Sinn.
2. Korinther 13,11

In meiner Beziehung zu Dennis war ich mir immer sicher, daß er mich, meine Rolle und meine inneren Konflikte versteht. Wir haben zahllose Stunden im gemeinsamen Gespräch verbracht, um dieses Buch zusammenzustellen. Er ist in vielen schwierigen Situationen an meiner Seite gewesen. Er war den Kindern eine „Ersatzmutter", wenn ich unterwegs war, und weiß deshalb vieles über diese Rolle.

Die Gemeinsamkeit geht aber nur bis zu einem gewissen Punkt. Nur eine andere Ehefrau und Mutter kann wirklich den Schmerz einer Geburt mitempfinden, das Ringen um die Rolle der Frau in der Ehe oder das gelegentliche Gefühl, als „Erfüllungsmaschine" dienen zu müssen, die jeder für sich in Anspruch nimmt. Nur eine Frau kann über diese Themen mit mir beten. Es sind andere Mütter, die mir Unterstützung gewähren, um im Alltag die Last der Kindererziehung bewältigen zu können.

Ich selbst brauche eine tiefe Freundschaft zu zwei oder drei Frauen. Jedesmal, wenn wir miteinander telefonieren, uns treffen oder schreiben, bekomme ich Bestätigung. Danach fühle ich mich so gut, daß Dennis nicht die ganze Last auf sich nehmen muß, meine Bedürfnisse zu erfüllen.

Darf ich Sie als Mann bitten, Ihrer Frau Mut zu machen, sich wenigstens eine oder besser einige Frauen auszusuchen, mit denen sie sich identifizieren kann? Diese Freundschaft soll nicht Sie als Hauptquelle der Bestätigung verdrängen, kann aber dazu beitragen, daß das Selbstverständnis Ihrer Frau bereichert wird.

Noch ein Hinweis: Gewähren Sie Ihrer Frau mal ein freies Wochenende, damit sie sich mit einer Freundin zurückziehen kann. Am Sonntagabend wird sie mit einer besseren Perspektive wiederkommen. Sie als Mann könnten das nicht bewirken. Dieser Freiraum ist besonders dann unentbehrlich, wenn Ihre Frau mit kleinen Kindern beschäftigt oder neben der Hausarbeit noch berufstätig ist. Da bleibt ihr wenig Zeit für Freundschaften.

Dennis und ich möchten Ihnen versichern, daß die Freundschaft Ihrer Frau mit anderen Frauen keine Bedrohung für Sie darstellt. Gewähren Sie Ihr Zeit und Unterstützung für solche Freundschaften. Sie werden es nie bereuen.

Gebetstip

Beten Sie darum, daß Gott Ihrer Frau mindestens eine „Seelengefährtin" schenkt, die sich mit ihren Lebensumständen identifizieren kann.

27. Dezember

Was für ein Brief!

... daß ihr des Herrn würdig lebt, ihm in allen Stücken gefallt und Frucht bringt in jedem guten Werk und wachst in der Erkenntnis Gottes.
Kolosser 1,10

Zu den Freuden meiner Arbeit gehören die Briefe von Menschen, die durch Jesus Christus und seine Gnade und Liebe verändert worden sind. Ein besonders schöner Brief kam von einer Ehefrau und Mutter aus Maryland, die eines Tages auf dem Weg zur Arbeit unsere Sendung „Family Life Today" im Radio gehört hatte. Sie schreibt von der Entdeckung ihres Lebens:

Ich bin seit fast acht Jahren mit einem großartigen Mann verheiratet und habe zwei wunderbare Söhne, der eine fünf, der andere ein Jahr alt. Aber bis zum letzten Jahr, als ich Ihre Sendung auf meinem langen Arbeitsweg regelmäßig zu hören begann, war mir mein Hauptproblem nie aufgefallen. Ich hatte meine Familie und mich um Lebensqualität betrogen, weil ich unsere Ehe nicht in Gottes Hände gelegt hatte.

Natürlich hielt ich mich für eine christliche Frau mit anständiger, moralischer Lebensführung, aber ich habe Jesus nicht an mir wirken lassen. Ich dachte, daß ich mir alles selbst erarbeiten müsse. Da ich von meiner unsicheren Beziehung zu Gott enttäuscht war, wurde ich herrschsüchtig, kritisch und manchmal sogar verbittert. Am Arbeitsplatz fing ich an, mich einzuigeln. Fast hätte ich es geschafft, alles, was ich liebe, zu opfern.

Als ich dann Ihre Sendung über Selbstachtung hörte, wollte ich kaum meinen Ohren trauen. Dort im Radio wurde praktisch mein Leben beschrieben. Ich mußte beim Zuhören weinen, weil mir klar wurde, wie ich meinen wunderbaren Mann enttäuschte und damit verhinderte, daß unser Familienleben wirklich glücklich wurde. Jetzt sah ich die Lösung. Ich übergab meine Ehe und Familie Gott und dachte darüber nach, wie ich meinem Mann wieder Mut machen konnte.

So glücklich und erfüllt wie jetzt war ich noch nie in meinem Leben. Meine Ehe ist ganz anders geworden, fröhlich und lebendig. Ich sehe meinen Mann mit neuen Augen, aus einem erneuerten Herzen heraus. Meine Kinder müssen unsere neue Kraft und Stabilität auch spüren, denn sie sehen, wie ihre Eltern sich täglich liebevoll berühren und einander helfen.

Gebetstip

Beten Sie füreinander, um Gott besser kennenzulernen und „des Herrn würdig zu leben".

Das gesammelte Lachen

Ein jegliches hat seine Zeit ...
weinen hat seine Zeit,
lachen hat seine Zeit;
klagen hat seine Zeit,
tanzen hat seine Zeit.
Prediger 3,1.4

Der verstorbene Bob Benson hat einmal geschrieben, daß seine Frau und er nach dem Auszug der inzwischen erwachsen gewordenen Kinder sich manchmal hinsetzten und „dem Lachen in den Wänden" zuhörten. Nicht schlecht.

Speichern auch bei Ihnen zu Hause die Wände Ihr fröhliches Gelächter? Miteinander lachen und starke Familien, das paßt zusammen. Wenn ein christliches Ehepaar sich etwas vorwerfen lassen muß, dann lieber zu viel als zu wenig gemeinsames Lachen. Späße entheben uns der täglichen Routine und bekämpfen die Langeweile. Gelächter macht Lasten leichter und bindet uns ganz spontan zusammen.

Gott hat Kindern eine lustige Ader mitgegeben, ein Kichern eingebaut, um ein Gegengewicht zu allen Verbissenen im Lande zu schaffen. Er hat auch unserer Familie Kinder geschenkt, die gerne lachen, besonders unsere Tochter Rebecca. Lachen ist ihr Leben. Ihr strahlendes Lächeln und Kichern ist weit und breit berühmt. Und wenn sie beim Abendbrot loslegt, dann werden alle guten Geister frei. Sie steckt uns mit unbeherrschbarer, köstlicher Freude an.

Mir wurde das Lachen bereits in meiner Familie beigebracht. Bei uns zu Hause wurden oft Witze gemacht; wir neckten und überraschten einander. Papas Lachen war toll und unvergeßlich. Meine Mutter hatte einen Sinn für Humor, der bis heute ungetrübt ist. Zu meinen liebsten Erinnerungen gehören Situationen, wo uns vor Lachen die Tränen über die Wangen liefen.

Damals schenkte Mama sich selbst einen Staubsauger zu Weihnachten. Sie verpackte ihn und stellte ihn samt Aufkleber unter den Baum: Für meine liebe Frau von ihrem Ehemann Ward.

Im Leben gibt es viel Leid, Enttäuschungen, Druck, Zweifel und Prüfungen. Wir alle werden von diesen dunklen, unheilvollen Wolken naßgeregnet. Aber wie ein plötzlicher Sonnenstrahl mitten im dunklen Zimmer macht ein Lachen unser Leben hell.

Nehmen wir uns doch nicht so ernst und speichern gleich heute ein wenig Lachen in unseren eigenen vier Wänden.

Gebetstip

Beten Sie darum, daß Gott, der die Toten zum Leben auferweckt, Sie wieder neu mit Optimismus und Freude erfüllt.

Die letzten Worte von Obadiah Holmes (Teil 1)

*Lehre uns bedenken, daß wir sterben müssen,
auf daß wir klug werden.* Psalm 90,12

Obadiah Holmes war ein gottesfürchtiger Mann. Er lebte im siebzehnten Jahrhundert und zeugte mit seiner Frau neun Kinder. Am 16. Dezember 1675 spürte Obadiah sein Ende nahen und erhob sich zu einem letzten Brief an seine Kinder. Er konnte nicht ahnen, daß dieses denkwürdige Dokument die nächsten dreihundert Jahre überstehen sollte. Neulich fiel er mir in die Hände. Da lag der Gedanke nahe, es hier auszugsweise wiederzugeben. Die Worte von Psalm 90,12 erlangen eine ganz neue Bedeutung, wenn man diesen Text liest:

Meine lieben Kinder!
Ein oder zwei Worte an Euch alle, die Ihr mir nah und teuer seid. Nun, da mein Ende kommt, habe ich viel auf dem Herzen und sehe Euch wohl nicht mehr, noch werde ich Euch sprechen, wenn ich fortgehe. Weshalb es mich bewegt, Euch diese Zeilen zu hinterlassen, damit Ihr darüber nachsinnt, wenn ich fort bin und Ihr mich nicht mehr seht.
Vor allem anderen auf dieser Welt laßt Euch daran gelegen sein, zuerst nach dem Himmelreich zu trachten und seiner Gerechtigkeit. Seid vollkommen überzeugt, daß Ihr durch Eure Übertretungen in dieser Zeit als Sünder geltet. Wisset dennoch, daß der Herr solch große Liebe, wovon kein Mensch noch Engel zu sagen weiß, gesandt hat und bereit hält: seinen Sohn selbst, seinen einzigen Sohn, um Euch vor dem Zorn zu retten und befreien . . .
Meine Seele war in großer Sorge um Euch, da ich erleben will, wie Christus in Euch dargestellt werde durch das vollkommene Werk des Heiligen Geistes und Ihr wiedergeboren und in den wahren Weinstock eingepflanzt werdet. So sollt Ihr als wahre Reben Gott Frucht hervorbringen und ihm in Euren Zeitläuften dienen. Daher harret seiner mit aller Sorgfalt und Umsicht; lest sorgsam die Schrift und bedenket wohl, was darin steht, denn sie zeugen von ihm.

Obadiah Holmes setzte an den Anfang seines Briefes das wichtigste Thema des Lebens: Buße für die eigene Sünde und Glauben an Jesus Christus. Er wußte, daß seine Nachkommen ohne Christus das Leben verpassen würden.

Gebetstip
Beten Sie darum, daß Gott Sie dazu gebraucht, Ihre Kinder zu Christus zu führen, damit sie an seiner Seite leben.

Die letzten Worte von Obadiah Holmes (Teil 2)

... damit es die Nachkommen lernten, die Kinder, die noch geboren würden; die sollten aufstehen und es auch ihren Kindern verkündigen, daß sie setzten auf Gott ihre Hoffnung und nicht vergäßen die Taten Gottes. Psalm 78,6–7

Obadiah Holmes hatte sich bei der Erziehung seiner neun Kinder offensichtlich diese Worte aus Psalm 78 zu Herzen genommen. Selbst ihre Namen hatte er der Bibel entlehnt. In seinem letzten Brief an seine Kinder mahnte er sie, nach seinem Tod die gleiche Gottesfurcht wie ihre Namensvettern zu hegen:

Und nun mein Sohn Joseph: Denke daran, daß Joseph von Arimathia ein guter Mann und Jesu Jünger war; er war mutig und bat in diesem Mute um den Leichnam des Herrn, den er begrub.

Mein Sohn Johannes: Bedenke, was für ein liebender und geliebter Jünger er war.

Meine Tochter Hope: Vergiß nicht, welche Gnade Gottes die Hoffnung ist. Begehre diese Hoffnung, die nimmer zuschanden werden läßt, sondern nach dem ewigen Leben und der Errettung durch Jesus Christus trachtet.

Mein Sohn Obadiah: Bedenke, daß Obadiah ein Diener des Herrn war und sanft im Geist. In Zeiten der Bedrängnis verbarg er fünfzig Propheten in einer Höhle.

Mein Sohn Samuel: Wisse, daß Samuel ein großer Prophet vor dem Herrn war, eilfertig, seine Stimme zu hören, weshalb er sprach: „Rede, Herr, dein Knecht hört."

Meine Tochter Martha: Gedenke der Martha, die, obwohl von vielen Lasten beladen, dennoch den Herrn liebte und von ihm geliebt wurde, denn er hatte Maria und Martha lieb.

Meine Tochter Maria: Gedenke der Maria, die sich den besseren Teil erwählte, der ihr nicht genommen werden soll, hörte sie doch auf die Weisung des Herrn.

Mein Sohn Jonathan: Bedenke, wie treu und liebevoll er David begegnete, dem Diener des Herrn.

Meine Tochter Lydia: Bedenke, wie Lydias Herz offen war, wie echt ihre Fürsorge, wie willig ihr Geist, aufzunehmen den Apostel und ihm zu gehorchen, wie der Herr geboten; so ward sie getauft; dazu bediente und erfrischte sie die Diener des Herrn.

Gebetstip

Beten Sie darum, daß Ihre Kinder einmal für Christus wirken, wenn sie erwachsen sind.

31.
Dezember

Die letzten Worte von Obadiah Holmes (Teil 3)

Also, meine Lieben – wie ihr allezeit gehorsam gewesen seid . . . schaffet, daß ihr selig werdet, mit Furcht und Zittern.
Philipper 2,12

Obadiah Holmes und seine Frau gaben ihren Kindern ein festes Fundament in Christus. Nach einigen Worten zu diesem Fundament schloß er seinen letzten Brief mit praktischen Ermahnungen, wie dieser Glaube ins Leben umzusetzen sei:

Seid zufrieden mit Eurem gegenwärtigen Stand und dem Anteil, den Gott Euch gegeben. Macht rechten Gebrauch von allem, was Ihr habt; es möge zu Eurer Erquickung dienen, zu Nahrung, Trank oder Kleidung; es ist eine Gabe Gottes. Seid auf ein ehrbares, gerechtes und ruhiges Leben bedacht, liebt einander und haltet untereinander und mit den Nachbarn Frieden; wenn möglich, auch mit allen Menschen.

Tut Gutes an allen Menschen, wie Ihr nur könnt, besonders an denen, die den Herrn lieben. Vergeßt nicht, nach Eurem Vermögen Fremde zu beherbergen; wenn Ihr aufrichtig handelt, wird das vor Gott angenehm sein, vor allem, wenn es Jünger des Herrn sind. Tut allen Menschen, wie Ihr wollt, daß sie Euch tun.

Wollt Ihr Christi Jünger sein, so wisset und bedenkt, daß Ihr Euer Kreuz aufnehmen und ihm nachfolgen müßt, und sei es, daß man Euch übel nachredet und leiden läßt. Doch wisset, daß der sein Leben gewinnt, der es für ihn verliert.

Solchen Rat, meine lieben Kinder, habe ich Euch nach meinem Maße und meiner Pflicht erteilt. Möge der gute Herr Euch Verständnis in allen Dingen verleihen und durch seinen Heiligen Geist überzeugen, überführen, weisen und leiten in alle Wahrheit, die in Jesus ist. Wenn Ihr so Euer Lebenswerk hienieden getan habt, wird er Euch in seine Herrlichkeit aufnehmen. Nun sei der Gott der Wahrheit und des Friedens mit Euch, dem ich diesen Brief und Euch anbefehle. Ihm sei Ehre in alle Ewigkeit, Amen.

Das sind starke, mahnende Worte. Haben sie etwas bewirkt? Durchaus. Etwa zehn Generationen nach Obadiah habe ich einen seiner Nachkommen kennengelernt. Dave Jones ist Pastor einer Gemeinde in Georgia. Gemeinsam mit seiner Frau Peggy beeinflußt er durch die Predigten bei unseren Family Life-Konferenzen Tausende von Ehepaaren.

Etwa dreihundert Jahre nach diesem Brief hat Obadiah immer noch etwas zu sagen: Nichts, was wir unseren Kindern hinterlassen, kann so wichtig sein wie die Überzeugung, daß Gott ihr ein und alles werden muß.

Gebetstip

Beten Sie darum, daß Gott Ihnen die Endlichkeit Ihres Lebens deutlich macht. Bitten Sie Gott um Hilfe, für Christus zu leben und Ihren Kindern zu vermitteln, was bei ihm zählt.

Verzeichnis der im Buch aufgeführten Bibelstellen

Altes Testament:

1. Mose 1,26 (S. 300)
1. Mose 1,27 (S. 19, S. 261)
1. Mose 2,18 (S. 18, S. 22, S. 31, S. 55, S. 76)
1. Mose 2,22 (S. 58)
1. Mose 2,23 (S. 58)
1. Mose 2,24 (S. 152)
1. Mose 2,24–25 (S. 59)
1. Mose 2,25 (S. 230)
1. Mose 3,7 (S. 230)
1. Mose 3,8 (S. 356)
1. Mose 3,12 (S. 216)
1. Mose 25,8 (S. 183)
1. Mose 37,2 (S. 124)
1. Mose 38,8–9 (S. 124)
1. Mose 39,3–4 (S. 124)
1. Mose 39,5 (S. 124)
1. Mose 39,7–18 (S. 124)
1. Mose 39,21–23 (S. 124)
1. Mose 41,38–41 (S. 124)
2. Mose 8,6 (S. 38)
2. Mose 3,11 (S. 312)
2. Mose 20,12 (S. 127, S. 128, S. 129)
2. Mose 20,17 (S. 109)
2. Mose 20,20 (S. 93)
2. Mose 21,18–21 (S. 65)
2. Mose 34,6–7 (S. 70)
2. Mose 24,21 (S. 117)
3. Mose 19,32 (S. 83)
4. Mose 14,19 (S. 208)
5. Mose 5,10 (S. 71)
5. Mose 6,6–7 (S. 348)
5. Mose 10,17 (S. 149)
5. Mose 10,20–21 (S. 63)
5. Mose 31,6 (S. 40)
5. Mose 32,7 (S. 371)
Josua 1,5–6 (S. 171)
Josua 1,9 (S. 312)
Josua 4,21–24 (S. 166)
Ruth 1,16 (S. 199)
1. Samuel 13,14 (S. 183)
2. Samuel 16,5–14 (S. 183)
2. Samuel 19,1 (S. 191)
2. Samuel 12,7 (S. 350)
1. Könige 2,9 (S. 183)
2. Könige 23,3 (S. 151)
1. Chronik 16,8 (S. 339)
Nehemia 1,3–4 (S. 352)
Nehemia 1,4–10 (S. 158)
Nehemia 1,9 (S. 158)
Nehemia 2,3 (S. 158)
Nehemia 2,4 (S. 158)
Nehemia 2,7–8 (S. 158)
Nehemia 8,10 (S. 234)
Ester 9,28 (S. 323)
Hiob 1,21 (S. 374)
Hiob 21,23.25 (S. 183)
Hiob 42,2 (S. 343)
Psalm 18,34.37 (S. 277)
Psalm 18,35 (S. 35)
Psalm 25,12 (S. 182)
Psalm 31,24 (S. 170)
Psalm 32,8 (S. 181)
Psalm 33,12 (S. 198)
Psalm 34,18–19 (S. 188)
Psalm 46,11 (S. 324)
Psalm 51,1–2 (S. 310)
Psalm 51,12–14 (S. 262)
Psalm 61,2–3 (S. 333)
Psalm 61,3–4 (S. 102)
Psalm 73,26 (S. 86)
Psalm 78,5 (S. 276)
Psalm 78,5–7 (S. 20, S. 276)
Psalm 79,6–7 (S. 347, S. 385)
Psalm 86,11 (S. 7)
Psalm 90,12 (S. 283, S. 384)

Psalm 91,3 (S. 133)
Psalm 101,2 (S. 67)
Psalm 103,2–5 (S. 167)
Psalm 101,3 (S. 223)
Psalm 119,137 (S. 254)
Psalm 127,1 (S. 10, S. 57, S. 98, S. 294)
Psalm 127,3.5 (S. 131)
Psalm 127,4 (S. 169, S. 249)
Psalm 127,4–5 (S. 23)
Psalm 128,1–2 (S. 318)
Psalm 133,1.3 (S. 29)
Psalm 137,3 (S. 364)
Psalm 139,2.4 (S. 66)
Psalm 144,12 (S. 120)
Psalm 145,19 (S. 64)
Sprüche 1,7 (S. 93)
Sprüche 1,8 (S. 144)
Sprüche 4,1 (S. 328)
Sprüche 4,23 (S. 33)
Sprüche 5,1–2 (S. 61)
Sprüche 5,18 (S. 53)
Sprüche 7,6–7 (S. 329)
Sprüche 8,13 (S. 255)
Sprüche 9,8–9 (S. 270)
Sprüche 9,10 (S. 218)
Sprüche 11,2 (S. 56)
Sprüche 11,22 (S. 376)
Sprüche 12,18 (S. 72)
Sprüche 13,15 (S. 284)
Sprüche 14,26 (S. 325)
Sprüche 14,26 (S. 134)
Sprüche 14,27 (S. 63)
Sprüche 15,4 (S. 236)
Sprüche 15,23 (S. 42)
Sprüche 16,31 (S. 297)
Sprüche 17,5 (S. 369)
Sprüche 17,22 (S. 184)
Sprüche 16,9 (S. 44)
Sprüche 17,22 (S. 184)
Sprüche 18,21 (S. 139, S. 200)
Sprüche 19,23 (S. 65)
Sprüche 22,1 (S. 34)
Sprüche 22,4 (S. 64)
Sprüche 22,15 (S. 68, S. 235)
Sprüche 24,3–4 (S. 161, S. 218)
Sprüche 27,17 (S. 15, S. 273)
Sprüche 27,23–24 (S. 248)
Sprüche 29,25 (S. 92)
Sprüche 31,10 (S. 370)
Sprüche 31,27 (S. 370)
Sprüche 31,10.27 (S. 16)
Sprüche 31,28–29 (S. 268)
Sprüche 31,30 (S. 85, S. 100)
Prediger 2,17 (S. 244)
Prediger 3,1.4 (S. 383)
Prediger 4,9–10 (S. 272)
Prediger 7,2 (S. 80, S. 372)
Prediger 7,12 (S. 213)
Prediger 12,1 (S. 114)
Prediger 12,13 (S. 47, S. 244)
Hoheslied 1,2 (S. 209)
Hoheslied 2,15 (S. 52)
Hoheslied 2,16 (S. 366, S. 367)
Hoheslied 3,2 (S. 332)
Hoheslied 4,9 (S. 344)
Hoheslied 7,11 (S. 190)
Hoheslied 8,6–7 (S. 51)
Jesaja 26,3 (S. 342)
Jesaja 35,4 (S. 94)
Jesaja 39 (S. 79)
Jesaja 40,31 (S. 280)
Jesaja 41,10 (S. 45)
Jesaja 40,28 (S. 45)
Jesaja 53,6 (S. 192)
Jeremia 29,11 (S. 375)
Jeremia 29,13 (S. 357)
Jeremia 32,38–40 (S. 64)
Daniel 6,4 (S. 168)
Daniel 11,32 (S. 36)
Amos 3,3 (S. 81)
Amos 7,7–8 (S. 351)
Sacharja 4,6 (S. 91, S. 98)
Maleachi 2,16 (S. 298)

Neues Testament:

Matthäus 5,13.14 (S. 362)
Matthäus 5,14.16 (S. 175)
Matthäus 6,21 (S. 172)
Matthäus 6,33 (S. 253)
Matthäus 7,1–2 (S. 156)
Matthäus 7,3 (S. 241)
Matthäus 7,23 (S. 221)
Matthäus 9,36 (S. 115)
Matthäus 11,28 (S. 24)
Matthäus 13,20 (S. 214)
Matthäus 14,29–30 (S. 32)
Matthäus 16,25 (S. 148)
Matthäus 18,10 (S. 102)
Matthäus 18,21–22 (S. 178)
Matthäus 19,6 (S. 345)
Matthäus 19,14 (S. 96)
Matthäus 19,26 (S. 204)
Matthäus 20,1 (S. 150)
Matthäus 20,1–16 (S. 150, S. 214)
Matthäus 20,28 (S. 50)
Matthäus 26,41 (S. 135)
Matthäus 28,19–20 (S. 321)
Markus 1,17 (S. 316)
Markus 1,22 (S. 11)
Markus 2,5 (S. 317)
Markus 4,3.7 (S. 195)
Markus 4,18–19 (S. 196, S. 197)
Markus 4,35–41 (S. 11)
Markus 10,13–14 (S. 104)
Markus 10,35–45 (S. 124)
Lukas 4,18–19 (S. 317)
Lukas 6,38 (S. 243)
Lukas 6,45 (S. 245)
Lukas 6,46 (S. 30)
Lukas 8,15 (S. 39)
Lukas 8,45–46 (S. 9)
Lukas 10,27 (S. 252)
Lukas 13,34 (S. 230)
Lukas 16,10 (S. 123, S. 125)
Lukas 19,10 (S. 115)
Lukas 23 (S. 179)
Lukas 23,34 (S. 179)
Lukas 24,6 (S. 107)

Johannes 3,16 (S. 363)
Johannes 6,66,67–68 (S. 316)
Johannes 8,32 (S. 7)
Johannes 8,44 (S. 264, S. 266)
Johannes 11,35 (S. 230)
Johannes 14,2 (S. 222)
Johannes 15,1–2 (S. 287)
Johannes 15,4–5 (S. 215)
Johannes 15,13 (S. 95)
Johannes 17,20–21 (S. 113)
Johannes 20,29 (S. 141)
Apostelgeschichte 9,36–43 (S. 79)
Apostelgeschichte 11,23–24 (S. 228)
Apostelgeschichte 26,14 (S. 192)
Römer 1,16 (S. 258)
Römer 2,23–24 (S. 326)
Römer 3,23 (S. 105)
Römer 3,23–24 (S. 105)
Römer 5,3–4 (S. 46)
Römer 5,8 (S. 26, S. 89)
Römer 7,18 (S. 192)
Römer 6,17 (S. 354)
Römer 6,23 (S. 104)
Römer 7,15.18 (S. 377)
Römer 8,1 (S. 322)
Römer 8,38–39 (S. 322)
Römer 8,28 (S. 287)
Römer 9,20 (S. 256)
Römer 10,17 (S. 154)
Römer 12,1 (S. 330, S. 378)
Römer 12,2 (S. 60)
Römer 12,10 (S. 78, S. 246)
Römer 12,14 (S. 336)
Römer 12,16 (S. 336)
Römer 12,19 (S. 336)
Römer 13,7 (S. 145)
Römer 15,1–3 (S. 282)
Römer 15,23–24 (S. 12)
1. Korinther 1,23–24 (S. 106)
1. Korinther 2,1–2 (S. 74)
1. Korinther 9,24 (S. 146)
1. Korinther 9,24–10,13 (S. 304)

1. Korinther 9,25–27 (S. 147)
1. Korinther 9,26–27 (S. 306)
1. Korinther 10,12 (S. 137, S. 237)
1. Korinther 10,13 (S. 137)
1. Korinther 11,3.11 (S. 259)
1. Korinther 11,11 (S. 110)
1. Korinther 13,4–5 (S. 285, S. 296)
1. Korinther 13,4–7 (S. 293)
1. Korinther 13,5 (S. 77)
1. Korinther 13,11 (S. 189)
1. Korinther 13,12 (S. 231)
1. Korinther 15,3–4 (S. 274)
1. Korinther 15,55 (S. 375)
1. Korinther 15,16–17 (S. 103)
1. Korinther 16,13 (S. 35, S. 220)
1. Korinther 15,54 (S. 46)
2. Korinther 2,4 (S. 230)
2. Korinther 2,11 (S. 136)
2. Korinther 3,4–5 (S. 346)
2. Korinther 4,16 (S. 28o)
2. Korinther 4,18 (S. 126)
2. Korinther 5,7 (S. 142)
2. Korinther 6,2 (S. 41)
2. Korinther 11,28 (S. 319)
2. Korinther 11,2 (S. 206)
2. Korinther 11,27–28 (S. 194)
2. Korinther 12,9 (S. 54)
2. Korinther 12,10 (S. 99, S. 118)
2. Korinther 13,11 (S. 381)
Galater 2,11 (S. 157)
Galater 6,1 (S. 326)
Galater 6,9 (S. 132, S. 212, S. 334, S. 360, S. 361)
Epheser 1,4–5 (S. 43)
Epheser 1,22 (S. 315)
Epheser 2,8–9 (S. 104)
Epheser 2,10 (S. 180)
Epheser 3,20 (S. 379)
Epheser 4,15 (S. 155)
Epheser 4,26 (S. 289)
Epheser 4,26–27 (S. 299)
Epheser 4,29 (S. 97)
Epheser 4,31 (S. 177)
Epheser 4,32 (S. 87, S. 140, S. 179, S. 302)
Epheser 5,15–16 (S. 8, S. 13, S. 163, S. 251)
Epheser 5,17 (S. 14)
Epheser 5,18 (S. 159)
Epheser 5,18–21 (S. 160)
Epheser 5,21 (S. 112, S. 160, S. 269, S. 271)
Epheser 5,22 – 6,4 (S. 160)
Epheser 5,23.25 (S. 50)
Epheser 5,15 (S. 291)
Epheser 5,25.33 (S. 358)
Epheser 5,28–29 (S. 365)
Epheser 5,31 (S. 82, S. 119)
Epheser 5,33 (S. 28, S. 173)
Epheser 6,2–3 (S. 130)
Epheser 6,4 (S. 73, S. 260)
Epheser 6,12 (S. 69, S. 207)
Epheser 6,14–17 (S. 239)
Philipper 1,2–3 (S. 288)
Philipper 1,3 (S. 341)
Philipper 2,2 (S. 275)
Philipper 2,3 (S. 76)
Philipper 2,4 (S. 210)
Philipper 2,12 (S. 386)
Philipper 2,15 (S. 250)
Philipper 2,19–20 (S. 31)
Philipper 3,8 (S. 229)
Philipper 3,13 (S. 202)
Philipper 3,14 (S. 203)
Philipper 4,2 (S. 165)
Philipper 4,6 (S. 25)
Philipper 4,6–7 (S. 94)
Philipper 4,8 (S. 263)
Philipper 4,13 (S. 319, S. 346)
Kolosser 1,10 (S. 382)
Kolosser 2,2 (S. 327)
Kolosser 3,12–13 (S. 17)
Kolosser 4,6 (S. 227)
1. Thessalonicher 2,7 (S. 314)
1. Thessalonicher 3,13 (S. 187)

1. Thessalonicher 4,7 (S. 185)
1. Thessalonicher 5,14 (S. 295)
1. Thessalonicher 5,15 (S. 242)
1. Thessalonicher 5,14–15 (S. 299)
1. Thessalonicher 5,16–18 (S. 337)
1. Thessalonicher 5,18 (S. 90, S. 304, S. 338)
1. Thessalonicher 5,17–18 (S. 239)
1. Timotheus 3,2–4 (S. 320)
1. Timotheus 4,7–8 (S. 305)
1. Timotheus 4,12 (S. 101)
1. Timotheus 6,6 (S. 84)
1. Timotheus 6,18 (S. 79)
2. Timotheus 1,5 (S. 108)
2. Timotheus 1,7 (S. 279)
2. Timotheus 2,3 (S. 373)
2. Timotheus 2,22 (S. 186, S. 239)
Titus 1,6 (S. 232)
Titus 2,3–4 (S. 331)
Titus 2,4–5 (S. 267)
Titus 2,11–12 (S. 224)
1. Petrus 1,6–7 (S. 257)
1. Petrus 3,1 (S. 174)
1. Petrus 3,5 (S. 138)
1. Petrus 3,7 (S. 27, S. 121, S. 247, S. 290, S. 309)
1. Petrus 3,8–9 (S. 211)
1. Petrus 4,8 (S. 311)
1. Petrus 4,11 (S. 292)
1. Petrus 5,8 (S. 92, S. 137, S. 238)
1. Johannes 1,9 (S. 226)
1. Johannes 4,18 (S. 37, S. 201)
1. Johannes 4,17–18 (S. 49, S. 91, S. 233)
1. Johannes 4,19 (S. 286)
1. Johannes 5,19 (S. 239)
3. Johannes 4 (S. 340)
Hebräer 3,13 (S. 193)
Hebräer 10,24 (S. 111)
Hebräer 11,1 (S. 153, S. 154)
Hebräer 12,1.3 (S. 225)
Hebräer 12,7.10 (S. 88)
Hebräer 12,11 (S. 279)
Hebräer 12,15 (S. 183)
Hebräer 13,4 (S. 122, S. 299)
Jakobus 1,2–4 (S. 281)
Jakobus 1,5 (S. 240)
Jakobus 1,12 (S. 280, S. 307)
Jakobus 1,29 (S. 301)
Jakobus 11,27 (S. 219)
Jakobus 5,16 (S. 217, S. 335)
Judas 16 (S. 304)
Judas 24 (S. 62)

Raum für persönliche Notizen

Raum für persönliche Notizen

Raum für persönliche Notizen

Raum für persönliche Notizen

Raum für persönliche Notizen

⇢ Typisch Mann!

Shaunti Feldhahn:
Männer sind Frauensache
Was Frauen über Männer wissen sollten.

Gebunden, 160 Seiten
Bestell-Nr. 816 067

„Was geht in diesem Mann eigentlich vor?" Wenn auch Sie sich diese Frage schon einmal gestellt haben oder völlig irritiert waren von dem, was Ihr Mann gesagt oder getan hat, dann wird Ihnen dieses Buch aufschlussreiche Antworten liefern.

Von Frau zu Frau nimmt Sie Shaunti Feldhahn mit auf eine Reise in das Innenleben des Mannes. In diesem Buch geht es nicht um die typischen Klischees. Vielmehr geht es um die bahnbrechenden Erkenntnisse einer groß angelegten Studie über Männer. Mit Hilfe dieser Ergebnisse werden Sie Ihren Mann besser verstehen. Doch was noch viel wichtiger ist: Sie erfahren, wie Sie ihn auf eine Weise lieben und unterstützen können, die er als Mann wirklich braucht.

Schwungvoll geschrieben und gespickt mit einer Fülle von Tipps für den Umgang mit Ihrem Partner, bietet dieses Buch jede Menge Stoff für Gespräche, die Ihre Beziehung bereichern werden.

⇢ Typisch Frau!

Shaunti & Jeff Feldhahn:
Frauen sind Männersache
Was Männer über Frauen wissen sollten.

Gebunden, 144 Seiten
Bestell-Nr. 816 159

Zeit für Enthüllungen. Anhand einer groß angelegten Studie über Frauen werden Sie von „Mann zu Mann" in die Geheimnisse des weiblichen Wesens eingeweiht. Die Ergebnisse der Befragung helfen Ihnen, Ihrer Frau das zu geben, was sie wirklich braucht.

Humorvoll geschrieben und auf den Punkt gebracht – so bekommen Sie auf wenigen Seiten eine Landkarte des weiblichen Universums vor Augen gemalt. Die praktischen Tipps sind sofort umsetzbar. Genau das Richtige für „Lesemuffel" und Männer, die freiwillig nie einen „normalen" Beziehungsratgeber in die Hand nehmen würden!

DER ULTIMATIVE MÜHLAN-RATGEBER!

Claudia & Eberhard Mühlan:

DAS GROSSE FAMILIEN-HANDBUCH

Erziehungstips für alle Entwicklungsphasen Ihres Kindes

Nach 25 turbulenten Ehejahren mit 13 Kindern haben Claudia und Eberhard Mühlan reichlich Erfahrungen und jede Menge erprobte Praxis-Strategien gesammelt, von denen schon unzählige Familien profitieren konnten.

In kurzen, knackigen Kapiteln auf jeweils einer Doppelseite geben sie Rat in allen Fragen der Erziehung – von der Geburt bis zum heiklen Teenageralter. Und damit bei alledem die eheliche Beziehung nicht zu kurz kommt, gibt es auch zum Thema Partnerschaft viel Nährstoff.

Die einzelnen Kapitel sind übersichtlich nach Stichworten geordnet und machen das zweifarbig gestaltete Buch zu einem stets aktuellen Nachschlagewerk für alle Erziehungsfragen. Über 200 Fotos sowie Fragebögen, Platz für Notizen und weiterführende Literaturhinweise runden diese „Pflichtlektüre" für engagierte Eltern ab.

Gebunden, 280 Seiten, Bestell-Nr. 815 434